南昌大学经管论丛

“一带一路”园区合作模式研究

彭继增 著

中国财经出版传媒集团

经济科学出版社
Economic Science Press

图书在版编目（CIP）数据

“一带一路”园区合作模式研究/彭继增著．--北京：经济科学出版社，2022.12

（南昌大学经管论丛）

ISBN 978－7－5218－4445－0

Ⅰ.①一…　Ⅱ.①彭…　Ⅲ.①“一带一路”－国际合作－研究　Ⅳ.①F125－53

中国国家版本馆 CIP 数据核字（2023）第014941号

责任编辑：于　源　冯　蓉
责任校对：杨　海
责任印制：范　艳

“一带一路”园区合作模式研究
彭继增　著
经济科学出版社出版、发行　新华书店经销
社址：北京市海淀区阜成路甲28号　邮编：100142
总编部电话：010－88191217　发行部电话：010－88191522
网址：www.esp.com.cn
电子邮箱：esp@esp.com.cn
天猫网店：经济科学出版社旗舰店
网址：http://jjkxcbs.tmall.com
北京季蜂印刷有限公司印装
710×1000　16开　23.75印张　343000字
2022年12月第1版　2022年12月第1次印刷
ISBN 978－7－5218－4445－0　定价：95.00元

前言

PREFACE

作为“走出去”战略的重要部分，园区“走出去”已经成为我国实现高质量发展的重要载体、构建新发展格局的关键据点。然而，我国园区“走出去”仍处于初级阶段，面临诸多国内外挑战。其中，国际形势波云诡谲、周边局势敏感复杂、国内经济下行压力骤升等导致园区“走出去”的营商环境总体恶化、疫情冲击持续发酵、融资乏力逐渐显现。“一带一路”建设旨在促进我国与沿线各国之间生产要素自由有序流动、资源高效配置、市场深度融合，同时凝聚和平、合作、发展、共赢的核心理念，以五通为合作内容搭建区域互联互通网络，加速了我国园区“走出去”的发展进程，为国际产能合作、振兴区域经济、对接双边战略发挥平台作用，同时“一带一路”建设也对园区“走出去”的全球空间布局和合作发展模式提出了更高要求。其中，本书将海外园区分为海外农业园区、海外工业园区、海外服务业园区以及综合型园区四大类，针对四大类园区剖析其发展理论内涵并构建对应的理论模型。在理论基础上分析典型案例，提出四大类海外园区各自的合作模式选择方案。此外，本书研究发现“一带一路”建设中产业集群（C）、合作系统（C）及海外园区（O）三者之间不是简单的叠加，而是构成了一个具有高度统一的内在结构及功能的有机系统，即“三位一体”（C－C－O）耦合互动系统。C－C－O耦合互动系统的构建不仅创新了相关领域研究视角，也优化了海外园区成长路径。本书所得研究致力于为国家、地方及企业在“一带一路”框架内参与海外园区建设提供整体性指导、方向性把控、针对性施策。

园区“走出去”是“一带一路”建设的重要对外投资方式，其大量相关研究只滞留于描述表征，而缺乏构建海外园区发展模式的理论探索。系统性的理论研究缺位会导致中国企业抱团“走出去”的探索时间成本增加、资源利用效率不高等现实问题，因此本书建立了立体式理论框架体系，立足现实回答从纵向发展历程看园区“走出去”在“一带一路”建设中呈现出哪些差异性特征及阶段性特点？从横向空间布局分析四大类型海外园区各自的主体产业、布局区域、发展现状如何？而四大类海外园区的合作模式选择是否有独立的内在规律抑或是普适性的通用范式？自提出“一带一路”倡议后，园区“走出去”得以加速发展的底层逻辑为本书重点研究内容，通过对比“一带一路”海外园区与一般经济开发区的差异、对比“一带一路”海外园区与国内产业园区的差异，揭示“一带一路”建设中具有产业集群、合作系统的海外园区实现良性循环累积效应的作用机制，可以为微观经济主体企业提供成长路径参考、为园区建设提供建设方向、培育具有强竞争力的产业集群。

具体而言，本书研究的主要结论有：

(1) 我国园区“走出去”的发展历程分为探索起步期、调整发展期、加速发展期，从纵向研究发现在“一带一路”建设中海外园区在促进国际产能合作、振兴区域经济、对接双边战略方面发挥重要作用；我国对外直接投资流向反映出海外园区发展趋势，包括园区产业多元化、全球范围分布、国内实施主体等；进一步研究海外农业园区、海外工业园区、海外服务业园区、海外综合型园区中各自的主导产业及规模、主要分布地区及国家、国内实施主体等；立足于全球视野研究我国建设海外园区形成的独特发展模式：按照参与主体划分开发模式、按照合作主体划分海外园区经营模式以及“一带一路”倡议下园区“走出去”新模式；从营商环境、疫情冲击、融资乏力3个方面认识新时期我国园区“走出去”面临的风险和挑战。

(2) 在研究海外农业园区方面：①以海外农业园区的互动关系为切入点，基于博弈分析法探究园区内政府、企业等多方互动合作内在机理。②以维尔赫斯特（Verhulst，1838）建立的数学模型为基础，构建协同合作的关系模型探究园区运行过程，发现，“一带一路”建设使各国农业企业通过资源整合、产业互补协作，使各方的农业综合生产能力得到提升。③从现实来看，海外农业园区内的各参与者利用信息、资源共享和产业互补等方式可以较好地落实相关激励、约束与监督机制，从而推动海外农业园区的建立发展。④选取农业互补性、战略合作度、运输可达性三方指标，构建我国与“一带一路”沿线国家农业合作潜力测度模型，定量分析双边合作潜力大小、重点对象与领域、农业资源禀赋以及贸易互补性，结果发现我国与乌克兰、俄罗斯、印度尼西亚三国在农业领域的合作潜力较大，而黑山、北马其顿、亚美尼亚等国与我国开展农业合作的潜力有限。⑤选取双方关系、政策支持与国家安全状况为农业合作环境评估指标，运用 SPSS 软件进行二阶聚类分析，将 31 个“一带一路”沿线国家分为两类。第一类包含 18 个农业合作环境较好的国家，它们具有较近的地理距离和文化距离，较亲密的伙伴关系和良好的政策支持。第二类包含 13 个农业合作环境较差的国家，在政策支持和国家风险状况方面具有优势，但与第一类国家还存在一定的差距，整体处于劣势地位。⑥选取动态农业合作潜力和合作环境这两个指标，构建二维矩阵模型，设计深度战略合作、按需推进、逐步引导和加强交流合作四种农业园区“走出去”的合作模式。⑦按照合作潜力和合作环境的不同，将“一带一路”沿线国家细分为Ⅰ类、Ⅱ类、Ⅲ类、Ⅳ类：针对农业合作潜力较大且合作环境良好的Ⅰ类国家（10 个），采取深度战略合作模式，与这些国家保持长期良好的合作关系，开展深度合作交流；针对农业合作环境好但合作潜力较差的Ⅱ类国家（8 个），采取按需推进合作模式，在明确农业产业园发展需要的基础上，利用合作环境优势引入实力雄厚的大型企业，将企业优势转为园区的核心优势，同时与当地大型企业强强联手；针对农业合作潜力大但环境差的Ⅲ类国家（7 个），采取逐步引导合作模式，充分发挥政府引导作用，提供政策支持，改善合作环境；针对农业合作潜力小且合作环境差的Ⅳ类国家（6 个），选择加强交流的合作模式，坚持以专业园开发模式为主导，引进有经验的园区开发商，创造农业园区“走出去”的条件与基础。⑧对中俄现代农业产业合作区、中国·印度尼西亚聚龙农业产业合作区、苏丹·中国农业合作开发区的园区概况和管理经营模式进行剖析，为我国农业园区“走出去”提供经验借鉴。

(3) 在研究海外工业园区方面：①构建区域价值链理论模型，对该模型进行主体的一般均衡求解分析产业升级的路径。②考虑到“一带一路”沿线园区所在国相对于我国而言大多属于外围，选用中心—外围国际经济合作理论模拟工业园区“走出去”后企业是否入驻园区的决策过程。③采用索洛经济增长模型作为实证分析的理论基础，通过放松规模报酬不变、完全竞争市场和希克斯中性技术进步三大条件限制，推导索洛模型的扩展模型。④从优化制度、完善基础设施建设、吸引外资和创造就业角度分析工业园区“走出去”对东道国经济发展的影响机制与对我国产业发展的积极意义。⑤构建由3个分项指标和7个基础指标构成的工业园区“走出去”发展动力机制指标体系，采用熵值法测度各个指标的权重，分析2008~2020年我国工业园区“走出去”的发展动力变化情况。整体测度结果显示外部环境对工业园区建设的发展没有明显影响，而“一带一路”建设加快了园区“走出去”的步伐。进一步分别对双边贸易、劳动力资源、营商环境这3个分项指标进行测度，发现双边贸易和劳动力资源与整体测度结果一致，而营商环境在大国博弈、疫情冲击的影响下急速恶化。⑥以GDP为衡量东道国经济效益的指标，使用固定效应模型对2008~2020年27个东道国的面板数据进行回归分析，实证结果说明我国工业园区“走出去”对东道国的影响是正面的，其中，对于发展中国家而言正向影响是显著的，对于新兴经济体而言并没有显著的正向影响。⑦设定模型实证检验海外工业园对我国产业发展的影响，用衡量产业结构变化的指标来体现经济效应，使用固定效应模型对2008~2020年我国30个省份（港澳台除外，西藏因数据不全，因此不纳入讨论）的面板数据进行回归分析，发现我国工业园区“走出去”对国内各省份产业结构高级化有显著的正向影响，但目前来说作用偏弱。同时将30个省份分为非“一带一路”沿线省份和“一带一路”沿线省份两类，比对两类省份的数据回归结果，发现非“一带一路”沿线省份对建设海外园区无显著的正向效应，而“一带一路”沿线省份对其有显著的正向效应。⑧选取泰中罗勇工业园区、越南龙江工业园区、中白工业园区三个海外工业园区合作模式案例分析区位选择、开发主体、管理架构、运营服务等方面的经验。

（4）在研究海外服务业园区方面：①在服务效用价值理论、国际贸易比较优势理论基础上，修正和扩展了博格思（Burgess，1990）提出的H－O－S模型，阐明不同国家的服务型企业如何选择生产经营模式，以此获得或维持自身的服务贸易比较优势。②通过洛施（Losch，1954）提出的不同群体互动关系的数学模型，将国内外服务型企业间的平均距离引入分析框架，并假设服务业园区选址以人才吸引成本最小化和地价租金最小化为原则，揭示企业集聚获得竞争优势的现象及内在机理。③构建以7个动力因子为一级指标和13个二级指标的服务业园区“走出去”的动力机制指标体系，选取2020年12个“一带一路”沿线国家的相关数据，得到各个指标权重赋值，直观呈现出基础设施完善程度、资源互补、文化互补对园区建设产生的重要影响。④设定贸易引力模型实证设立海外服务业园区对东道国的服务贸易规模具有正向影响，设定多元线性回归模型实证分析中国对“一带一路”沿线国家服务业投资对中国服务贸易规模具有显著的正向促进作用、服务业增加值和人均GDP也有正向促进作用，但科学技术则表现为抑制作用。⑤选取吉布提国际自贸区、匈牙利中欧商贸物流合作园区、中哈霍尔果斯国际边境合作中心三大海外服务业园区作为案例分析发展现状、管理运营模式、存在问题。

（5）在研究海外综合型园区方面：①假设只有两个国家且每个国家只存在两个工业部门，对促进“一带一路”推进我国综合型园区“走出去”作理论分析，发现加强我国与“一带一路”沿线国家的市场融合度、区域经济一体化，有利于降低企业在不同国家之间贸易往来的临界边际成本。②借鉴杜瓦尔等（Duval et al.，2016）提出的国际经济周期联动指数测算方法，对2010～2020年65个“一带一路”沿线国家的经济联动性进行测度，采用世界银行公布的各国现价美元GDP指标计算经济联动“拟相关系数”，结果显示“一带一路”建设能深化我国与沿线各国的区域经济一体化程度。③选取市场规模水平、制度质量、劳动力资源、自然资源、人均工资、投资水平、汇率、经济开放程度作为研究促进我国综合型园区“走出去”的影响因素，采用主成分分析法对影响因素进行测度得到各自主成分得分，结果显示“一带一路”沿线各国的经济总体状态越来越有利于我国综合型园区“走出去”，但不同国家之间存在较大的差距。虽2020年疫情影响导致各国综合得分下降，但未能改变各国经济总体状态有利于我国综合型园区“走出去”的发展态势。④采用2010~2020年“一带一路”沿线设有综合型产业园区国家的面板数据，选取被解释变量（GDP）、解释变量（虚拟变量、贸易规模、贸易成本、人口）、控制变量（收入水平、制度质量），设定双向固定效用模型分析表明对于“一带一路”沿线的国家而言，通过设立综合型产业园区有利于促进各国经济水平的提高。此外，随着一国或地区的贸易规模扩大，该国的国内生产总值也会随之扩大，而贸易成本的增加不利于该国与其他国家进行贸易往来，从而降低该国的GDP水平。人口和居民收入水平对该国的GDP水平仍存在正向的影响效应。最后，在各国的制度质量指标的衡量中，仅有腐败控制、法制完善度和政治稳定性对“一带一路”沿线设立综合型产业园区的国家存在影响，且相对于腐败控制和政治稳定性，法制完善度对其影响程度更大。⑤选取中国·越南（深圳—海防）经贸合作区作为托管模式分析对象、马中关丹产业园区作为股份合作模式分析对象、中哈霍尔果斯国际边境合作中心作为政府机构间合作共建模式分析对象，分析我国海外综合型园区合作模式发展态势。

（6）在研究“一带一路”推进中园区“走出去”的成长路径中发现：①产业集群（C）、合作系统（C）、海外园区（O）三者之间形成了紧密结合的有机统一系统，即“三位一体”（C-C-O）耦合互动系统，该系统的多重邻近性特征（地理邻近性、产业邻近性、社会邻近性、创新邻近性）使“一带一路”海外园区比一般的经济开发区具有多方面优势。②C-C-O耦合互动系统是在耦合互动条件下通过耦合互动要素、耦合互动纽带、耦合互动动力来贯通的，C-C-O耦合互动是一个动态循环累积的过程，具有自增强效应和报酬递增的效能，能驱动海外园区发展由低级阶段向高级阶段演化。③基于C-C-O耦合互动培育初创企业的孵化活力、培育中小企业的加速发展能力、培育大型企业的国际化竞争能力，形成企业"三段式"成长路径。④在C-C-O耦合互动合作系统中构建以人才、要素、技术、知识为主的高端要素聚集平台，构建以资源共享、技术创新、成果转化为内容的独立创新科技平台，构建以园区建设为总目标、产业发展为总支撑、政府资金带头、社会资本跟随、金融机构参与、中介组织辅助的多层次、多功能的投融资服务体系，构建产学研合作平台。⑤探索基于C-C-O耦合互动培育强竞争力的产业集群的五大转变路径：由一般向特色转变、由"扎堆"向分工协作机制转变、由低端向高端转变、由个体和组织内部学习向集群学习转变、由生产驱动向创新驱动转变。

目 录

CONTENTS

第一章

绪　论

第一节　研究背景及意义

一、研究背景

我国“走出去”战略主要经历了三个阶段：第一是产品“走出去”，以1979年《中外合资经营企业法》[①] 的出台为标志性事件，这一阶段主要涉及对外货物贸易，以此推动我国产品快速融入国际市场。第二是企业“走出去”，1997年，党的十五大明确提出“鼓励能够发挥我国比较优势的对外投资，更好地利用两个市场、两种资源”，由此掀起了以海外投资建厂为主要形式的投资热潮，以解决市场壁垒和运输半径等问题。然而，前两个阶段的“走出去”战略虽然为中国经济开拓世界市场发挥了重要作用，但基本属于企业“单打独斗”，没有形成企业集群式的海外发展格局，在投资环境上难以争取东道国的税收、

---

① 《中华人民共和国中外合资经营企业法》是1979年7月1日第五届全国人民代表大会第二次会议通过的，根据1990年4月4日第七届全国人民代表大会第三次会议《关于修改〈中华人民共和国中外合资经营企业法〉的决定》第一次修正。根据2001年3月15日第九届全国人民代表大会第四次会议《关于修改〈中华人民共和国中外合资经营企业法〉的决定》第二次修正。根据2016年9月3日第十二届全国人民代表大会常务委员会第二十二次会议决定《关于修改〈中华人民共和国外资企业法〉等四部法律的决定》第三次修正。

外汇、土地等优惠政策，在产业发展上难以形成集聚规模效应，企业缺乏产业互补、竞争力较低（任浩，2017）。当前，我国“走出去”发展战略正处于关键的第三步：园区“走出去”，即通过海外园区进行经贸合作。不同于传统的对外投资模式，园区合作指的是企业通过“联手合作”，以“集群方式”进行对外直接投资。自21世纪以来，商务部相继出台多项政策举措，鼓励企业积极参与海外园区的建设，通过海外园区投资抱团“走出去”。2006年，商务部牵头进行公开招标，采取“政府为主导，企业为主体，市场化经营为原则”的运作模式，陆续在多个国家开展境外经贸合作区的建设，标志着通过海外园区建设推进中国企业“走出去”这一战略已经上升到国家层面（卢进勇和裴秋蕊，2019；刘英奎和敦志刚，2017）。2008年初，国务院发布《关于同意推进境外经济贸易合作区建设意见的批复》，全面推进建设境外经贸合作区。至此，境外经贸合作区逐渐步入良性循环的发展轨道（李志明等，2020；李春顶，2008）。

自2013年“一带一路”倡议提出以来，与“一带一路”沿线国家的境外产业合作园区建设也为我国企业“走出去”提供了重要平台和载体。2017年5月15日，习近平总书记在“一带一路”国际合作高峰论坛的闭幕辞中指出，中国“愿搭建更多合作平台，开辟更多合作渠道”“在开放中合作，在合作中共赢”。我国在“一带一路”沿线国家的园区建设不仅顺应了沿线国家的发展需求，也为国际间产能合作提供了新机遇（郭朝先和刘芳，2020）。截至2021年末，纳入商务部统计的境外经贸合作区分布在46个国家，累计投资额达到507亿美元，其中超过70%的境外经贸合作区分布于“一带一路”沿线国家。伴随着我国“走出去”战略路径的转换和升级，园区“走出去”俨然成为了我国与“一带一路”沿线国家合作的重要抓手和新时代对外开放的重要形式（沈正平等，2018；刘洪愧，2022）。然而，作为“一带一路”倡议的重要承接点，海外园区在建设过程中也面临着巨大的风险与挑战。一方面，“一带一路”沿线涉及国家众多，政治、经济、社会、文化等国情复杂，且东道国大多为经济环境和制度环境较差的欠发达国家，投资风险较大；另一方面，合作区的定位尚有不明确之处，在产业定位和区位选择时缺乏总体战略布局，可能面临投资产业缺乏核心竞争力、区位选择不平衡、园区间盲目竞争和重复投资等问题（赵逖，2017；贾莉，2021）。因此，如何在“一带一路”推进中探寻适宜的合作模式与成长路径，引导和促进各类海外园区的有序发展，进而有效推动园区“走出去”，使得融合中国与沿线国家元素的园区模式在国外落地生根，不仅是海外园区建设的当务之急，更是中国经验应用到世界的重大战略问题。

二、研究意义

（一）理论意义

本书基于博弈分析方法，建构海外园区合作的理论框架，揭示园区“走出去”的驱动因素和演进机理，研究成果可以丰富国际经济学的理论体系。当前，关于海外园区的相关研究主要聚焦于园区投资模式、发展现状以及面临的风险及挑战等方面，相关的实证分析较少，且现有研究大多将海外园区看成一个整体来研究或仅仅以单独案例为对象进行分析，分析角度较为片面，不能说明不同类型园区的发展现状及合作模式，本书对四类主要园区——农业园区、工业园区、服务业园区以及综合型园区分别进行分析，梳理了较为完整的海外园区发展模式理论体系。此外，本书从次区域视角探索更具实际操作价值的分阶段、内质化、差别化的园区合作模式和成长路径，促成海外园区合作共赢，相关研究成果可以完善国际经济合作理论和境外经贸合作区投资新模式理论。

（二）实践意义

自“一带一路”倡议提出后，海外园区这一颇具中国特色的直接投资形式战略地位越发凸显。然而，海外园区的发展并非一帆风顺，如何对各类海外园区的建设进行规范引导，进而有效推动园区“走出去”、实现园区可持续发展，是本书的实践意义所在。本书结合国内外众多海外园区的建设经验，通过对农业园区、工业园区、服务业园区以及综合型园区四类园区的合作模式和发展动力机制进行分析总结，利用实证研究和案例分析从次区域视角探索我国与“一带一路”沿线国家海外园区的合作模式与成长路径，探究我国海外园区的建设模式，为发展中国家的海外园区建设提供“中国方案”，用可操作性的政策工具组合保障“一带一路”沿线国家园区合作模式与成长路径的有效推行，提升合作园区的运作效率，为加快实施企业“走出去”战略提供一定的指导。

第二节　国内外相关研究综述

一、关于我国“一带一路”建设的研究

自2013年以来，“一带一路”倡议已经实施多年，涉及沿线60多个国家和地区，实施内容及活动不断深化，已经从概念到行动形成了总体布局（刘国斌，2019）。国内外已有的关于“一带一路”倡议的研究主要聚焦于“一带一路”倡议的意义、面临的风险以及影响等方面。基于此，本书从上述三个方面对“一带一路”倡议的研究成果进行了梳理总结。

（一）“一带一路”倡议的意义

在经济意义方面，“一带一路”倡议具有巨大的地缘经济吸引力，不仅能带动“一带一路”沿线国家参与新区域经济合作，更好地融入经济全球化，还能缩小地区发展差距，平衡国内区域经济发展水平，是全球化时代的重大发展倡议（李晓和李俊久，2017；Ge Y et al.，2020；刘洪愧，2021）。习近平总书记指出：“‘一带一路’倡议丰富了国际经济合作理念和多边主义内涵，为促进世界经济增长、实现共同发展提供了重要途径。”① 首先，“一带一路”倡议是中国对外开放和开放型经济体系的新思路。“一带一路”倡议构建了我国与广大发展中国家及新兴经济体的新区域经济合作模式，在国际贸易新规则的指引

① 《习近平在中法全球治理论坛闭幕式上的讲话（全文）》，中华人民共和国中央人民政府网，2021年3月1日，www.gov.cn/xinwen/2019－03/26/content_5377046.htm。

下，创新我国与“一带一路”沿线国家的经济贸易关系，顺应了世界经济开放性的发展趋势（张辉等，2017；郭周明等，2020；Dong M et al.，2016），作为中国对外开放战略2.0版本，“一带一路”倡议有助于对外开放新格局的形成与完善，缓解传统对外开放中“东快西慢、海强陆弱”的局势（盛斌和黎峰，2016），突破资源禀赋、地理位置、基础设施等因素的限制，进一步优化当前的国际经济合作机制，打造经济贸易合作区的升级版，推进中国与“一带一路”沿线国家的区域经济合作，构筑新一轮对外开放的“一体两翼”。其次，“一带一路”倡议是中国对外经济合作的新方式。新形势下，以美国、欧盟、日本为代表的发达国家开始将目光锁定于对外投资更灵活和高效的区域合作和双边合作（李潇潇等，2021；王明国，2015；Zhao S R and Tao Y Y，2015），其中，较为有影响力的当属TPP《跨太平洋伙伴关系协议》谈判和TTIP《跨大西洋贸易与投资伙伴关系协议》谈判，各发达国家开始探索高层次、多元化、广覆盖的新一轮区域经济合作，堪称国际贸易规则2.0版本。由于中国在短时间内加入TPP《跨太平洋伙伴关系协议》谈判、TTIP谈判的可能性不大，因此，积极倡导“一带一路”建设对于中国加快融入新一轮区域经济合作的步伐以及国际贸易新规则制定中话语权的提升具有重要意义。最后，“一带一路”倡议是中国产业结构调整的新方向。金融危机以来，中国部分行业如煤炭、钢铁、房地产等行业受4万亿刺激政策的影响，产能过剩和产业失衡的问题越来越明显，对国内经济结构造成了巨大冲击。“一带一路”倡议的推进可以为促进国内经济结构转型升级、加快过剩行业的产能消耗提供行之有效的方向。一方面，可以利用“一带一路”沿线国家国情的差异性和特殊性，围绕“一带一路”沿线构建区域价值链体系，进一步提升中国在区域价值链体系中的地位，为中国在全球价值链的地位提升提供有利条件（屈秋邑，2019；Ploberger C，2017；Pei C H and Yan Y U，2015）；另一方面，“一带一路”沿线多为发展中国家，经济发展水平较低，基础设施状况较差，经济发展受到制约，而中国丰富的钢铁、煤炭等资源可以为沿线国家的基础设施建设提供重要支持（Cui Y，2019；江珊，2018；杨思灵，2015）。

在政治意义方面，“一带一路”倡议在巩固传统大国关系的基础上，可以进一步加强与周边国家的政治往来，推动发达国家与发展中国家共商机制的建设，是推动全球治理转型的中国战略取向（门洪华，2017；Xiao L and Li J，2015），有利于推进国际经贸合作，实现中国与沿线国家互利共赢的宏伟愿景，重塑当前发达资本主义主导的全球治理体系和经济秩序（张梦怡，2021；Oliveira et al.，2020；徐宏潇和赵硕刚，2016）。2017 年 5 月 14 日，习近平总书记在“一带一路”国际合作高峰论坛开幕式上发表主题演讲，指出治理赤字是摆在全人类面前的严峻挑战，呼吁弘扬和平合作、开放包容、互学互鉴、互利共赢为核心的丝路精神，提出携手构建广泛利益共同体的战略主张。目前，我国与尼泊尔、阿富汗、印度等多个亚洲国家的经贸合作纽带越拉越紧（Min B S，2017），“一带一路”逐渐成为维系亚洲命运共同体的可靠纽带（马峰，2019；Miao Q and Asmussen C，2020）。埃及、土耳其、约旦等多个国家领导人相继访华，表示同我国“一带一路”建设愿景对接的意愿，如今，我国是诸大国中唯一与所有中东国家均保持友好关系的国家（吴毅宏，2015；田文林，2016；Foo N et al.，2019）。在促进东盟国家经济发展、改善基础设施状况和提升对外贸易水平方面，“一带一路”建设提供了重要的实现路径，我国与东盟的合作关系也愈发巩固（李晨阳等，2019；李一平等，2020），在“一带一路”倡议的推进中，我国将同“一带一路”沿线国家形成一个更加紧密的贸易网络（邹嘉龄和刘卫东，2016；Yan H B，2015）。

（二）“一带一路”倡议面临的风险

在经济风险方面，“一带一路”倡议涉及众多国家和地区，沿线各国形势复杂，且东道国大多为欠发达国家，一方面存在经济水平低下、市场需求不足等问题以及政策和法律法规风险（朱正远，2021；沈正平等，2018；Sheng and Feng，2016），而企业对于国外法律制度和营商环境不熟悉，对沿线国家的直接投资项目缺乏综合评估，使得国内企业在海外投资时遭遇的风险较大（向鹏成等，2022；谭畅，2015），以国有企业为投资主体的特征又进一步加剧了这一风险（李锋，2016）；

另一方面存在金融体系较为脆弱、主权信用等级较低以及一些国家局势动荡、战争战乱等问题，而当前我国对“一带一路”沿线国家的直接投资主要为基础设施建设，建设周期长、资金投入大、投资回报风险高（钟春平和潘黎，2015），一次性投入的建设方式具有一定的盲目性和风险，而合作区的定位尚有不明确之处，园区建设步伐较大可能会不适合我国企业现状（张琼和庞宇，2021；李春顶，2008）。最后，部分“一带一路”沿线国家仍将中国视为竞争对手，存在严重的贸易保护主义，给我国对外投资增加了一定难度（孙乾坤，2017）。

在政治风险方面，“一带一路”倡议主要面临来自国内外三大舆论场的质疑，包括国际舆论场、沿线国家舆论场和国内舆论场。首先，在国际舆论方面，由于西方媒体在国际新闻报道中拥有强大的议程设置能力（赵瑞琦，2016），自提出以来，“一带一路”倡议就面临着源源不断的质疑声，被部分西方媒体扭曲成中国版“马歇尔计划”、美国战略的克隆（Zhang et. al. , 2020；李希光，2020）。此外，为遏制中国的发展，一些西方学者甚至肆言“一带一路”倡议无法摆脱“修昔底德陷阱”，认为中国势必将遵循强必争、权必霸的“修昔底德逻辑”（韩俊和金伟，2021；马艳玲和朱亚娇，2018；Macdougall J C，2018）。在沿线国家舆论方面，作为南亚区域性大国的印度，受“向东看”政策和“跨印度洋海上航路与文化景观计划”的影响，对于“一带一路”倡议始终抱有戒心，印度媒体对“一带一路”倡议的解读也多为负面，导致沿线国舆论场也存在较多消极看法（张桢和庄严，2021；TS Fang，2017；林民旺，2015），此外，“一带一路”沿线国家民族主义色彩强烈，不同国家之间巨大的政治制度和文化差异，也可能对“一带一路”倡议的国际声誉产生不利影响，存在较大的政治风险（梁振轩，2021；薛力，2015；Yan M and Li S，2015）。在国内舆论方面，中国正处于经济高速增长阶段向高质量发展阶段转变的关键时期，各种矛盾多发的局势难以避免，不同省份参与“一带一路”建设的利益诉求也不尽相同，国内对于“一带一路”倡议的舆论褒贬不一，对于“一带一路”建设的推进存在消极影响（丛晓男和李国昌，2022；Zhang and Che，2021；来莎莎，2015）。

（三）“一带一路”倡议的影响

“一带一路”倡议作为一项重要的中长期国家发展战略，已经成为政府积极推动和规划的工作重点。在对外舆论方面，通过为国家间的发展战略搭建对接平台，注重发展双边共同利益，构建与“一带一路”沿线国家良好的政治关系，向“一带一路”沿线各国和全球营造良好的政治氛围（丛晓男和李国昌，2022；孙敬鑫，2015；Zhou，2015）；在对内舆论方面，各个地方政府针对各自省份的发展情况，积极参与和融入“一带一路”倡议的规划，推进共建“一带一路”的可行性分析，不断完善“一带一路”倡议推进的内部环境（蓝庆新和唐琬，2022；舒欢，2016）。自2017年以来，“一带一路”倡议正在从宏观框架逐步向微观具体实施转变。在新的国际经济环境下，“一带一路”倡议一方面有助于加强我国与沿线国家的经贸合作，发挥中国的对外贸易优势，进而推动中国在国际产业链分工体系中地位的提升，另一方面有助于提升国内经济发展水平，构建对外开放新体系，从而进一步提升中国的国际话语权和国际影响力（王志远，2016；Doston Ashurov，2017）。

从区域经济发展来看，“一带一路”倡议对于中国和各沿线参与国家都具有改革与发展的双重激励作用（王亚军，2018），这是因为地理位置相近的国家间通常会形成更为紧密的经贸合作关系，在全球产业链、价值链的联系更为紧密，容易形成区域经济集团，在集团内实行自由贸易，通常对外具有一定的排他性（于良等，2006），而作为中国融入新区域经济一体化的新思路，“一带一路”倡议能够推进对内区域发展新格局和对外开放新格局两个层面开放新格局的形成（胡黎明等，2021；李新和张鑫，2016）；从国内区域经济协调发展的角度来看，“一带一路”倡议有助于打破地方保护主义和市场割据，对内实现全面开放和国内区域经济一体化。易淼（2020）指出，“一带一路”倡议可以为双城经济圈提供动力支撑，积极落实“两中心两地”的战略定位，推进经济圈高质量发展；从全方位对外开放的视角来看，“一带一路”倡议基于自由贸易区战略，推动实现对外区域经济一体化，与沿线国家共建命运共同体，向沿线国家分享中国模式和中国智慧（Aye，2019），在全球区域经济一体化呈倒U形发展态势的背景下，点度数、网络密度等指标在数量上展现出“一带一路”倡议推动区域贸易一体化加深，带动了沿线国家共享发展硕果（Li X et al.，2021；田金方和刘晓晴，2019）。

二、关于我国海外园区空间布局的研究

园区“走出去”，即海外园区合作，是境外经贸合作区的一种重要合作方式。目前学术界涉及园区“走出去”的相关文献并不多见，更多的是有关境外经贸合作区的研究文献。境外经贸合作区并非中国首创，以海外园区的形式推动本国企业抱团“走出去”早在20世纪90年代就出现了，只不过大都表述为“海外经济特区”（Farole and Akinci，2011；Fuller and Romer，2012）。“经济特区”的建设始于欧洲，1929年，第一个经济特区在西班牙建立，随后这一概念陆续传播到拉丁美洲、加勒比、亚洲和非洲等中低收入国家和地区（Warr and Menon，2015；Bräutigam and Tang，2014）。而海外园区的探索实践始于新加坡政府的“区域化2000”计划（Regional 2000 Programme），为了实现产业转移和扩大对外投资，新加坡政府于1991年在周边的东南亚国家以及中国、印度等国开展园区建设，并呈现出向更广范围拓展的全球化趋势（叶尔肯·吾扎提等，2017；Shaw et al.，2000）。我国企业对于境外经贸合作区“走出去”的建设经验探索始于20世纪90年代，如福建华侨实业公司于1998年在古巴创办了合资企业（洪联英和张云，2011）。21世纪初，商务部相继出台多项政策举措，鼓励企业通过建立海外园区，抱团“走出去”，使得海外园区建设这一“走出去”战略上升到国家层面。伴随着中国“走出去”战略的不断推进，“一带一路”海外合作园区也在如火如荼的建设中，逐渐呈现强强联合的全球空间联系特征（Ma S and Liu M，2020；马学广等，2021）。

我国现有的境外经贸合作区主要分布在一些与我国政治关系较好的欠发达国家或地区。徐滇庆和耿建（2005）指出创建海外工业园区是一个寻找战略同盟军的过程，按照“快半拍”准则，创建海外工业园区的最佳地区应该是那些经济发展程度和中国仅相差半拍的国家和地区，人均收入相近意味着民众需求也相似，形成双边贸易合作的可

能性也就越大。另外，东道国的经济制度、自然资源、对外开放程度、市场规模和劳动力成本等都是区位选择较为看重的因素（姚一涵，2021；阎大颖，2013；Madani，1999）。然而，通过对我国境外经贸合作区的发展情况进行总体评估和案例分析，一些学者指出在合作区的区位选择上存在分布不均衡和同类型园区重复建设的问题，容易形成恶性竞争，不利于园区发展（洪联英和张云，2011；赵逊，2017；陈文晖和刘雅婷，2021）。因此，海外园区的区位选择必须以自身特点和比较优势作为发展的坚实基础。按照各类经贸合作区的具体特征，可以将区位因素划分为一般区位因素和特殊区位因素。一般区位因素包括政治环境因素、宏观经济状况、基础设施状况、企业能力因素、社会文化因素和人口因素；特殊区位因素可分为四类：走专业化经营路线的合作区；以投资目标国的资源为依托，以资源开发产业链为主线的合作区；依托我国传统优势产业形成的多元化经济合作区；以投资目标国的技术和管理优势为依托，以优化我国境外投资产业结构为主线的合作区（周颖等，2008；曾芳兰，2016；田恒睿，2018）。相应地，这些区位因素所决定的区位分布趋势不同。

第一类境外经济贸易合作区的主要功能是转移我国国内过剩的产能，扩大企业的生产规模（邹昊飞和段京新，2015；刘佳骏，2021），如尼日利亚广东经贸合作区则是以石油、天然气、木材、高岭土、固体矿产资源为区位选择基础，利用当地原材料优势进行深加工，在转移国内过剩产能的同时，还解决了中国发展中能源短缺、原材料成本高、人力成本上升等问题；第二类境外经济贸易合作区主要依托东道国丰富的自然资源，进行资源开发产业链上相关产业的投资（冯维江等，2012；杨海洋，2013；余晓钟和刘利，2020），如赞比亚中国经贸合作区谦比希分区位于拥有丰富铜矿资源的铜带省，可以充分利用区位的资源优势和紧邻卢萨卡国际机场的地理位置优势，从而形成有色金属的冶炼以及配套辅助衍生的产业集群；第三类境外经济贸易合作区有助于推进我国传统优势产业多元化（滕振远，2021；邹昊飞等，2016；路红艳，2013），如越南龙江工业园的区位优势在于其交通便利，地理位置优越，劳动力成本低，投资政策优惠多，管理团队专业，有利于传统优势产业的企业建立完整上下游产业链并促进多元化，是中国企业进军东盟市场理想的制造业基地；第四类境外经济贸易合作区旨在利用东道国较先进的技术和管理，进行资本技术密集型产业的投资（潘文秀等，2018；Buckley et al.，2015；刘汉川，2015），如韩中国际产业园区是以东道国的技术和管理优势为依托，以优化我国境外投资产业结构为主线的合作区（费太安，2020；高潮，2012；高潮，2013；Wei J et al.，2009）。

由此可见，中国企业的对外直接投资往往具有市场、效率、自然资源和战略资产的寻求动机，而海外园区的区位选择往往与其投资动机相匹配（姚一涵，2021）。因此，李青（2012）强调针对投资环境较好的发达国家，应当注重其技术水平，而针对投资环境较差的发展中国家，应当考虑其资源是否丰富。另有张述存（2017）提出"一带一路"倡议下中国对外投资布局优化的基本思路：本着适度分散和差异化原则，一方面应扩大对西方发达国家或地区的技术导向型投资，另一方面应借助"一带一路"倡议加强对沿线国家或地区的资源导向型、战略型投资（阮刚辉，2014；刘乃全等，2015；郑蕾和刘志高，2015）。因此，要促进境外经贸合作区融入"一带一路"，充分发挥境外经贸合作区在区域的有利条件和先行基础，提升园区的规模和层次，突出"稳""准"和"可持续"的发展思路，促进园区更好地"走出去"（裴长洪和于燕，2015；曹迎莹等，2015；刘佳，2016；林俐和翟金帅，2017；董千里，2018；许培源和王倩，2019；Fu et al.，2020）。

三、关于我国海外园区发展模式的研究

海外园区发展模式的差异主要受到园区规划和运营模式影响，一方面，园区的规划要综合考虑资源禀赋和产业发展政策等因素来进行产业定位和空间布局；另一方面，园区的运营要确定运营主体以及运营理念（李梓璇，2019）。根据合作园区投资方和建设方的不同，可以将现有的合作园区划分为不同类别，投资方包括中方投资和中外合资两类，其中中方对外投资的主体包括国企、民企和政府；建设方包括中方建设、外方建设和中外共建三类。我国海外园区的建设主要由中

方的民企和国企作为投资主体，大部分由中方建设，极少园区由外方独立建设，主要由政府提供政策支持和园区规划，开发公司负责出资建设和项目运营（赵胜波等，2018）。推进海外园区建设的关键是针对不同类型园区选择合适的发展模式，根据海外园区运营的主导力量可将园区发展模式分为三大类，分别是政府主导型发展模式、开发公司主导型发展模式以及民营企业主导型发展模式（叶尔肯·吾扎提等，2017）。政府主导型发展模式的典型案例是新加坡苏州工业园区以及在“一带一路”沿线国家建设的赞比亚中国经济贸易合作区、白俄罗斯明斯克中白工业园等园区，这类园区能够获得更大的政策优势，短期内形成产业集聚效应（叶振宇，2016；Liu Z et al.，2018），对推动国家间合作具有战略性意义，但可能存在难以应对市场竞争环境变化的问题，需要可靠的盈利和营运模式以确保其可持续发展（孔慧芳，2013；郭建民和黄柏钧，2019）；开发公司主导型发展模式的典型案例是埃及泰达投资公司，由拥有丰富园区建设经验的天津泰达投资控股有限公司主导，参与园区开发建设，在这一发展模式下，由于开发公司对于市场信息的敏锐度更高，园区内的企业可以更快适应市场需求，但也可能出现注重经济效益而违背园区规划初衷的问题（马学广和鹿宇，2019）；民营企业主导型发展模式的典型案例是2012年广东省华坚集团在埃塞俄比亚建立的华坚国际轻工业园，实现了将部分生产制造环节转移至园区，虽然民营企业主导型园区的建设更容易遇到“水土不服”问题，但仍有助于探索新的园区建设模式（Liu，2020；陈璐，2020；杨震，2021；贾莉，2021）。

随着经济全球化进程的不断发展，园区建设正逐渐成为新时代中国渐进式改革的重要手段以及加快经济全球化进程的重要载体。为此，我们既要从战略的高度统筹规划、扬长避短，加强高水平海外园区统筹布局和组织引导，实现海外园区可持续发展，不断提升和深化同东道国投资合作的层次和领域（Thomas and Tang，2010；Scott，2013；李鲁等，2017；陈璐，2020），又要从微观层面出发，发挥企业的市场主体作用，对企业“走出去”的配套环境和基础设施进行改进和完善，创新产业园区的营运模式（叶振宇，2016）。张世国（2007）从理论经验和现状分析出发论述性地指出园区应加强与东道国政府之间的交流沟通，政府应当加强政策引导。园区应当基于本土化战略和清晰的市场定位，特别是各个境外经贸合作区特征差别较大，东道国发展水平参差不齐。在此背景下，处理好政府与市场之间的关系对于合作区的建设至关重要，应基于“政府引导、企业为主、市场化运作”的原则，政府处于引导地位但不能代替园区龙头企业进行市场化运营和管理。因此，针对各级政府和有关部门，相关学者提出建议：一是应积极促成政府部门与沿线东道国经贸合作相关协定的签署；二是政府应做好境外经贸合作区的顶层设计和统筹规划；三是充分发挥政府间的经贸联委会或混委会的作用；四是完善各级政府支持境外经贸合作区的进入和退出机制（Duranton and Puga，2004；刘伟，2013；胡江云，2017）。

此外，应当建立起符合园区运行机制的科学产业园区评估体系，以此推进境外产业园区的可持续发展（Ebenstein，2012；尤宏兵，2017），如通过委托中国国际工程咨询公司等中介机构对境外经贸合作区建设进行评估和考核，最大限度降低企业进行对外投资的风险，从而保障企业的合法权益（郑利鹏，2012；Rousseau，2015）。其间，认真总结和学习成功的经贸合作区经验如赞比亚中国经贸合作区、埃及苏伊士经贸合作区和泰中罗勇工业园等，并结合自身实际进行合理调整，以促进合作区良好运转（路红艳，2013；Jetin and Bruno，2016）。最后，境外经贸合作区的发展必须积极融入“一带一路”倡议，争取成为“一带一路”倡议下我国与沿线国家友好合作的示范区和与沿线国家产业合作的先行区，进一步推动“一带一路”倡议的落实和发展（师荣耀，2015；詹晓宁和李婧，2021）；应加强“一带一路”沿线国家的基础设施建设，推进沿线东道国的基础设施联通，构建“一带一路”建设投资综合金融体系，深化与沿线各国的产能合作等，提高我国对沿线国家的投资效率（田泽和许东梅，2016；Fusacchia et al.，2022）。

四、文献述评

通过梳理总结现有文献可以发现，国外学者的研究主要聚焦于经济特区、海外经济特区以及中非海外园区建设的研究，对我国园区

“走出去”这一对外投资方式的研究相对较少；国内学者则主要围绕境外经贸合作区的必要性和可行性、区位选择、产业选择、发展战略和建设路径以及模式选择等不同方面对园区“走出去”进行研究，而关于“一带一路”倡议下园区“走出去”的研究属于起步阶段，尚无系统的理论研究，把“一带一路”倡议和园区的发展相结合，在“一带一路”倡议下对园区发展特点和类型进行归纳的相关文献仍较少，尤其是“走出去”的园区还没有形成契合所在国发展诉求、实现“本土化、融合化、制度化、软环境”为特征的持续发展能力，更没有形成集制度环境、合作理念、园区治理、合作模式、成长路径以及持续发展于一体的园区“走出去”战略体系。园区“走出去”作为“一带一路”建设中推进国际产能合作的重要模式，一些重大理论和实践问题还有待系统性地深入研究，已有的研究成果为我国园区“走出去”提供了理论和实证基础，但仍存在一些未尽之处，需要进一步发展和完善：第一，需要进一步用现代经济理论和中国话语体系来阐释“一带一路”沿线国家园区合作的理论逻辑，进行系统的理论研究，贡献“中国智慧”；第二，需要进一步探索“一带一路”沿线国家差异性的园区合作模式与成长路径，对合作区的内在经济逻辑和运行机理进行分析，探索“中国模式”；第三，需要进一步在应用层面总结中国与“一带一路”沿线国家开展园区合作的样板和案例，对几种主要的园区类型进行剖析，形成“中国方案”；第四，需要进一步用可操作性的政策工具组合来保障“一带一路”沿线国家园区合作模式的有效推行，规范引导园区发展，凝练“中国经验”。

第三节 研究思路与框架结构

本书遵循“现状分析—理论构建—合作模式—成长路径—政策建议”的求证思路，立足于解决当前“一带一路”推进中我国园区“走出去”合作创新的重大理论与实践问题，展开多视角多维度研究，总体框架如图1-1所示。

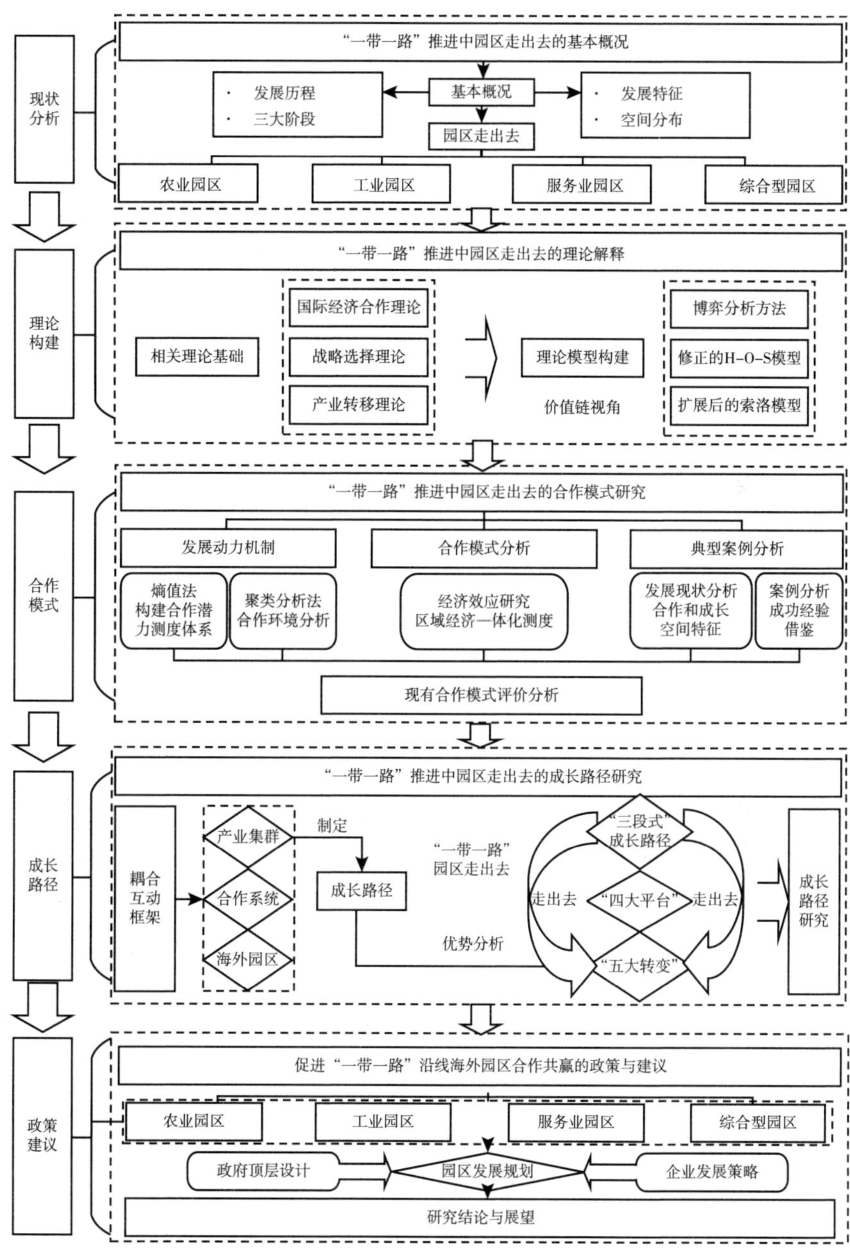

现状分析
"一带一路"推进中园区走出去的基本概况
基本概况
· 发展历程
· 三大阶段
· 发展特征
· 空间分布
园区走出去
农业园区
工业园区
服务业园区
综合型园区
理论构建
"一带一路"推进中园区走出去的理论解释
相关理论基础
国际经济合作理论
战略选择理论
产业转移理论
理论模型构建
价值链视角
博弈分析方法
修正的H-O-S模型
扩展后的索洛模型
合作模式
"一带一路"推进中园区走出去的合作模式研究
发展动力机制
合作模式分析
典型案例分析
熵值法
构建合作潜
力测度体系
聚类分析法
合作环境分析
经济效应研究
区域经济一体化测度
发展现状分析
合作和成长
空间特征
案例分析
成功经验
借鉴
现有合作模式评价分析
成长路径
"一带一路"推进中园区走出去的成长路径研究
耦合
互动
框架
产业集群
合作系统
海外园区
制定
成长路径
"一带一路"
园区走出去
优势分析
"三段式"
成长路径
"四大平台"
"五大转变"
走出去
走出去
成长
路径
研究
政策建议
促进"一带一路"沿线海外园区合作共赢的政策与建议
农业园区
工业园区
服务业园区
综合型园区
政府顶层设计
园区发展规划
企业发展策略
研究结论与展望

图1-1 研究思路

一、“一带一路”推进中园区“走出去”的基本概况

将沿线国家和地区的园区建设情况进行梳理，首先，将“一带一路”推进中园区“走出去”的发展历程与阶段划分为探索起步期、调整发展期和加速发展期，再进一步解析不同阶段园区的发展特征；其次，探讨海外园区的空间分布特征，对海外园区发展的宏观环境进行分析；最后，梳理“一带一路”推进中园区“走出去”的现有合作模式。主要包括：①“一带一路”推进中园区“走出去”的发展历程与阶段；②“一带一路”推进中园区“走出去”的发展现状与空间分布；③“一带一路”推进中园区“走出去”的主要类型；④“一带一路”推进中园区“走出去”的现有合作模式；⑤新时期“一带一路”推进中园区“走出去”面临的问题。

二、“一带一路”推进中园区“走出去”的理论解释

本书针对不同类型的海外园区建设进行理论解释并构建理论模型。对于农业园区，以海外农业园区内的互动关系为切入点，基于诺依曼（Neumann，1944）提出的博弈分析方法对海外农业园区协同合作的内在机理进行探究，进一步使用数学模型构建海外农业园区协同合作的关系模型，以此对海外农业园区协同合作机制进行理论分析；对于工业园区，梳理相关理论如国际经济合作理论、战略选择理论和产业转移理论，进而采用扩展后的索洛模型作为实证分析的理论基础；对于服务业园区，基于比较优势理论、服务效用价值理论、产品生命周期理论、选择激励理论、产业集群理论，并在上述理论基础之上，进一步修正和扩展博格思（1990）提出的 H－O－S 模型，以此阐明不同国家的服务园区在提供服务技术上的差别以及如何形成比较优势和商品贸易模式；对于综合型园区，通过借鉴相关学者的研究，探究如何助力“一带一路”推进中综合型园区“走出去”。主要包括：①园区“走出去”海外合作发展的理论支撑分析；②园区“走出去”海外合作发展的理论模型构建；③园区“走出去”海外合作的形成与演进机理分析。

三、“一带一路”推进中园区“走出去”的合作模式研究

针对“一带一路”沿线国家和地区现有的海外园区，对海外农业园区、工业园区、服务业园区和综合型园区四种类型园区的发展动力机制、合作模式进行分类分析，选取不同类型园区的典型案例，借鉴园区建设的成功经验。主要包括：①“一带一路”沿线国家园区的发展动力机制分析；②“一带一路”沿线国家园区合作现有模式的分析评价；③我国与“一带一路”沿线国家合作园区典型案例的分析。

四、“一带一路”推进中园区“走出去”的成长路径研究

基于“三位一体”（C－C－O）耦合互动框架对“一带一路”推进中园区“走出去”的成长路径进行研究，构建“三位一体”（C－C－O）耦合互动框架，探讨耦合互动机理和形态以及耦合互动框架下海外园区的动态演化。主要包括：①基于C－C－O耦合互动框架下产业集群优势分析；②基于C－C－O耦合互动的企业“三段式”成长路径；③基于C－C－O耦合互动的构建合作系统“四大平台”建设路径；④基于C－C－O耦合互动的海外园区竞争力“五大转变”提升路径。

五、促进“一带一路”沿线海外园区合作共赢的政策与建议

在理论分析的基础上，借鉴国外园区以及“一带一路”沿线园区建设的成功经验，针对政府顶层设计、园区发展规划和企业发展策略制定促进“一带一路”沿线海外园区合作共赢的政策与建议。主要包括：①中国促进“一带一路”沿线国家园区合作发展的政府顶层设计政策建议；②中国促进“一带一路”沿线国家园区合作发展的园区发展规划政策建议；③中国促进“一带一路”沿线国家园区合作发展的企业发展策略政策建议。

第四节　研究内容与研究方法

一、研究内容

全书共分九个章节，各章节主要内容如下：

第一章：绪论。对本书的整体背景进行介绍，主要包括研究背景与意义、国内外关于“一带一路”建设和海外园区空间布局与发展模式的相关研究综述、本书的研究思路与框架结构、研究内容与研究方法、创新之处以及后续研究。

第二章：“一带一路”推进中园区“走出去”的基本概况。本章主要介绍“一带一路”推进中园区“走出去”的发展历程与现状。首先，分析“一带一路”建设中园区在探索起步期、调整发展期以及加速发展期三个发展阶段的特点，对“一带一路”推进中园区建设的宏观环境进行分析，并探讨海外园区的空间分布特点；其次，依据不同园区的特征对海外农业园区、工业园区、服务业园区以及综合型园区四类园区进行剖析；最后，根据海外园区不同的合作主体、合作内容以及合作目的进行划分，探究“一带一路”推进中园区“走出去”的现有合作模式，并分析新时期园区“走出去”面临的问题。

第三章：“一带一路”推进中农业园区“走出去”的合作模式研究。本章以海外农业园区内的互动关系为切入点，基于诺依曼（Neumann，1944）提出的博弈分析方法对海外农业园区协同合作的内在机理进行探究，进一步使用数学模型构建海外农业园区协同合作的关系模型，以此对海外农业园区协同合作机制进行理论分析。首先，构建中国与沿线各国的农业合作潜力测度体系，包括测度指标的选取、模型的建立以及静态和动态指数的测度。其次，对中国与“一带一路”沿线国家的农业合作环境进行分析，选取合作环境指标并构建模型以及分析结果。构建“一带一路”推进中农业园区“走出去”的合作模式选择矩阵模型以及分析结果。最后，以中俄（滨海边疆区）现代农业产业合作区、中国·印度尼西亚聚龙农业产业合作区、中国·苏丹农业合作开发区三个典型农业园区为例，分析“一带一路”推进中农业园区的合作模式。

第四章：“一带一路”推进中工业园区“走出去”的合作模式研究。本章通过梳理相关理论如：国际经济合作理论、战略选择理论、产业转移理论，并采用扩展后的索洛模型作为实证分析的理论基础。首先，以泰中罗勇工业园、越南龙江工业园、中白工业园三个典型工业园区为例，分析“一带一路”推进中工业园区的合作模式；其次，探讨“一带一路”推进中工业园区“走出去”的发展动力机制，包括工业园区“走出去”的影响因素分析以及发展动力机制指标体系的构建；最后，构建海外工业园区的经济效应模型，实证检验海外工业园区对东道国以及我国经济发展的影响。

第五章：“一带一路”推进中服务业园区“走出去”的合作模式研究。本章基于“一带一路”推进中服务业园区“走出去”的相关理论基础：比较优势理论、服务效用价值理论、产品生命周期理论、选择激励理论、产业集群理论，并在上述理论基础之上，进一步修正和扩展博格思（1990）提出的 H－O－S 模型，进行服务业园区“走出去”的理论构建。首先，探讨“一带一路”推进中服务业园区“走出去”的发展动力机制，包括服务业园区“走出去”的影响因素分析以及发展动力机制指标体系的构建；其次，分析海外服务业园区对双边服务贸易的影响，实证检验海外服务业园区对服务贸易规模以及竞争力的影响；最后，以吉布提国际自贸区、中欧商贸物流合作园区和中哈霍尔果斯国际边境合作中心三个典型服务业园区为例，分析“一带一路”推进中服务业园区的合作模式。

第六章：“一带一路”推进中综合型园区“走出去”的合作模式研究。本章通过借鉴相关研究，从价值链视角探究如何助力“一带一路”推进中综合型园区“走出去”，为园区“走出去”提供理论解释。首先，构建中国与“一带一路”沿线国家区域经济一体化测度模型，对区域经济一体化程度进行测度和评价；其次，探讨“一带一路”倡议推进中综合型园区“走出去”的发展动力机制，分析综合型园区

“走出去”的影响因素，构建发展动力机制的指标体系并分析结果；最后，对几个海外综合型园区合作模式的典型案例进行分析，包括中国—越南（深圳—海防）经贸合作区、马中关丹产业园区以及伊朗格什姆自贸区。

第七章：“一带一路”推进中园区“走出去”的成长路径研究。本章通过构建“三位一体”（C－C－O）耦合互动框架，探究产业集群、合作系统、海外园区的关联性和“三位一体”（C－C－O）的多重邻近聚集性特征，分析C－C－O耦合互动机理及形态和C－C－O耦合互动框架下海外园区的动态演化。本章在C－C－O耦合互动框架下探讨企业“三段式”成长路径、合作系统“四大平台”的建设路径以及海外园区竞争力“五大转变”提升路径，探索“一带一路”推进中园区“走出去”的成长路径。

第八章：促进“一带一路”沿线海外园区合作共赢的政策与建议。本章对促进“一带一路”沿线海外合作共赢提出政策与建议，针对四种类型的海外园区：农业、工业、服务业以及综合型园区的发展现状以及合作模式提出针对性的政策性建议。

第九章：研究结论。本章基于上述章节对全书进行总结，得出本书的研究结论。

二、研究方法

（一）文献研究法

本书通过对“一带一路”沿线海外园区“走出去”的相关文献、会议记录、研究报告、出版书籍、数据库资料、官方网站信息等进行分析研究，从中探究各类海外园区的合作模式与其具体特征，为进一步探明“一带一路”推进中园区“走出去”的合作模式与成长路径提供研究基础。

（二）案例分析法

本书以“一带一路”沿线的农业、工业、服务业、综合型园区这四类海外园区的典型案例为对象进行分析，具体包括农业园区的中俄（滨海边疆区）现代农业产业合作区、中国·印度尼西亚聚龙农业产业合作区、中国·苏丹农业合开发区，工业园区的泰中罗勇工业园、越南龙江工业园、中白工业园，服务业园区的吉布提国际自贸区、中欧商贸物流合作园区、中哈霍尔果斯国际边境合作中心，综合型园区的中国—越南（深圳—海防）经贸合作区、马中关丹产业园区、伊朗格什姆自贸区。通过对不同类型海外园区的典型案例进行分析，为进一步探明“一带一路”推进中园区“走出去”的合作模式与成长路径提供案例借鉴。

（三）熵权法

熵权法的基本思路是根据指标变异性的大小来确定客观权重，本书建立了“一带一路”建设中推进四类园区“走出去”的发展动力机制，通过对农业园区、工业园区、服务业园区以及综合型园区“走出去”的影响因素，并对指标体系中的基础指标采用熵权法赋值，进一步研究各类园区“走出去”影响因素的重要程度，确定园区“走出去”的各项动力机制指标权重赋值，为园区“走出去”目的地的选择以及境外合作区的合作模式研究提供相关数据参考。

（四）聚类分析法

聚类分析法能够依据研究样本的数据特征进行科学合理的分类，主要有二阶聚类、动态聚类和层次聚类三种方法。二阶聚类法相对其他两种来说更具优势，主要体现在：一是该方法能够将连续变量与分类变量综合起来进行分析；二是能够根据数据的特征自动确定分类的数量；三是能够对大型数据进行处理。本书选取地理距离和文化距离两个连续变量，伙伴关系等级、政策支持等级、国家风险等级三个分类变量，运用SPSS软件进行二阶聚类分析，利用二阶聚类模型对中国与“一带一路”沿线国家农业合作环境进行聚类分析识别。

（五）二维矩阵模型

矩阵模型分析方法能够选取相关指标，将对研究对象有重要影响的因素通过矩阵的形式列举出来，而后用系统分析的思维方式，将各类影响因素综合起来进行分析，从而得到一系列具有决策性的结论。本书从波士顿矩阵模型思想出发，基于上述中国与“一带一路”沿线国家农业合作潜力测度与农业合作环境分析，考虑到农业园区“走出去”是一个长期的过程，选取动态农业合作潜力和合作环境这两个指标，构建二维矩阵模型。在农业园区“走出去”合作模式的选择过程中，将动态合作潜力和外部环境因素重点纳入考察，对潜在的合作机遇与风险进行深入的探究，保证境外农业园区的合作模式选择与内外部环境保持高度契合，以期更科学合理地做出模式选择决策，尽可能地发挥农业园区“走出去”的优势。

（六）固定效应模型

固定效应模型是面板数据分析方法的一种常用模型，本书使用该模型对2008～2020年27个东道国的面板数据进行回归分析，以检验我国工业园区“走出去”是否对东道国存在经济效应，对于发展状况不同的东道国，该影响效应是否存在异质性，以及海外工业园区的建设能否促进我国产业升级，对于不同省份的影响是否存在异质性，为工业园区“走出去”的经济效应提供实证支撑。

（七）贸易引力模型

贸易引力模型是在自然物理学的万有引力定律的基础上衍生而来的，在双边贸易流量影响因素的相关研究中得到越来越广泛的使用。该模型数据可获得性较强、结论稳健可靠，研究者可根据自身的研究方向来设定该模型中的影响因素。在延伸引力模型基础上，本书将探讨海外服务业园区设立作为结构突变条件，对东道国的服务贸易规模的影响变化。

（八）“三位一体”（C－C－O）耦合互动模型

“三位一体”（C－C－O）耦合互动模型包含产业集群（C）、合作系统（C）、海外园区（O）三个方面，本书通过构建“三位一体”（C－C－O）的耦合互动系统，从企业“三段式”成长、合作系统“四大平台”构建，产业集群竞争力“五大转变”提升的角度，研究“一带一路”推进中海外园区由政策驱动、产业驱动转向创新驱动的成长路径，探索产业集群、合作系统和海外园区三者之间的耦合互动关系，分析三者耦合互动机理，最后在C－C－O耦合互动框架下，探究海外园区的动态成长路径。

第五节 创新之处与后续研究

一、创新之处

（一）研究视角的特色和创新

基于“‘走出去’＋合作共赢”的视角，对中国主要区域与“一带一路”沿线次区域国家园区合作进行情景模拟，对“一带一路”沿线国家的境外经贸区进行合理分类，构建出更具实际操作价值的分阶段、内质化、差别化的合作模式和成长路径。

（二）学术观点的特色和创新

基于合作模式与成长路径的差异性，结合“一带一路”沿线次区域国家实情，从定性和定量两个层面，设计差异化政策工具组合，选择科学可行的途径，保障改进型和创新型园区合作模式与成长路径在“一带一路”沿线国家有效推行。

（三）研究方法的特色和创新

基于跨学科综合研究的优势，采用多学科综合集成的研究方法，不仅有理论研究的比较分析法、经验借鉴法、归纳演绎法等方法，也有实证研究的时间序列和面板数据分析方法、聚类分析法、熵权法以及使用二维矩阵估计模型等方法，可以保证研究的前沿性和可行性。

二、后续研究

随着我国“一带一路”沿线境外经贸合作区建设的不断推进，海外园区的相关领域吸引了越来越多学者的关注。本书虽已对各种类型海外园区的合作模式和成长路径进行了深入分析，但仍然存在未尽之处亟待补充完善。首先，本书在分析园区的发展模式时，仅从微观角度对不同类型的园区进行案例分析，没有对各个园区发展模式的共性进行详尽的说明，后续研究应当注重分析不同类型的海外园区在发展模式上的共性与异性；其次，本书的园区类型划分主要基于园区的经营活动和所处行业，可能存在一些新兴产业园区未包括在内，后续应当对未囊括在农业、工业、服务业、综合型四种园区类型中的园区分析进行拓展扩充，不断丰富园区分析案例库；最后，在对各个类型海外园区的发展动力机制进行指标体系构建时，相关指标的数据收集仍存在较大困难，后续研究还需进一步对园区相关指标体系以及数据库资料进行完善，便于进行海外园区的定量分析。

第二章

“一带一路”推进中园区“走出去”的基本概况

第一节 “一带一路”推进中园区“走出去”的发展历程

2013 年 9 月和 10 月，中国国家主席习近平在出访哈萨克斯坦和印度尼西亚时先后提出共建“丝绸之路经济带”和“21 世纪海上丝绸之路”的伟大倡议。2015 年 3 月，我国发布《推动共建丝绸之路经济带和 21 世纪海上丝绸之路的愿景与行动》，“一带一路”倡议正式走向实践。

自提出以来，“一带一路”倡议致力于构建全方位、多层次、复合型的互联互通网络，为实现沿线国家和地区多元化可持续性发展提供了坚强支撑，为我国与沿线国家和地区提供了拓展经贸往来，增强政治互信的重大历史契机。而产业园区作为我国经济发展的重要增长极，已经成为我国参与全球价值链分工的重要载体、实现高水平对外开放的重要窗口以及实现区域经济协调发展的强大力量。而随着中国对外开放的脚步不断加快，产业园区“走出去”即建立海外园区已经成为我国与沿线各国共建“一带一路”、推进区域经济协调发展的重要合作方式。发展以经济特区、高新技术园区、产业新区为代表的园区经济被国内外视为我国改革开放以来经济快速增长的重要经验。伴随着我国“走出去”战略路径的转换和升级，园区“走出去”成为我国新时代对外开放的重要形式。

近年来，我国园区“走出去”取得卓越成果，不仅加快了沿线国家经济社会发展，推动了高质量共建“一带一路”走深走实，也为日后更多企业与园区“走出去”奠定了坚实基础，已成为推动中国企业积极参与全球价值链分工的重要平台。“一带一路”倡议受到了沿线国家的积极响应，但“一带一路”倡议牵涉众多发展中国家和新兴经济体，其国内经济社会发展不稳定性因素较多，并且在国际复杂环境的影响下，我国园区“走出去”面临诸多挑战与风险。发展理念差异、政策环境多变、国际形势复杂等是我国园区“走出去”现阶段面临的主要挑战，如何融入东道国发展环境，拓宽投融资渠道、规避投资风险、进一步提高发展成效等是园区下一阶段需要重点考虑的内容。目前，我国园区“走出去”虽然已取得亮眼成绩，但是总体来讲，园区“走出去”尚处于起步阶段，园区的规划、建设、运营等仍需不断优化。

截至2022年12月6日，中国已与150个国家、32个国际组织签署200余份共建“一带一路”合作文件①，“一带一路”的朋友圈不断扩大，作为共建“一带一路”的重要内容，海外园区发展开启了新篇章。为深入探究“一带一路”倡议推进过程中我国园区“走出去”的成长路径，本书对园区的发展历程和建设现状进行了梳理，以探索我国园区“走出去”的高质量发展道路，以期对我国以及沿线国家园区经济的发展提供建议和支撑。

一、探索起步期

改革开放后，我国园区经济发展取得亮眼成绩，经济特区、经开区等经济园区均取得了较大成功。试点成功后，园区经济模式由沿海推广至全国。40多年来，我国园区经济在产业升级、出口创汇、改善就业、科技发展、振兴经济等方面取得了傲人成就。园区经济不仅为

① 《数说共建“一带一路”2022》，中国一带一路网，2023年4月1日，https：//www.yidaiyilu. gov. cn/xwzx/gnxw/299772. htm。

区域经济的发展做出了重要贡献，也为中国经济结构的转型做出了不俗贡献，是塑造中国奇迹乃至东亚奇迹的重要引擎。

我国园区“走出去”起始于20世纪90年代中后期。经过20多年的发展，我国国内产业园区表现不俗，海外园区建设逐步获得了政府的支持。与此同时，新一轮对外投资和产业转移的热潮在全球范围内兴起，发展中国家开始兴建面向全球的出口加工区等各类产业园区，拓展对外开放的领域，以期实现经济起飞。在此契机下，我国企业抓住机会，走出国门，建设海外园区。

（一）参建“经济特区”

20世纪90年代初，一些拥有海外经营经验的企业，在海外经营过程中不断熟悉当地营商环境，初步具备了参与大型项目投资的能力。尤其是实力过硬同时负有实现国家政策目标等特殊历史使命的一批企业，以专业的外贸公司和省市国际经济技术合作公司为代表，他们率先在海外建设起“中国城”、商品集散中心等，不断扩大与东道国合作的领域，将资金、前沿技术、先进设备、高端人才等国内稀缺资源“引进来”，开启了我国企业海外发展的“试点”新征程。这其中较为典型的有“锦绣中华公园”、巴黎中国城和GD波兰集散中心等，分别由香港中旅集团、广东粤海集团投资开发。尽管早期港中旅、粤海集团等企业探索建设的“中国城”、商品集散中心等，并不具备海外产业园区的产业集聚功能而只是文化、商贸相对集中的场所，但正是这些先驱企业的探索，为日后我国企业海外经营直至建立海外产业园区积累了有益经验。

20世纪90年代中后期，世界主要国家开启了新一轮的海外投资和产业转移，我国政府也开始大力支持企业“走出去”。在此契机下，我国一批发展势头良好、实力过硬的企业开始走出国门开展海外业务，并且抱团发展，这些企业主要是参与东道国的特殊经济区的建设，获得了当地政府的支持和欢迎。其中，比较典型的有，我国企业分别于1995年和1998年参与了越南和埃及的经济特区建设，在这两个国家建立了越南铃中加工出口区、中埃苏伊士经贸合作区两个大型海外园区。

如今，这两个园区已经成为我国海外园区建设中的典范项目。

铃中加工出口区是我国企业走出国门在海外建立的第一个加工出口区，也是我国第一个真正意义上的海外产业园区。铃中加工出口区由中国电气进出口联营公司联手越南本土企业胡志明市西贡工业区开发建设。加工出口区共分为三个区域，其中一区位于越南第一大城市胡志明市市区东北部，交通方便，区位优势明显，占地 62 公顷。从 1995 年开始建设到 2000 年，加工出口区主导公司以滚动开发的方式，完成了园区内部的基础建设和布局。到 2000 年底，园区内厂房全部租出，吸引了 33 家来自日本、韩国等国家的企业入驻，吸引投资 1.8 亿美元。2001 年，园区实现 2.55 亿美元的出口额，此后不断上涨，2004 年实现了 5.02 亿美元的出口额，为 5 万余人解决就业问题。此后，中越双方趁热打铁，出口区加工区二区、三区的开发工作分别于 2000 年、2003 年开启。园区全部建成后，有望吸引 100 ~ 120 家来自世界各地的企业入驻，2 亿 ~ 3 亿美元的投资资金，年出口额将达到 5 亿 ~ 7 亿美元，创造 6 万 ~ 7 万个就业岗位。[①] 经过 20 多年的快速、稳定的发展，铃中加工出口区在产业规模、出口额以及创造本土就业机会方面都名列越南全境出口加工区和工业区前茅，被认为是越南最成功的工业区之一。铃中加工出口区的成功对我国后续发展海外产业园区具有标杆意义，其建设、运营经验对其他园区发展有重要参考意义。

1984 年，国务院批准建立天津开发区（泰达），泰达由此成为中国开发区的代表和领军者，30 多年来带领中国各类产业园区成为中国经济发展的一道亮丽风景线。埃及政府在 20 世纪 90 年代初就提出了在苏伊士湾建立经济特区的设想，并且在 1994 年向来访的中国领导人提出合作开发意向。埃及苏伊士湾西北经济区建设合作意向书在 1998 年正式签署，泰达集团在我国国务院的支持下代表中国帮助埃及开发建设。1999 年，为实现共同开发，天津泰达集团（占股 10%）和埃及公司组建了合资公司。园区从构想到实践的过程均有两国政府背书，

① 佚名：《越南铃中加工出口区成功秘笈》，载于《中国 - 东盟博览》2007 年第 4 期，第 4 页。

但是在这一时期，由于经营权归属以及当地政府腐败等问题，园区建设并未走上正轨。因此 2003 年，初战失败的泰达集团开始探索新的开发模式。泰达集团开始独资购买土地并建设苏伊士工业园，吸引了近 10 家企业入驻。此后，中非陆续签署了双边促进投资和保护投资协定，非洲投资环境逐渐改善，苏伊士工业园再发展的时机更加成熟。2007 年，泰达集团参与我国商务部首批境外经贸合作区项目的招标并顺利中选。此后，泰达又在埃及政府新一轮的经济特区计划中中选。截至 2020 年 12 月底，泰达苏伊士经贸合作区内共有 96 家来自世界各地的企业，实际投资额超 12.5 亿美元，累计实现超 25 亿美元销售额，为东道国政府创造税收近 1.76 亿美元，直接或间接创造了 3.6 万个就业岗位①。中埃泰达苏伊士经贸合作区不仅是中非经贸往来、产能合作的示范性工程，也是我国发展最好的境外经贸合作区之一，为我国海外园区建设、经营提供了参考范本。

铃中加工出口区和苏伊士合作区的共同点在于这两个园区都致力于通过与东道国合作开发“经济特区”，从而提升国际竞争力。但这两个园区面临的外部环境是不同的：铃中加工出口区所处的外部环境较好，主导企业对东道国投资、生产环境都十分熟悉，且政策条件十分有利，获得了东道国政府的大力支持，顺利完成三区开发；苏伊士经贸合作区虽然由两国政府共同支持，但却也因此面临着政府间合作和企业间合作的双重问题，加之泰达初期对东道国经营环境并不熟悉，走了很多弯路，此后主导企业独立建园区，不断熟悉东道国市场，政策环境改善，园区建设、经营才逐步走上正轨。发展轨迹虽然不同，但这两个园区共同奠立了我国“企业主导、政府支持”的海外园区建设模式。

（二）自建加工贸易区

1997 年亚洲金融危机爆发之后，我国为拓展出口边际，出台了

① 资料来源：《共建“一带一路”为中阿合作注入新动力（大道不孤）》，中国共产党新闻网，2022 年 1 月 2 日，http://cpc.people.com.cn/n1/2021/1214/c64387-32307137.html。

《关于鼓励企业开展境外带料加工装配业务的意见》，鼓励发展较好、有国际化发展需求的轻工、纺织、家电等行业向海外转移部分生产力，到境外开展带料加工装配业务。这一举措推动了海外加工贸易区的建设。

福建华侨实业集团公司从20世纪90年代开始，先后与古巴、东南亚等国家和地区开展贸易活动，在逐渐深入了解当地市场情况之后，华侨实业集团逐渐拓展业务，在当地建厂、建园。综合考虑企业本身的比较优势，如资金和技术等，华侨实业先后在古巴、埃及、南非等国家投资成立了五家企业，这些企业多数发展较好，规模经济初显。1998年华侨实业集团在古巴创办了以生产和销售塑料拖鞋、其他鞋类以及塑料制品的合资企业，填补了当地沙滩拖鞋的市场空白点。2000年合作企业拖鞋产量达到320万双，实现了较高的市场占有率①。2000年，华侨实业集团又在古巴投资建立了福建轻加工小区，开创了福建省在海外建设境外加工贸易区的先河，先后吸引了三家企业落户。到2007年，华侨实业集团在古巴的沙滩鞋市场占比超80%，已在古巴投资建成了3个工厂，生产范围也拓展到皮鞋和旅游鞋等新品类②。

1993年，海尔集团的冰箱等家用电器逐渐出现在中东市场，海尔设计的大容量家用电器契合了中东消费者对大容量家用电器的需求。2000年，海尔初步搭建起功能完善、覆盖面广的中东经销商网络。2001年底，海尔与其在中东的贸易伙伴合资成立海尔中东贸易公司，并在约旦建立了海尔中东电器工厂，两年后，该厂实现了电视、洗衣机等家电的量产。海尔电器本土化的生产和销售策略使其很快在中东市场上占有一席之地。2005年3月1日，在约旦首都安曼，海尔中东工业园正式开业。海尔在中东本土化的研发、生产、销售“三位一体”的成功实践离不开海尔中东工业园的贡献。然而，这并不是海尔“走出去”的第一次尝试。早在20世纪90年代，海尔就在美国投资建厂、建园，尝试本土化研发、生产和销售，并取得了成功。此后，海尔将

①② 佚名：《华侨实业进军古巴市场》，载于《中外鞋业》2000年第12期。

美国的成功经验复制到巴基斯坦等中东地区。

总结我国早期海外加工贸易区的发展进程可以发现，我国海外园区发展的两大特色是资源导向和市场导向。这也符合对外直接投资的区位选择理论。早期海外加工贸易区的主导企业充分了解东道国市场需求和政策规定，稳扎稳打，以贸易引导投资，以投资促进贸易，最终取得了成功。

（三）合建海外科技园区

中国海外加工贸易园区建设初期，全球范围内兴起了建设高科技园区的热潮。在此背景下，为了整合人力、资金、技术、设备等国际资源、学习海外先进经验、发挥比较优势、拓展国际市场，同时为了响应党中央提出的“走出去”战略，我国部分企业开始建设海外科技创业园。2001 年 6 月，中国海外科技创业园筹备小组和筹备办公室在科技部的支持下成立。同年 11 月，美国马里兰大学副校长访问科技部，并参加了科技部部长举行的会晤活动，双方共同签署了关于在马里兰建立中国海外科技创业园的联合备忘录。2002 年 11 月，中美马里兰科技园正式进入规划建设阶段，该科技园由中国国家科技部火炬中心、中关村科技园以及美国马里兰大学共同投资开发，总投资 1 000 万元。2002 年底，共有 35 家中国企业通过审核入驻园区。科技园积极统计入驻企业的同质需求信息，通过统一采购或者推介的形式为园区内企业解决需求。园区还会协调企业与政府相关机构间事务，并组织相关培训如软件服务出口服务（OSE）培训。基于中美马里兰科技园经验，至 2005 年，我国批准建立了 7 个海外科技创业园①，推动了一批科技企业“走出去”学习科学管理经验与先进技术。

早期我国海外科技园区的设立主要是以学习为主的尝试，主要分布于欧美发达国家。随着我国企业自主创新的能力增强，后期越来越多的高科技企业走出国门，建立高科技海外产业园区。

---

① 这些科技园为：中美马里兰科技园、中国火炬高技术创业中心、中俄科技友谊园、中英剑桥科技园、中英曼城科技园、中澳科技企业孵化中心、中澳科技园。

二、调整发展期

加入世贸组织以后，中国对外开放进程加快，企业“走出去”的实践不断深入，也逐渐引起国家政策层面的重视，园区“走出去”迎来了重大机遇。进入21世纪，经济全球化趋势越来越明显，对外直接投资规模持续扩张。1990年我国OFDI仅为9亿美元，而2006年我国OFDI较1990年增长了近22.5倍，达到211.6亿美元，世界排名也大幅跃迁到第13位。但在对外经济蓬勃发展的背后是我国企业“走出去”遭遇瓶颈期：如何避免国际贸易摩擦、提高对外投资收益、转移过剩产能、提高全球价值链分工地位等是我国企业“走出去”需要解决的主要问题。此时，我国政府从政策层面出发，引导企业、园区“走出去”的同时保障中国企业利益，为我国企业海外经营提供强大的国内支持。

2005年底，为拓宽对外直接投资渠道，我国开始兴建境外经贸合作区，相关部委出台多项配套措施，政府鼓励企业抱团到海外建设境外经济贸易合作区。2006年6月商务部印发《境外中国经济贸易合作区的基本要求和申办程序》，正式启动了境外经贸合作区的申报和评选工作。境外经贸合作区经确认后，可以获得2亿~3亿元的财政支持以及不超过20亿元人民币的中长期贷款。2006年、2007年商务部先后批准设立两批共计19家境外合作区，在此带动下我国海外园区建设迎来了第二轮的推进，至2013年，我国新增海外园区70余个①。

（一）优惠政策与严格筛选条件并行

国家为鼓励企业“走出去”，出台了一系列优惠政策，如《关于同意推进境外经济贸易合作区建设的意见》《境外经济贸易合作区发展资金管理暂行办法》以及《境外经济贸易合作区考核管理办法》。这些政策的出台为境外经贸合作区搭建起较为全面的政策配套支持体系。境外经贸合作区可以在投资、土地、税收、程序审批、货物通关、基础设施配套等方面获得国家的支持。这一系列政府配套支持体系为中国

① 资料来源：根据中华人民共和国商务部（www.mofcom.gov.cn）公开资料进行整理统计。

海外园区的建设提供了较为全面的保障，也推动中国企业“走出去”建区和入区的热情不断高涨。与此同时，我国政府在境外经济贸易合作区的招标工作中，以“高标准、严要求”选择实力过硬的企业，与营商环境相对优良且同我国保有良好外交关系的国家政府达成协议，以确保境外经贸合作区能够抵御国际竞争的风险。如表2-1所示，商务部共进行了两轮招标，第一轮批准了6家，第二轮批准了13家。这些境外经贸合作区的主导企业多是深耕国际市场多年、拥有海外成功经营经验、发展较好的企业，如海尔集团、中国土木工程集团有限公司、天唐集团等；主要涉及能源、轻工、家电等国内成熟产业。国家境外经贸合作区投入建设后，总体发展较好，成为中国参与经济全球化的重要平台。

表2-1　　2006~2007年获批的19个境外经贸合作区

序号		合作区名称	境内主体企业	境内主体企业所在省市	投资区位	投资规模	主要产业
第一轮	1	海尔—鲁巴经济区	海尔集团	山东	南亚	2.5亿美元	建材、家电、纺织等
	2	尼日利亚广东经济贸易合作区	广东新广国际集团	广东	非洲	约2亿美元	家具、建材、陶瓷、五金、医药、电子等
	3	赞中经贸合作区	中国有色矿业集团有限公司	北京	非洲	7亿美元	金属冶炼、商贸服务业、加工制造业等
	4	西哈努克港经济区	红豆集团	江苏	东南亚	30亿美元	纺织服装、五金机械、轻工家电等
	5	泰中罗勇工业区	中国华立集团	浙江	东南亚	12亿美元	汽配、家电和电子、建材等
	6	天利（毛里求斯）经济贸易合作区	山西天利实业集团	山西	非洲	7.66亿元	产品加工及物流仓储、商务商贸、绿色能源等

续表

序号		合作区名称	境内主体企业	境内主体企业所在省市	投资区位	投资规模	主要产业
第二轮	7	俄罗斯圣彼得堡波罗的海经贸合作区	上海实业集团	上海	俄罗斯	13.46亿美元	房地产开发等
	8	俄罗斯乌苏里斯克经济贸易区	中国康吉国际投资有限公司	浙江	俄罗斯	20亿元	轻工、机电、木业等
	9	中俄托木斯克木材工贸合作区	烟台西北林业有限公司、中国国际海运集装箱股份有限公司	山东	俄罗斯	15.7亿美元	森林资源采伐、木材加工贸易、物流业等
	10	中国广西印尼沃诺吉利经贸合作区	广西农垦集团	广西	东南亚	20亿元	机械制造、生物制药、建材、家用电器等
	11	韩中工业园区	中国东泰华安国际投资有限公司	重庆	东北亚	1.76亿韩元	汽车、摩托车、生物技术、物流及批发业等
	12	阿尔及利亚中国江铃经贸合作区	中鼎国际、江铃汽车集团	江西	非洲	38亿元	汽车及配件、建筑材料等
	13	墨西哥中国（宁波）吉利工业经济贸易合作区	浙江吉利美日汽车有限公司	浙江	南美	25亿元	汽车整车和零部件生产等
	14	埃塞俄比亚东方工业园	江苏永钢集团有限公司	浙江	非洲	2.5亿美元	冶金、建材、机电等
	15	埃及苏伊士经贸合作区	天津泰达投资控股有限公司	天津	非洲	1亿美元	纺织服装、石油装备、新型建材及精细化工等

续表

序号		合作区名称	境内主体企业	境内主体企业所在省市	投资区位	投资规模	主要产业
第二轮	16	委内瑞拉中国科技工贸区	山东浪潮集团	山东	南美	1亿美元	电子、家电、农业机械等
	17	尼日利亚莱基自由贸易区	江宁经济技术开发区和南京北亚集团联合投资	江苏	非洲	25.19亿美元	高端制造业、产业装配、城市服务业等
	18	越南中国龙江经济贸易合作区	钱江投资管理有限责任公司	浙江	东南亚	1.05亿美元	电子、机械、轻工、建材等
	19	越南中国（深圳）经济贸易合作区	中航集团、中深国际公司、海王集团	深圳	东南亚	2亿美元	纺织轻工、机械电子、医药生物等

资料来源：根据资料整理绘制。

（二）东道国拉动与我国推动双向发力

建立境外经贸合作区是我国应对世界经济变化的重要手段，在我国园区“走出去”过程中乃至我国对外开放进程中具有重要意义。境外经贸合作区是我国推动园区“走出去”的发展目标与东道国对外资的迫切需要双向发力的结果。

一方面，部分东道国国家试图借鉴中国园区经济发展经验的需求拉动了我国园区“走出去”。东南亚、非洲、拉美等欠发达地区以及与我国经贸往来比较频繁的邻国俄罗斯、韩国等是我国境外经贸合作区的主要布局区域。20世纪90年代末开始，非洲多个国家领导人提出学习中国的经济特区建设经验的愿望，希望深圳、苏州的发展奇迹在非洲大陆重现，中国政府积极共享发展经验。中埃泰达苏伊士经贸合作区就是由埃及政府向中方政府提出建议，而后由我国政府选派泰达集团前往非洲开发建设。我国政府高层也非常重视海外园区的开发与运营，多年来延续了出访期间参观重要海外园区的惯例。

另一方面，园区“走出去”是我国实现高水平开放的重要举措，也是提升我国产业国际竞争力、缓解贸易摩擦的重要手段，这是推动园区“走出去”的内在动力。2006 年，中非合作论坛北京峰会召开，中非双方确定了“推动非洲工业发展、加强非洲生产和出口能力”的目标。时任国家主席胡锦涛在峰会上宣布，未来三年内，我国政府将支持国内企业在非洲新建 3 ~ 5 个境外经济贸易合作区。2006 ~ 2007 年商务部设立的 19 个境外经贸合作区中共有 7 个位于非洲，其中有些园区还被列入东道国政府重点支持的产业项目。我国企业开拓非洲市场的热情不断高涨，尤其在中非新的对话机制——中非合作论坛机制建立起来之后。2009 年，中国有色矿业集团在赞比亚建设的赞比亚—中国经济贸易合作区（卢萨卡园区、谦比园区）已经成为中非合作、南南合作的典范。此外，我国在吉布提、津巴布韦、莫桑比克、尼日利亚、乌干达等非洲国家建设了多个海外园区。一批产业链相对完整、功能较为完善的海外园区在非洲这片热土上成长起来。

我国海外园区的发展向世界证明了“双向发力”的良性结果，“双向发力”将东道国的发展诉求与我国园区“走出去”的目标紧密对接，最终实现双赢，为区域经贸合作打造了典范。

三、加速发展期

2013 年，习近平总书记提出“一带一路”这一伟大构想。同年 12 月，党的十八届三中全会通过的《中共中央关于全面深化改革若干重大问题的决定》明确指出：“加快构建同周边国家和区域基础设施互联互通建设，推进丝绸之路经济带、海上丝绸之路建设，形成全方位开放新格局。”自此，高水平共建“一带一路”成为我国建设开放经济新体制的重要支点。与此同时，2008 年金融危机后，世界主要大国经济复苏缓慢，国际政治经济形势复杂化趋势明显，国家间竞合趋势逐渐演变为区域经贸合作。“一带一路”倡议的推进是推动我国海外园区质量与数量实现了第三轮大幅推进，园区布局也更科学、更合理、更全面。

（一）“一带一路”加速园区“走出去”促进国际产能合作

首先，中国海外产业园区大多具有加工贸易性质，是“中国制造”走出国门的重要载体，更是推动国际产能合作的重要平台。“一带一路”在拓展相互投资领域纳入了农业、海洋、能源矿产资源等行业，在推动新业态合作方面则包括信息技术、生物医药、新能源、新材料等。商务部在解读《国务院关于推进国际产能和装备制造合作的指导意见》时指出，鼓励电力、轨道交通、工程机械、汽车制造业等传统优势行业企业到沿线国家开展投资活动，支持轻工纺织、食品加工企业到人力成本较低、市场潜力较大的沿线国家建厂、建园。可以看出，“一带一路”倡议投资领域与国际产能合作领域契合性较高。

纺织、鞋服、电器、机械、建材等“中国制造”传统优势行业是我国多数海外产业园区的主导产业，同时也是劳动密集型行业，这与东道国的市场需求和丰富的劳动力资源能够有效对接，从而形成了基于供需关系的国际产能合作。因此，人口大国和资源大国备受中国“走出去”的企业青睐。

因此，那些欠发达的东道国尤其受欢迎，例如近年来东南亚地区成为中国对外投资的主要地区之一。深越合作区坐落于“一带一路”与越南“两廊一圈”发展规划的交汇点上，且距离中国边境仅 200 多公里，位置优越。深越合作区首期规划约 2 平方公里，园区规划涉及生产、经营、生活等主要功能区，初期规划投资 2 亿美元。深越合作区聚焦轻工制造，重点引进电子、机电行业的企业，致力于打造“中国制造”的高品质园区，让“中国制造”走出国门。卧龙电气、三花智控等 28 家科技企业已经入驻深越合作区，预计首期建成后将为当地创造 2 万 ~3 万个就业岗位。

其次，资源丰富也是中国园区“走出去”的区位选择的重要考虑因素之一。例如俄罗斯森林、农业资源丰富，是我国海外园区布局最密集的国家。园区类型涉及加工制造园区、商贸物流园区、农业产业园区等，其中农业园区和木材加工园区数量较多。俄罗斯人均耕地面积较大，气候条件和土壤条件适宜，而我国主要粮食产区——东北地区邻近俄罗斯远东地区，种植经验丰富，掌握先进农业技术，同时劳动力资源丰富，与俄罗斯农业发展优势互补。因此，位于俄罗斯的我国海外农业产业园区主要由东北企业建设或经营。如华信中俄现代农业产业合作区、中俄什克托沃农牧产业园、俄罗斯泰源农牧产业园等。此外，森林资源丰富是俄罗斯的另一优势，木材加工为主的海外园区在俄罗斯数量也较多，例如中俄托木斯克木材工贸合作区、中俄林业坎斯克森林资源经贸合作园区、俄罗斯下列宁斯科耶木材加工园区等。此外，中俄森林资源开发是两国元首倡导、总理定期会晤机制下确定的合作项目。两国政府确定了《中俄托木斯克州森林资源合作开发与利用总体规划》，中俄托木斯克木材工贸合作区是这一框架下首个实质性推进的最大合作开发项目。合作区也是我国推进境外经贸合作区建设的重点项目之一。

（二）“一带一路”推动园区“走出去”振兴区域经济

我国园区“走出去”是“一带一路”框架下中国向世界传递“中国经验”的新通道、新尝试，为振兴区域经济提供了新思路。

一是推动产城融合，助力东道国打造“经济特区”。新时期，我国开发区普遍出现了从工业区向新城区的转变趋势，即实现产城融合。我国海外产业园区建设多年后也逐渐转型，从促进经济发展向实现社会发展转型。如江苏红豆集团正在柬埔寨努力转型。红豆集团在柬埔寨西哈努克港建立的境外经贸合作区，是我国与东盟国家共建“一带一路”的典范项目。建立10多年以来，西哈努克港经济特区始终秉持着合作共赢的发展理念，如今已经初步实现规模化、国际化发展，累计吸引166家企业入驻，带动3万余人就业。柬埔寨《2015－2025工业发展计划》中特别指出，打造综合性的示范经济特区是西港未来的发展方向。西哈努克港正在高质量建设2.0升级版特区，进一步打造产业化、国际化、资本化的园区，推动园区从单一生产型园区经济转向综合发展的城市经济转变，复刻深圳的发展奇迹。

二是共享先进发展模式，推动园区高质量发展。我国园区“走出去”虽然已经取得亮眼成绩，但是海外园区的建设、运营还存在一些问题如缺乏战略性、系统性的规划等。目前已有一批佼佼者在国际竞争中成长起来，成为实力过硬的国际化园区，并且将先进经验在其他海外园区之间共享，实现资源共享、互联互通。例如，中埃泰达苏伊士经贸合作区已经成功吸引了世界各国30余家企业投资建厂，已经形成石油装备产业园区、高低压电器产业园区、纺织服装产业园区、新型建材产业园区、机械制造类产业园区等各类园区共同发展的繁荣局面。各园区内主导产业清晰，产业链完善，已有巨石（埃及）集团、西电－Egemac高压设备公司等行业翘楚入驻，园区内产业集聚效应、规模效应初显，已经进入健康良性的发展轨道。泰达集团在建设、经营苏伊士经贸合作区过程中，形成了“泰达海外模式”，缅甸皎漂港、吉布提项目和蒙巴萨项目等先后参考了泰达的海外经验。泰达将自身海外发展的成功经验标准化、模式化，帮助“走出去”的园区平稳过渡，抵御国际竞争的风浪。泰中罗勇工业园发展快速，中泰投资合作格局也逐渐走向多领域、全方位。泰中罗勇工业园的成功，为我国企业开拓国际化之路打造了典范，也为其主导开发企业华立集团坚定了布局海外园区的步伐，华立集团将在泰国的成功经验带到北美——华立集团正在加快墨西哥中国工业园的建设进程。泰中罗勇工业园的负责人多次在各类经验座谈会上分享园区建设、运营以及企业根植海外市场的经验，与各类海外园区共享发展经验，推动海外园区高质量发展。

三是对接双边战略，创造共同繁荣新局面。合作建设产业园区是推进“一带一路”建设的重要方式，沿线国家高层领导人多次以各种方式洽谈相关事宜，相关部委也相继出台支持政策，设立经济特区也被许多东道国国家纳入经济发展战略。例如俄罗斯位于新亚欧大陆经济走廊、中蒙俄经济走廊上，是“一带一路”上的重要节点，是我国海外园区数量最多的国家。2015年5月8日，中俄联合发表《关于丝绸之路经济带建设和欧亚经济联盟建设对接合作的联合声明》，正式将欧亚经济联盟对接“一带一路”倡议纳入国家层面的战略合作，我国布局于俄罗斯的产业园区的发展环境空前良好，海外园区也成为推动这一新的双边合作机制的强大推动力。此外，柬埔寨“四角战略”①、越南“两廊一圈”发展规划②等都与“一带一路”倡议发展目标高度契合。2015 年，习近平总书记在访问越南时提出：“推动两国发展战略对接，扩大‘一带一路’和‘两廊一圈’的战略对接。”产业园区合作有效对接了“一带一路”发展目标以及东道国经济发展战略，服务于区域经济振兴。

中国园区“走出去”的实践探索过程，是中国对外直接投资、发展开放经济的历史进程的缩影。20 世纪 90 年代开始中国一批先进企业大胆“走出去”，从在海外投资建厂到开办出口加工贸易区，再到在政府背书下建立境外经贸合作区、自由贸易区，从单一类型的产业园区再到产业多样化的综合型园区，中国海外园区在曲折中发展壮大。总结园区“走出去”的三个阶段，可以得出中国海外园区发展的特点如下：一是园区多产业经营趋势明显，中国早期建设主要是单一类型的园区，主要以劳动密集型、资本密集型的单一加工制造、农业生产、资源开发型园区为主。“一带一路”倡议提出以后，园区开发、建设迎来新的高潮，并且主要采取多产业经营的模式，园区主导产业朝着高端化方向演进，科技园区数量不断增加。二是海外园区的开发主体逐渐专业化，涌现出一批具有国际竞争力和全球品牌效应的园区开发企业。中国企业起初在政府大力支持与引导下参与海外园区建设，逐渐发展为主动开发海外市场，并且在招商、引资、法律等环节中展现出越来越高的专业水平。三是海外园区朝着产城融合的方向发展，一大批产业链完整、商业配套设施完善、物流畅通、生活条件优良的海外园区成长起来。四是园区发展模式的包容性、共享性不断增加，海外

① “四角战略”核心内容：以优化行政管理为核心，加快农业发展、加强基础设施建设、吸引更多投资和开发人才资源。

② “两廊一圈”指“昆明－老街－河内－海防－广宁”和“南宁－谅山－河内－海防－广宁”经济走廊以及环北部湾经济圈。合作范围包括中国的云南、广西、广东、海南四省区和越南的老街、谅山、广宁、河内及海防五省市，总面积 86.9 万平方公里。

园区不再仅仅服务于企业转移产能、开拓市场，转而成为中国与东道国开展产能合作、拓展经贸往来、提高政治互信、共享资源、共谋发展的重要平台，园区也主动承担责任，为两国人民谋幸福、谋发展。面向未来，中国园区“走出去”将推进“一带一路”走深走实，实现高质量发展。

第二节　“一带一路”推进中园区“走出去”的发展现状与空间分布

如图2－1所示，截至2018年底，中国已在世界各地建设海外园区182个，其中70%以上位于“一带一路”沿线国家，俄罗斯（44家）是我国海外园区布局最多的国家，其次是东南亚和东非地区，其中布局于东南亚地区的海外园区集中在柬埔寨（9家）、越南（6家）等国家，布局于东非地区的海外园区集中分布在埃塞俄比亚（10家）。“一带一路”倡议提出以后，我国海外园区建设实现了大幅推进，据统计，2013～2018年，中国和24个国家建立了82个经贸合作区和工业园区，总投资超过280亿美元，数量和质量均实现大幅度提升[①]。仅在2017年，我国在泰国、柬埔寨、哈萨克斯坦、老挝、俄罗斯等“一带一路”沿线国家新增境外经贸合作区19个，新增入园企业比2016年底增加2倍多，达2 330家，上缴东道国税费较2016年增长一倍，达11.4亿美元[②]。截至2021年，纳入商务部统计的境外经贸合作区分布在46个国家，累计投资507亿美元，上缴东道国税费66亿美元，为当地创造39.2万个就业岗位[③]。中国的海外产业合作园区遍布“一带一路”六

① 刘佳骏、汪川：《园区观察｜中国海外园区从重资产投入向轻资产投入转变》，澎湃新闻，2020年1月15日，https：//www.thepaper.cn/newsDetail_forward_5450767。

② 赵海、曾刚、胡浩：《“一带一路”倡议下中国海外园区建设与发展报告·2018》，中国社会科学出版社2018年版。

③ 《商务部就2021年我国对外投资合作有关情况等答问》，商务部网站，2022年1月20日，www.gov.cn/xinwen/2022－01/20/content_5669535.htm。

大经济走廊，覆盖亚、欧、非地区。随着共建“一带一路”走深走实，以及构建“双循环”新格局的步伐加快，我国园区“走出去”将迎来更大机遇，然而当前国际政治、经济形势复杂，又有疫情冲击，园区“走出去”也面临着更大的挑战。

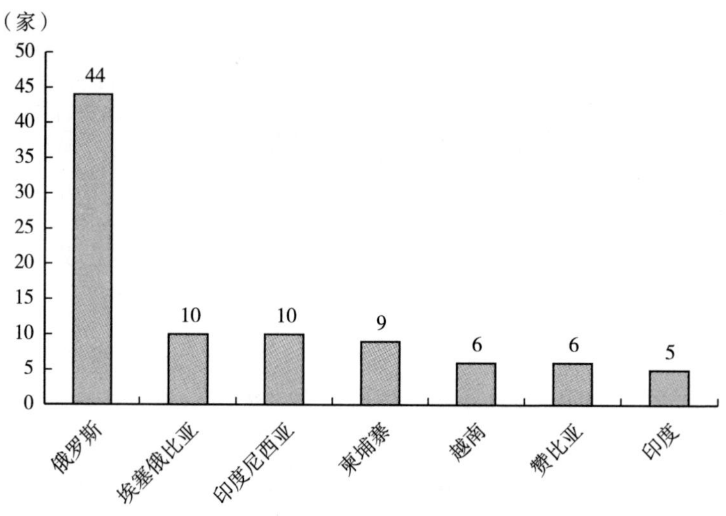

图 2-1　我国海外园区国家层面分布情况

资料来源：《1992－2018 年中国境外产业园区信息数据集》。

一、海外园区的发展现状

在经济全球化的推动下，跨国经济合作、国际区域开发成为国家间竞合新形式，许多新兴经济体以及发展中国家开始掀起经济特区建设的热潮，这为中国园区“走出去”创造了丰富的机会。为了抵御国际竞争风险，中国海外园区取长补短、稳扎稳打，将自身成熟产业的优势嵌入东道国的发展目标之中。经过几十年的探索与拓展，中国海外园区成为我国参与国际经济合作的重要手段。“一带一路”倡议提出以后，在政府背书和地方配合推动下，中国园区“走出去”发展迅速。中国海外园区的数量和质量都有大幅度提升，布局更加合理，整体呈现集群化联动新态势。

（一）园区“走出去”形成多元化发展态势

改革开放以来，我国积极承接发达国家产业转移，我国制造业蓬勃发展，产能逐渐扩张，逐渐成长为“全球制造中心”。然而，全球贸易保护主义抬头，中国生产成本逐渐上升，发达国家的加工制造业逐渐倾向于转向生产成本更低的东南亚地区，与此同时国内部分产业产能过剩，因此开拓一条新型可持续发展的投资道路迫在眉睫。如图2－2所示，我国海外产业园区中超过30%是加工制造型园区，主要以轻工纺织、家电制造、装备制造等产业为主，例如埃塞俄比亚阿达玛（Adama）轻工业园区、泰国湖南工业园。此外，在一些资源丰富的东道国国家分布着资源开发型的园区，以矿产、森林资源开发和加工为主要产业。加工制造园区能够有效转移产能、实现国内产业结构升级、规避贸易摩擦、拓展市场。建设海外农业产业型园区是我国园区“走出去”的另一重要形式。我国疆域广阔，中东部人口密集，西部地形地貌复杂，因此人均土地面积较少，且农业生产效率较低。海外农业产业园区能够有效对接我国与东道国比较优势，我国“走出去”的企业可以充分发挥东道国农业资源的比较优势，在当地开展大规模土地承包、粮食种植、生产与加工等农业相关活动。截至2018年底，我国在海外共有54个农业产业园区，其中26个位于俄罗斯地区，其中近一半由东北企业主导开发或运营[①]。这主要是因为东北地区素来是我国农业生产主力军，拥有先进的农业生产技术和专业农业生产人才，与俄罗斯远东地区农业资源丰富的特点互补。随着市场需求的变化，单一类型的园区无法应对市场的快速变化，因此多元综合型海外园区应运而生。我国多元综合型海外园区布局广泛，在东道国取得了良好的经济和社会效应，典型的有中白工业园。中白工业园是我国和独联体国家白俄罗斯之间最大的合作项目。截至2020年8月，中白工业园入园企业达到63家，共吸引投资11.78

① 李祐梅、邬明权、牛铮、李旗：《1992－2018年中国境外产业园区信息数据集》，载于《中国科学数据（中英伟网络版）》2019年第4期，第68～78页。

亿美元[①]，产业涵盖电子和通信、机械制造、精细化工、新材料、生物医药、仓储物流、电子商务、大数据储存与处理以及社会文化活动和开发。此外，我国高新科技园区数量也不断上升，物流产业园区布局也越来越广泛。

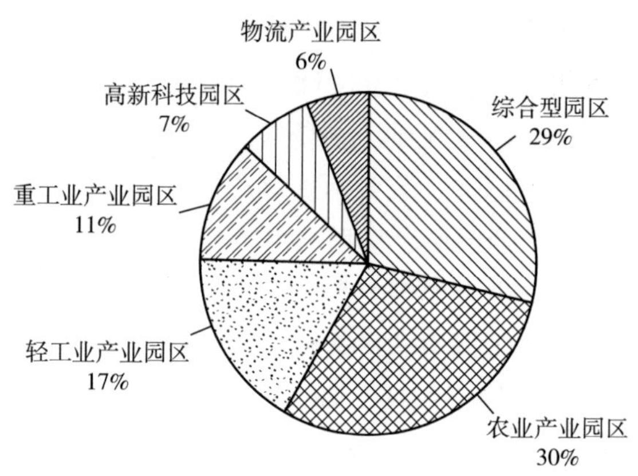

图 2－2　我国不同类型的园区分布

资料来源：《1992－2018 年中国境外产业园区信息数据集》。

（二）园区“走出去”在东道国经济、社会成效显著

经济发展是我国与“一带一路”沿线国家的共同诉求，也是该倡议得到广泛积极响应的首要原因。截至 2019 年 11 月，纳入商务部统计的境外经贸合作区累计投资超过 410 亿美元，吸引近 5 400 家企业入驻[②]，为东道国贡献了巨额税收和丰富的就业岗位。“一带一路”倡议沿线海外园区不仅拓展了我国与东道国经贸往来与产能合作，还拓展了投融资通道、扩大了就业。根据我国 2021 年国民经济和社会发展统计公报，我国对“一带一路”沿线国家进出口总额 115 979 亿元，较

① 中国境外经贸合作区网：《中白工业园》，中国一带一路网，2021 年 5 月 31 日，https：//www. yidaiyilu. gov. cn/xwzx/swxx/hwwg/175931. htm。

② 商务部新闻办公室：《【2019 年商务工作年终综述之十四】对外投资合作和对外援助执行高质量发展，推动共建“一带一路”走深走实》，中华人民共和国商务部，2020 年 1 月 3 日，www. mofcom. gov. cn/article/ae/ai/202001/20200102927745. shtml。

2020年增长23.6%，当年实现对“一带一路”沿线国家非金融类直接投资额203亿美元，逆势增长14.1%，主要集中在制造业、商务服务业、批发和零售业、交通运输、仓储和邮政业、采矿业等行业，不仅充分挖掘了东道国的资源优势，还为其带来大量就业岗位并创造巨额税收。以非洲为例，作为“一带一路”的自然延伸，非洲是我国海外园区布局的重点区域之一，并且中非关系友好，在中非高层共同推动下，中国在非海外园区有40余个，这些海外园区为非洲基础设施建设、产业结构升级、资源开发、技术进步等方面做出了卓越贡献。如埃塞俄比亚在大量外资（主要来自中国）的推动下实现了快速发展，并很有可能成为下一个“全球制造中心”。目前，中国在埃塞俄比亚有10个产业园区，以轻工业园区为主。其中最为著名的是埃塞俄比亚东方工业园。园区主动承担企业社会责任，已经加入东道国“可持续发展及脱贫计划”（SDPRP），为埃塞俄比亚减贫与可持续发展提供人道主义帮助。

二、海外园区空间分布

（一）国家层面空间分布

已有大量研究表明海外园区的主要分布与我国对外直接投资的分布具有较大程度上的一致性。如图2-3所示，从地区构成来看，2020年，中国流向亚洲的投资1 123.4亿美元，同比增长1.4%，占当年对外直接投资（OFDI）流量的73.1%，其中对东盟10国的投资166.6亿美元，同比增长23.3%，占对亚洲投资的14.3%；投向欧洲的OFDI达126.9亿美元，同比增长20.6%，占当年OFDI流量的8.3%，主要流向荷兰、德国、瑞士、英国、俄罗斯联邦等国家；流向非洲的投资42.3亿美元，同比增长56.1%，占当年对外直接投资流量的2.8%，肯尼亚、埃塞俄比亚、尼日利亚、赞比亚、塞内加尔等国家是我国在非洲投资的主要目的地。综合来看，亚、欧、非地区是中国对外直接投资的重点区域。

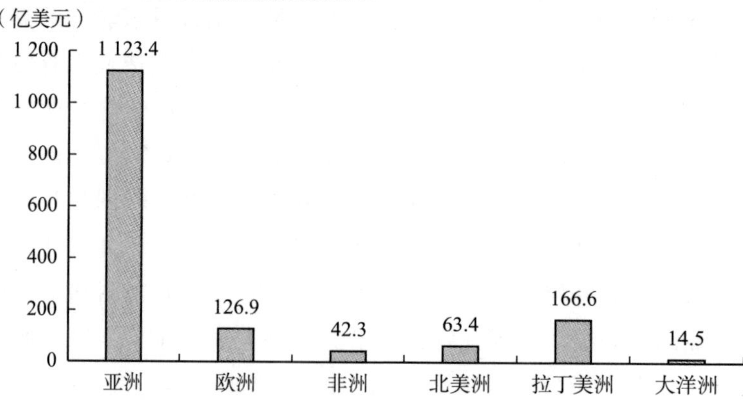

图 2-3　2020 年我国对外直接投资流量地区构成情况

资料来源：《2020 年中国对外投资公报》。

自“一带一路”倡议提出以来，我国保持了对“一带一路”沿线国家持续、稳定的对外直接投资增长。如图 2-4 所示，2020 年末，我国境内投资者在沿线 60 余个国家设立 1.1 万余家海外企业，当年实现直接投资 225.4 亿美元，较上年同期增长 20.6%，占当年全国流量的 14.7%，较上年增加了 1 个百分点。从行业构成看，主要流向制造业、建筑业、电力生产和供应业、租赁和商务服务业、信息传输、软件和信息技术服务业、金融业，分别占比 34.1%、16.7%、11%、8.6%、

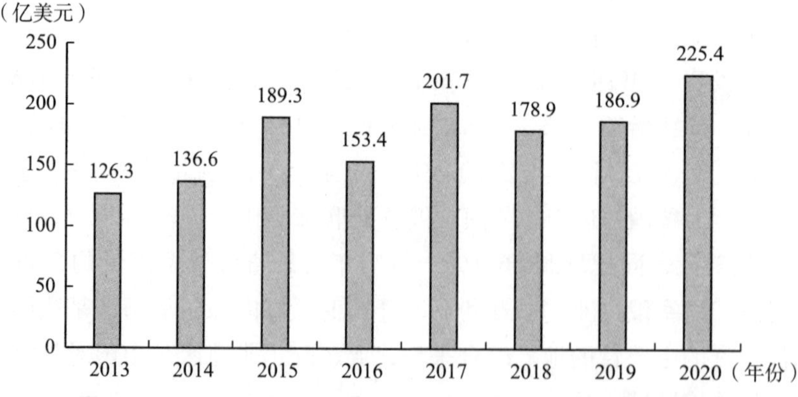

图 2-4　2013～2020 年我国对“一带一路”沿线国家投资情况

资料来源：《2020 年中国对外直接投资统计公报》。

3.6%、3.5%。这与我国在沿线国家海外园区的主要产业布局一致；从国家层面看，主要流向东盟、阿拉伯联合酋长国、巴基斯坦、俄罗斯等地区和国家。2013～2020年，中国对沿线国家累计直接投资1 398.5亿美元。

如表2-2所示，与我国对外直接投资分布相似，我国海外园区也主要集中于亚、欧、非地区，占比超过97%。此外，我国海外园区在各个大洲的分布也相对比较集中：亚洲的海外园区主要分布于东南亚地区，而欧洲的海外园区主要分布于俄罗斯境内。另外，从区域经济合作的角度来看，我国海外园区中超过70%分布在“一带一路”沿线地区，并且主要分布于中蒙俄、中国—中亚—西亚、中国—中南半岛、孟中印缅四大经济走廊。而商务部对境外经贸合作区有着严格的考核标准，这也从一方面验证了我国在“一带一路”沿线的海外园区不仅有数量优势，还有质量优势。相比于2013年以前，“一带一路”区域对园区的吸引力和集聚力得到了明显的强化。

表2-2　海外园区总体区位分布

地区	亚洲	非洲	欧洲	北美洲	大洋洲	南美洲	“一带一路”	非“一带一路”
数量	73	45	60	2	1	2	133	49
占比（%）	40	24.6	32.9	1	0.5	1	73.08	26.92

资料来源：《1992-2018年中国境外产业园区信息数据集》。

亚、欧、非三个地区一直是我国园区“走出去”的首要区位选择，尤其在2006年国家正式启动境外经贸合作区项目之后，我国在亚、欧、非的海外园区数量与质量都实现了较快增长，并且海外园区布局在这三个地区内部也产生了明显的差异。对于非洲国家来说，中国与非洲长久以来保持着密切的经贸往来，中非之间政治互信程度也较高。非洲基础设施建设落后、社会不稳定性因素较多，一直以来制约国家发展。然而非洲发展前景广阔，具有丰富的资源和明显的区位优势，拥有优良的港口和绵延的海岸线，工业化、城镇化是未来非洲的发展方向。因此，非洲对于特区建设富有热情，非洲多国领导人向中国企业抛出橄榄枝。如图2－5所示，20世纪90年代，非洲掀起建设出口加工区的热潮，乌干达、赞比亚、埃及等国家开始兴建“经济特区”，希望建立起他们自己的“深圳”“苏州”，同时引进国外先进技术以发展本国经济。在此之后，中国在非建立了莱基自由贸易区、苏伊士经贸合作区、赞中经济贸易合作区、中国—乌干达姆巴莱工业园等产业园区，这些园区大多由中非政府共同推动、中国企业主导建设和经营，具有很大的发展优势。2000年，中非合作论坛机制建立，此后中非合作迈上了新台阶。中非交往政策体系的不断完善保障了中国在非海外园区的建设、运营以及拓展。2006～2012年，中国海外园区主要布局在西非和南非地区，进一步集中于东道国首都和港口城市。从区位演进过程来看，起初中国企业“走出去”倾向于选择资源丰富、地理位置优良的北非地区，然而北非地区动荡频繁，不利于园区发展，因此园区布局重心转移到东非地区。由此可以看出，地区稳定是园区区位选择的重要考量。

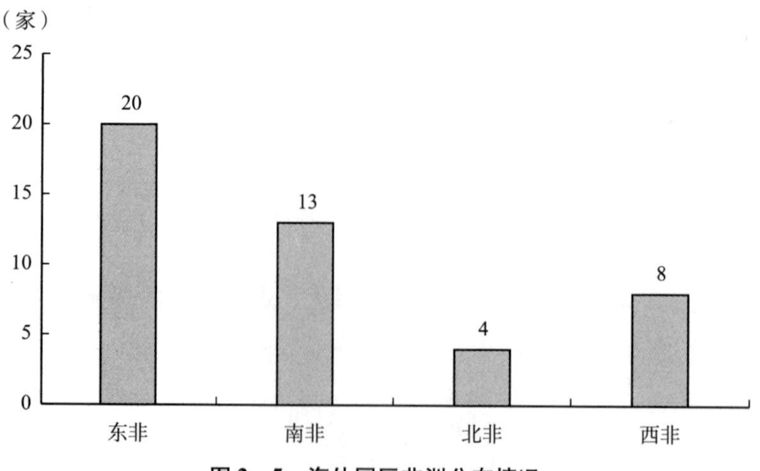

图2－5　海外园区非洲分布情况

资料来源：《1992－2018年中国境外产业园区信息数据集》。

亚洲大多国家与中国在历史文化、地理区位以及经贸往来等方面具有深厚的渊源。如图2－6所示，2006～2019年底，中国在亚洲地区新建海外园区73个，其中超过一半分布在东盟成员国柬埔寨、泰国等东南亚国家，其余园区则主要分布于中亚、西亚和南亚等国家的沿边或港口城市。这一分布的形成，一方面是由于我国与东盟之间战略合作不断深化，另一方面与东南亚国家的快速发展与宽松的投资环境有关。中国与东盟的对话机制自1991年开启，双方政治互信不断拓展，经贸往来更加频繁，合作也不断拓展和深化到其他领域，中国—东盟关系生机勃勃，尤其是澜湄合作机制以及“3+5”合作框架顺利推进以后，中国与老挝、缅甸、柬埔寨、泰国等东盟国家的合作翻开了新的篇章，这些因素推动中国海外园区在东南亚地区布局。此外，东南亚国家投资环境宽松，人力成本较低，而且近年来经济势头迅猛。例如柬埔寨，是亚洲的“经济黑马”，以连续8年超7%的GDP增速、美元计价、永久产权、无外汇管制等优势，成为东南亚最热门的投资目的地，吸引着全球投资者来此投资。

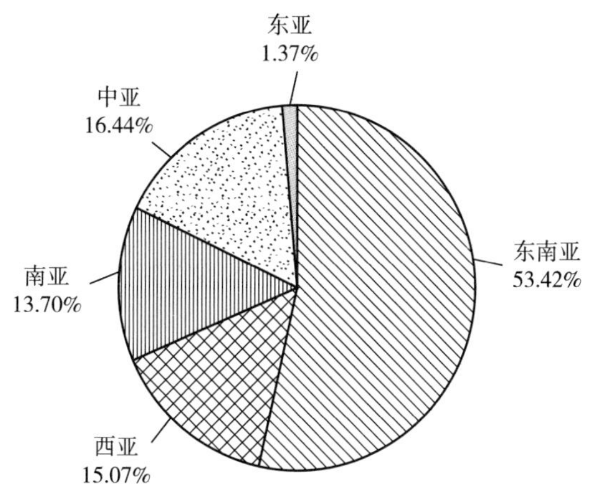

图2－6 亚洲海外园区空间分布

资料来源：《1992－2018年中国境外产业园区信息数据集》。

俄罗斯作为世界上面积最大的统一的多民族国家，拥有世界上储量最多的森林、淡水、能源矿产等资源。2001年，中俄签署《中俄睦邻友好合作条约》，充分体现了中俄两国睦邻友好的深厚历史传统和平等互信的战略伙伴关系。自条约签署以来，中俄关系发展快速，两国在经贸、能源、科技等领域的合作取得了丰富的成效，俄罗斯成为我国海外产业园区数量最多的东道国。如图 2 -7 所示，2006 ~ 2018 年底，中国在俄罗斯海外园区新增 35 个，近一半集中在中国东北与俄罗斯远东地区的交接处，整体上呈现出由东向西扩散的趋势。目前，我国布局在俄罗斯的海外园区共有 44 个，其中综合型产业园区超过 50%。而西欧以及中东欧地区的大部分国家，在文化背景、发展诉求等方面与我国差异较大，因此我国海外园区在这些地区数量较少。如图 2 -8 所示，2013 年“一带一路”倡议提出以后，在金融危机后世界主要大国经济复苏缓慢的背景下，西欧与中东欧地区国家为谋求经济发展、缓解债务危机，对中国海外园区的接受度逐渐提高，因此中国海外园区布局逐渐向西延伸。例如匈牙利地理的特殊性和欧盟国家属性，加之物流和通关的便利性，在此设立海外仓为不二之选。此外，匈牙利是中欧班列始发站，更加凸显出其位置的优越性。

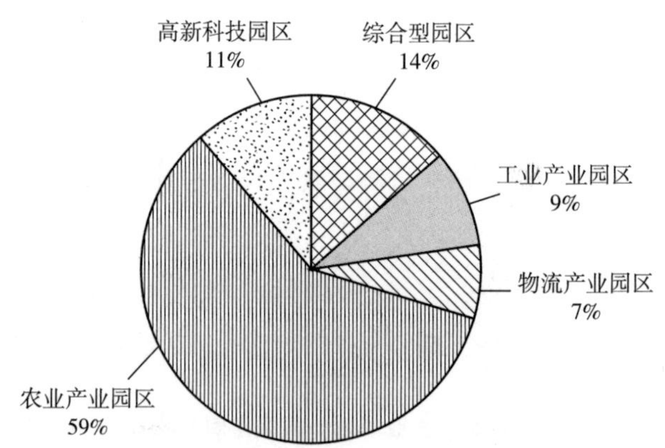

图 2 -7　俄罗斯境内中国海外园区分布

资料来源：《1992 - 2018 年中国境外产业园区信息数据集》。

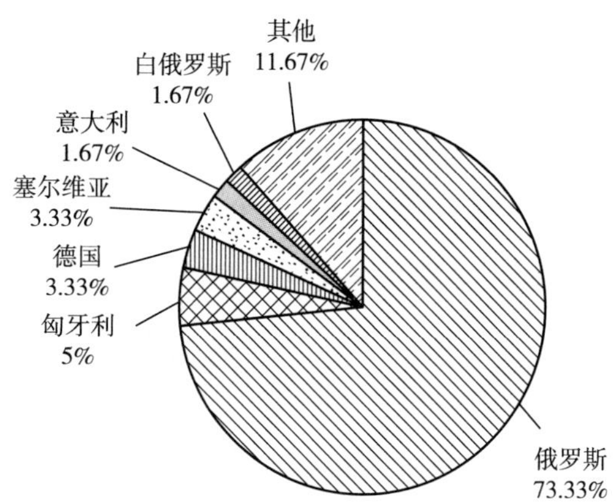

图 2-8 欧洲主要国家我国海外园区空间分布

资料来源：《1992-2018 年中国境外产业园区信息数据集》。

“一带一路”倡议提出以后，中国园区“走出去”在区位选择上更具战略主动性。国际产能合作成为共建“一带一路”的重要内容，而海外园区是开展和推进我国与东道国开展产能合作以及互相投资的重要载体，因此这一阶段，海外园区数量和质量不断攀升。2014～2018 年底，中国新建海外园区 82 个，其中“一带一路”沿线新增数量占比超 50%①。相比 2013 年前，“一带一路”沿线区域的吸引力和集聚力大幅提升。不仅如此，随着“一带一路”倡议的不断推进，海外园区布局不再只聚焦于非洲和俄罗斯，布局重点逐渐向东南亚、南亚、中亚、西亚、中东欧延伸，其中西亚、中东欧、独联体国家等是我国海外园区最具发展潜力的布局中心。西亚、北非地区资源丰富，联通欧亚市场，但是由于地区政治、经济环境动荡等特殊原因，工业化程度较低，对外资吸引力较低，与中国产业发展具有较大互补性。冷战结束 20 年后，中东欧和独联体国家逐渐转型，压抑多年的商品消费需求逐渐释放，市场前景广阔。中国与中东欧国家自 2012 启动对话机制

① 刘佳骏、汪川：《园区观察｜中国海外园区从重资产投入向轻资产投入转变》，澎湃新闻，2020 年 1 月 15 日，https://www.thepaper.cn/newsDetail_forward_5450767。

以来，双方合作取得了切实成果。特别是“16 +1 合作”推动匈塞铁路和一大批能源、基础设施建设取得了实质性进展。随着“一带一路”倡议的推进，中欧班列等现代物流体系运输能力不断上涨，中白工业园、匈牙利中欧商贸物流合作区等成为中国海外园区进入中东欧以及独联体国家的典范项目。

（二）省域维度的空间分布

如图 2 –9 所示，2020 年，我国东部地区实现对外直接投资 713. 9 亿美元，占地方投资流量的 84. 1%；西部地区实现对外直接投资 59. 2 亿美元，占 7%；中部地区实现对外直接投资 69. 3 亿美元，占 8. 2%；东北三省实现对外直接投资 6. 1 亿美元，占 0. 7%。广东、上海、浙江、江苏、山东、北京、福建、湖南、四川、天津是我国对外直接投资流量前 10 位的省（市），总计 740 亿美元，占地方 OFDI 流量的 87. 2%。建设海外园区是各省（市）参与对外直接投资的重要方式，从省域参与海外园区建设的情况来看，我国海外园区空间分布主要呈现以下特征：一是以东三省等东北地区和云南等地区为主的沿边省份，主要利用区位优势在俄罗斯、东南亚国家老挝和越南等与中国邻接的国家建设海外园区；二是山东、江浙等东部沿海省份主要在海上丝绸之路国家如马来西亚、印度尼西亚、柬埔寨以及港口丰富的非洲国家和地区如埃塞俄比亚等投资建设海外园区；三是陕西等中西部“丝绸之路经济带”省份主要将园区布局中欧班列沿线国家以及中亚、东欧等丝绸之路经济带沿线国家。此外，河南、湖南等中部省份凭借其在工程机械、农业科技等具有比较优势的产业积极参与海外园区开发，如普钠工业区（印度）、阿治曼中国城（阿联酋）、亚洲之星农业产业合作区（吉尔吉斯斯坦）分别由湖南三一重工集团、湖南博深实业集团、河南贵友实业集团有限公司开发。此外，来自同一省份的企业通常组团进行园区建设，优势共享、风险共担，在地方政府的组织与引导下共同参与国际竞争。

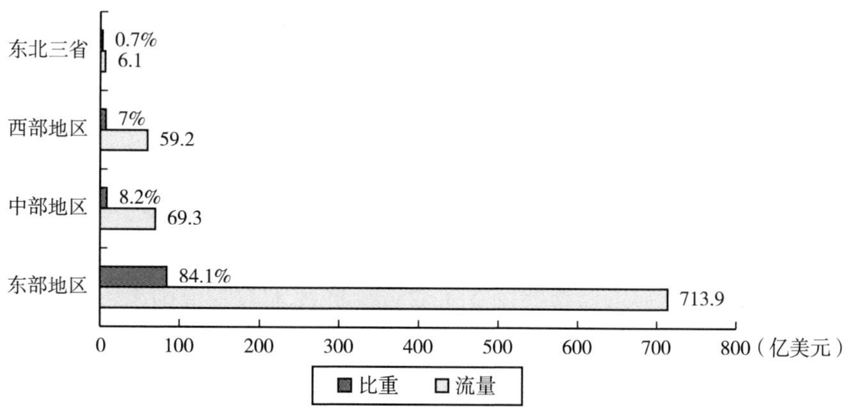

图 2－9 2020 年地方对外直接投资流量区域分布情况

资料来源：《2020 年中国对外直接投资统计公报》。

第三节 "一带一路"推进中园区"走出去"的主要类型

我国海外园区类型多样，主要可以划分为加工制造型园区、农业产业型园区、商贸物流型园区、科技研发型园区、资源利用型园区以及多元综合型园区，其中加工制造型园区、农业产业型园区、多元综合型园区、商贸物流型园区数量较多。为精简划分，本书将研究对象划分为海外农业园区、海外工业园区、海外服务业园区以及综合型园区 4 类。资源利用型园区以矿产、森林资源开发、加工为主，在一定程度上也属于加工制造园区，而我国科技研发型海外园区正处于方兴未艾的阶段并且高端制造业为主，因此在本书中将资源利用型和科技研发型园区归类为工业园区。商贸物流型园区以仓储物流、商品展销等服务业为主，因此划分为服务业园区。

一、海外农业园区

截至 2018 年年底，我国海外农业产业园区共有 54 个，产业涉及种植业、养殖业、农、林产品精深加工等。我国农业产业型海外园区主要集中于非洲、俄罗斯远东以及东南亚地区，主导企业多来自我国中西部省份。亚洲和非洲的部分地区还分布着我国科技型农业园区和合作示范类海外农业园区。其中，橡胶等依赖特殊气候的经济作物种植是我国在东南亚的农业产业园区的主导产业，这些特殊经济作物在我国产量较少，难以形成规模经济。我国在非洲的海外农业产业园区以帮助当地农业发展、提高农作物产量为主要目的，此外，也有海外农业产业园区主要追求对接我国先进农业生产技术与东道国丰富农业资源以实现优势互补，如我国在俄罗斯的农业产业园区。

我国海外农业产业发展历程是我国农业对外直接投资发展历程的重要组成部分，经历了从无到有、由点及面的发展历程。截至 2020 年底，我国农、林、牧、渔业 OFDI 存量为 194.3 亿美元，占全国 OFDI 存量的0.8%，其中，农业占 23.2%；林业 19.9%；渔业畜牧业占 4.3%；农、林、牧、渔专业及辅助性活动占 37.5%。仅 2003～2019 年，我国 OFDI 净流量就累计达到 216.05 亿美元，年增长达到 35.15%①。据不完全统计，我国已在 50 余个国家和地区建立了 180 余家海外产业园区，其中 50 余家是农业园区，占比达到 30%②。如图 2－10 所示，目前我国海外农业产业园区建设遍布五大洲，其中又属欧洲最多，仅在俄罗斯我国就布局有 26 个海外农业产业园区，占总数的 48.15%。总体而言，我国海外农业产业园区主要集中于“一带一路”沿线的新兴经济体或发展中国家。此外，截至 2018 年底，我国 54 个海外农业产业园区中有 36 个园区由民营企业主导，占比 66.7%，并且海外农业产业园区的国内实施主体集中在东部沿海省份以及东北沿边地区。

① 《商务部、国家统计局和国家外汇管理局联合发布〈2020 年度中国对外直接投资统计公报〉》，中国政府网，2021 年 9 月 29 日，www.gov.cn/xinwen/2021－09/29/content_5639984.htm。

② 李书彦、谭晶荣：《农业境外园区发展的历史脉络、理论逻辑与中国路径》，载于《农业经济问题》2021 年第 11 期：第 89～101 页。

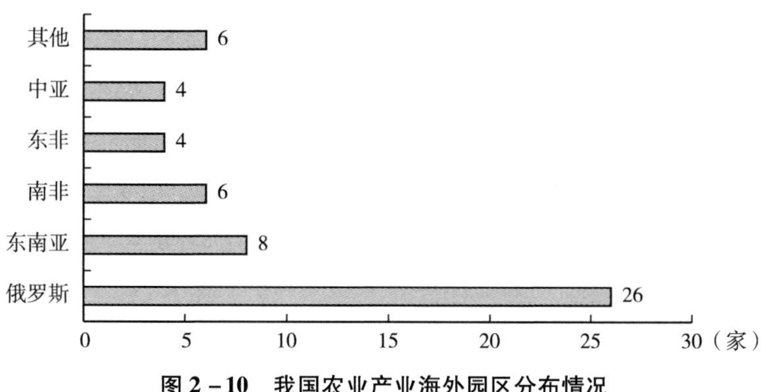

图 2－10　我国农业产业海外园区分布情况

资料来源：《1992－2018 年中国境外产业园区信息数据集》。

随着我国海外农业园区的发展，园区产业链逐渐延伸和拓展，农产品深加工等产业蓬勃发展，实现了从生产到销售、仓储的全链条发展，为东道国农业发展作出了重要贡献。

（一）印度尼西亚聚龙农业产业合作区

印度尼西亚（以下简称“印尼”）是全球最大的棕榈油生产国，而中国是世界三大棕榈油进口国之一。2006 年，聚龙集团开始到印尼投资，建设棕榈种植园。主动把握“一带一路”倡议发展契机，聚龙集团进一步将棕榈种植园升级成了中国·印度尼西亚聚龙农业产业合作区。

印度尼西亚聚龙农业产业合作区位于印度尼西亚规划建设六大经济走廊的重要节点——苏门答腊走廊和加里曼丹走廊，毗邻重要港口枢纽，区位优势明显。凭借以上优势，合作区已成为中国企业在印度尼西亚开展投资活动的重要载体。在中、印尼两国政府以及天津市政府的支持下，合作区按照“一区多园、合作开发、全产业链构建”模式开发，主导产业是棕榈种植开发、精深加工、仓储物流，产业链纵向一体化的经营网络逐渐形成。合作区已经构建起完善的物流网络，运输能力强大，有利于棕榈等大宗商品交易。合作区改善了东道国的就业形势，据统计，印度尼西亚共有近10 000名本地人入职该合作区，合作区工人收入高于本土村民收入。此外，合作区还采取合作种植的方式，发展成果惠及当地一万余个家庭。面向未来，合作区对中国出口量有望达到30万吨，货值达12.6亿元人民币左右①。

（二）吉尔吉斯斯坦亚洲之星农业产业合作区

亚洲之星农业合作区位于位于吉尔吉斯斯坦楚河州楚河区伊斯克拉镇，地理位置优越，交通便利，由河南贵友集团开发建设。合作区运用“内引外联、组团发展、产业链条一体化”的发展模式，主要功能板块包括农业种植、物流仓储、农机配件加工、农业自贸保税区、国际贸易中心等。2016年8月，我国商务部、财政部确定亚洲之星农业合作区为国家级“境外经济贸易合作区”，2017年7月31日，农业部确认合作区为首批“境外农业合作示范区”建设试点单位，由此，亚洲之星农业合作区成为我国目前唯一获得三部委确认的境外经贸合作区。该合作区是目前我国在中亚地区产业链条最完整、基础设施最完善的农业产业合作区。合作区经过多年发展，已经成为我国与中亚共建“一带一路”的标杆项目。

二、海外工业园区

截至2020年底，我国制造业OFDI存量达到2 778.7亿美元，占10.8%，主要目标领域为计算机、通信等电子设备制造、汽车制造、专业设备制造食品制造、化学原料以及化学制品制造等；采矿业OFDI存量达1 758.8亿美元，占6.8%②，主要流向石油和天然气等资源开采、各类金属矿采选、煤炭开采等领域。制造业与资源开发是我国海

① 张凡、哈孜乃：《中国·印尼聚龙农业产业合作园区：积极打造服务海外农业投资平台》，载于《中国贸易报》2022年2月25日，https：//www.chinatradenews.com.cn/content/202202/25/c144585.html。

② 商务部：《商务部、国家统计局和国家外汇管理局联合发布〈2020年度中国对外直接投资统计公报〉》，中国政府网，2021年9月29日，www.gov.cn/xinwen/2021-09/29/content_5639984.htm。

外工业园区的两大主导产业。作为“中国制造”“走出去”的重要平台，海外工业园区承担着我国产业转移与升级的重要任务，也是沿线各国深化务实国际产能合作的有效手段，更是东道国实现工业化、城镇化的重要抓手，为区域可持续发展做出了重要贡献。2013～2018年，我国企业对沿线国家直接项目投资中约1/3的资金用于建设海外园区，其中，工业园区是主要的园区类型。因此我国对外直接投资存量的分布在很大程度上反映了我国海外工业园区的产业分布。

我国海外工业园区分布较广、规模较大。随着国家级境外合作区的建立和发展、国际产能合作的不断深化、园区建设和运营经验的不断积累、“一带一路”倡议走深走实，我国海外工业园区进入新的发展阶段。如图2－11所示，截至2018年底，我国海外工业园区共有65家，总占比超35%，是我国园区“走出去”的主要类型，其累计投资额和产值占所有类型园区比例均超80%，成为我国海外投资稳定增长的中坚力量。其中轻工业园区31家、重工业园区21家、高新技术园区13家，遍及30余国，总投资规模近240亿美元，入园企业超过3 800家，实现总产值760亿美元。

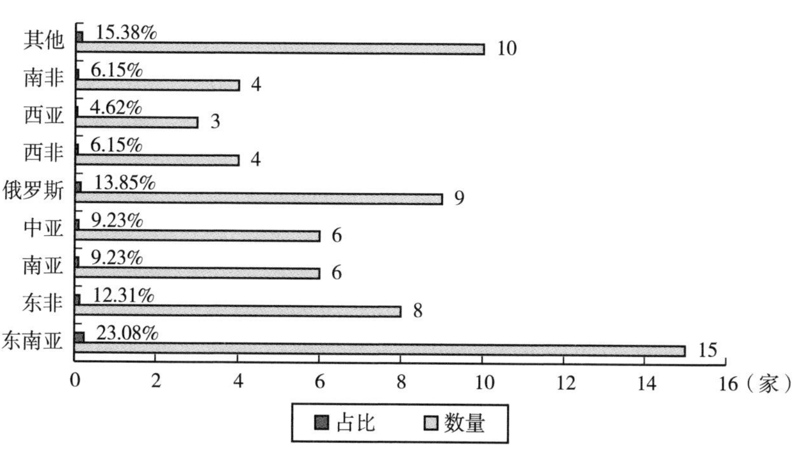

图2－11 我国海外工业园区分布情况

资料来源：《1992－2018年中国境外产业园区信息数据集》。

加工制造型海外园区是我国海外工业园区的主要类型。加工制造型海外园区集中分布于亚洲、非洲、欧洲，尤其是东南亚、中亚、东北亚以及非洲各国。园区的主要产业为设备制造、化学原料、轻工纺织等轻工制造业以及矿产资源开发等重工业行业。这一布局源于这些地区的东道国林业、棉纺织业、橡胶等原材料丰富。与此同时我国轻工制造是传统优势行业，技术成熟。随着技术的不断进步和市场需求的变化，我国海外加工制造园区逐渐从初级加工转向高端装备制造。因此，高新技术园区应运而生，目前我国在俄罗斯等国家建立了13个高新技术园区，中国高端制造逐渐走出国门，“一带一路”倡议更是为中国制造业“走出去”打造了广阔舞台，“中国制造”这张亮丽名片在沿线国家更加亮眼。

（一）巴基斯坦海尔—鲁巴经济区

海尔—鲁巴经济区坐落于中巴经济走廊上的重要支点国家——巴基斯坦，巴基斯坦地处南亚西北部，是中巴经济走廊的终点。经过十几年的发展，海尔成为巴基斯坦家电的第一品牌。海尔—鲁巴经济区不仅是我国在境外正式挂牌的首个境外经贸合作区，也是巴基斯坦政府批准建立的“巴基斯坦中国经济特区”。在经济区内，海尔工业园的冰箱、洗衣机等家电的生产线不停运转，为当地创造了一万余个就业岗位。此外，海尔还为巴基斯坦培养了一大批专业化、本土化的家电生产制造技术人员，大幅提升了相关产业的制造水平，为当地产业升级做出了卓越贡献。与此同时，海尔工业园在巴基斯坦的成功推动更多的中国品牌为巴基斯坦人接受，带动了中国相关产业发展，海尔—鲁巴经济区为中巴友好往来搭建了特色桥梁。基于产能比较优势，与鲁巴经济区相似的我国轻工业园区遍及亚洲、非洲、欧洲等几十个国家和地区，“一带一路”沿线国家凭借资源优势和劳动力资源优势成为轻工企业“走出去”的首要选择。除海尔之外，我国轻工企业积极走出国门建立经贸合作区，例如康奈集团在俄罗斯乌苏里斯克建设了经济贸易合作区，吸引了多家鞋业及家具公司等入园发展；海尔也逐渐在俄罗斯、委内瑞拉、新西兰等国家建厂、建园；越美集团有限公司、温州市金盛贸易有限公司等积极在非洲等地区开创轻工业园区。

（二）赞比亚中国经济贸易合作区

赞比亚自然资源丰富、政治经济环境相对稳定，是相对优越的非洲地区投资目的地。赞中合作区是中国有色集团在非洲设立的境外经贸合作区，合作区主要业务涉及采矿、勘探、冶炼、有色金属加工、建筑等重工业制造业行业。截至 2018 年 9 月，赞中合作区已经吸引 50 余家企业入驻，累计吸引近 19 亿美元投资，累计实现超过 140 亿美元的销售收入，解决当地近 8 000 人的就业问题，为中赞友好提供了可靠支撑①。赞中经贸合作区逐渐成为中国“发展最好、管理最规范、环境最优美”的境外经贸合作区之一。2021 年 9 月 14 日，赞中合作区与赞比亚发展署签署了“赞比亚中国跨境电商产业园”合作备忘录，合作区将依托赞比亚优越的地理位置以及丰富的自然资源，发展数字贸易等新兴业态，推动东道国本土中小企业及制造业发展。中国在非洲的工业园区以资源开发类居多，这与非洲矿产资源丰富且开发技术落后有较大关联，如中国江铃经济贸易合作区（阿尔及利亚）、华锦矿业经贸园区（津巴布韦）。

三、海外服务业园区

我国海外服务业园区以商贸物流作为主导产业，主要布局于交通发达、运输便利的城市。其中，位于东南亚和非洲的商贸物流型园区主要分布在港口城市，海运交通便利；位于欧洲的商贸物流型园区主要分布在中欧班列沿线国家，依托“一带一路”基础设施建设快速发展；坐落于我国邻国的商贸物流园区主要是我国跨境合作区的国外部分，联通我国和东道国两个市场。此外，随着科学技术的进步，世界分工与产品形态不断演化，贸易内容、形式以及贸易园区也不断变革。信息技术的发展和互联网技术的普及推动了以跨境电子商务为代表的

---

① 新华社：《赞比亚中国经济贸易合作区已吸引投资近 19 亿美元》，中国政府网，2018 年 9 月 2 日，www. gov. cn/xinwen/2018 – 09/02/content_5318681. htm。

新型贸易方式和以数字传输为交付内容的数字服务贸易的快速发展。尤其在新冠肺炎疫情冲击下，以跨境电子商务、数字贸易为代表的新型服务贸易园区成为未来发展方向（见图2－12）。

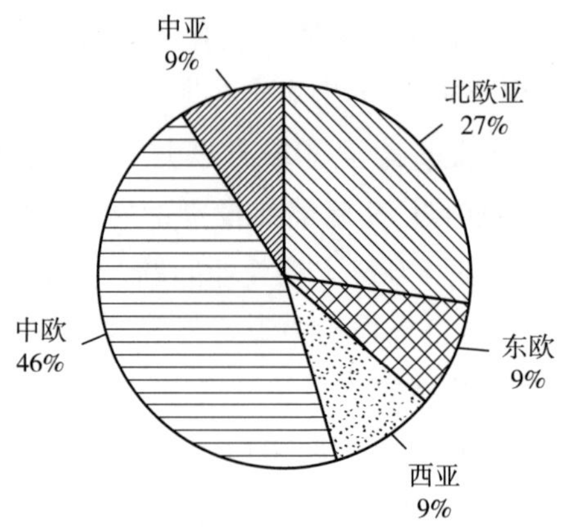

图2－12　海外服务业园区分布情况

资料来源：《1992－2018年中国境外产业园区信息数据集》。

服务业是我国对外直接投资的重点行业。2020年末，我国租赁和服务业IFDI存量8 316.4亿美元，占中国对外直接投资存量的32.2%，行业排名第一。2020年当年，我国租赁和商务服务业OFDI流量为387.2亿美元，占当年流量25.2%，同样列各行业第一位。此外，2020年流向信息传输、软件和信息技术服务业的投资91.9亿美元，同比增长67.7%，占OFDI总额的6%；流向交通运输、仓储和邮政业的流量为62.3亿美元，同比增长60.6%，占OFDI总额的4%[①]。这些行业是我国海外服务业园区的主导产业，因此虽然目前我国海外服务业园区在数量上不占优势，但是前景光明。

① 商务部：《商务部、国家统计局和国家外汇管理局联合发布〈2020年度中国对外直接投资统计公报〉》，中国政府网，2021年9月29日，www.gov.cn/xinwen/2021－09/29/content_5639984.htm。

（一）匈牙利中欧商贸物流合作园

中欧商贸物流合作园是中国在中东欧地区建设的首个国家级境外经济贸易合作区。作为“新亚欧大陆桥经济走廊”上连接中国与匈牙利乃至中东欧经贸物流的重要桥梁以及中欧班列等现代物流体系的重要支点，中欧商贸物流合作园区于2015年4月顺利通过我国商务部和财政部的考核，成为我国首个国家级商贸物流型境外经贸合作区；2019年其商品展示和仓储物流中心获商务部认定，成为我国第一批国家级国际营销服务公共平台，中欧商贸物流合作园是首批得到该认定的商贸物流平台。园区抓住“新亚欧大陆桥经济走廊”建设和中欧班列等现代物流体系建设这两大发展机遇，创新建设和管理模式，建立联动式的、多样化的商品展示和国际服务贸易渠道，为我国企业开拓中东欧市场提供专业化服务。园区于2020年在各方推动下加入了扎霍尼口岸地区发展联合体，启动了匈牙利扎霍尼地区中欧班列铁路基础设施及其工业园区重点项目的建设。2021年1月，中欧商贸物流合作园与中国（赣州）跨境电子商务综合试验区签署合作协议，共同运行赣州至布达佩斯中欧班列跨境电商专列，打造跨境电商数字口岸和数字园区。中欧商贸物流合作园的成功，为我国服务业园区“走出去”打造了典范，为畅通中国企业进入中东欧市场的渠道做出了重要贡献。

（二）易单网“跨境电商＋海外仓”

建设与跨境电子商务产业等新业态相适应的新型贸易园区是适应技术变革、培育新竞争优势的重要举措。服务经济是世界经济的未来发展方向，全球制造业也逐渐转向“制造业服务化”。我国最大的综合型建材产业集团中国建筑材料集团有限公司，对行业新变化迅速做出反应，创新经营模式和业务结构，创建了中国最大的建材B2B电子商务出口平台——易单网。易单网采用“跨境电商＋海外仓”的商业模式，为我国境内企业提供全球范围的商品推广、出口代理、仓储物流等一站式外贸服务，不仅降低了海外企业采购、运输成本，还能压缩海外企业采购周期、缓解资金压力，大幅提高交易效率，从而大幅度提高了国内企业海外市场份额。易单网的海外仓实现了仓储、物流、售后链条化发展，成为所在地区最专业、影响力最大的建材分拨中心。目前，易单网的海外仓广泛分布在东南亚、南亚、中东、非洲，不仅实现了中国建筑材料集团自身拓展国际业务的目标，还能为我国其他制造业企业开展海外业务提供一站式外贸服务。“跨境电商 + 海外仓”是国际贸易的新发展方向，易单网的成功将引导更多的中国企业以及商贸物流园走上科学发展的转型之路。

四、海外综合型园区

随着海外园区建设的不断推进以及海外运营经验的不断积累，我国海外园区逐渐从单一产业经营转向多产业经营，即发展多元综合型园区。目前关于综合型园区的划分尚未有统一的标准，但是从当前综合型园区的建设和运营来看，可以将其界定为具有两个及以上单一类型园区功能的海外园区。多元综合型园区分布广泛，主要布局于亚、欧、非地区，且主要分布于“一带一路”沿线国家。当前综合型园区在东道国发展良好，成为中国与东道国经贸往来的示范性项目。综合型园区通常综合东道国和中国企业自身的特色，产业链完整且配套齐全，具有较强的周边辐射带动能力。海外园区建设不仅肩负企业开拓国外市场、转移产能的责任，还是中国与东道国在产能合作、经贸往来、政治互信等方面的重要平台与窗口，也是展现“中国形象”的名片，因此园区不仅要追求经济目标，还要发挥社会效应，为两国经济发展和人民幸福作贡献。正因此，建成产业兴旺、功能齐全的综合型园区是我国园区“走出去”的重要目标。

如图 2 - 13 所示，截至 2018 年底，我国综合产业园区共有 52 个，主要分布在东南亚、西亚、非洲、俄罗斯等地区，布局于东道国重要港口片区或者重要城市。其中，东南亚的综合型海外园区有 16 家，占比 30.77%；东非 8 家，占比 15.38%；西亚 7 家，占比 13.46%。我国综合型产业园区通常以工业制造为主导产业，辅以综合服务业。综合型园区大多是发展较好的境外经贸合作区，由政府背书，大型企业主导，承担着推动中方与“一带一路”沿线国家拓展多领域合作的重要任务。截至2022年底，我国企业在沿线国家建设的境外经贸合作区累计投资达571.3亿美元，为当地创造了42.1万个就业岗位①。

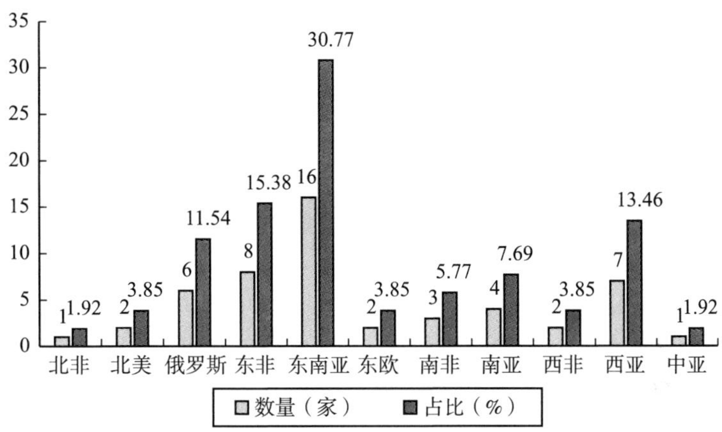

图2-13　我国综合型海外园区分布情况

资料来源：《1992-2018年中国境外产业园区信息数据集》。

目前通过确认考核的境外经贸合作区中，近1/3的园区属于综合型产业园区，这也印证了我国综合型海外产业园区发展较好。根据我国《境外经贸合作区考核办法》，通过考核的园区已完成基础设施3 000万美元（农业产业园区和科技研发型园区为2 000万美元），此外该考核办法对海外产业园区的入园企业在规模、投资主体等方面也有较高要求。因此我国综合型海外园区融资状况较好，且多有政府背书、大型企业主导，产业集聚效应初步显现。此外，截至2018年11月，纳入统计范围的海外园区有103个，其中“一带一路”沿线园区达到了80个，且多以综合型制造园区为主，主要分布在发展中国家和新兴经济体。

① 《王文涛部长出席国新办“权威部门话开局”系列主题新闻发布会介绍“坚定信心，奋发有为，推动商务高质量发展迈出新步伐”有关情况》，中华人民共和国商务部，2023年3月2日，www.mofcom.gov.cn/article/syxwfb/202303/20230303394394.shtml。

（一）吉布提国际自贸区

吉布提国际自贸区的开发、建设工作由中国招商局集团、大连港集团共同参与。自贸区的建设得到了中国和吉布提两国政府的高度重视和大力支持，园区建设符合吉布提长期发展战略——“2035 愿景”，有利于推动吉布提充分发挥其扼红海到印度洋的要冲曼德海峡的战略位置优势，打造东非乃至非洲的航运港口和商业中心。吉布提国际自贸区支持商贸物流、加工制造业的发展，同时配套金融、信息技术等服务，招商局将探索复制深圳蛇口经验，建成产城融合、物流通畅的“丝路驿站”，为中国和东非共建“一带一路”提供支撑作用，成为中国和非洲开展更加广泛的产能合作的重要载体。开园以来，吉布提国际自贸区首发区已为吉布提经济增长做出卓越贡献，在未来 10 年内，自贸区有望带动 350 000 人就业，极大地提振吉布提就业形势。园区设立了 Djimart 电子商务平台，这一平台有力地连接了深圳前海蛇口自贸片区和吉布提国际自贸区两个区，功能涉及商贸会展、支付结算、物流等，也为自贸区学习蛇口自贸片区经验提供了现实通道。全部建成运营后，吉布提国际自贸区将成为全球最大的自贸区之一，并为吉布提乃至东非经济发展提供新的动力。

（二）尼日利亚莱基自由贸易区

尼日利亚莱基自由贸易区坐落于尼日利亚经济首都拉各斯正在发展的新兴卫星城市莱基半岛，莱基半岛也是当前尼日利亚发展最快的新区之一。莱基自由贸易区吸引投资超过 20 亿美元，自贸区内提供综合服务，主要包括教育、医疗等基础服务以及会展等商业服务。此外，自贸区内按照功能划分为主导功能区和仓储物流区。截至 2021 年 11 月底，已有华为、隆力奇集团、徐州工程机械集团、中国重汽集团等 102 家企业签署入区投资协议[①]。在中非合作论坛等中非对话机制以及“一

---

① 张凡：《尼日利亚莱基自贸区｜乘“一带一路”东风崛起等现代化临港新城》，载于《中国贸易报》2022 年 3 月 3 日，https：//oip. ccpit. org/ent/parkNew/3155。

带一路”倡议的推动下，园区招商数量和质量不断上升，莱基自贸区进入了新的发展阶段。疫情冲击下的2020年，莱基自贸区凭借其良好的软、硬件设施，依然吸引了9家企业入园。截至2021年11月底，入园企业累计完成投资超3.53亿美元，实现总产值4.47亿美元，进出口总额9.17亿美元，创造就业岗位2 000余人，为东道国创造税收超8 900万美元①。自贸区3公里外，西非最大的深水港——莱基新港（由中国港湾集团投资）正在紧张的建设之中，将为周边区域经济发展注入新的活力，畅通人流、物流、车流。此外，在莱基自贸区隔壁的27平方公里土地上，世界上最大的单体炼油厂以及化肥厂正在这里建设。这个项目将改变整个区域的发展面貌，为莱基新城经济发展提供新的动力。随着炼油厂的建成，石油化工及其相关产业也将成为莱基自贸区的重点发展区域之一。面向未来，莱基自贸区预计将吸引300~500家企业入驻，建成包括汽车与工程机械、家电、家居建材、石油与天然气化工、电商与物流等产业的多元综合园区，带动拉各斯州经济发展。

第四节 “一带一路”推进中园区“走出去”的主要模式

一般而言，各国建设海外园区的主要模式主要有两种：一种是“工业地产开发式”，即由经验丰富的专业园区开发公司，以参与公开招标的方式获得园区开发、建设或者运营权，如全球最大的工业地产商普洛斯公司（美国）的主要业务就是投资海外临港、临空物流园以及海外加工基地；另一种是“国际区域合作开发式”，如新加坡和印度尼西亚两国政府共同开发了巴淡岛工业园区。在中国园区“走出去”的初始阶段，我国企业参考了这两种模式，如中埃泰达苏伊士合作区

① 张凡：《尼日利亚莱基自贸区｜乘“一带一路”东风崛起等现代化临港新城》，载于《中国贸易报》2022年3月3日，https://oip.ccpit.org/ent/parkNew/3155。

就是采用了第一种开发方式。然而，我国企业海外经营经验不够丰富，海外园区建设与布局多采取渐进式发展，形成了多主体参与开发、多产业混合经营的“由内而外、自上而下”的独特发展模式。另外，海外园区的发展不仅要符合中国企业的海外发展目标，也要符合东道国对于经济增长、产业升级、资源开发等方面的诉求，因此海外园区建设与经营不能盲目为之，既要清晰规划也要大胆探索。自 20 世纪 90 年代中国企业走出国门建设海外园区以来，中国海外园区在几十年的探索中形成了政府托管、股份合作制、政府机构间合作共建等具有中国特色的合作发展模式。

一、按参与主体划分的开发模式

（一）国有企业主导

在中国园区“走出去”初期，国有企业扮演了重要角色。2006 年年末，国有企业 OFDI 存量占整体比例超过 80%，直至 2015 年年末这一数字仍保持在 50% 左右。2020 年，中央企业和单位对外非金融类直接投资流量 492 亿美元，占非金融流量的 36. 7%，其中，中央企业实现 OFDI 流量 470. 5 亿美元，同比增长 26. 3%。此外，2020 年，中国对外非金融类投资流量中，公有经济控股对外直接投资 668. 9 亿美元，占 49. 9%[①]。大型央企中国电气进出口联营公司与外企合作开发了中国第一个境外经贸合作区——越南铃中出口加工区，其深耕海外市场多年，又有熟悉东道国营商环境的胡志明市西贡工业开发公司的合作支持，铃中出口加工合作区在越南园区中一直是佼佼者。此外，还有赞比亚中垦非洲农业产业园的主导企业中国农垦集团有限公司、中国—白俄罗斯工业园的主导企业中工国际工程股份有限公司等都是大型央企，拥有海外资源开发或是对外承包工程的经验，软、硬实力兼具。另外，国企在一定程度上是国家相关政策的执行者，因此倾向于在与我国关系密切的东道国投资建园以响应国家政策，走在海外园区建设

① 资料来源：根据《2020 年度中国对外直接投资统计公报》数据统计。

前列。尤其在“一带一路”倡议提出以后，在国家的号召下，积极到沿线国家建厂、建园，为“一带一路”建设注入活力。

（二）民营企业主导

随着市场型经济不断发展，我国民营企业迸发出了巨大活力。截至2018年底，中国企业在全球范围内共计投资建立了103个境外经贸合作区，“一带一路”沿线市场占比高达77.7%，其中民营企业主导投资建设的数量超过一半①。民营企业在面对国内外经济形势变化时，更加敏锐也更加大胆，善于抓住国内外发展机遇。“一带一路”倡议提出以后，中国企业“走出去”的步伐加快，民营企业更是我国企业“走出去”的排头兵。2020年，地方企业OFDI流量达848.5亿美元，占63.3%。同年，非公有经济控股的国内投资者实现对外投资671.6亿美元，占50.1%，较上年增长14.1%②。此外，民营企业主动“走出去”，从而在产业选择、投资区位选择等方面具有较高的选择权，它们主动选择自身具有比较优势的产业，并且选择投资环境宽松、政策优惠条件较多、相关产业空白点较多的产业。例如海尔集团，针对不同的市场需求生产东道国市场上受欢迎的产品，从古巴小区到巴基斯坦的鲁巴经济区，海尔从建立自己的生产工业园到建立产销一体的多功能海外园区，稳扎稳打，最终建成国际品牌。此外，民营企业还善于“抱团出海”，共担风险的同时提高产品和服务的多样化，上下游企业抱团建立园区，共同抵御风险，例如邵阳商人的抱团开拓东南亚市场。湖南邵阳商人广泛活跃在东南亚的老挝、泰国、缅甸、马来西亚等国家，他们从挑货郎到摆地摊，再到小商品交易，最后建厂、建园以开展实业投资。2007年，老挝波乔嘉丰农业开发有限公司率先开发1万公顷橡胶产业园，泰国湖南工业园、东盟湖南商贸物流工业园都是邵商的开拓东南亚市场的杰作。

---

① 资料来源：中国境外经贸合作区投促办公室：《纳入统计范围的境外经济贸易合作区》，中国国际贸易促进委员会，2018年11月15日，https://oip.ccpit.org/ent/parkNew/138。

② 根据《2020年中国对外直接投资统计公报》数据统计。

此外，在中国和新加坡合作开发的苏州工业园区的带动影响下，20世纪90年代起，中国一批园区开发公司参与了海外园区建设，比较典型的有天津泰达集团、郑州高新区等。其中天津泰达集团在埃及建设的苏伊士园区先后通过了埃及政府经济特区和我国境外经贸合作区的招标，成为我国海外园区建设的典范项目。但是我国园区开发商实力较弱，面对国外有实力、有经验的园区开发商，竞争力不足。“一带一路”倡议以后，我国园区开发企业的海外事业跨上了新台阶。

二、按合作主体划分的海外园区经营模式

随着我国海外园区建设的不断探索，我国园区“走出去”已经形成了以东道国政府托管模式、股份合作模式、政府机构间合作模式等为主的海外经营模式。

（一）东道国政府托管模式

东道国托管模式主要是指东道国将跨境园区建设的土地开发、园区规划、基础设施建设、招商引资、产业定位、园区运营管理等一系列职能在一定期限内完全委托给具有相关资质的中国合作企业，东道国政府不参与园区经营管理。其中比较典型的有柬埔寨齐鲁经济特区、老挝磨丁经济合作区、俄罗斯乌苏里斯克经贸合作区、越南龙江工业园、巴基斯坦瓜尔达尔自贸区等，主要分布在“一带一路”沿线地区。政府托管模式从一定程度上反映了东道国对中国企业的信任与支持，但这种信心与支持来自主导企业不俗的经济实力与丰富的园区开发、运营经验。例如，巴基斯坦瓜尔达尔自贸区是中巴共建“一带一路”的典范项目，2013年2月，巴基斯坦政府确认了中国海外港口控股有限公司对瓜港的完全主导权，并向其长期出租瓜港土地。中方获得瓜港经营权拓展了瓜港建设的内涵与思路，瓜港将按照深圳模式建设，形成“港口＋园区＋城区”的综合体。在瓜港经营权归属问题尘埃落定之前，美国人、新加坡人都对这片土地有过各式规划，但是中方最终取得经营权，一方面源于巴基斯坦政府对中国政府的信任，另一方面源于中国深圳蛇口片区的成功让巴方认可中国企业的实力。

（二）股份合作模式

股份合作模式是指由多家中资控股公司与东道国政府或者企业进行股份合作共同建设园区，是目前应用最多的一种园区建设、经营模式。在股份合作模式下，合作双方可以按照一定的出资比重成立合作开发公司，资金、土地、技术等均可以作为入股资本。新成立的合作开发公司负责园区的开发、招商、管理等各项工作，利润按照出资比例进行分配。股份合作模式通常由中资企业首先在国内成立一家境外园区开发与经营公司，再由园区开发与经营公司与东道国政府或者企业合资成立园区合作开发公司以处理园区开发、建设、运营等问题。股份合作模式能兼顾中国企业东道国政府或企业的利益，在一定程度上能缓解矛盾、管控分歧，也能够对利益分配作出合理安排。更重要的是，多方合作是防控风险的有效手段。因此，此种方法适用于与我国地理距离远、营商环境不佳、市场机制不健全的东道国。比较典型的有由中国华立集团与泰国安美得集团合作开发的泰中罗勇工业园；由海尔集团与巴基斯坦鲁巴集团合资建设的海尔—鲁巴经济区等。

（三）政府机构间合作共建模式

政府机构间的合作模式主要是中国政府机构和东道国政府机构之间达成的在东道国建设合作区的共建模式，建成的园区由两国的政府机构共同管辖，或者由两国政府共同授权的机构代为管辖。政府机构间合作共建模式是中国“一带一路”海外园区建设的独有模式，最大的特点是双方政府直接参与园区管理，而在其他模式中，政府主要承担引导和背书的角色，园区管理与运营是由企业主导、市场决定。政府机构间合作共建模式为园区发展提供了强有力的支持，包括政策、资金、技术、人力资源等。该模式主要适用于市场机制不完善、经济发展较为落后的东道国。比较典型的有中缅边境经济合作区、柬埔寨齐鲁经济特区、中哈霍尔果斯国际边境合作中心、伊朗格什姆自贸区，其中齐鲁经济特区由中柬双方政府共同授权的齐鲁（柬埔寨）经济开发有限公司建设；中哈霍尔果斯国际边境合作中心的哈方建设单位是哈萨克斯坦授权的“杰特苏”社会企业家集团国家控股公司，中方建设单位是中国政府授权的合作中心管委会；伊朗授权的伊朗格什姆自贸区与中国授权的广东自由贸易试验区共同开发建设了伊朗格什姆自贸区。

三、“一带一路”倡议下园区“走出去”新模式

在“一带一路”沿线国家创办的海外产业园区中，大型多元综合型园区较多，且多有政府背书或是大中型企业积极参与，因此这类园区快速嵌入东道国经济发展，收获了较好的经济、社会效益，逐渐成长为具有国际竞争力的大型园区，并且具有品牌效应。一些大型园区逐渐探索出“园中园”发展模式，还有的开创了“两国双园”的新型互动模式，“双区联动”也成为我国海外园区发展的特色之一。

（一）“园中园”模式

“园中园”的发展模式是指在园区的开发建设阶段，大型园区将内部的土地出售或者转租给其他企业以开发建设新的小园区，小园区独立经营管理，向大园区支付基础设施及配套服务的使用费用。“园中园”模式可以充分利用已有园区的竞争优势，更好发挥园区内产业集聚效应，依托大型园区拓展招商引资渠道，快速开启国际业务。例如中国·印尼经贸合作区在中国、印尼两国政府支持下，采用“园中园”模式发展并取得成功。中国·印尼经贸合作区是我国第一批境外经贸合作区之一，位于雅加达—万隆经济带的中心地区，这一经济带是印度尼西亚重要的工业走廊，聚集着来自中日韩等国家的知名制造业企业。园区落地于绿壤国际工业中心，构建起中国·印尼经贸合作区绿壤中心之间的“园中园”发展模式。初始阶段，一方面，中国·印尼经贸合作区依托绿壤中心完备的基础设施，在招商引资方面具有一定优势，另一方面，随着“一带一路”倡议的不断推进，中国·印尼经贸合作区逐渐成为中资企业进入印度尼西亚投资的优选平台，绿壤中心也因此获得了更多中国企业的关注。随着中国·印尼经贸合作区的发展，中方主导企业广西农垦集团规划以“独立建园”的方式筹建二

期项目，二期的独立开发园区具有更高的独立性，能为入园企业提供优质的配套服务。截至2020年7月，中国·印尼经贸合作区入驻企业达到55家，超过一半是中资企业①。园区主要涉及农产品精深加工、食品加工、机械制造、仓储物流等产业，二期项目将着重打造科技化、综合化园区，为中国企业在印度尼西亚乃至东盟投资构筑高水平的经贸平台。此外，中白工业园也是采用“园中园”发展模式的典型园区之一。作为我国最大的海外产业园区之一，中白工业园被誉为“一带一路”上的“明珠”。工业园主体项目——中白商贸物流园是园区中规模最大、最早投入运营的“园中园”，由中白工业园与招商局物流集团共同投资建设。

（二）“两国双园”互动模式

“两国双园”是我国近年来在国际合作实践中探索出的全新商业模式，即两个主权国家在双方国家互设园区，将国内的供应商、品牌商、工厂、产业等通过全链条外贸服务联通海外买家，并在海外进行本土化运营，拓展两国经贸往来。马中关丹产业园，连同位于广西的中马钦州产业园区，是世界上首个互相在对方国家建设产业园区的姊妹区，开创了“两国双园”模式。马中关丹产业园和中马钦州产业园区不仅中国和马来西亚两国互相投资的旗舰项目，也是中国与东盟合作的示范项目。截至2020年，钢铁、轮胎、玻璃等是马中关丹产业园的主导产业，而中马钦州产业园的主导产业为棕榈油、燕窝、清真食品以及生物医药等高新技术产业。中马双方联动式发展，在港口、产业和园区等方面都形成了合作共赢的局面。“两园双区”模式实现园区产业互联、设施互通、政策互惠，并且将打通双方投资绿色通道。目前，这种特殊模式已经推广开来。2021年1月12日，《关于中国和印尼“两国双园”项目合作备忘录》正式签署，位于中国福建的元洪投资区和位于印尼的民丹工业园、阿尔维那工业园、巴塘工业园共同参与了这

① 梁育填、周克杨、张家熙、曾佳琪：《中国境外经贸合作区的“园中园”发展模式育案例研究》，载于《地理科学》2021年第6期：第980~988页。

一项目。“两国双园”模式将打开中国与印尼产业合作新局面，实现两国在更多领域的互联互通。这一项目的初始主导产业是食品制造与加工，后期将逐渐向轻工、能源等领域拓展。

（三）“双区联动”模式

2021 年 1 月，中国（赣州）跨境电子商务综合实验区与匈牙利中欧商贸物流合作园区开始共同推动“双区联动”机制。中匈“双区联动”机制是在“一带一路”合作框架下中欧拓展合作的全新探索。这一机制有效连接了跨境电商数字口岸和海外园区，将内陆转化为前沿。早在 2020 年，中欧物流园就与中国（临沂）跨境电子商务综合试验区就开展了“双区联动”的尝试，为国内产品出口中东欧打开新渠道。在“双区联动”模式下，国内外园区互相依靠，互联互通，共同畅通物流通道，实现内部跨地域、跨平台整合资源。疫情冲击下，跨境电商迸发出巨大的发展潜力，跨境电商与海外物流园的合作将大大节省货运时间以及物流成本。赣州跨境电商综合实验区与中欧商贸物流中心的合作将有助于双方联手打造国际家居产业基地，未来“跨境电商 + 中欧班列 + 海外仓”的模式将成为新型贸易的重要形式，“双区联动”将通过中欧班列等现代物流体系有效连接海外园区与国内产业园区，拓宽贸易通道，为实现“一带一路”区域更广泛的互联互通、促进中国与沿线国家实现更加紧密的商贸、物流、科技合作提供了新的发展思路。

第五节　新时期园区“走出去”面临的问题

从世界范围来看，不论是在本土建立产业园区还是走出国门建立海外园区，园区的发展从来不是一蹴而就的，绝大多数园区的发展都面临各种风险与挑战。当前，全球范围内的生产、贸易、物流、信息等方式正在不断发生深刻变化，国际间竞合关系、区域经贸合作深受影响。

一、营商环境

对于我国来说，我国园区“走出去”的重点布局区域——“一带一路”沿线国家，以发展中国家和新兴经济体为主，营商环境亟待改善，同时这些国家由于地理位置特殊、坐拥重要战略资源等原因成为大国博弈的焦点，地缘政治风险高于其他地区。南亚、东南亚、北非等地区部分国家内部种族、民族冲突频繁、政权更迭也较为频繁，这使得东道国不能确定长期的发展规划和政策优惠，提高了海外园区建设与发展的不确定性。例如，巴基斯坦政府就曾在瓜达尔港的经营归属权问题上摇摆不定。瓜港经营权先后在中国、新加坡相关企业中流转。2013 年，巴基斯坦政府将瓜港经营权交给中国海外港口有限公司，瓜港经营权自此稳定下来。虽然如今瓜达尔港自由贸易区发展良好，但是东道国政府在政策上的不连贯性是园区建设企业不得不考虑的风险。在经济层面，“一带一路”沿线国家经济实力较弱、投资保护机制不健全，海外园区无法获得与本土企业同等的政策优惠条件，因而在竞争中处在劣势地位。目前，“一带一路”沿线国家的基础设施和配套服务薄弱，产业配套政策欠缺，营商环境欠佳。部分园区虽然获得了东道国政府的大力支持，但是支持力度与园区实际需求存在一定差距，因而发展较为缓慢。

企业是我国海外园区建设、运营的主体。经过几十年的发展，我国企业虽然在海外经营中积累了一定经验，但仍存在许多不足，尤其在东道国营商环境较差的情况下，海外产业园区往往缺乏系统性全局规划。部分园区前期规划缺乏系统性与科学性，对园区的主导产业和空间布局没有清晰的认知，导致园区布局与东道国的要素资源不匹配。此外，部分园区对东道国投资环境不熟悉，也没有像发达国家的海外产业园区一样注重纳入银行、保险等资本配套服务，同时缺乏专业的法务、会计及税务，无法及时处理纠纷。

二、疫情冲击

2020 年，新冠肺炎疫情冲击了全球经济，世界局部经济停摆，发达国家深陷衰退。2021 年，根据联合国贸发会议（UNCTAD）发布的《全球投资趋势监测》，2020 年全球外国直接投资（FDI）为 8 590 亿美元，相较于 2019 年的 1.5 万亿美元下降了 42%，比 2009 年全球金融危机后的低谷低了 30% 以上，与 20 世纪 90 年代水平相当。全球投资活动受到疫情的直接冲击。与此同时，国内部分地区经济也一度停摆，面临严峻的内外部环境，中国园区“走出去”的步伐放缓，尤其是市场导向、效率导向和资源导向的企业，“走出去”的热情骤减。此外，一些在建和运营项目也受疫情影响，考察期和筹备期项目更是面临停摆挑战。2022 年 1 月 UNCTAD 发布的《全球投资趋势监测》指出，全球 FDI 逆势强劲增长至约 1.65 万亿美元，超过了新冠疫情前的水平，其中中国海外园布局重点区域——东盟恢复了其作为亚洲和全球外国直接投资增长引擎的作用，流入量增长 35%。现如今，面对全球市场亟待释放的消费欲望，园区“走出去”迎来新的发展契机，跨境电商、数字贸易等新业态未来可期。2022 年，地缘政治紧张局势有所升级，将影响相关区域投资决策，疫情持续、地区争端等不确定性因素将深刻影响跨境投资。

此外，全球政治环境主要受中美等大国关系影响，疫情冲击下中美两国摩擦不断升级，且愈演愈烈，欧盟与俄罗斯等大国关系也不断恶化，全球政治环境不断恶化。政策环境的变化也导致各国政策不稳定不持续性增加。一方面，政策发布密集，可预测性差，部分国家和地区不断出台针对我国外贸外资的政策；另一方面，各国面对疫情都针对性地颁布临时法律、法令、条例，经济发展水平落后的国家或者政局动荡的国家政策朝令夕改，政策的不稳定不持续导致企业经营的不稳定不持续。

三、融资乏力

随着“一带一路”建设的推进，海外园区的建设开始了新一轮的推进，盲目推进的现象逐渐出现，在疫情的冲击下显得后劲不足。一是中国海外园区前期投资过大，尤其是前期基建投资数额过大，开发企业回收困难。海外园区建设在国外，所需资金投资额较大，建设项目周期长，同时资金回收周期也较长，多数园区存在资金被大量占用，从而造成工程项目迟迟无法完工的情况。再加上园区企业入驻也需要一个较长的招商、落地、开工、量产等周期，开发企业可能多年都处在收支不平衡的状态，如埃塞俄比亚、柬埔寨的园区都在开工七八年后才实现年度收支平衡，而收回成本也遥遥无期。二是中国海外园区融资较为困难。一方面是中国金融机构在海外所设分支机构较少，海外园区的中方企业境外融资渠道有限，境外融资需求无法得到满足。另一方面，海外园区所在东道国对中方企业的融资需求持更加谨慎的态度，加之大多数东道国经济发展水平较为落后、投融资支持体系比较薄弱、信用等级差、外债风险高，因此园区开发企业以及园区入驻企业获得当地资金支持更为困难。

如今，海外园区成为中国与沿线国家共建“一带一路”的重要平台之一。展望未来，共建“一带一路”机遇与挑战并存，高质量推进我国园区“走出去”仍然是我国与沿线各国开展产能合作、共谋发展的高效通道。经济全球化仍然是世界经济的发展方向，区域经济合作将成为推动经济全球化最重要的手段之一。随着我国构建“双循环”新格局的步伐不断加快，海外园区也将成为中国构建“双循环”新发展格局的重要抓手，为经济高质量发展贡献力量。

第三章

“一带一路”推进中农业园区“走出去”的合作模式研究

第一节 引言与文献综述

一、引言

“一带一路”倡议自提出以来，已从合作共识向落地实施纵向深入发展，而海外园区建设作为中国改革开放以来实现经济高速增长的成功中国经验，也是“一带一路”倡议下国际经济贸易合作的重要方式之一。尤其是在推动“一带一路”农业合作方面，海外农业园区逐渐成为破解我国农业“走出去”瓶颈的重要路径。目前，海外农业园区建设已有积极探索，但由于我国农业投资对象集中在欠发达国家或地区，东道国制度环境相对不健全，风险较高，因此，我国农业企业采取“抱团出海”的方式，共同开展农业海外投资。如表 3 - 1 所示，从区域分布来看，我国在东北亚建有农业海外园区 24 家，全部集中在俄罗斯，占农业海外园区总量的 48%，不仅体现出中俄深厚的政治经济关系，还反映出俄罗斯极其丰富的农业发展资源；设立在非洲地区的农业海外园区共 13 家，占总数的 26%，主要集中于赞比亚、莫桑比克、坦桑尼亚等 9 个非洲国家；东南亚农业海外园区共 9 家，分布在柬埔寨、印度尼西亚、老挝和马来西亚；在中亚地区建有4家农业海外园区，仅占总数的8%，分布于吉尔吉斯斯坦和塔吉克斯坦。

表3－1　2019年我国农业境外园区分布

区位	数量（个）	具体分布的国家及园区数量
东北亚	24	俄罗斯24个
中亚	4	吉尔吉斯斯坦1个、塔吉克斯坦3个
东南亚	9	马来西亚1个、老挝2个、印度尼西亚3个、柬埔寨3个
非洲	13	苏丹、乌干达、津巴布韦、毛里塔尼亚、塞拉利昂、埃塞俄比亚等国家各1个、莫桑比克2个、坦桑尼亚2个、赞比亚3个
合计	50	涉及国家16个

资料来源：根据资料整理绘制。

21世纪以来，在全球粮价危机、“海外圈田”不断冲击全球农业治理秩序的背景下，我国基于“共商、共建、共享”原则建立的农业海外园区，虽为全球农业园区“走出去”提供了具有中国特色的“中国方案”，但普适性较差，我国境内农业企业难以效仿。因此，如何将现有的成功方案经验形成体系，建立一个具有普适性的合作模式和选择机制，带动我国农业园区、农业企业“走出去”，具有重要现实意义与国际意义。基于此，为更好地理解我国海外农业园区合作模式类型，便于后期园区“走出去”的路径选择，本部分将梳理总结现有关于农业园区的文献研究，结合我国实际情况和现有案例经验，从我国与“一带一路”沿线各国农业合作潜力和农业合作环境两个维度出发，将农业园区合作模式分为四大类，并总结四类模式的主要特征和适用情况，为有关部门推进农业国际合作、助力园区“走出去”提供借鉴参考。

二、文献综述

（一）农业园区的相关研究

自1994年起，我国提出建设现代化农业园区，各个地区相继建立了不同规模、种类和质量的现代农业园区，现代农业园区也逐渐成为推进我国农业快速发展、乡村振兴的重要抓手（罗其友等，2020），国内外学者也纷纷投入到对农业园区的研究中，为政府提供理论上科学依据的同时，引导现代农业园区更加平稳地发展进步。目前，国内外学者关于农业园区的研究主要集中在对园区评价体系的建立和园区的影响因素探究这两个方面。

1. 农业园区评价体系

农业园区是一种新型农业组织形式，对推动农产品质量提升、农村产业结构升级和经济发展具有重要作用（王树进和黄冠军，2022）。因此，制定并完善现代农业园区综合型评价体系具有重要意义，国内外学者对其展开了深入的研究和讨论。

创新是引领发展的第一动力，是判断国家农业科技园区建设成效的重要指标，多数学者致力于从创新的角度出发。雷玲和陈悦（2018）以杨凌农业科技示范区为例，采用其 2013 ~ 2015 年的面板数据，运用层次分析法和模糊评价法，建立包括技术创新能力、制度创新能力和创新环境支撑在内的评级指标体系，测算其创新能力并进行纵向对比分析。霍明等（2018）基于园区创新过程与战略定位，利用 AHP - TOPSIS 模型构建包括创新投入、创新支撑、创新产出、集成示范和创新绩效 5 个一级指标在内的创新能力评价体系，并通过 K 均值聚类分析，将华东地区六省 42 个国家农业科技园区划分为创新引领区、创新示范区和创新稳健区。杨军等（Jun Yang et al.，2018）基于江西省已经建成的 4 个国家级农业科技园区的有关数据，构建了包括创新支持、创新水平和创新绩效 3 个一级指标、8 个二级指标和 24 个三级指标在内的评价体系，通过组合赋权法测算 4 家园区的综合创新能力得分。瓦斯克斯等（Vásquez et al.，2014）以西班牙农业科技园区为例，展开创新体系评价，认为技术创新、人才集聚、产业融合等因素都强有力地支撑了农业园区的创新力。李晓萍等（2020）根据全国 160 家农业科技园区 2016 ~ 2018 年的面板数据，从创新资源集聚、创新服务支撑、创新成果产出和创新综合绩效 4 个维度，运用 CPM 和 Moran’s I 构建创新能力评价体系，发现我国园区综合创新能力发展平稳，空间正向关联性较强，且出现局部“高高”聚集、东中西失衡的现象。王树进和黄冠军（2021）对山东省44个省级农业科技园区的创新能力展开评价研究，通过层次分析法，构建了包含创新支撑、创新水平以及创新绩效3个一级指标、9个二级指标的创新能力评价体系，利用K－均值聚类分析法将44个省级农业科技园区分为创新引领、创新示范和创新起步三大类。王秀芳等（2021）以创新支撑、创新产出和创新绩效作为一级指标，构建包含22个二级指标的创新能力评价体系，测算了河北省119家省级及以上的农业科技园区创新能力，发现与全国平均水平相比，河北省国家级农业科技园区创新能力较低。雷玲和脱潇潇（2019）从供给侧结构性改革出发，将农业园区综合创新发展能力分为基础的经济效益、对供给侧改革的贡献程度以及园区的创新发展能力3个层次，建立了包含17个具体指标的评价体系，利用熵权TOPSIS评价模型对陕西7市农业科技园区创新发展能力进行测算。彭竞和孙承志（2017）以市场需求为导向，通过综合评价模型和网络分析法，建立农业科技园区创新能力评价模型，其中包含运作管理创新、产品研发创新、金融创新、制度创新、文化创新以及人力资本创新六个维度。

部分学者从投入—产出的比较展开分析，引入效率作为衡量指标，通过对效率的测算与评价研究农业生产经济效益，以便了解某个地区的农业现代化发展情况。李瑾等（2020）以北京三星级以上休闲农业园区为研究对象，构建包含知识支撑、基础设施和技术应用在内的三维信息化评价体系，发现信息化水平能有效提高创新绩效水平。白惠婷等（2019）从水资源利用的角度出发，从水源、用水和再生水3个维度，构建出包含13个指标在内的农业园区水资源利用效率评价体系，通过可拓层次分析法发现，京津冀城郊农业园区在节灌和非常规水资源利用方面处理较好。谢玲红等（2019）基于乡村振兴“三农”目标，从农业升级、农村发展和农民进步三个维度，构建包含11个二级指标、28个三级指标的评价体系，利用106个国家农业科技园区数据，测算其综合绩效指标，发现我国整体综合绩效水平较低，呈东中西依次递减态势。李晓萍等（2021）对前六批139家国家农业科技园区作为研究对象，利用2016～2018年5个投入指标和5个产出指标，构建园区运营效率体系，通过超效率 SBM - I - C 模型对运营效率进行测算分析，发现农业园区运营效率差异扩大是由于自身建设发展不同所导致的。霍明等（2021）基于创新价值链理论，利用技术研发阶段与成果转换阶段的投入产出变量，通过 DEA - BCC 模型对 158 家国家级农业科技园区的创新研发效率和创新转化效率进行测度。

部分学者从其他角度对农业园区进行评价体系构建。雷玲和钟琼林（2018）总结现有文献成果，对陕西 7 家农业园区的整体综合效益情况进行对比分析，以区域环境、园区科技、技术水平、现代化水平和经济效益为准则，建立了包含 21 个二级指标的农业园区综合效益评价体系。周华强等（2018）立足农业科技园区三大功能，将园区综合能力细分为创新引领、创新孵化和示范带动 3 个层面，通过因子分析法对指标信息进行提炼，构建涵盖 14 个三级指标的园区评价指标体系。张等（Zhang et al. ，2019）针对农业园区生态效应，构建园区生态退化成本模型，将环境退化成本转化为生态系统服务价值，利用层次分析法将空气质量、土壤形成、文化研究生态旅游、养分循环、肥料消耗和节约水源 7 项指标分以权重，测算出北京和天泽农业园区环境退化的最终代价。窦学诚等（2021）从品牌体系出发，构建包括品牌构成、品牌目标、品牌定位、品牌营销和品牌支撑 5 个一级指标的五维绩效评价体系，运用 CTOMS 模型对天水国家农业科技园区品牌体系展开测算，发现其建设绩效处于“一般”和“较好”之间。

2. 农业园区影响因素

目前，关于农业园区影响因素的研究较少，通过对现有相关文献整理归纳，发现农业园区影响因素的研究主要集中于创新能力、空间分布、政府支持等方面展开。

目前，国内外学者普遍认为，创新驱动发展战略是我国经济发展的重要战略（Y Hui et al. ，2018；Lishu Wang et al. ，2020），农业园区的首要目标应当是农业科技创新，推动农业园区向科技园区转型升级，因此，大力发展农业高新技术园是农业科技园区发展的重要方向（吴圣等，2019；Pingzeng Liu et al. ，2019；Yali Wang et al. ，2020）。赵黎明（2016）将国家首批农业科技园区作为研究对象，通过结构方程模型对园区技术集聚形成的影响因素展开分析，发现技术扩散与技术创新都能显著促进园区技术集聚的形成，且技术创新的影响程度更大。夏岩磊等（2021）通过修正的双层嵌套 DS 模型，利用我国 109 个国家级农业科技园区 2015～2019 年的面板数据，发现园区内部的主体协同程度能显著促进创新能力的提升，并且“报酬溢价”在影响作用中起到显著的非完全中介效应。常亮和罗剑朝（2019）通过 K－均值聚类分析法和有序 Logit 模型，对 115 家国家农业科技园区创新能力影响因素展开探讨，发现园区研发中心数量、研发人员数、高新技术企业数和大型仪器设备能显著正向促进园区创新能力。

还有学者认为研究农业园区空间分布特征，对把握其分布现状、找准发展点具有重要意义。闫俊文和刘庭风（2019）以华北地区 680 个农业园区为研究样本，通过地理信息系统（GIS）对农业园区空间分布进行简要分析，并利用层次分析法发现，公路密度、农林牧渔产值、城镇居民可支配收入显著影响华北地区农业园区发展，且游客消费水平逐渐成为农业发展的重要因素。王昭等（2018）通过建立回归模型，探讨了我国国家级农业科技园区的空间分布格局，发现耕地灌溉面积、农村人口规模、农业基础设施水平和农产品加工收益与该地区农业科技园区的数量呈显著正相关，而农村居民可支配收入和农林牧渔总产值与农业科技园区布局呈负相关。龙冬平等（2014）基于吴忠、杨凌、银川、渭南、天水、定西 6 个陕西省国家级农业科技园区内企业管理者调查数据，通过结构方程模型实证回归发现，对于园区内龙头企业来说，其发展区位选择受到的影响因素由弱到强依次是园区环境、地理区位、政策环境、产业环境。

部分学者认为“看不见的手”同样对农业园区的高质量发展起到重要影响作用，认为园区需要各级政府的相互协调配合与共同支持。吴圣等（2020）以博弈理论为基础，对农业科技园区内纵向政府间的博弈关系展开探讨，分析结果显示政府间博弈行为之所以产生，是由于农业科技园区体制机理不完善以及缺乏效率所导致的，在设计制度中需将各级政府的利益目标和行为特点考虑在内。此外，吴圣（2021）认为在我国农业科技园区的建设和发展过程中，政府与各部门间的相互协作发挥着举足轻重的作用，有关部门需积极搭建相应的政策支持体系，为推动农业高新技术产业发展创造良好环境。李等（Li et al.，2018）认为，我国政府部门积极推进“一带一路”建设、保障粮食安全，对促进农业国际合作具有重要的意义。王等（Wang et al.，2021）利用空间异质性模型，发现农业科技园区技术扩散存在距离衰减效应问题，而政府可通过颁布有关政策法律缓解负面效应，甚至在一定程度上促进区域平衡的农业科技园区发展。目前海外农业园区建设仍处于初级阶段，投资规模不大、抱团不紧、投资风险显现等问题依旧存在，核心原因在于相关主体对农业园区建设认识不够统一，只有通过政府的理念宣传、机制政策、监督管理等加强引导，搭建海外农业投资合作平台，才能推动农业海外园区可持续发展（茹蕾等，2019）。

一些学者从园区整体发展的角度出发，认为探究影响园区发展的影响因素，能更好地发掘利于园区发展的运行模式。张玉彬等（2018）以青岛地区 1 000 亩以下的农业园区作为研究对象，分析其发展现状和效益模式后发现，园区科技投入和设施占比的增加能显著提高农业园区单位面积效益，而年投入和占地面积对园区产值利润率和单位面积效益呈抑制作用。郑等（Zheng et al.，2021）以“一带一路”沿线国家或地区中 57 个海外农业合作园区为研究对象，利用 2006 ~ 2018 年农业双边贸易、基础设施、资源禀赋、经济自由度、劳动力资源等相应指标，通过 Logit 模型分析影响海外农业合作园区建立的因素，发现东道国农产品贸易规模、劳动力资源、农业用地面积对海外农业园区的建立具有促进作用，而经济自由度指数与园区建立呈负相关关系。

（二）农业合作的相关研究

“十三五”期间，我国农业在国际合作中取得巨大成就，随着国际经济环境和经济制度的变化，“十四五”期间我国农业国际合作将迎来全新的挑战，完善农业合作机制是推动国家间农业可持续发展与合作的重要路径（胡冰川，2020；任育锋等，2021）。目前，国内外学者们普遍认为释放农业合作的巨大潜力，关键在于推动双边农产品贸易和农业合作的便利化（乔榛和郑岩，2021）。本书将从农业合作潜力与农产品贸易两个方面对文献进行梳理。

1. 农业合作潜力

关于研究农业合作潜力方面的文献，学者主要进行了定性分析，从定量的角度分析、测度农业合作潜力的文献较少。于海龙和张振（2018）从定性的角度出发，详述我国农产品贸易、技术、投资情况，发现我国在土地密集型农产品贸易方面具有较大合作潜力，其中农产品贸易互补性强，且技术交流与合作前景广泛。王慧敏和翟雪玲（2017）以我国与中亚五国的农业合作现状为基础，从农业投资环境与合作制约因素出发，详述了近期优势互补领域和未来合作前景。张庆萍和朱晶（2017）通过收集整理我国与上合组织国家间农业贸易和农业投资合作现状，分析未来双边农业合作困难与潜力。萨科夫斯卡·奥莱娜（Sakovska Olena，2020）分析了瑞典、挪威、日本、芬兰的农业合作经验并将其运用于乌克兰，发现乌克兰现有合作尚存问题急需解决，需依托当前国际经济合作制定农业合作运作战略。博日科夫等（Bozhkov O B et al.，2020）收集整理 2005～2008 年、2018～2019 年俄罗斯农业合作的相关研究成果，结合案例分析比较，证实了农业合作较自组织和互助的优势，并建议国家提供相应支持农业合作的措施和方案。涅克拉索夫等（Nekrasov R V et al.，2019）以俄罗斯萨马拉地区案例为研究对象，根据俄罗斯以往经验，发现该地区农业发展受粮食市场竞争、国际制裁等因素影响，而农业国际合作是推动当地农业发展的有效途径之一，未来应积极促进与国际农业的合作，提高农产品竞争优势。菲利普（Philip H P Liu，2018）通过考察非洲人民对中国的形象构建和中非农业合作的历史背景，发现在中国的对外援助和投资的帮助下，双边合作逐步加深，未来的合作潜力会随着中国援助非洲战略的新解读不断加深。此外，还有崔亚平和宫秀芬（2013）、刘爽和王宇欣（2014）、巴什库耶娃（Bashkueva）和阿塔诺夫（Atanov，2016）、利帕托娃等（Lipatova N N et al.，2021）等学者对农业合作潜力进行了定性分析。

部分学者展开了定量分析，如吴殿廷等（2014）从便捷、友好和互补 3 个角度探讨了我国与金砖五国在农业方面的合作潜力，着重探究了农业资源条件和农产品生产及交易的差异性和互补性，通过构建农业合作潜力系数评价模型，对 2015 年和 2020 年我国与其他“金砖国家”农业合作潜力特征进行了估算和总结。苏珊珊等（2019）在吴殿廷的研究基础上，通过互补性分析法构建两国互补性指数模型，基于生产要素和贸易规模两个内生因素、制度环境和风险评估两个外部因素，建立了农业投资合作潜力测度体系，测算了我国与“一带一路”国家投资合作综合潜力。樊海灵（2017）基于空间相互作用理论，建立了包含农业互补性、运输可达性、战略合作度的农业合作潜力评价指标体系，不仅从静态角度探讨了合作潜力，详述合作所在领域，还动态预测未来 10 年总体农业合作潜力。聂晴晴（2019）在樊海灵的基础上优化了战略合作度指标，保留原有农业互补性、运输可达性和战略合作度 3 个一级指标的同时，为保证指标测算的客观性，将双边外交关系划分为高层互访、建交时间、友好城市三个方面，大幅度降低了原有指标体系中战略合作度的主观性。郭等（Guo et al.，2021）基于资源互补理论，从政治环境、经济环境、社会环境、科技环境 4 个方面选取了 28 个指标，分析中国与中东欧国家的农业合作潜力。

2. 农产品贸易

为使本国在国际农业贸易发展中掌握主动性，就必须了解当前国际农业贸易发展基本情况，认识其发展规律（杜伟，2020）。为此，越来越多的学者纷纷对农产品贸易的影响因素展开研究。

多数学者认为，一国贸易政策是对进出口贸易活动进行直接管理的准则，对贸易规模的影响也最为直接。吕新业和蔡海龙（2016）梳理自 2014 年以来，俄罗斯所实施的农业政策，主要包括农产品进出口及相关政策，结合俄罗斯当前贸易现状，分析了该政策对其国际农产品市场产生的一系列影响。詹姆斯·皮斯（2019）基于国际贸易、贸易保护和自由贸易理论进行分析，美国农业仍存在严重的贸易壁垒问题，具体体现在关税、补贴、进口限制等，严重阻碍了农产品自由贸易所带来的经济互惠。朱晶等（2021）以我国农产品贸易规模为研究对象，深刻探讨了在新冠疫情的背景下，部分国家实施的农产品进口限制措施极大冲击了世界农产品贸易活动，我国农产品贸易也呈现下降趋势。张可飞（2020）结合当前世界农业贸易的发展现状，借鉴国外的相关政策和立法经验，认为我国农业贸易可通过可持续的政策法规体系健康发展。刘传平和徐鹏（2020）对美国同中等国家发生的贸易争端展开研究，认为美国在补贴形式的基础上，新增的贸易援助计划扭曲了农产品贸易市场，阻碍了全球农业发展。蔡（Cai，2020）以我国农业为研究对象，分析了贸易国绿色贸易壁垒对我国农产品贸易的影响效应，认为过于繁琐的检验认证和严格的技术标准，会大幅降低我国农产品贸易出口，我国应提高国民绿色意识，完善相关法律，避开绿色贸易壁垒的限制。马努・克里斯蒂安娜（Manu Christiana，2020）以加纳 25 个主要贸易伙伴国为研究样本，利用 1995 ~ 2019 年的面板数据，通过贸易引力模型，发现作为贸易协定的成员国，其双边农产品贸易流量得到显著增加，不论从短期还是长期来看，贸易协定是促进加纳双边农产品贸易的重要决定因素。赵成柱等（Cho Sung Ju et al.，2020）量化了国家间非关税措施的结构相似性，通过结构引力模型测算其结构相似性对双边农产品贸易的影响效应，发现双边技术性贸易壁垒结构相似会扩大农产品贸易规模，而卫生和植物检疫壁垒结构性相似与农产品贸易规模呈现负相关关系。杰森・贝克曼和萨拉・斯科特（Jayson Beckman and Sara Scott，2021）的研究显示，美国农业部和经济研究局的研究员假设并创造了一个取消全球农业关税的情况，模拟结果显示，关税的取消会提高消费者福利，并显著提高全球农产品贸易额的 11%。马吉德・拉蒂夫等（Majid Lateef et al.，2018）通过贸易引领模型探究了我国与巴基斯坦自由贸易协定对农产品贸易规模的影响，利用 2001 ~ 2014 年中国和巴基斯坦与 110 个贸易伙伴国的相关数据，发现自由贸易协定对巴基斯坦向我国出口的农产品规模呈指数增加，有较强的贸易创造效应，而对我国向巴基斯坦出口的农产品影响不明显。此外，还有学者认为“一带一路”倡议是促进农业双边、多边合作的关键因素，倡议的科学性和前瞻性提高了沿线国家农业生产率，增加了双边农产品贸易（王永春等，2021；龚斌磊，2019；温国泉等，2019）。

还有部分学者从其他角度对农产品贸易影响因素展开讨论。胡月和田志宏（2021）利用1996～2017年106个国家或地区的面板数据，测算其农产品贸易条件，认为农产品进出口多样化水平对发达经济体农产品贸易条件存在负影响，但能显著改善发展中经济体农产品贸易条件。郑会青和庄佩芬（2022）利用世界银行、CEPII等多个国际组织数据库数据，分析2006～2020年我国与51个“一带一路”国家双边农产品贸易成本，发现两国经济距离会显著提高双边农产品贸易成本，进而抑制农产品贸易。覃朝晖等（2021）利用2011～2018年省级面板数据，通过多期双重差分模型，发现自由贸易试验区能促进农产品进出口贸易，且该效应在东部地区十分显著，中部地区则对出口贸易有促进作用。姚辉斌和彭新宇（2021）从东道国制度环境的角度出发，对我国向“一带一路”沿线国出口贸易进行回归分析，研究结果显示政府高效、政治稳定、监管严格的制度环境能显著促进我国与其的双边农产品贸易规模。

（三）文献评述

综上所述，本书通过对国内外有关文献资料整理与对比，发现我国在农业园区方面的研究成果颇丰，相关研究稳定在一定数量水平，但存在质量不高、研究方法单一等问题，且主要集中于国内农业科技园区、休闲型农业园区等角度，研究的广度不足，涉及国际农业园区的研究相对较少。

许多学者局限于对农业园区的评价体系与影响因素研究，多为研究文献的梳理与测算指标的建立，深层次的理论性论证和实证分析较少。研究对象多为国内农业园区，少有学者对我国在海外建立的农业园区展开研究，鲜有学者从宏观层面探索农业园区如何“走出去”。

农业合作潜力的研究主要集中在农产品贸易潜力研究方面，而农业合作潜力的研究更多是从定性的角度展开，且定量研究中，大多存在主观赋权的问题。过去学者们从理论层面展开分析，均认为中俄、中亚五国等农业合作潜力巨大，但囿于定量研究成果较少，相关农业合作潜力指标尚未形成成熟的评价体系，待改进研究空间巨大。

农产品双边贸易规模与农业合作潜力测度息息相关，国内外相关研究也较为丰富，但研究对象单一，主要集中于东道国贸易政策的影响效应，少有学者拓展影响因素范围，为农业合作潜力指标构建提供理论基础。

第二节 “一带一路”推进中农业园区“走出去”的理论解释

一、前提假定

安索夫（Ansoff，1987）最早提出“1+1>2”这一协同概念，研究大系统中的子系统是如何通过协同使系统变得有序，通过各要素间相互协调、配合形成良性循环，进而实现系统总体发展目标。本书以海外农业园区为研究对象，目标是建立起园区内政府、企业等多方主体的协同合作模式。而海外农业园区协同运作表面上看境内外各方企业、政府的业务互动，本质上却是境内外资源载体间基于利益博弈所形成的动态均衡。为此，本书以海外农业园区内的互动关系为切入点，基于诺依曼（Neumann，1944）提出的博弈分析方法对海外农业园区协同合作的内在机理进行探究。

假设某一国农业企业群体为 X，其入驻的企业 x_i^a（$i=1, 2, \cdots, n$），企业间共享信息平台和产业资源，这些集聚的企业共同构成了一个为（$x_1, x_2, \cdots, x_n$）的集合，则具有的映射关系 f 如下：

$$f: X \sim < x_1, x_2, \cdots, x_n > \tag{3.1}$$

对于本国农业企业群体 X^a 和海外农业企业群体 X^b，通过信息、资源共享与产业互补形成协同合作关系，建立起海外农业园区，用关系式 $X^a \otimes X^b$ 表示：

$$X^a \otimes X^b \sim < x_1^a, x_2^a, \cdots, x_n^a > \otimes < x_1^b, x_2^b, \cdots, x_n^b > \tag{3.2}$$

本书后续分析都隐含了这一前提条件，它包括了下列含义：（1）以往研究通常将园区内某一企业或作业单位看作一个研究对象，而本书以海外农业园区作为一个整体进行研究。按照博弈论的观点，该园区即是一个独立的博弈参与人（Player），具有信息获取能力、行动决策选择等一系列特征。农业园区为各主体协同合作提供了平台。（2）根据本书的内容和目标，可以将参与人的策略行为（strategies activity）概括为是否有意愿进行信息共享、资源和产业互补等合作行为。各群体的策略选择对海外农业园区的合作模式具有直接的影响。（3）研究的背景参数由各国宏观经济发展状况、区域社会市场需求、政府行为共同组成。

二、海外农业园区协同合作过程分析

Logistic 模型常被学者用来分析单种群稳定性问题，而后，维尔赫斯特（Verhulst）基于该模型，以两个群体间的相互作用关系为研究对象进行拓展，构建出一个新的数学模型。海外农业园区可以看作是一个企业集聚体，而该集聚体是由大量企业入驻园区与东道国企业共享资源、实现产业互补而产生的。本书以维尔赫斯特（Verhulst）建立的数学模型为基础，构建起海外农业园区协同合作的关系模型，以探究海外农业园区的合作运行过程。

针对一个特定的主体，其农业产业增长规律用数学公式可表示为：

$$\frac{dx(t)}{dt} = rx\left(1 - \frac{x}{K}\right) \tag{3.3}$$

$$x(t) = \frac{Kx_0}{(K - x_0)e^{-n} + x_0} \tag{3.4}$$

其中，K 表示在独立状态下，国内外由环境所决定的最大农业需求规模，$K = \lim_{t\to\infty} x(t)$。$x(t)$ 表示 t 时刻各农业企业群体进行农业生产的一种综合能力，既包括满足所在地区农业产品需求的规模量，也体现在生产的质量和效率方面。r 为内禀增长率，代表了国内外农业企业通过合作所实现的利用资源的能力。$\frac{x}{K}$ 为自然增长饱和度，表示各农业企业群体的农业生产量占自身最大能力的比重。$\left(1 - \frac{x}{K}\right)$ 代表了农业生产能力没达到的那部分，体现出在一定的条件下效益提升由于自然增长饱和度所受到的不利影响。

以该模型为基础，考察本国农业企业群体 X^a 和海外农业企业群体 X^b，各方的农业生产能力均按照 Logistic 规律来增加。伴随着“一带一路”倡议的推进，各国的农业企业可以通过资源的整合、产业的互补协作，建立起协同合作的农业园区，从而使得各方的农业综合生产能力得以提升。

为此，将对方构成的影响因子加入到自身的增长函数中以探究双方互动过程，即建立海外农业园区的内在规律，取双方间的互动系数为 $\delta_1 \frac{x_2}{K_2}$ 和 $\delta_2 \frac{x_1}{K_1}$，其中，$\delta_1>0$ 和 $\delta_2>0$ 相互独立。

假设本国和海外两个农业企业群体 X^a 和 X^b 从信息共享、资源整合和产业互补的角度看待双方间的互动关系，积极建立起海外农业园区，则根据有关群体竞争模型中的洛特卡—沃尔泰拉（Lotka - Volterra）方程二者存在如下关系：

$$\begin{cases} \dfrac{dx_1(t)}{dt}=r_1x_1\left(1-\dfrac{x_1}{K_1}+\delta_1\dfrac{x_2}{K_2}\right) \\ \dfrac{dx_2(t)}{dt}=r_2x_2\left(1-\dfrac{x_2}{K_2}+\delta_2\dfrac{x_1}{K_1}\right) \end{cases} \tag{3.5}$$

此时，要分析当 $t\to\infty$ 时，$x_1(t)$ 和 $x_2(t)$ 的取向，需要对其平衡点进行稳定性分析，求解方程：

$$\begin{cases} f(x_1,\ x_2)=\dfrac{dx_1(t)}{dt}=r_1x_1\left(1-\dfrac{x_1}{K_1}+\delta_1\dfrac{x_2}{K_2}\right)=0 \\ g(x_1,\ x_2)=\dfrac{dx_2(t)}{dt}=r_2x_2\left(1-\dfrac{x_2}{K_2}+\delta_2\dfrac{x_1}{K_1}\right)=0 \end{cases} \tag{3.6}$$

得到以下均衡点：

$$P_1(K_1,\ 0),\ P_2(0,\ K_2),\ P_3\left[K_1\frac{(1+\delta_1)}{1-\delta_1\delta_2},\ K_2\frac{(1+\delta_2)}{1-\delta_1\delta_2}\right],\ P_4(0,\ 0)$$

可得，P_3 处为平衡状态下的稳定均衡点，同时有 $\delta_1<1$ 且 $\delta_2<1$，那么，国内外两个农业企业群体的农业生产能力分别达到：

$$x_1^0=K_1\frac{(1+\delta_1)}{1-\delta_1\delta_2} \tag{3.7}$$

$$x_2^0 = K_2 \frac{(1 + \delta_2)}{1 - \delta_1 \delta_2} \tag{3.8}$$

显然，$x_1^0 > K_1$，$x_2^0 > K_2$，表明两个群体通过协同合作都能获得比单独运营更高的效益，同时在国内外农业群体合作逐渐紧密的条件下，参与者的效益也将出现几何级数增加。换言之，从长期的角度出发，海外农业园区作为重要的农业产业集聚形式之一，能够对农业生产的运行产生一定的影响，国内外农业企业间的关系应以相互互补、强化为主，建立海外农业产业园区将两国产业和资源有效结合起来，实现国家间资源与产业互通，以获得农业产能的提高、效率的优化。

三、海外农业园区协同合作机制的理论分析

（一）协同合作机制的形成条件

1. 外部稳定性机制

依据企业联盟的理念，仅在每个成员的收益大于等于其参与伙伴关系所带来的直接收益损失时，才会产生动力进而选择加入合作，这一点与博弈论中“理性人假设”基本一致。

$\forall i, j \in n$，在境内外农业企业群体中共存在 C_n^2 个协同合作关系，用（i，j）来表示，Δ_j^i 表示 i 从（i，j）中取得的收益增加值，π_j^i 表示 i 参与这段合作所造成的机会收益损失。仅在 $\pi_j^i \geqslant \pi_j^i$ 时，本国农业企业群体 i 才有意愿选择与海外农业企业群体 j 合作；而仅在 $\Delta_i^j \geqslant \pi_i^j$ 时，海外农业企业群体 j 才有动力与本国农业企业群体 i 开展合作。换言之，只有在 $\Delta_j^i \geqslant \pi_j^i$ 且 $\Delta_i^j \geqslant \pi_i^j$ 时，本国农业企业群体 i 和海外农业企业群体 j 的协同合作关系才能形成。

2. 内部稳定性机制

由于参与协同合作的各成员实力不尽相同，双方的期望利益也会有所不同。当期望利益较低的参与者觉得他们在获得协作剩余（Surplus）分配时不公正，没能得到合理的利益补偿，则难以促成合作的展开。沙普利（Sharpley）分配向量是各群体协作的关键所在，包含了为保证协作的成功而在各参与方之间进行的效用转移，促进了境内外企

业间的协作，为建立园区提供了一种内部稳定机制。

针对合作博弈（N，v），如果i，j∈N，N为参与人集合，则各成员将获得的利益补偿量为：

$$T_i = \frac{1}{2}\sum_{j \neq i}^{n}\left[(\pi_j^i - \Delta_j^i) - (\pi_i^j - \Delta_i^j)\right],\ i = 1, 2, \cdots, n \quad (3.9)$$

对任意成员i、j两者的合作关系来说，在i不与j合作的情况下，π_j^i 是获得的收益，Δ_j^i 是产生的损失，则有净收益（$\pi_j^i - \Delta_j^i$）；同理，在j不与i合作的情况下，净收益为（$\pi_i^j - \Delta_i^j$）。显而易见的是，从非合作中获利较大的参与者得到的利益补偿应来自获利较小的参与者（$T_i > 0$ 或 $T_i < 0$），也就是满足“激励相容约束条件”，合作中获益少的成员应从获益多的成员那里得到利益补偿。只有这样才能使各成员获利有所提高，从而形成稳定的合作关系。由此可知，利用效用转移机制可以最大限度地发挥对园区合作决策的激励与约束作用，从而实现各参与者间公正合理的利益分配。

（二）协同合作机制的基本类型

在海外农业园区中，各国参与者间的合作博弈能够使其舍弃眼前的利益，以追求长期目标，从而建立起高效的协商机制，具体包括激励机制、约束机制与监督机制。

1. 激励机制

设海外农业园区内存在着n个不同国家的企业群体，协同合作的纯战略博弈 $G(i, S_i, P_i)$，$i=1, 2, \cdots, n$，S_i 为i的战略空间，U_i 为其支付函数：$U_i = U_i(s_1, s_2, \cdots, s_n)$，$S = (s_1, s_2, \cdots, s_n) \in \prod_{i=1}^{n} S_i$，记 $s_{-i} = (s_1, s_2, \cdots, s_{i-1}, s_{i+1}, \cdots, s_n)$。

令 $S^* = (s_1^*, s_2^*, \cdots, s_n^*)$ 为一个纳什（Nash）均衡，则有：

$$s_i^* \in \arg\max U_i(s_1, s_2, \cdots, s_{i-1}, s_{i+1}, \cdots, s_n),\ s_i \in S_i,\ i=1, 2, \cdots, n \quad (3.10)$$

由于没有激励和制约机制的介入，各参与方间就会产生一种自然的竞争和协作平衡，可能导致合作陷入无效率的境地。因此，引入占优策略$\tilde{s_i} \in S_i$，如果$U_i(\tilde{s_i}, s_{-i}) \geqslant U_i(s_i, s_{-i})$，$\forall s_i \in S_i$及$\forall s_{-i} \in S_{-i}$，则称$\tilde{s} = (\tilde{s_1}, \tilde{s_2}, \cdots, \tilde{s_n})$为占优策略组合，它是一个帕累托（Pareto）最优组合，也即：

$$\tilde{s} \in \arg\max \sum_{i=1}^{n} U_i(s_i),\ s_i \in S_i \tag{3.11}$$

进而加入机制λ，来确保帕累托最优组合是G^{λ}的纳什（Nash）均衡，以达到促进各方合作的目标。假设原博弈模型具有唯一的纳什均衡，在引入促进机制λ后的预期博弈记为：

$$G(i, S_i, U_i) \xrightarrow{\lambda} G^{\lambda}(i, S_i, U_{i\lambda}) \tag{3.12}$$

其中，λ代表促进合作的机制，并满足以下条件：

$$U_{i\lambda}(\tilde{s}) \geqslant U_i(s^*) \tag{3.13}$$

$$\sum_{i=1}^{n} U_{i\lambda}(\tilde{s}) \geqslant \sum_{i=1}^{n} U_i(s)\ \forall s \in \prod_{i=1}^{n} S_i \tag{3.14}$$

$$U_{i\lambda}(\tilde{s}) = U_i(s^*) + \Delta U_i \tag{3.15}$$

其中，$\tilde{s}$是帕累托最优组合，代表在加入机制λ后，G^{λ}的严格纳什均衡；ΔU_i为合作所产生的额外利益，且满足：

$$\Delta U_i = \frac{U_i(s^*)}{\sum_{i=1}^{n} U_i(s^*)}\left[\sum_{i=1}^{n} U_{i\lambda}(\tilde{s}) - \sum_{i=1}^{n} U_i(s^*)\right] \tag{3.16}$$

式（3.13）显示海外农业园区合作机制的建立，可以确保各主体在自主竞争条件下的收益有所增长，从而使各主体放弃追求当前的短期收益；式（3.14）显示合作的整体收益将高于单独运作的收益总和，从而保证全体成员福利得到增长；式（3.15）表明每个参与主体均相对公平地分配或分摊了协同合作而带来的额外收益或产生的公共成本。

2. 完全信息博弈下的约束机制

假设国内外A、B双方都采取积极合作的奖励为C^C，不合作时得到的收益为N^C，自己主动配合而对方不配合将取得C^N的报酬，A、B均不配合时取得的收益为N^N，同时有$N^C > C^C > C^N > N^N$，不合作行为的惩罚值记为$p > 0$，双方的支付矩阵如表3-2所示。

表 3-2　　引入惩罚机制的支付矩阵

A	B	
	合作	不合作
合作	(C^C, C^C)	(C^N+p, N^C-p)
不合作	(N^C-p, C^N+p)	(N^N, N^N)

当 $\min(C^C-C^N, N^C-N^N) \geqslant p \geqslant \max(N^C-C^C, N^N-C^N)$，唯一纳什均衡解为［合作，合作］，且是帕累托最优均衡，意味着“惩罚金”p 能够防止园区运行过程中不合作现象的发生。这里的 p 指的是地方政府对于优惠政策的取消等一系列干预行为和约束手段。如果将上述参数取正，即可转化为对园区合作方式的鼓励，形成园区协作的激励机制。

3. 不完全信息博弈下的监督机制

在不完全信息条件下，合作机制及规则的制定和实施较为繁杂，需要监督机制识别不合作行为，进而加以约束。假定 A 是一个由两方合作投资且可共同获益的项目，其中一方 i 的获利为 U_i，B 是另一个单独投资项目，在资金量相同的情况下，i 把资金投入到 B 中将会得到更大的回报。假设 i 在合作中所占的比重为 θ，其得到的回报为 R(θ)，θ 越高表明 i 在这段合作关系中的权利越强，投机的可能性也就越大。一旦被发现不配合，就要支付“违约金”p，这时仍存在保留利益 U_0。ρ 代表找到不合作现象的概率。

合作方 i 不合作的期望收益为：

$$\rho(U_0-p)+(1-\rho)[U_i+R(\theta)] \tag{3.17}$$

合作的期望收益为 U_i。

当 $\rho(U_0-p)+(1-\rho)[U_i+R(\theta)] \leqslant U_i$ 时，合作方 i 会按照预期目标采取合作的行为，即有：

$$U_i \geqslant (U_0-p)+\frac{1-\lambda}{\lambda}R(\theta) \tag{3.18}$$

在既定 U_i 前提下，可以通过加大“违约金”p 的额度以及提高不合作行为被发现的概率 ρ（增大监督力度）这两种方式来推动园区各群体间的协同合作。

对上述监督函数取临界值 ρ^*：

$$\rho^* = \frac{R(\theta)}{U_i - U_0 + p + R(\theta)} \tag{3.19}$$

相关管理者和决策者可通过实施一定的监督机制，以最低监督成本 $S(\rho^*)$ 达到既定目标。

上述分析从理论的角度探讨了海外农业园区协同合作的形成过程及其实质特点。从现实来看，海外农业园区内的各参与者利用信息、资源共享和产业互补等方式可以较好地落实相关激励、约束与监督机制，从而推动海外农业园区的建立发展。

第三节　我国与“一带一路”沿线各国农业合作潜力测度

本书依据相关理论，基于农业互补性、战略合作度、运输可达性3个方面选取相关指标，构建我国与“一带一路”沿线国家农业合作潜力测度模型，定量分析我国与“一带一路”沿线各国农业合作潜力大小，研究双方在农业资源禀赋以及贸易上的互补性，探讨合作的重点对象与领域，以期为农业园区“走出去”目的地的选择以及海外农业园区的合作模式研究提供相关数据参考。

一、指标选取及数据说明

（一）评价指标选取

1. 农业互补性

两国间的农业互补性大小在一定程度上决定了它们进行农业合作的可能性大小。生产要素的互补是农业互补的前提，两国拥有的以及在农业生产中投入的生产要素差异越大，互补性越强。本节选取人均耕地面积、人均灌溉面积、劳动投入量、化肥使用量、信息化发展指数这5个指标来全面度量生产要素互补性。同时，选取农产品贸易互补性指数和农产品贸易结合度两个指标来度量农产品贸易互补性。

（1）农产品贸易互补性指数：贸易互补性指数可以反映出两国间进出口贸易的互补关系，本节借鉴赵进东（2018）的研究，构建我国与“一带一路”沿线各国的农产品贸易互补性指数，计算公式为：

$$RCA_{xi}^{k}=\left(\frac{X_i^k}{X_i}\right)\Big/\left(\frac{X_w^k}{X_w}\right) \tag{3.20}$$

$$RCA_{mj}^{k}=\left(\frac{M_j^k}{M_j}\right)\Big/\left(\frac{M_w^k}{M_w}\right) \tag{3.21}$$

$$TCI_{ij}^{k}=RCA_{xi}^{k}\cdot RCA_{mj}^{k} \tag{3.22}$$

其中，i 为出口国，j 为进口国，k 为农业。RCA_{xi}^{k}为 i 国在 k 领域的比较优势，该指数越大比较优势越明显，X_i^k 为 i 国农产品出口额，X_i 为 i 国所有商品出口额，X_w^k 为全球农产品出口额，X_w 为全球商品出口总额；RCA_{mj}^{k}为 j 国在 k 领域的比较劣势，数值越大劣势越明显，M_j^k 为 j 国农产品进口额，M_j 为 j 国所有商品进口额，M_w^k 为全球农产品进口额，M_w 为全球商品进口总额。TCI_{ij}^{k}为两国在 k 领域的贸易互补性指数，数值越大两国间的贸易互补性就越强。

（2）农产品贸易结合度：贸易结合度指数能够反映出两国贸易的紧密程度，由某国对另一国的出口占该国出口总额的比例除以另一国进口占全球进口总额的比重得来，为正向指标，该指标越大，两国间的贸易关系越紧密。具体计算公式如下：

$$TCD_{ij}=\left(\frac{X_{ij}}{X_i}\right)\Big/\left(\frac{M_j}{M_w}\right) \tag{3.23}$$

其中，i、j、w 代表两个贸易国与全球市场，X_{ij}为 i 国出口到 j 国的农产品贸易额，X_i 为 i 国所有商品出口额，M_j 为 j 国农产品进口额，M_w 为全球农产品进口额。

2. 战略合作度

战略合作度反映了我国与沿线各国间农业合作的外部环境和基础，包括东道国环境、投资贸易环境、双方友好系数 3 个方面。基于现有研究，本节利用腐败控制、政治稳定性来描述东道国环境，用商业自由度、贸易自由度、投资自由度来衡量贸易投资环境，用建交时间这一指标来描述双方友好系数。战略合作度越高表明双方合作的基础越强、潜力越大。

3. 运输可达性

运输的便捷程度与运输成本的高低直接影响到双方合作的效率与质量，运输可达性越高，双方合作的潜力就越大。本节选取空间距离、交通便利程度和通信基础设施三个二级指标来度量。其中，空间距离用双方直线距离来衡量，交通便利程度包含公共基础设施质量与铁路密度两个指标，通信基础设施用移动电话数与移动宽带用户来衡量。

（二）评价指标体系构建

国际农业合作是一个超越国界逐步融合的复杂过程，因此，对于我国与“一带一路”沿线各国农业合作潜力评价指标的选取应尽可能多地涵盖以上领域，以确保评价结果的可靠性。为了更全面地反映我国与“一带一路”沿线各国农业合作潜力水平，本节遵循科学性、数据可获得性等原则，选取2020年的截面数据，从农业互补性、战略合作度、运输可达性3个方面入手，构建出包含3个一级指标、8个二级指标、18个三级指标的农业合作潜力系数评价体系（见表3－3），把“一带一路”沿线38个国家作为对象，测度我国与“一带一路”沿线各国农业合作潜力大小。

表3－3　农业合作潜力评价指标体系

一级指标	二级指标	三级指标
农业互补性	生产要素互补性	人均耕地面积
		人均灌溉面积
		劳动投入量
		化肥使用量
		信息化发展指数
	农产品贸易互补性	农产品贸易互补性指数
		农产品贸易结合度

续表

一级指标	二级指标	三级指标
战略合作度	东道国环境	腐败控制
		政治稳定性
	投资贸易环境	商业自由度
		贸易自由度
		投资自由度
	双方友好系数	建交时间
运输可达性	空间距离	双方直线距离
	交通便利程度	公路基础设施质量
		铁路密度
	通信基础设施	移动电话数
		移动宽带用户

（三）数据来源

人均耕地面积、人均灌溉面积、劳动投入量均来自世界银行数据库；化肥使用量来自联合国粮食及农业组织数据库（FAO）；信息化发展指数取自国际电信联盟（ITU）；农业贸易互补性指数、农产品贸易结合度由上面公式计算得到，原始数据来源于联合国贸发会议数据库（UNCTAD）；腐败控制、政治稳定性指标来自世界治理指标数据库（WGI）；商业自由度、贸易自由度与投资自由度均来自《2021经济自由度指数》，该报告由美国传统基金会（The Heritage Foundation）发布；建交时间由外交部官网上整理而来；双方直线距离来源于法国国际经济研究所（CEPII）；公路基础设施质量、铁路密度、移动电话数、移动宽带用户数均取自世界经济论坛发布的《全球竞争力报告》。

二、农业合作潜力测度模型建立

（一）农业合作潜力静态系数模型

基于国内外已有学术成果，本书构建出农业合作潜力静态系数模型［式（3.24）］，以测度出我国与"一带一路"沿线各国农业合作潜力系数。其中，H_{io}为农业合作潜力静态系数，AC_{io}为农业互补性，SC_{io}为战略合作度，TR_{io}为运输可达性，w_1、w_2、w_3 表示各指标对应权重。

$$H_{io} = w_1 AC_{io} + w_2 SC_{io} + w_3 TR_{io} \tag{3.24}$$

（二）农业合作潜力动态指数模型

农业合作是一个不断变化的动态过程，农业合作潜力会随着农业经济活动规模的变化而变化。某国农业产业生产能力越强、规模越大、效率越高，和其他国的贸易往来越频繁，那么两国在农业这一领域的合作空间就越广阔。而静态模型仅从相对产值规模角度考虑我国与"一带一路"沿线各国农业合作潜力，因此，在农业合作潜力静态系数模型的基础上，加入"一带一路"沿线国家农业发展状况和双方农产品贸易规模，构建出农业合作潜力动态系数模型［式（3.25）］，对双方未来农业合作潜力进行动态评价。

$$Q_{io} = k \times H_{io} \tag{3.25}$$

其中，Q_{io}为农业合作潜力动态指数，k 为某国经济规模系数，其计算公式如下：

$$k = \sqrt{a_{it} \times m_{it}} \tag{3.26}$$

其中，a_{it}表示 i 国未来 t 年的农业增加值，m_{it}为 i 国与我国未来 t 年的农产品进出口贸易总额。a_{it}、m_{it}由实际平均增长速度预测而来，年平均增长率计算公式为：

$$n_1 = \left(\frac{a_{ik}}{a_{io}}\right)^{\frac{1}{k}} - 1 \tag{3.27}$$

$$n_2 = \left(\frac{m_{ik}}{m_{io}}\right)^{\frac{1}{k}} - 1 \tag{3.28}$$

式（3.28）中，a_{io}为 i 国基期年份的农业增加值，k 年之后为 a_{ik}，m_{io}为 i 国与我国基期年份的农产品进出口贸易总额，k 年之后为 m_{ik}，n_1、n_2 分别为 i 国农业增加值的年均增长率和 i 国与我国农产品进出口贸易总额的年均增长率。

三、农业合作潜力系数静态测度

（一）评价指标权重计算结果

一般而言，研究评价指标的方法主要包括层次分析法、主成分分析法、熵值法等。主成分分析法适用于评价指标较多的情形，通过降维的方式用少数具有代表性的指标来反映综合情况；层次分析法主要基于专家判断给出权重，主观性较强。相比之下，熵权法具有更为客观、适应性较高的特点。本节利用熵值法来测度我国与“一带一路”沿线国家的农业合作潜力大小。

将各指标数据归一化、标准化后，通过熵值法，计算出我国与“一带一路”沿线国家的农业合作潜力各项指标的权重（见表 3－4）。

表 3－4　农业合作潜力系数评价指标体系权重计算结果

一级指标	权重	二级指标	权重	三级指标	权重
农业互补性	0.727289	生产要素互补性	0.326419	人均耕地面积	0.065221
				人均灌溉面积	0.058482
				劳动投入量	0.042135
				化肥使用量	0.030455
				信息化发展指数	0.130126
		农产品贸易互补性	0.40087	农产品贸易互补性指数	0.088905
				农产品贸易结合度	0.311965

续表

一级指标	权重	二级指标	权重	三级指标	权重
战略合作度	0.091532	东道国环境	0.033371	腐败控制	0.021377
				政治稳定性	0.011994
		投资贸易环境	0.03279	商业自由度	0.015479
				贸易自由度	0.007484
				投资自由度	0.009827
		双方友好系数	0.025371	建交时间	0.025371
运输可达性	0.181181	空间距离	0.061092	双方直线距离	0.061092
		交通便利程度	0.081451	公路基础设施质量	0.020438
				铁路密度	0.061013
		通信基础设施	0.038638	移动电话数	0.018789
				移动宽带用户	0.019849

根据表3-4，通过分析各指标权重发现，农业互补性权重远高于其他两个指标的权重，说明农业互补性在两国间农业合作上发挥着基础性重要作用，对推动两国合作的贡献最大。并且，农产品贸易结合度和信息化发展指数的权重相对较大，说明国际农业合作受到双方农产品贸易和信息化发展状况的影响较大。

（二）农业合作潜力静态系数测度

根据农业合作潜力静态系数模型式（3.24），测算出2020年我国与“一带一路”沿线38个国家农业合作潜力并降序排列，结果如表3-5所示。

表 3－5 2020 年我国与“一带一路”沿线国家农业合作潜力系数

国家	合作潜力系数	排名	国家	合作潜力系数	排名
爱沙尼亚	11 252.77	1	阿尔巴尼亚	652.3474	20
捷克	7 788.768	2	黑山	613.0156	21
斯洛文尼亚	6 025.747	3	北马其顿	564.6105	22
保加利亚	5 701.843	4	印度尼西亚	552.5234	23
匈牙利	3 880.801	5	哈萨克斯坦	549.9666	24
克罗地亚	3 446.756	6	越南	505.6306	25
波兰	3 125.882	7	埃及	488.4247	26
斯洛伐克	3 085.196	8	伊朗	487.378	27
拉脱维亚	2 997.776	9	约旦	466.6033	28
罗马尼亚	2 940.529	10	亚美尼亚	444.6331	29
以色列	1 916.86	11	沙特阿拉伯	439.9831	30
蒙古国	1 807.142	12	泰国	406.7215	31
俄罗斯	1 580.851	13	阿塞拜疆	399.2098	32
乌克兰	1 430.148	14	斯里兰卡	387.7373	33
吉尔吉斯斯坦	1 200.638	15	塔吉克斯坦	379.3825	34
土耳其	1 137.983	16	印度	296.7056	35
摩尔多瓦	1 014.161	17	孟加拉国	265.3722	36
波黑	825.4973	18	巴基斯坦	261.6919	37
格鲁吉亚	750.5427	19	菲律宾	215.613	38

由表 3－5 可知，我国与爱沙尼亚、捷克、斯洛文尼亚农业合作潜力静态系数位于“一带一路”沿线国家前列。这是由于这些国家农业基础较好，且重视农业发展，农业生产状况好、集约化程度高，与我国在土地、农产品贸易、信息化等方面较为互补。除此之外，这些国家素来政局稳定，并与我国建立了友好关系，双方经贸合作日渐频繁。因此，合作的优势比其他国家更为明显。而菲律宾、巴基斯坦、孟加拉国与我国的农业合作潜力静态系数排名靠后。主要由于这些国家大都以传统农业为主，信息化发展程度不高，农业科技不发达，与我国农业互补性不强。如巴基斯坦属于热带沙漠气候，全年降水稀少，自

然环境较为恶劣，不利于农业发展，农业基础薄弱。并且，受历史因素的影响，这些国家制度不够健全，政局较为动荡，基础设施建设有待改善。相比之下，这些国家的战略合作度和运输可达性指标都较低，这就导致了它们与中国的农业合作潜力静态系数处于较低水平。

四、农业合作潜力指数动态测度

考虑到经济活动规模，运用农业合作潜力动态指数模型［式(3.25)］对10年后我国与“一带一路”沿线国家的农业合作潜力进行预测并降序排列，结果如表3-6所示。

表3-6　2030年我国与“一带一路”沿线国家农业合作潜力指数

国家	合作潜力指数	排名	国家	合作潜力指数	排名
乌克兰	491 284.9	1	哈萨克斯坦	30 258.68	20
俄罗斯	461 795.6	2	沙特阿拉伯	25 897.46	21
印度尼西亚	397 598	3	斯洛文尼亚	23 883.21	22
印度	287 603.1	4	罗马尼亚	23 275.45	23
越南	273 197.3	5	吉尔吉斯斯坦	11 518.82	24
泰国	225 175.5	6	斯里兰卡	11 320.97	25
波兰	148 419.6	7	拉脱维亚	9 356.304	26
土耳其	147 870	8	克罗地亚	5 578.514	27
捷克	133 433.7	9	摩尔多瓦	5 135.076	28
匈牙利	57 615.17	10	格鲁吉亚	4 696.973	29
爱沙尼亚	55 247.68	11	斯洛伐克	4 591.85	30
埃及	49 940.86	12	约旦	4 148.43	31
菲律宾	44 936.16	13	波黑	1 381.768	32
巴基斯坦	41 160.95	14	阿尔巴尼亚	1 343.111	33
伊朗	38 588.84	15	塔吉克斯坦	943.5379	34
孟加拉国	37 546.49	16	阿塞拜疆	910.831	35
保加利亚	36 324.5	17	亚美尼亚	488.5851	36
蒙古国	35 416.17	18	北马其顿	399.0567	37
以色列	35 360.88	19	黑山	362.1654	38

由表3－6可知，2030年我国与乌克兰、俄罗斯、印度尼西亚三国的合作潜力指数分别达到491 284.9、461 795.6和397 598，与我国在农业领域的合作潜力较大。这是因为这些国家较其他国家来说的农业生产规模较大、农业增加值基数大。按照目前农业增加值年均增长率计算，2030年乌克兰农业增加值将达到226.8707亿美元，俄罗斯为696.727亿美元，印度尼西亚更是突破1 000亿美元，达到2 453.234亿美元。并且，我国与这三个国家一直保持着良好的经贸往来，双边农产品贸易进出口总额以较高的速度不断增长。通过预测，2030年我国与乌克兰农产品贸易进出口额为520.1473亿美元，俄罗斯为122.4772亿美元，印度尼西亚为211.0804亿美元，居“一带一路”沿线各国前列。从长远来看，这三个国家与我国农业合作的前景广阔，而黑山、马其顿、亚美尼亚等国农业合作潜力指数较低、排名靠后，与我国开展农业合作的潜力有限。

综上所述，就双方静态农业合作潜力来说，我国与爱沙尼亚、捷克、斯洛文尼亚的农业合作潜力空间较大，农业企业应将这几个国家作为合作的重点考虑对象，通过合作改变农业生产和组织方式，充分发挥国内外市场和资源优势，开展土地、劳动力、农产品贸易等方面的合作，促进农业生产率的提高。从长远来看，我国与乌克兰、俄罗斯、印度尼西亚的农业合作潜力较大，应该以这些国家为重点目标国，加大农业领域贸易与投资，推动我国农产品、技术、服务“走出去”，最终实现农业园区“走出去”。

第四节 我国与“一带一路”沿线国家农业合作环境分析

“一带一路”沿线涵盖国家众多，各国在农业、政治环境等方面差距较大，这使得沿线各国与我国开展农业合作的环境特征也不尽相同。因此，分析各国与我国农业合作环境的状况能够为农业园区“走出去”的合作模式选择提供外部条件基础。本书基于影响双方农业合作的各类因素，选取出农业合作环境指标，而后利用二阶聚类方法分析我国与“一带一路”沿线国家的农业合作环境状况，并以此为依据对沿线国家进行分类。

一、合作环境指标选取

影响双方农业合作的因素分为外部条件和内部条件两类。由于本书主要针对跨国合作环境进行分析，从内外部环境的角度出发选取双方关系、政策支持与国家安全状况这三大指标作为影响两国农业合作环境的因素。

（一）双方关系

双方关系由社会邻近、地理邻近以及友好关系邻近 3 个方面来共同体现。其中，社会邻近代表合作双方在文化、习俗、语言、价值观等方面的相似性，该指标越高越有利于消除交流障碍，推进合作开展；地理邻近指的是双方在地理距离上的远近程度，地理距离越近越有利于降低合作时间和资金成本，促进双方交流合作；友好关系邻近衡量了双方之间关系程度，有助于维持稳定的合作伙伴关系，在一定的条件下可以弥补其他方面邻近性的缺失。

（二）政策支持

国家政策和制度给予的支持对双方合作的展开具有积极的推动作用。这主要体现在政策支持能够创造良好的政策环境，帮助企业削弱和规避可能存在的风险和壁垒，推动双方合作的展开。

（三）国家安全状况

一般来说，安全状况较差的国家会给合作带来更多的风险，加大企业在当地聚集的不确定性。因此，国家安全状况也会影响到双方合作环境，安全状况越好合作基础就越牢固。

综合上述分析，本节构建出我国与“一带一路”沿线国家农业合作环境指标，如表 3－7 所示。

表 3-7 我国与"一带一路"沿线国家农业合作环境指标

因素	变量	变量含义
地理邻近	地理距离	采用我国首都北京与沿线各国首都的地理距离来衡量
社会邻近	文化距离	采用我国与沿线国家的文化距离来衡量，该指标有 6 个维度，包括个人放纵与约束、个人/集体主义、男性化与女性化、权力距离、不确定性规避与长短期取向
关系邻近	伙伴关系等级	将我国与沿线国家的关系分为 13 个等级，等级越高表示双方关系越亲密
政策支持	政策支持等级	将沿线国家的政策支持划分为 2 个等级，分别赋值 0、1。其中，未与我国签署共建"一带一路"合作协定的国家赋值为 0；已与我国签署共建"一带一路"合作协定的国家赋值为 1
国家安全	国家风险等级	将沿线国家的安全状况划分为 9 个等级，包含经济、政治、法律、营商环境四个方面，等级越高代表国家面临的风险越大，安全性越低

二、数据说明

基于数据的可得性，本节在删除了数据严重缺失的国家之后，最终选取了 31 个"一带一路"沿线国家的数据进行分析。其中，地理距离数据来源于法国国际经济研究所（CEPII）；文化距离借鉴科格特和辛格（Kogut and Singh，1988）的方法，计算公式为 $CD_{cj}=[\sum_{i-1}^{6}(I_{ij}-I_{ic})^2/V_i]/6$，$I_{ij}$ 为沿线国家各项文化维度值，I_{ic} 为我国各项文化维度值，V_i 为沿线国家在各项维度上的方差，原始数据来自霍夫斯泰德（Hofstede）官网；伙伴关系等级、政策支持等级分别由中国外交部官网、中国一带一路网公布的资料整理而来；国家风险等级数据取自《国家风险分析报告》，该报告由中国出口信用保险公司发布。

三、模型确定

聚类分析法能够依据研究样本的数据特征进行科学合理的分类，主要有二阶聚类、动态聚类和层次聚类三种方法。二阶聚类法相对其他两种来说更具优势，主要体现在：一是该方法能够将连续变量与分类变量综合起来进行分析；二是能够根据数据的特征自动确定分类的数量；三是能够对大型数据进行处理。本书选取地理距离和文化距离两个连续变量，伙伴关系等级、政策支持等级、国家风险等级三个分类变量，利用二阶聚类模型对我国与“一带一路”沿线国家农业合作环境进行聚类分析识别。

四、结果分析

本节运用 SPSS 软件进行二阶聚类分析。根据结果可知，本次聚类的分类数为 2，凝聚和分离的轮廓测量值为 0.2。图 3 –1 为本次聚类效果图，如图所示本次凝聚和分离的轮廓测量值位于良好区域，说明本次聚类效果较为良好。下面首先对聚类的划分结果进行说明，而后基于分类结果对沿线国家与我国的农业合作环境进行分析。

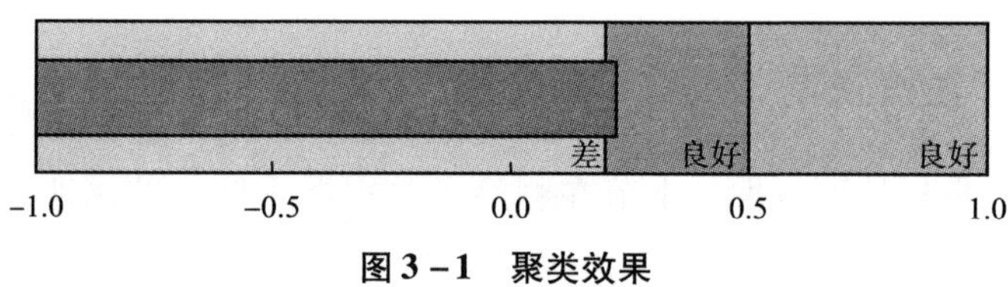

图 3 –1　聚类效果

（一）聚类结果

根据聚类分析结果，将 32 个“一带一路”样本国家分为两类，第一类包含 18 个国家，第二类包含 13 个国家，如表 3 –8 所示。

表 3 –8　“一带一路”沿线国家聚类分析结果

聚类	国家	数量	占比（%）
1	阿尔巴尼亚、亚美尼亚、阿塞拜疆、孟加拉国、埃及、印度、印度尼西亚、约旦、哈萨克斯坦、摩尔多瓦、黑山、巴基斯坦、菲律宾、罗马尼亚、俄罗斯、土耳其、乌克兰、越南	18	58.1
2	泰国、保加利亚、克罗地亚、爱沙尼亚、匈牙利、伊朗、以色列、拉脱维亚、北马其顿、波兰、沙特阿拉伯、斯洛文尼亚、斯洛伐克	13	41.9

由表3－8可知，聚类后的国家具有明显的特征。其中，在第一类国家中，与我国伙伴关系等级超过6的共有14个，占比高达77.78%；第二类的13个国家中有7个国家伙伴关系等级位于6以下。由此可见，伙伴关系等级是影响双方农业合作环境聚类的重要因素。从输入变量的重要性也可以看出这一点，聚类结果给出的变量重要性排名由高到低为：伙伴关系等级、国家风险等级、文化距离、地理距离、政策支持等级。说明双方农业合作聚类受到伙伴关系等级、国家风险等级与文化距离这三类因素的影响较大。基于聚类结果，本书将第一类归为农业合作环境较好的国家，将第二类归为农业合作环境较差的国家。

（二）我国与“一带一路”沿线国家农业合作环境分析

根据聚类结果，整理出各相关变量的描述性统计结果进行分析，并以此为基础，探究各类别国家农业合作环境的特征。其中，地理距离和文化距离两个连续变量分析其平均数，伙伴关系等级、政策支持等级、国家风险等级三个分类变量分析其众数和众数所占比重。各变量描述性统计结果如表3－9所示。

表3－9 相关变量描述性统计结果

聚类	地理距离	文化距离	伙伴关系等级	政策支持等级	国家风险等级
	$\bar{x} \pm s$	$\bar{x} \pm s$	M（%）	M（%）	M（%）
1	5 503 ±1 800	2.15 ±0.93	10	1	5
			50%	88.89%	44.44%
2	6 722 ±1 149	2.94 ±0.79	4	1	4
			50%	92.86%	57.14%

由表3－9可知，第一类国家与我国的农业合作环境主要具有以下特点：无论从地理距离还是文化距离来看，第一类国家都与我国距离较近，双方之间的隔阂较小；伙伴关系等级的众数为10，表明第一类国家与我国的关系较为亲密，长久以来关系较好；在政策支持等级上，

众数为1，说明第一类国家中的大多数都与我国签署了共建“一带一路”合作协定，双方有着良好的政策支撑；国家风险等级众数为5，表现出较高的风险，但占比不超过一半，为44.44%。从表3－9可知，第二类国家与我国的农业合作环境主要有以下特点：在地理距离和文化距离上看，都与我国的差距较大；且伙伴等级关系众数为4，说明第二类国家中的大部分与我国的伙伴关系较为一般；但在政策支持等级上，众数同样为1，表明第二类的国家也大都与我国签署了共建“一带一路”合作协定，有较强的政策支持；国家风险等级众数为4，第二类大部分国家呈现出居中的风险水平。

综上所述，第一类国家总体农业合作环境较好，具有较近的地理距离和文化距离，较亲密的伙伴关系和良好的政策支持。第二类国家的政策支持和国家风险状况较为良好、具有优势，但在地理距离、文化距离和伙伴关系等级上与第一类国家还存在一定的差距，处于劣势地位。根据上述结果，本课题将第一类的18个和第二类13个国家分别归类为农业合作环境较好和农业合作环境较差的国家。

第五节　“一带一路”推进中农业园区“走出去”的合作模式选择模型构建

一、矩阵模型设定

矩阵模型分析方法能够选取相关指标，将对研究对象有重要影响的因素通过矩阵的形式列举出来，而后用系统分析的思维方式，将各类影响因素综合起来进行分析，从而得到一系列具有决策性的结论。本书从波士顿矩阵模型思想出发，基于上述我国与“一带一路”沿线国家农业合作潜力测度与农业合作环境分析，考虑到农业园区“走出去”是一个长期的过程，本课题选取动态农业合作潜力和合作环境这两个指标，构建二维矩阵模型（见图3－2）。在农业园区“走出去”合作模式的选择过程中，将动态合作潜力和外部环境因素重点纳入考察，对潜在的合作机遇与风险进行深入探究，保证海外农业园区的合作模式选择与内外部环境保持高度契合，以期更科学合理地做出模式选择决策，尽可能地发挥农业园区“走出去”的优势。

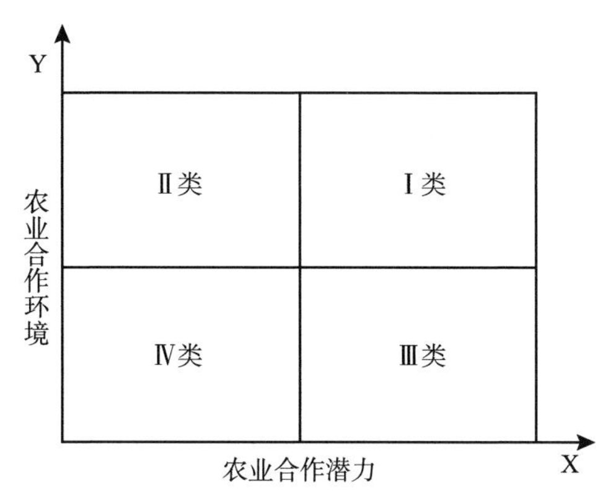

图 3－2 二维矩阵模型

由图 3－2 可知，二维矩阵模型中，X 轴表示我国与“一带一路”沿线国家的动态农业合作潜力，越向右代表合作潜力越大；Y 轴表示双方的合作环境，越向上代表合作环境越好。前面已将两个指标的分析工作进行了报告。基于这一矩阵模型可将沿线国家分为四类，每一类在动态合作潜力与合作环境两个维度均存在差异（见表 3－10）。

表 3－10 二维矩阵模型划分

类别	类别说明
Ⅰ类	与我国农业合作潜力较大，合作环境较好
Ⅱ类	与我国农业合作潜力较小，合作环境较好
Ⅲ类	与我国农业合作潜力较大，合作环境较差
Ⅳ类	与我国农业合作潜力较小，合作环境较差

二、合作模式设计

根据上述二维矩阵模型构建，本书在已有研究的基础之上，设计出深度战略合作、按需推进、逐步引导和加强交流合作 4 种农业园区“走出去”的合作模式。从 X 轴的双方农业合作潜力来看，沿线国家与我国的农业合作潜力高低在一定程度上反映了沿线国家的农业资源禀赋、基础设施状况以及与我国的贸易伙伴关系。因此，在合作模式的选择中能够依据农业合作潜力的不同来调整农业园区“走出去”的合作模式。通过 Y 轴的农业合作环境，在一定程度上能够判断出与沿线国家进行农业合作的风险与优势，良好的环境有助于合作模式的形成与推动。因此，在农业园区“走出去”合作模式设计中，可以将良好的合作环境视为外部条件的优势，相反，将较低水平的合作环境视为外部条件的劣势。基于此，本书结合理论基础、相关研究与海外农业园区的实践经验，针对不同的类别，设计出以下几种农业园区“走出去”的合作模式（见图 3－3），并在总模式的基础上提出相对应的细化模式。

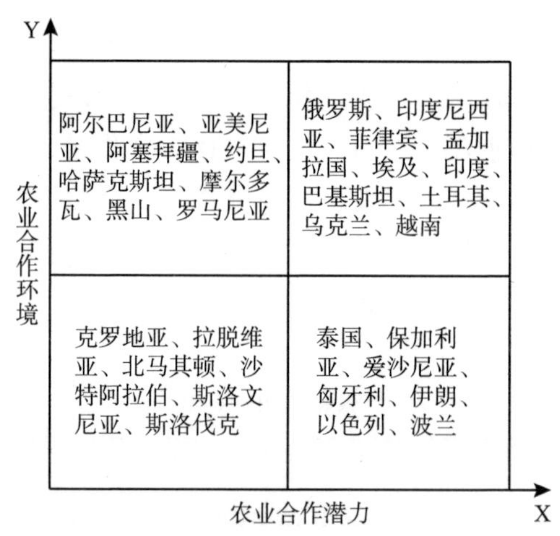

图 3－3 “一带一路”推进中农业园区“走出去”合作模式选择矩阵模型

针对农业合作潜力较大且合作环境良好的“Ⅰ类”国家：属于这一类的沿线国家无论在农业合作潜力还是合作环境上都具有较强的优势。为了最大限度地发挥出这些优势、推进海外农业园区在当地的建设，可采取深度战略合作模式，与这些国家长期保持良好合作关系，形成发展共识，开展深度交流合作，推动我国海外园区建设在当地走实走深。在深度战略合作模式中，坚持以“一区多园”合作模式为主推动农业园区“走出去”。在建设海外农业园区的过程中，要充分发挥当地良好的农业资源禀赋、基础设施建设能力以及双方良好的合作关系，坚持科学合理布局、滚动延伸发展、超前对接规划的建设原则，提前将园内的电、水、路以及园区绿化等设施建设好。同时，针对当地不同优势产业，建设多类型园区，注重错位、融合、统筹发展，根据各园区的农业资源优势、基础和功能定位，明确各园区的发展目标和方向，形成中心、环心和外围的梯度错位布局，延长产业链条并加强产业间的交流合作，逐步形成专业化、链条化、规模化园区。

针对农业合作环境好但合作潜力较差的“Ⅱ类”国家：对于这类国家来说，它们具有与我国开展农业合作的良好环境，但双方缺乏合作潜力。因此，可以在明确农业产业园发展需要的基础上，充分利用合作环境优势，针对当地优势农业按需推进展开合作。在按需推进的合作模式中，坚持大型企业独资和中外企业联合的合作模式。从各方面条件来看，属于“Ⅱ类”的这些国家，合作潜力较低，在当地建设海外农业园区的不确定性较大，中小型企业难以发掘潜力，抵抗所面临的风险。因此，需要具有雄厚的实力、深厚产业基础与国际化经营管理经验的大型企业，依据其自身的发展需要，作为独立的海外园区建设企业或与当地大型企业、政府合作，充分利用合作环境优势，发掘合作潜力，将企业的竞争优势转化为园区的核心优势，从而引入更多的产业链配套企业，增强园区的辐射力和吸引力。同时，与当地大型企业强强联手，充分发挥企业影响力和自身优势，争取双方政府的支持，调动当地社会、经济、自然资源，实现资源、优势的共享，推进海外农业园区高效建设。

针对农业合作潜力大但合作环境差的“Ⅲ类”国家：这类国家具有较好的农业基础，但与我国农业合作的环境处于劣势，海外农业园区“走出去”需要克服农业合作环境的不足。基于此，针对此类国家，应采取逐步引导合作的模式，充分发挥政府的引导作用，提供各类政策支持，积极改善合作环境，在政府的推动下促进农业园区“走出去”。农业园区“走出去”时要主动地争取我国与东道国政府相关部门的支持，积极与商务部、驻外使馆、发改委、海关、财政等相关职能部门保持联系，充分发挥政府为农业园区“走出去”提供资金支持、政策保障的作用，打造农业合作论坛、园区建设委员会，逐步建立起完善的双边农业合作机制，提升园区建设开发层级，改善农业合作环境，加快农业园区“走出去”步伐。除此之外，积极引导多企业抱团，鼓励参股合作，共同出资建设海外农业园区，分摊合作环境劣势所带来的未知风险，并发挥当地的农业潜力优势，合理利用特色农业资源，发展多元化合作园区，吸引更多中小企业参与到园区建设中去。

针对农业合作潜力小且合作环境差的“Ⅳ类”国家：这类国家无论在合作潜力还是合作环境上都不具有优势，导致在当地建设海外农业园区的风险与阻力较大，但这些国家作为沿线国家对我国海外农业园区在沿线的建立具有重要意义，不能忽视与这些国家间的农业合作。因此，对这些国家要选择加强交流的合作模式，坚持以专业园区开发模式为主导，积极引进有经验的园区开发商，逐步建立起农业园区“走出去”的条件与基础。专业园区开发模式是指由专门经营园区开发的企业以“飞雁模式”来建设海外产业园区。具体来说，是在双边政府的支持下，提供专业的产业发展与金融服务，建设发展系统化园区，实现两国的交流与合作。这种模式能够给园区建设提供一站式咨询、规划等智力服务，利用丰富的经验，解决园区发展中遇到的问题，克服合作潜力不高、环境差的劣势，推动农业园区在当地的发展壮大。

Ⅰ～Ⅳ类合作模式总结如图3－4所示。

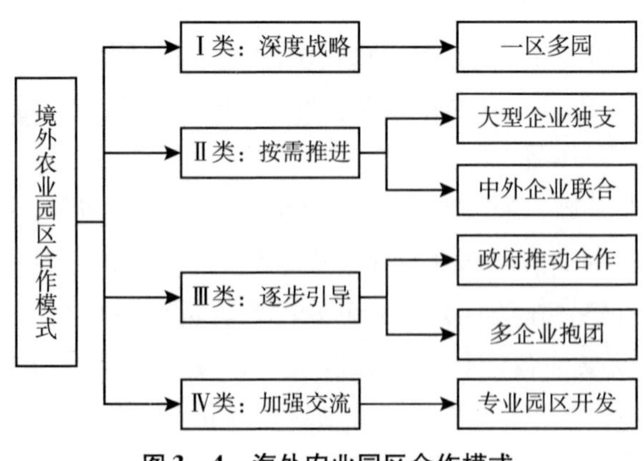

图3－4　海外农业园区合作模式

三、农业园区"走出去"的合作模式选择矩阵模型构建

本书以我国与"一带一路"沿线国家的动态农业合作潜力中位数为依据，将沿线国家分为高合作潜力与低合作潜力两类，而后结合农业合作环境聚类分析结果，构建出"一带一路"推进中农业园区"走出去"合作模式选择矩阵模型（见图3－5）。

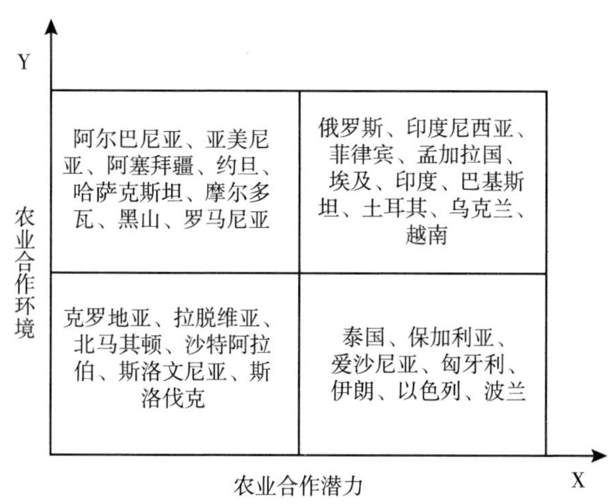

图3－5 "一带一路"推进中农业园区"走出去"合作模式选择矩阵模型

由图3－5可知，属于"Ⅰ类"的沿线国家有10个，为俄罗斯、印度尼西亚、菲律宾、孟加拉国、埃及、印度、巴基斯坦、土耳其、乌克兰与越南。这些国家均与我国具有良好的农业合作潜力和环境，是我国农业园区"走出去"的重点地区。"Ⅱ类"国家有阿尔巴尼亚、亚美尼亚、阿塞拜疆、约旦、哈萨克斯坦、摩尔多瓦、黑山和罗马尼亚8国，这些国家虽然与我国的农业合作潜力不强，但合作环境良好，应充分发挥合作环境优势，将这些国家纳入农业园区合作范围。划为"Ⅲ类"国家同样有7个，为泰国、保加利亚、爱沙尼亚、匈牙利、伊朗、以色列与波兰。这些国家与我国的农业合作环境较差，但双方农业合作潜力较强，合作基础较好，应采取有力措施来弥补合作环境的不足。克罗地亚、拉脱维亚、北马其顿、沙特阿拉伯、斯洛文尼亚、

斯洛伐克这6个国家在与我国的农业合作潜力和合作环境上都不具备优势，属于“Ⅳ类”国家。

四、农业园区“走出去”的合作模式选择矩阵模型结果分析

根据上述“一带一路”推进中农业园区“走出去”合作模式选择矩阵模型结果，将国家类型与合作模式进行对应，得出我国与不同国家的农业园区总体合作模式。基于此，本书进一步以沿线国家的现有条件和基础为依据，针对不同分类的沿线国家对我国农业园区“走出去”合作模式进行具体说明。

（一）“Ⅰ类”沿线国家合作模式选择

由矩阵模型结果可知，针对属于“Ⅰ类”的俄罗斯、菲律宾、印度尼西亚等10个沿线国家，应采取深度战略合作模式，坚持“一区多园”的发展思路。从现实条件来看，这些国家农业资源丰富、生产规模较大、发展状况普遍较好。多样化的农业资源与良好的发展环境为“一区多园”型农业园区建立打下了现实基础。从现有合作基础来看，这些国家均与我国保持着长期良好的农产品贸易伙伴关系和农业合作交流。同时，中俄托木斯克木材工贸合作区、中国·印度尼西亚聚龙农业产业合作区、中俄（滨海边疆区）现代农业产业园区等海外农业园区已在俄罗斯、印度尼西亚等“Ⅰ类”国家建立，为今后农业园区“走出去”提供了经验借鉴，奠定了良好的基础。因此，要充分发挥这些沿线国家的优势条件，在当地建立“一区多园”型农业合作园区，引导各分园区错位发展，明确产业发展方向，并注重资源整合，鼓励中小企业聚集到园区内部，加快形成产业化配套和专业化分工。此外，要推进农业集约化生产，积极开展农业科技合作和现代农用设备研发活动，引入国外先进农业设施，提升农业科技水平，实现海外农业园区从量变到质变的跨越。

（二）“Ⅱ类”沿线国家合作模式选择

根据上述矩阵模型结果可知，“Ⅱ类”沿线国家应选择按需推进合

作模式，鼓励大型企业在这些国家独自建设园区或与当地知名企业强强联合共同建立园区。从现实条件来看，阿尔巴尼亚、亚美尼亚、约旦等8国受到气候条件、技术水平等方面的影响农业资源有限、基础较为薄弱，与我国的合作潜力不高。这使得中小企业在境外建区的风险较大。因此，需要有实力的大型企业作为“领头羊”，瞄准沿线国家的独特资源，依据自身发展需要，充分利用其海外生产经营经验推动合作区建立，为中小企业提供境外投资平台，带领中小企业“走出去”。同时，在海外农业园区建设的过程中，要积极与当地大型企业合作。一方面，由中方企业负责打造企业海外投资服务平台，吸引企业入驻园区，减少园区建设初期的招商引资压力；另一方面，东道国企业要充分发挥其东道主优势地位，努力争取当地政府的优惠政策，发挥双方的独特优势，将双方在园区开发能力、知名度、资金等方面的优势转化为园区的综合实力，降低园区建设的风险和成本，共同高效地解决园区发展的实际问题。

（三）“Ⅲ类”沿线国家合作模式选择

结合上面分析可知，“Ⅲ类”沿线国家应选择逐步引导合作模式，即针对泰国、保加利亚、爱沙尼亚、匈牙利、伊朗、以色列和波兰这7个国家，在建设海外农业园区时，应注重政府推动，引导多企业抱团“走出去”。从现实条件来看，这些国家种植业、畜牧业、渔业较为发达，具有较为丰富的农业资源和良好的产业发展基础，与我国开展农业合作的潜力较大。但从现有合作基础来看，双边农业交流合作较少，我国尚未有海外农业合作园区在这些国家建立。基于此，要充分发挥双方政府的引导作用，改善农业合作环境，运用行政、法律等干预手段将人力、物力、财力集中起来建设园区，提升产业集群优势，为园区初期起步建设积蓄力量；并针对园区发展所需的精简手续、税收优惠、资金支持、人才吸引等政策资源提供相应支持，改善园区招商引资、生产经营的发展环境。同时，鼓励多企业抱团“走出去”，共同作为海外农业园区的建设主体，负责园区投资建立，分摊经营损失与未知风险，开发利用当地农业资源形成多元化、专业化水平较高的园区，实现小规模强强联手。

(四)“Ⅳ类”沿线国家合作模式选择

根据矩阵模型结果，克罗地亚、拉脱维亚、北马其顿、沙特阿拉伯、斯洛文尼亚和斯洛伐克这6个沿线国家属于“Ⅳ类”，应选择加强交流合作模式，引进有经验的开发商进行专业园区开发。从现实条件和合作基础来看，这6个沿线国家均与我国距离较远，总体上与我国的农业互补性不强、合作潜力较小；且就目前来说，我国尚未与这些沿线国家展开大规模的农业交流合作，农业合作基础薄弱。因此，我国企业在这些国家建设农业园区的压力和风险较大，需要选择专业园区开发模式。由专业的园区开发商在借鉴其他园区开发建设经验的基础上，根据东道国农业发展需要、自身产业定位等因素，从企业经营战略、管理方法、盈利模式等多种方面，为海外农业园区建设提供咨询服务，帮助企业解决相关问题与不足，使建设过程更加顺畅，推动园区健康、快速发展。

第六节　海外农业园区合作模式案例分析

一、中俄（滨海边疆区）现代农业产业合作区[①]

(一) 园区基本情况

1. 园区建设背景

中俄合作项目相对分散，整体规模不大。中小企业是投资合作中较为重要的主体，其技术含量较低。目前，中俄农业合作正逐渐引起双方政府的关注，并稳步开展深层次探索。中俄农业合作具有三大特

① 资料来源：农业农村部对外经济合作中心：《境内外农业合作区典型案例解析》，中国农业出版社2020年版。

点：一是双方市场容量大；二是生产结构互补性强；三是农产品贸易历史悠久，具有较好的法律和政治基础。因此，我国政府鼓励国内企业在俄罗斯的农产品加工、种植、畜牧养殖、渔业等领域开展经济技术合作，扩大对俄罗斯的相关投资领域，推动中俄农业合作的深入发展。目前，我国正积极与俄罗斯沟通，大力推动双边农业合作。2006年，中俄签署了《中华人民共和国政府与俄罗斯联邦政府关于促进和相互保护投资协定》，以此加强双边贸易合作，促进双方投资和生产。同时，双方政府还成立了农业发展、木材深加工、房地产、化工等领域的投资合作工作组，共计实施29个合作项目。

2. 产业定位

2004年，黑龙江省东宁华信工贸集团下属全资子公司——东宁华信经济贸易有限责任公司，在俄罗斯滨海边疆区设立中俄合资阿尔玛达（ARMADA）公司，并投资建设中俄（滨海边疆区）现代农业产业合作区。历经十多年的建设和发展，中俄（滨海边疆区）现代农业产业合作区已成为中俄最大的加工、种植、畜牧养殖一体化的农业合作项目。

2013年，合作区批准了中国投资有限公司的项目立项。2014年，中俄（滨海边疆区）现代农业产业合作区被列入中俄农业合作分委会第一次会议《会谈纪要》，成为推动双边合作的重要项目。2015年3月，《愿景与行动》将合作区建设列为优先行动项目。2015年4月，我国商务部、财政部联合下发《境外经济贸易合作区确认函》，确认其符合国家农业产业型境外经贸合作区的认定条件。

另外，2010年黑龙江省农业委员会将ARMADA公司认定为“优秀境外农业合作区”，合作区大豆、玉米、小麦产量连续六年位居俄罗斯滨海边疆区第一，连续五年被评为俄罗斯沿海边境地区“最佳农业企业”。2013年，俄罗斯联邦评级分析小组颁发了ARMADA公司“区域发展贡献奖”，在93 452家农业企业中排名第二。2013年，ARMADA公司大豆成功通过了韩国国际食品安全标准检验。

3. 园区优势

滨海边疆区位于俄罗斯东南部，北纬43°~45°之间，占地面积达

165 000 平方公里，首府是符拉迪沃斯托克，东面与日本海相连，西南面与我国黑龙江省接壤，南面与朝鲜相邻。中俄（滨海边疆区）现代农业产业合作区设有三座铁路货运站，与中国的珲春、虎林、绥芬河、东宁、密山公路口岸相连，构成了便捷的陆路交通网络。合作区向东面临日本海，货物可通过港口运往中国南部、韩国和日本城市。因此，中俄（滨海边疆区）现代农业产业合作区拥有巨大地理位置优势，具备良好的运输条件。

滨海边疆区的土层较深，土壤主要由黑土和褐土组成，未受到工业污染，含有机物质约 10%，土壤肥沃，具有良好的耕作性能，适合多种大田作物种植；年积温 2 800℃，无霜期 140 天，年平均气温 6℃，年日照约 2 630 小时，位于世界“黄金奶牛带”和“黄金玉米带”，是生产有机农业产品和有机食品的理想场所。

中俄（滨海边疆区）现代农业产业合作区耕地占地 6.8 万公顷，种植区 14 个，主要分布在滨海边疆区的史拉耶夫卡、杜宾斯克、波波夫卡、斯捷布诺耶、阿布拉莫夫卡、俩里奇、涅斯捷罗夫卡等 23 个村，集中于米哈伊尔区、霍罗尔区、波格拉尼奇内区三个行政区。合作区拥有“凯斯”“纽荷兰”“迪尔”“马克”等品牌先进的运输车和农机 548 台（套），机械化水平高，农业机械化率达 100%。

另外，我国黑龙江省拥有丰富的劳动力资源，大多数农民具有丰富的耕作管理和农业生产经验。此外，黑龙江省是我国农业大省，农业机械化水平较高，尤其是其农垦系统主导着我国最先进的现代农业生产技术，且黑龙江省与俄罗斯滨海边疆区接壤，气候、土壤等农业生产自然条件相似。因此，黑龙江省与滨海边疆区共同推进农业大规模开发，有利于充分发挥双方在生产要素中存在的互补性和联动性，从而转变为互利共赢的有益因素。

（二）管理运营模式

1. 坚持“一区多园”发展理念

根据农业区位理论，中俄（滨海边疆区）现代农业产业合作区坚持以畜牧养殖业和种植业为基础，坚持“一区多园”发展理念，遵循“可持续发展、合理布局、长远规划、功能兼顾”的原则，已建成10个仓储、农业加工、物流、生产园区，规划总面积达207公顷（见表3－11）。

表3－11 中俄（滨海边疆区）现代农业产业合作区园区规划

园区名称	规划面积（公顷）
阿布拉莫夫卡园区	60
涅斯捷罗夫卡园区	30
波波夫卡园区	20
史拉耶夫卡园区	16
斯捷布诺耶园区	16
杜宾斯克园区	15
俩里奇园区	15
扎特科沃园区	15
卢奇基园区	10
西瓦科夫卡园区	10

资料来源：根据资料整理绘制。

2. 合理规划产能

目前，中俄（滨海边疆区）现代农业产业合作区紧跟一体化国际投资发展理论，主要开展四大产业业务，分别是种植业、畜牧养殖业、仓储物流业和加工业。

（1）种植业：中俄（滨海边疆区）现代农业产业合作区发展的基础是种植业，该合作区种植面积占地6.5万公顷，位于俄罗斯滨海边疆区三个行政区，即霍罗尔区、波格拉尼奇内区和米哈伊尔区，在现有耕地基础上，合作区计划将耕地面积扩大至10万公顷，以充分满足合作区农产品加工贸易的可持续发展。合作区实行轮作制，其主要农产品有小麦、大豆、玉米、向日葵和饲料农作物等，主要消费群体是俄罗斯滨海边疆区、萨哈林州、中国和亚太国家的大型农业企业。

（2）养殖业：中俄（滨海边疆区）现代农业产业合作区的畜牧养殖业主要包括生猪养殖、肉牛养殖和奶牛养殖。

由于饲料成本低、质量高，合作区养猪场能获得较高的利润，所以养猪业是合作区最具发展前景的产业，米哈伊尔区的俩里奇综合区的生猪存栏量达到7 000头。合作区近期的发展目标是在一年内将生猪数量增加至5万头，而且史拉耶夫卡村已开始建设能容下1.5万头生猪的现代化养猪场。除养猪业外，ARMADA公司还积极发展肉牛养殖行业。自2009年俩里奇引入260头纯种海福特母牛，到目前为止，养殖场肉牛的存栏量已经超过800头。目前，合作区内已有一座奶牛养殖场，计划建设4座容纳5 000头奶牛的现代化奶牛养殖场。如今合作区奶牛养殖场奶牛数量已经达到21 000头，其中成年奶牛18 000头。与此同时，2013年，滨海边疆区波格拉尼奇内区的涅斯捷罗夫卡乳品制造厂被合作区收购，牛奶被销售于滨海边疆区各地。

（3）仓储物流：中俄（滨海边疆区）现代农业产业合作区内有仓储粮食、烘干粮食、晾晒粮食和物流等基础设施。

过去，合作区一次性能储粮达4万吨，并在2014～2015年，合作区新建6万吨粮食储备设施；2016～2018年，合作区新建12万吨粮食储备设施。截至2018年，粮食仓储设施总规模达21万吨，有效满足了合作区粮食贸易与存储的需求。

过去，合作区内每日烘干粮食可达2 300吨，晾晒粮食场所占地5.5万平方米，2014～2018年，合作区内新建9套粮食烘干设施，每套设备每日规模可达500吨，新建晾晒粮食场所21.4万平方米。截至2018年，合作区烘干设施总规模达每日6 800吨，晾晒粮食场所总规模达26.9万平方米。同时，为了满足合作区对粮食进出口中转和集散需求，自2017起，合作区在边境港口和主要运输中心建设了三家物流基地，包括农产品储蓄库和冷链物流设施。

（4）加工业：中俄（滨海边疆区）现代农业产业合作区建设了三家大型饲料加工厂、万吨油脂加工厂和粮食加工中心。根据选择性发展战略，2013年，合作区在米哈伊尔区捏克鲁克拉瓦村建设了设备完善的农产品种植及加工综合体和饲料生产加工及油脂综合加工区。该综合加工区设有两条生产线，其中一条加工豆油和豆粕，每日加工原料达100吨、生产毛油26吨、豆粕174吨；另一条用于生产畜禽饲料，年供应饲料达10万吨。此外，制造厂不使用现代转基因生物技术，而是采用当地高效的生产加工原料，在降低风险的同时，还符合国际环境保护标准，实现在竞争中推广产品。

3. 扩展企业入园途径

企业入园主要能通过以下四种方式：

（1）合作经营：合作区提供所需的土地场所与相应配套设施，入园企业则投入生产所需设备和建设生产厂房。

（2）租地自建：入驻企业自费搭建厂房、库房，土地场所则通过租赁方式获得。

（3）租赁厂房：合作区建设厂房，入驻企业通过租赁方式承租。

（4）购地自建：合作区提供一定时间的土地使用权（一般是49年），入驻企业可自主建设。

4. 提供全面的入驻服务

第一，中俄（滨海边疆区）现代农业产业合作区为入驻企业提供咨询服务，并在产品商标注册、设立公司、办理手续等方面提供帮助。第二，协助入驻企业开展厂房设计、施工和许可证申请、招投标等活动，在申请开工、厂房建筑、厂房验收等许可证方面提供帮助。第三，为入驻企业提供人员培训、招聘咨询和办理劳务许可证。第四，为入园企业提供展厅、标准车库、烘干场、仓储库、晾晒场、办公室等工作场地租赁。第五，为员工有偿提供食堂、公寓、宿舍、娱乐和其他生活设施。第六，为入园企业提供报关、报税、财务、法律、政策等咨询服务。

二、中国·印度尼西亚聚龙农业产业合作区[①]

（一）园区基本情况

1. 园区建设背景

天津聚龙嘉华投资集团有限公司（以下简称“聚龙集团”）始建

① 资料来源：农业农村部对外经济合作中心：《境内外农业合作园区典型案例解析》，中国农业出版社2020年版。

于1993年，总公司设在位于中国天津市滨海新区核心区的天津港保税区，旗下设有6个成员企业，分别在我国江苏、新加坡、印度尼西亚，以棕榈油制造和销售为主业，目前已经形成了一个集油料作物栽培、油脂产品生产开发、油脂加工、谷物油国际贸易、品牌包装油推广、港口运输等金融服务于一体的全套的棕榈油产业链体系，是目前我国起步最早、规模较大、影响范围最广的棕榈油公司。在我国国内棕榈油的市场贸易领域内，聚龙集团占有率曾多次位居我们国内企业首位。

从2005年开始，聚龙集团积极实施“走出去”发展战略，派遣专业队伍到全球棕榈油的最大原产地印度尼西亚，开展促进棕榈种植业发展考察。2006年10月，聚龙集团在印尼中加里曼丹州开始建立我国企业在海外的首个1万公顷棕榈种植园，由此开启了“棕榈园聚龙模式”。2009～2011年，聚龙集团为种植园配套建立压榨工厂，引入了最先进的棕榈油生产循环经营管理模式，将棕榈果用来榨油，利用污泥、污水、真空果串等生产肥料在种植园作为肥料使用，用纤维进行焚烧发电，这样，一方面降低了对柴油等燃料资源的损耗，另一方面也大幅降低了生产成本。

2012年以后，凭借长期从事海外农业资源开发的经验，聚龙集团发现，以单体种植园为发展模式并不利于种植园未来规划发展和院内企业国际化经营，因此，转为建设农业产业合作区。

中国·印度尼西亚聚龙农业产业合作园区由天津聚龙嘉华投资集团有限公司的天津邦柱贸易有限责任公司（以下简称“邦柱公司”）投资开发建设，该公司为聚龙集团的全资子公司，海外项目的建设主要由印度尼西亚格拉哈公司负责，邦柱公司拥有95%的股份。2001年，天津市邦柱贸易有限责任公司成立，其经营项目丰富，包含饲料、日用百货、建材、各种金属材质、农业工具及配套、拖拉机配套设备、挖掘机及配套设备、推土机配件、汽车配件、摩托车及配套零件、轧路机配件、工艺美术品（除金银外）、预包装食品及散装食品批发零售等。

2. 空间布局

中国·印度尼西亚聚龙农业产业合作园区地处印尼计划构建六大经贸走廊中的关键节点——加里曼丹走廊和苏门答腊走廊，地处苏门答腊岛与爪哇岛中间，位于“21世纪海上丝绸之路”关键节点——将印度洋与太平洋的巽他海峡连接起来，与重要港口枢纽相毗邻。合作区涵盖印尼加里曼丹岛上的北加里曼丹园区、南加里曼丹园区、中加里曼丹园区、西加里曼丹园区和楠榜港园区。其中，北加里曼丹园区、南加里曼丹园区、中加里曼丹园区、西加里曼丹园区共涵盖加里曼丹岛的10个种植园，而楠榜港园区则利用其地缘交通优势成为国际贸易物流配送中心和棕榈油精深加工中心。

3. 规划定位

中国·印度尼西亚聚龙农业产业合作园区内总体项目投资约12.45亿美元，计划占地4.21平方公里，整体规划年限8年（2015～2022年）。该合作区被我国农业农村部列认定为第一家在东盟地区的中国对外农业投资试点支持项目、我国国家级境外农业产业型经贸合作区、天津市委认定的天津市“十三五”规划重点项目。

（二）管理运营模式

1. 坚持“集约设施型建设”发展理念

根据投资诱发要素组合理论，中·印尼聚龙农业产业合作园区可归属于集约设施型农业合作园区，其非常重视基础设施建设。第一，为保障通信企业的入园、构建高效全面的信息网络系统，合作区现已拥有3座信号发射塔，互联网工程逐渐完成。第二，合作区内建有20万公顷棕榈种植园，地处于印度尼西亚上游种植地域。第三，为促进工业加工领域的发展，合作区现有投入使用工厂4座，其中压榨厂3座，包装油厂1座，扩建工厂1座，再建工厂2座。第四，合作区物流网络较为成熟，自建全长6千米运河和26.6千米公路，拥有2处码头、5处仓储基地、1处加工基地，内置2艘3 000吨和5 000吨级别货船。第五，合作区总体基础设施建设投资达9 000万美元，企业累计投资超1.2亿美元，区内基本配套设施完善，包括通信、供水供电、排水等设备，工业用地占地3.23平方公里。第六，合作区秉持绿色可持续发展理念，坚持生产环保，搭建污水处理系统，每日可处理污水1 200吨。第七，为提高区内人员生活水平，合作区投入大量资金兴建文娱设施，如幼儿园、学校等教育设施，教堂等宗教设施，食堂、公寓、办公楼等生活设施。

2. 采用集约化运营模式

综合考虑印度尼西亚国情和我国农业园区“走出去”的历史经验，格拉哈公司探索合作园区盈利模式的同时，坚持“购买土地—‘五通一平’—搭建办公区—兴建加工厂和物流设施—搭建综合服务区”流程，扩展合作区发展路径，实现集生活化、生态化、科学化为一体的合作区建设。此外，基于资源开发项目，实行管理委员会负责制，设立专业平台公司，囊括资源供应、物流管理、咨询等业务，提升企业入驻环境水平，提高入驻成功率。

3. 主动联袂产业链上下游企业

山东先达农化股份有限公司（以下简称“先达公司”）是我国国家级农药定点生产企业，具开发、研发、生产、营销为一体的高新技术企业，得到国际质量体系认可，有自营进出口权，主要涉及杀虫剂等产品。由于我国聚龙集团棕榈种植园规模大，农药需求量较大，先达公司作为其产业链配套企业，与其每年除草剂交易额超 3 000 万元。2017 年，为牢固双方产业链合作关系，聚龙集团与先达公司成功达成长期合作，并建立 PT. Dauta Utaman Indonesia 分公司，主要处理社会关系问题等，同时，公司接受合作区提供的帮助，如合作区优先推广先达公司产品。另外，先达公司在区内搭建了研发中心，主要专攻新型农药等项目，带动合作区内种植园协助研发，主动提供实验所需基地，以区内种植园为中心，生产相应产品，通过完善的物流设施和流通网络，将营销网络扩大，实现印度尼西亚棕榈种植园全覆盖。若园内有对先达公司产品的需求，可跳过采购过程，从仓库直接调货取货，进而提高生产、运输、销售效率。

此外，为打造棕榈油全产业链农业产业型园区，合作区以“强强联合”为途径，向我国和其他国家企业同步招商，主要以发展前景较好、市场前景明朗、项目带动示范性强的龙头企业为目标，引入合作区内物流、仓储实力强的企业，实现优势互补、合作共赢。主要吸引以下几类企业：油脂化工企业、油脂精炼加工企业、科技研发企业、仓储物流企业、棕榈衍生品企业、基础设施建设企业等。同时，合作区内新增棕榈加工企业1家，投资总额高达1 500万美元，新增除草剂研发企业1家，区内14家企业累计投资超4.2亿美元。

4. 提供“一站式”综合服务

为保障合作区内企业和项目的稳步发展，合作区专设“一站式”服务中心以提供“一站式”综合服务，同时与印度尼西亚当地有关部门或协会保持紧密联系，涉及业务宽泛，有政务、法律、人力、文化培训、宣传、邮政等。格拉哈公司则依靠自身在物流运输，原料加工，种植业等方面的优势，向进区入驻企业提供投资登记、法律咨询等涉外服务，此外，为将强化合作区内服务功能，提高服务水平与质量，格拉哈公司还在合作区内成立了印度尼西亚天津商会。

5. 创新区内员工协同管理模式

聚龙集团在合作区内将管理模式进行创新，结合我国人员管理经验，创新式构建具有中国特色的协同管理模式，被称为“1：1：1”的“团长+政委+参谋长”模式，其中，“团长”是指具有丰富当地文化基础的经理人，其主要负责运营管理种植园内事务；“政委”是指由我国人民担任的、负责协调和整体管理的人员；“参谋长”则指精通两国语言、专业知识扎实、负责协助沟通和决策的华裔员工。该协同管理模式囊括来自不同国家、视野广阔的优秀人才，通过运用东道国直接诱发要素优势，以“以人才吸引人才”的方式，实现优秀员工的“乘数效应”。聚龙集团还引进现代化培训模式，积极宣扬“生存、突破、持久”的企业理念，通过对当地员工职业发展理念、工作技能等方面的培训，解决现代员工工作观念差、职业规划弱等问题。

三、苏丹·中国农业合作开发区①

（一）园区基本情况

1. 建设背景

新纪元农业发展有限公司，是中国山东国际经济技术合作公司

① 资料来源：农业农村部对外经济合作中心：《境内外农业合作园区典型案例解析》，中国农业出版社2020年版。

（隶属山东高速集团，全称“中国山东对外经济技术合作集团有限公司”）与山东鲁棉集团联合注资成立的，是山东省国有企业之一。2010年，为准备好在苏丹开展棉花产业的前期投资工作，新纪元公司与山东鲁棉集团联合组建苏丹棉花合作，共同形成项目联合体，并组织邀请棉花专家开展实地棉花品种种植实验。2012 年 4 月，新纪元公司在苏丹正式成立。随后，新纪元公司与赖哈德（RAHAD）灌区签订了首期 0.67 万公顷的土地合作，成功签署租赁合同，规划期投资金额达 1 500 万美元，总投资金额达 5 000 万美元[①]。2016 年 9 月，苏丹·中国农业合作开发区正式成立，并于第二年被我国农业部评为第一批国家级境外农业合作示范区之一。

2. 基础设施

目前，苏丹·中国农业合作开发区内自主种植棉花试验区和育种基地达 0.27 万公顷，农机车间、种植营地、仓储、办公等配套设备建设齐全，主要基础设施建设比较完善。第一，电力方面，合作开发区总装机容量高达 300 万千瓦，但实际在使用机组仅占总量一半，区内供电较弱，配电与输电线路存在严重落后问题，合作开发区计划新增电力设施，新建变电站 66 座、输变线 18 条，以满足区内人员用电需求。第二，空运方面，苏丹·中国农业合作开发区内现有国际机场 8 个、国内航线机场 17 个，但由于飞往苏丹国外的航次由国外航空公司承包，并且产内设施简陋，导致空运服务水平不高。因此，苏丹计划与我国港湾工程有限公司联合新建吞吐量达 600 万人次机场，地点设在杰布欧里亚。第三，水运方面，苏丹港和萨瓦金港两大重要港口位于苏丹，且苏丹港是苏丹第一大港口。第四，公路方面，苏丹内陆物流以公路运输为主，城市间公路物流网络基本形成，公路里程可达 3.7 万千米，但整体质量不高，多以土路、沥青等为主，未来苏丹公路局计划建设 9 条、总全长达 2 138 千米的沥青混凝土公路，连接卡萨拉州、喀土穆州和南科尔多瓦州，真正实现陆路地区的互联互通。第五，

① 资料来源：《苏丹 - 中国农业合作开发区》，中国国际贸易促进委员会，2022 年 12 月 5 日，http://oip.ccpit.org/ent/parks-introduces/74。

铁路方面，苏丹铁路全长达5 978千米，是非洲铁路里程第二的国家，但由于常年失修的缘故，铁路损坏严重，勉强供部分区内使用，未来苏丹计划督促铁路修建工作，并接受我国部分企业参与施工。第六，通信方面，信号几乎覆盖全苏丹，运营商由MTN、Zain和Sudatel3组成，基本满足人员生活需要。

3. 投资状况①

苏丹·中国农业合作开发区投资共计5 000万美元，以农业经营为主（见表3－12），产业结构可为四大部分：

表3－12　2016～2020年苏丹·中国农业合作开发区建设投资情况

类别	建设内容	建设时间（年）	投资估算（万元）
基础设施	电力	2016～2017	1 500
	道路	2016～2017	2 000
	水利	2016～2017	3 000
	新土地整理费用	2016～2020	4 000
	土地整理等	2016～2020	200 000
农机购置	交通车辆	2016～2017	2 000
	棉花采摘设备	2016～2017	5 000
	大型农业设备	2016～2017	7 000
	厂房、车间扩建	2017～2020	11 000
加工厂扩建	厂区配套设施建设	2017～2020	750
	购置、更新、维护生产设备	2017～2020	11 150
合计			247 400

资料来源：根据资料整理绘制。

第一，育种与示范种植。苏丹·中国农业合作开发区从准备种子、整理土地、播种，到管理农田和收获，实现全过程机械化，区内0.27

① 资料来源：《苏丹－中国农业合作开发区》，中国国际贸易促进委员会，2022年12月5日，http：//oip. ccpit. org/ent/parks－introduces/74。

万公顷的育种和种植实验基地，配有达世界先进标准的、自动化的大型农业机械设备，其中超大型和大型拖拉机共 20 多台、最大型自动采棉机械设备 2 台、国际先进水平的农机 40 台。

第二，棉花和种子加工业。苏丹·中国农业合作开发区曾投资 9 000 万元人民币，用于苏丹法乌修建棉花加工厂，在当时合作开发区配有世界先进的剥绒、轧花、种子加工等专业农业设施，每年可加工 1.5 万吨皮棉，处理带籽棉花 4.5 万吨，每日车间加工种子量可达 40 吨，加工规模与效率在当地遥遥领先。2018 年，开发区新增轧花工厂两座、种子加工厂一座，每年加工棉花、种子达 800 吨，占全苏丹加工总量的一半以上。

第三，棉花贸易。开发区贸易对象主要是世界纺织业优势国，销售皮棉产品为主。开发区从当地公司或个人收购皮棉产品后，出售至国际市场，同时也会收购当地籽棉，经过一系列加工后销售国外。

第四，化肥、农药、种子等农产品贸易。开发区于 2014 年 8 月获得苏丹种子管理局颁布的种子经营许可证，具有与种子相关领域的经营权，包括种子生产、进出口、加工等方面。

（二）管理运营模式

1. 借助政府力量推动园区建设

我国于 1959 年与苏丹建立了正式外交关系，苏丹经济发展受到我国的长期支持，使得中苏两国有着深厚的传统友谊。随后一段时间内，美国、欧盟相继对苏丹展开经济制裁，给苏丹经济带来严重后果，在制裁解除后，苏丹与我国的全方位合作也日益增强。尤其是在 2011 年南苏丹独立后，大量的石油资源流出苏丹，使得经济发展陷入危机，因此，苏丹政府逐渐重视与我国的农业合作，不仅提高了在农业等相关行业的关注度，还采取一系列政策措施支持农业发展。2008 年 6 月，我国农业部与苏丹农业灌溉部签署了加强农业合作的协议书。随后几年里，我国与苏丹多次展开领导人会晤，在全面推进中苏农业合作方面展开讨论，进一步扩大了双边合作领域。2014 年 4 月，苏丹农业灌溉部部长就中苏农业合作，提出用于农业投资的优惠政策和提供加强合作的土地，建设苏丹·中国农业合作开发区，以推进两国农业合作。2015 年 12 月，我国与苏丹就在现有合作基础上建立“中苏农业合作开发区”一事签订了有关框架协定，以继续提升双方合作水平。同时苏丹政府积极鼓励投资，开发区内业务可直接享受免除农产品等物资增值税和企业所得税。在双方政府的帮助下，苏丹农业潜力不断释放，同时也带动我国企业“走出去”，推动两国战略合作伙伴关系迈上新的台阶。

2. 构建多元化产业合作平台

苏丹·中国农业合作开发区共构七大建产业合作平台，分别是科技、种植、纺纱、食用油、农机服务、畜牧和南南合作平台。

科技平台是开发区与山东省农业科学院和其他有实力的我国或苏丹的科研单位协同组建的，共同打造 0. 27 万公顷优质棉花育种和实验种植基地，带领我国科研单位“走出去”的同时，还在苏丹注册推广了数个新农业品种；种植平台主要是推动“开发区 + 农户 + 灌区”模式，扩大周边灌田区域面积，大力推广棉花和其他农作物，稳步扩大种植面积；纺织平台方面，开发区极力支持交流合作，与我国济南元首针织集团达成建立第一个纺纱厂协议，还与如意集团达成建立规模达 25 万纱锭纺织工业园区的合作意向；开发区与我国济宁萌山恒顺公司和青岛圣美尔集团签订食用油榨油厂合作协议，共同搭建食用油平台；为了能进一步扩大生产、形成产业集聚，为合作区企业提供高质量农机服务，带动我国农机“走出去”，合作区积极与我国四川吉峰农机公司、一拖集团有限公司、福田雷沃重工、山东五征集团有限公司展开合作，全方位打造农机服务平台；在畜牧养殖平台方面，开发区曾尝试过与灌区探讨畜牧等合作项目；针对南南合作平台，开发区与苏丹本地或国外其他经验丰富公司共同建立棉花加工基地和种植基地，深化发展中国家间的经济技术合作。

3. 引进优质管理型人才

苏丹·中国农业合作开发区考虑到远期发展和我国农业对外直接投资的起点较低等情况，结合现实，认为引进、留住优质管理型人才是长期稳步发展的关键之一。新纪元农业发展有限公司内部员工有

75%年纪不大于35岁，年轻化的开发区管理层人员可塑性高，工作中充满活力，同时，几乎所有员工学历是本科及以上，开发区整体文化水平高，管理团队强大。此外，为弥补对外投资起点低、缺乏经验的不足，开发区积极吸取国外跨国公司的经验，大力宣传吸引、挖掘、聘请优秀管理型人才，新纪元公司内部20位管理人才，有不少人具有留学背景，这有利于缩短开发区与苏丹人民的文化距离，实现经营本地化发展。

4. 完善的招商机制

苏丹·中国农业合作开发区招商方式多样化，主要针对实力较强的企业，通过推介会、媒体广告宣传、洽谈会、专题报道、研讨会、发布会等多种推介形式宣传开发区，利用商务部、商务厅等部门的优惠政策，加强与我国有关部门和重点棉花业、纺织产业协会的合作，推动开发区招商工作的进行。重点引进项目示范带头作用强、育种经验丰富、国际市场发展前景好的企业，结合当地苏丹人民的诉求，推动籽棉加工、农机生产等有关企业入驻。开发区秉持“国内国外两手招”原则，在招纳我国优秀企业的同时，还向国际上有想法、意愿强的企业发出邀请，当地推广宣传。

5. 注重成本控制

苏丹·中国农业合作开发区注重招纳优秀管理人才的同时，也密切关注生产、宣传等管理成本。基于经验曲线理论，开发区严格把控采购成本、生产成本、管理费用、宣传费用、研发、服务等成本，致力于将开发区产品涉及的成本减至最小，降到最低水平，由此，可依靠低于国际标准的价格，获得合作区产品的比较优势，从而收获超额利润，或者通过较低的价格，在国际市场竞争中占据一席之地，甚至扩大竞争优势，提高自身的核心竞争力，缩小与发达国家的市场差距。

第四章

“一带一路”推进中工业园区“走出去”的合作模式研究

第一节　引言与文献综述

一、引言

海外工业园区作为我国探索全球治理与共赢的手段，迅速成为推进“一带一路”建设的重要支点，也在逐步成为推动我国与其他国家的经贸合作的载体。很显然，“一带一路”倡议是我国重大战略举措，而海外园区是我国企业“走出去”的重要引擎，为其提供平台与支持。2013～2018年，已经有24个国家与我国一起建立了经贸合作区和工业园区，数量达82个。截至2021年上半年，我国“走出去”的工业园区得到了大量资金支持，累计投资超过470亿美元，并且向东道国所缴纳的税费约为60亿美元，同时，还为园区所在地创造了约38万就业岗位。由此可见，海外工业园区不仅在数量上得到提高，还在质量上得到了提升。然而，2020年新冠疫情突发，迅速蔓延全球，加剧了逆全球化的进程，导致全球生产网络面临崩坏的风险，同时也为我国海外工业园区的发展蒙上黑色阴影，尤其是带来了产业回流引起的恐慌，为“一带一路”建设带来了不利的影响。在不远的未来，全球价值链必将重构，全局产业体系也将转型，在此背景下，探究在“一带一路”建设的推进中，引导工业园区“走出去”并顺利落地实现可持续发展变得非常重要。

二、文献综述

通过文献梳理发现，无论是国内学者还是国外学者，他们对海外工业园区多是定性研究，且范围多集中于海外工业园区的界定、现状及问题研究、风险挑战研究及可持续发展挑战等方面。

（一）海外工业园区的界定

2019年6月，联合国贸发组织（United Nations Conference on Trade and Development，UNCTAD）发布了《2019年世界投资报告》，各类园区在报告中被总称为特殊经济区（special economic zones，SEZ），同时，它们被定义为政府为促进工业活动而划出的享有财政和监管激励以及基础设施支持的特殊地理区域（UNCTAD，2019）。目前，境外工业园区仍没有得到广泛认可的定义。但是，中国商务部将中国的境外经济贸易合作区定义为，在中华人民共和国境内（不含中国香港、中国澳门和中国台湾）注册、具有独立法人资格的中资控股企业，通过在境外设立的中资控股的独立法人机构，投资建设的基础设施完备、主导产业明确、公共服务功能健全、具有集聚和辐射效应的产业园区（商务部合作司，2010）。此外，众多学者如郑锦荣等（2018）和詹晓宁（2021）也都认为海外工业园区没有明确统一的定义。

（二）海外工业园区的现状及问题研究

关于我国的海外工业园区研究，国外学者重点关注这3个方面：中国政府在其中的主导作用、中国模式的独到性以及其如何影响东道国经济发展。黛博拉·布劳蒂加姆等（Deborah Bräutigam et al.，2012）学者认为这种模式是以中国政府为主导进行投资的一种表现。但曾智华等（2015）认为，中国境外经贸合作区为其他国家尤其是发展中国家提供了总结和借鉴的发展模式。因此，很多国内学者分析总结了海外工业园区的发展经验。唐晓阳（2010）通过梳理非洲的境外园区发展历程，认为园区发展还是要依靠政府支持和符合并满足东道国的需求。唐拥军和戴炳钦（2021）通过中国—印度尼西亚的境外工业园区的典型案例，从利益相关者价值共创的角度对海外工业园区的发展模式进行了探讨，发现商业模式存在匹配式和引导式两种更新路径。

此外，海外工业园区建设也存在着不少问题：园区企业融资困难、缺乏国际性复合型人才管理园区（刘佳，2016）；园区产业定位模糊、规划建设可持续发展较难维系（洪联英和张云，2011）；在境外园区合作布局方面，存在国家合作区扎堆和竞争的问题（祁欣和杨超，2018）；东道国关于园区的法律制度不完善，为园区企业发展带来投资风险（荀克宁，2015）。杨莉（2018）通过重点梳理我国在“一带一路”沿线国家和非洲的境外园区，分析了我国建设境外园区存在的问题，并提出了相应的建设建议。

（三）海外工业园区面临的风险挑战研究

由于境外工业园区的特殊性，相较于东道国设立的工业园区，除了更容易受到地缘政治的影响这一传统挑战，还有与东道国经济联系脱钩和负面的社会和环境影响被放大这两个传统风险（詹晓宁，2021）。随着近年来全球经济形势变化，除了这些传统挑战，海外工业园区还面临着三大新挑战：传统竞争优势发生变化、投资竞争趋于激烈和国际政策环境不确定性增加（UNCTAD，2019）和可持续发展势不可挡（Zhan X，2020）。薄文广（2018）也通过整理资料对境外园区进行分析，发现园区入驻企业存在产业定位模糊、配套体系不完善、合作机制不健全、盈利模式不明确等问题，面临着宏微观上的危险。此外，赵逖（2017）在通过对海外工业园区建设的现状分析后，发现园区发展存在前期投入量较大、投资收益不成正比、投资布局不合理等问题。

（四）海外工业园区的可持续发展研究

海外工业园区作为“一带一路”倡议的重要建设平台，是否能可持续发展引起了众多学者的讨论。唐晓阳（2019）通过对13个境外经贸区的长期跟踪调查，发现海外园区的可持续发展可以通过逐步的市场化经营实现，并通过处于埃及、埃塞俄比亚和柬埔寨的三个典型境外园区从不同路径提供了佐证。王芳和焦健等（2020）也在分析海外园区发展成效的基础上，建立了境外工业园区绿色发展评价体系，并对60个海外工业园区的绿色发展水平进行评估，提出了绿色可持续发展的建议。武汉大学“一带一路”研究课题组（2019）还对境外经贸合作区可持续发展进行了研究，认为海外工业园区要想实现可持续发展，不仅需要实现经济效益，还需要实现社会效益和环境效益。为了更深入探讨中国海外工业园区可持续发展模式，方巍和林汉川（2021）以东道国制度环境为调节变量，构建了关于社会技术创新影响境外工业园区可持续发展的理论模型，认为园区可持续发展除了要注重科技创新，还要注重社会技术创新及两者的耦合发展，更重要的是要随着东道国的不同调整发展路径。

（五）文献述评

综上所述，通过对相关文献进行梳理，关于研究内容与研究方法，我们发现大多数文献研究了海外工业园区的发展现状，在“走出去”时与东道国合作面临的各种风险挑战以及如何实现可持续发展，但是很多文章主要是就理论机制进行分析，相关实证分析较少。关于研究视角，对海外工业园区的研究大多从各个产业或者动力因素等中微观层面去分析，较少从我国与东道国两个宏观的层面去共同分析如何在“一带一路”建设中推进工业园区“走出去”。关于研究对象，大多数文献集中于探讨整体海外园区在“一带一路”建设推进中的发展，较少专门提及工业园区如何在“一带一路”建设中“走出去”，缺少针对性；或者是以个别工业园区为例进行具体分析，不具有普遍性。

第二节 “一带一路”推进中工业园区“走出去”的理论解释

一、海外工业园区运行前提假设

海外工业园区的设立在某种程度上就是一种基于区际价值链（RVC）的产业转移，这种转移不仅能推动东道国嵌入区际价值链中，进而促进其经济发展，还能为我国实现产业结构升级提供一定的发展空间。为了更好地探究在“一带一路”建设中推进工业园区“走出去”的合作模式，本书拟用以下理论模型来描述海外工业园区在区际价值链的作用下，实现产业升级。

（一）模型假设

为了分析方便，本书只考虑两个区域经济体，分别用 I 和 O 来表示。这两个区域经济体内有 N 个企业，同时是消费者和生产者，因此两个区域内的企业数量为 N_I 和 N_O。同时，这些企业只生产三种产品，分别为无形产品 t，中间产品 m 和最终产品 y，企业在生产最终产品的过程中需要投入如信息、物流和进入服务等无形产品和中间产品。用 P_y、S_y、D_y 和 S'_y 分别表示最终产品 y 的产出量、供给量、需求量和自用量；用 D_t 和 D_m 表示对 t 和 m 的需求；用 S_t 和 S_m 表示对 t 和 m 的供应量；用 S'_t和 S'_m表示对 t 和 m 的自用量；用 P_t 和 P_m 表示 t 和 m 的产出，用 C_t、C_m 和 C_y 分别表示 t、m 和 y 的固定学习成本，鉴于无形产品 r 在价值链中通常高于中间产品，因此 $C_t > C_m$。

（二）理论模型

参考庞春（2009）的文章，本书将中间产品 m、无形产品 t 和最终产品 y 的生产函数表示为：

$$P_m = S_m + S'_m = \max[0,\ \delta_i(L_m - C_m)] \tag{4.1}$$

$$P_t = S_t + S'_t = \max[0,\ \varepsilon_i(L_t - C_t)] \tag{4.2}$$

$$P_y = S_y + S'_y = \max\{0,\ K[(S'_m + \lambda_m D_m)^{\alpha}(S'_t + \lambda_t D_t)^{1-\alpha}]^{\beta}(L_y - C_y)^{1-\beta}\} \tag{4.3}$$

在式（4.3）中，λ_m 和 λ_t 代表中间产品 m 和无形产品 t 的交易效率系数；L_m、L_t 和 L_y 代表生产 m、t 和 y 所需要的劳动力，且服从于约束条件 $L_m + L_t + L_y = 1$，L_m，$L_t \in (0,\ 1)$。K 代表生产最终产品 y 时的效率系数，也可认为是资本投入。同时，假设 p_m、p_t 和 p_y 分别为产品 m、t 和 y 的价格，则生产时的预算约束为：

$$P_m(S_m - D_m) + P_t(S_t - D_t) + P_y(S_y - D_y) = 0 \tag{4.4}$$

经济体的效用可以用 C－D 效用函数表示：

$$U = S'_y + kD_y \tag{4.5}$$

在式（4.5）中，k 代表产品 y 在区域内交易时的交易效率，还假设 k^* 为在区域外时 y 的交易效率。

若假设区域 I 在价值链高端环节生产上具有比较优势，则它的生产效率较高；那么区域 O 在价值链低端上的环节生产会更具有优势，即 $\delta I < \delta_O$，$\varepsilon_I > \varepsilon_O$，则可推出：

$$\frac{\varepsilon_I}{\delta_I} > \frac{\varepsilon_O}{\delta_O} \tag{4.6}$$

在 RVC 中，区域 I 和 O 为了满足对最终产品的需求可以选择三种生产方式：（1）专业化生产产品 y，购买产品 m 和 t；（2）专业化生产产品 m，购买产品 y 和 t；（3）专业化生产产品 t，购买产品 y 和 m。此外，构建 RVC 除了要求在生产环节进行分工外，还有在区域间的分工。若区域 I 的企业依据比较优势选择了产品 t 进行生产，而区域 O 的企业选择了产品 y 和 m 进行生产，则在区域内就形成了依据价值链形成的分工。因此，该模型就可以作为区域价值链的理论模型，接着对该模型进行主体的一般均衡求解分析，结果如表 4－1 所示。

表 4-1　　RVC 中经济主体一般均衡求解结果

主体	一般均求解结果
劳动力人数	$M_1=\frac{N_0 k^* \beta\alpha}{(1-\beta)(1+\alpha-C_m)+k^*\beta\alpha}$ $M_2=\frac{N_0(1-\beta)(1+\alpha-C_m)}{(1-\beta)(1+\alpha-C_m)+k^*\beta\alpha}$
相对价格 （以区域 O 为例）	$\frac{P_m}{P_t}=\frac{\varepsilon_I(1-C_t)}{\delta_O(1-C_m)}$ $\frac{P_y}{P_t}=\frac{(1-C_m)^{(1-2\alpha\beta+\beta)}}{N_1\varepsilon_I(1-C_t)^{(1-\alpha\beta)}}\cdot\left(\frac{\alpha}{M_1}\right)^{(1-\beta+\alpha\beta 2)}\cdot\left[\frac{k^*(M_2\theta)^{1-\beta}}{1-C_y}\right]^{\frac{\beta}{1-\beta}}$ $\frac{P_m}{P_y}=\frac{\alpha(1-\alpha\beta)[M_2(1-C_x)(1-C_y)\theta]^{1-\beta}}{[N_1\varepsilon_I(1-C_r)]^{\alpha\beta}[M_1\delta_O(1-C_m)^2]^{(1-\alpha\beta)}}$ $\theta=\frac{\beta}{1-\beta}[(\lambda_m)^{\alpha\beta}(\lambda_t)^{(1-\alpha)\beta}]^{\frac{1}{1-\beta}}$

可以看出，这个区域若依据价值链形成了分工，那么单个区域可以依据自身比较优势生产合适的产品，同时不同区域也可以按照价值链分工进行专业分工。此时，每个区域的固定学习成本支付次数变少了。因此，当每个区域都能最大限度地提高生产效率同时减少成本时，那么整条 RVC 的效率就实现了最大化，整个区域也就实现了产业升级。

二、海外工业园区决策过程分析

在国际经济合作理论中，中心—外围理论能较清楚工业园区"走出去"的产业转移问题。这是因为在"一带一路"建设中，大多工业园区所在国相对我国来说是外围区，正当我国产业亟须转型的高质量发展阶段，中心区要腾出空间发展高附加值的产业，而外围区则要发展成劳动密集型产业集聚区，那如何确保已转移的产业不会回流，可以通过中心区的一个典型制造业企业来简单描述工业园区"走出去"后，企业是否入驻园区的决策的过程。

当该企业得知可入驻海外工业园区后，将会对入驻园区后面临的风险和盈利空间进行预测。假设 C 为转移成本，A 为转移后适应外围区的成本，Q 为企业产出，C_1 为企业入驻前的直接运营成本，C_2 为入驻后的直接运营成本，L_c 为中心区（我国）的劳动成本，L_p 为外围区（东道国）的劳动成本，R_1 和 R_2 分别为入驻前后的收益，可表示为：

$$R_1 = Q - (C_1 + L_c) \tag{4.7}$$

$$R_2 = Q - (C_2 + L_p + A + C) \tag{4.8}$$

随着时间的推移，适应成本 A 将会越来越低，直至为0；而转移成本 C 是一次性的，不会再出现在企业入驻后的成本中。因此，式（4.8）式变为：

$$R_2 = Q - (C_2 + L_p) \tag{4.9}$$

式（4.8）-式（4.7）得：

$$R_2 - R_1 = C_1 - C_2 + L_c - L_p \tag{4.10}$$

假设企业入驻园区后直接运营成本没有发生明显变化即 $C_1 - C_2 = 0$，则企业入驻前后的收益差取决于 $L_c - L_p$ 也即中心区与外围区劳动力成本的差距。但若在转移成本 C 和适应成本 A 也很高的情况下，即使 $L_c < L_p$，企业可能要多年的收益弥补转移成本和适应成本才能获得最终收益，此时应慎重考虑是否入驻园区。而转移成本与基础设施的建设有关，适应成本与当地文化、政策等营商环境有关，因此在推进工业园区“走出去”时，应充分考虑这些因素。

若入驻后企业的适应成本 A 小，且在外围区的直接运营成本明显低于在中心区的，则 $C_1 > C_2$，同时若企业规模扩展产生规模经济效应，也会加大 C_1 和 C_2 的差距。总之若企业入驻园区后，$C_1 > C_2$ 且 $L_c < L_p$，这就意味着对企业有积极的影响，同时也会吸引更多企业前往，加速园区的发展。

三、海外工业园区理论机制分析

（一）理论模型建立

为了更好地推进在“一带一路”建设中我国工业园区“走出去”的合作，研究我国工业园区“走出去”对东道国和我国经济增长效应的影响具有重要意义，因此，本书采用索洛经济增长模型作为实证分析的理论基础。众所周知，索洛模型一直以来被用于分析经济增长问题，为经济增长的研究奠定了基础，具有深远的影响，之后众多经济学家及学者也根据经济的发展对该模型进行不断地完善。在传统的索洛模型中，假设总生产函数为 $Y = F(K, L, t)$，K 和 L 分别代表投入资本和劳动的量，t 代表时间。这是最初的模型，索洛在进行推导增长核算方程时，生产函数中除了时间 t 就只有两个自变量，并且假设技术进步是希克斯中性的，因此生产函数变为 $Y = A(t)f(K,L)$。根据特殊形式的生产函数，索洛推算出经济增长率的核算式 $\frac{\dot{Y}}{Y} = \frac{\dot{A}}{A} + \frac{\dot{K}}{K}W_K + \frac{\dot{L}}{L}W_L$，其中 $W_K = \frac{K}{Y}\frac{\partial F}{\partial K}, W_L = \frac{L}{Y}\frac{\partial F}{\partial L}$，为资本和劳动的产出弹性系数。此外，索洛还做出了规模报酬不变和完全竞争的市场的假设，因此 $W_K + W_L = 1$，据此进一步推出人均产出增长率的核算方程 $\frac{\dot{y}}{y} = \frac{\dot{a}}{a} + \frac{\dot{k}}{k}W_K$。

而随着经济的发展，自第二次世界大战以来，生产力水平大幅提高，科技在生产中发挥着越来越重要的作用，人力资本和知识资本在经济增长中的作用也日趋增长。因此，在研究海外工业园区对东道国的经济影响时，需要充分考虑在经济发展中人力资本和知识资本的重要作用，并将其作为重要的生产要素加入模型。而且，当前经济复杂多变，假设规模报酬不变和完全竞争的市场是不现实的，对本书也没有指导性。完全竞争的市场是一个理想化的市场，在现实的世界不具有实践意义，即使在市场经济发达的国家，这也是不存在的，更何况本课题的大多数研究对象是发展中国家和新兴经济体，所以应该放松这两个假设。此外，索洛假设的希克斯中性技术进步也不太符合现实的生产活动，大多数的技术变化其实是偏向劳动节约的，假设生产中资本要素的生产效率增加等于劳动的生产效率增加是不合理的，因此该假设也要放松。

因此，本书采用的模型是扩展后的索洛模型（熊俊，2005）：

$$Y = F(K, L, R, H, t) \tag{4.11}$$

在式（4.11）中，Y 为总产出，代表国内生产总值；K 为物质资本存量；L 为投入简单劳动力的量也即就业人口；R 为知识资本存量；H 为人力资本存量；t 为时间。

对式（4.11）两边进行全微分运算则可得出：

$$\dot{Y} = \frac{\partial F}{\partial K}\dot{K} + \frac{\partial F}{\partial L}\dot{L} + \frac{\partial F}{\partial R}\dot{R} + \frac{\partial F}{\partial H}\dot{H} + \frac{\partial F}{\partial t}\dot{t} \tag{4.12}$$

接下来，对式（4.12）同时除以 Y，得：

$$\frac{\dot{Y}}{Y} = \frac{K}{Y}\frac{\partial F}{\partial K}\frac{\dot{K}}{K} + \frac{L}{Y}\frac{\partial F}{\partial L}\frac{\dot{L}}{L} + \frac{R}{Y}\frac{\partial F}{\partial R}\frac{\dot{R}}{R} + \frac{H}{Y}\frac{\partial F}{\partial H}\frac{\dot{H}}{H} + \frac{1}{Y}\frac{\partial F}{\partial t}$$

也即：

$$\frac{\dot{Y}}{Y} = \frac{\dot{K}}{K}e_K + \frac{\dot{L}}{L}e_L + \frac{\dot{R}}{R}e_R + \frac{\dot{H}}{H}e_H + \frac{1}{Y}\frac{\partial F}{\partial t} \tag{4.13}$$

其中，$e_K = \frac{K}{Y}\frac{\partial F}{\partial K}$、$e_L = \frac{L}{Y}\frac{\partial F}{\partial L}$、$e_R = \frac{R}{Y}\frac{\partial F}{\partial R}$、$e_H = \frac{H}{Y}\frac{\partial F}{\partial H}$，$e_K$、$e_L$、$e_R$、$e_H$ 分别代表着物质资本、简单劳动力、知识资本以及人力资本的产出弹性，而 $e = e_K + e_L + e_R + e_H$，e 为规模弹性。定义资本、简单劳动力、知识资本以及人力资本的生产率分别为 $\mu_K = \frac{Y}{K}$，$\mu_L = \frac{Y}{L}$，$\mu_H = \frac{Y}{H}$，$\mu_R = \frac{Y}{R}$，$\mu = \frac{Y}{K}$，因此$\frac{\dot{K}}{K} = \frac{\dot{Y}}{Y} - \frac{\dot{\mu}_K}{\mu_K}$，$\frac{\dot{L}}{L} = \frac{\dot{Y}}{Y} - \frac{\dot{\mu}_L}{\mu_L}$，$\frac{\dot{R}}{R} = \frac{\dot{Y}}{Y} - \frac{\dot{\mu}_R}{\mu_R}$，$\frac{\dot{H}}{H} = \frac{\dot{Y}}{Y} - \frac{\dot{\mu}_H}{\mu_H}$，将其代入式（4.13），可得：

$$\frac{\dot{Y}}{Y} = \frac{\dot{\mu}}{\mu} + \frac{e_K}{e}\frac{\dot{K}}{K} + \frac{e_L}{e}\frac{\dot{L}}{L} + \frac{e_R}{e}\frac{\dot{R}}{R} + \frac{e_H}{e}\frac{\dot{H}}{H} \tag{4.14}$$

其中，$\frac{\dot{\mu}}{\mu} = \frac{e_K}{e}\frac{\dot{\mu}_K}{\mu_K} + \frac{e_L}{e}\frac{\dot{\mu}_L}{\mu_L} + \frac{e_R}{e}\frac{\dot{\mu}_R}{\mu_R} + \frac{e_H}{e}\frac{\dot{\mu}_H}{\mu_H}$，为四种投入要素生产率的增长率的加权平均数；$e = e_K + e_L + e_R + e_H$，为规模弹性，因此 $\frac{e_K}{e} + \frac{e_L}{e} + \frac{e_R}{e} + \frac{e_H}{e} = 1$，根据全要素生产率的定义，$\frac{\dot{\mu}}{\mu}$可被认为是全要素

生产率增长率。

通过放松对三大条件的限制，推导得出式（4.14）展示的模型，它表示经济增长除了直接来自要素投入的增长，还有来自要素综合生产率的增长，这个模型其实就是索洛所推导出来的模型的扩展。但由于式（4.14）是放弃了索洛模型的三大假设条件所推导出来的，因此式中的 e_K、e_L、e_R、e_H 不能用相应的固定收入份额来替换，这意味着只有在生产函数的具体表达式已知时，才能得到经济增长率，即这个扩展模型适用于经济增长理论研究的政策分析，但不适用于既有经济事实的实证分析。

（二）理论机制分析

工业园区“走出去”作为外生冲击势必对东道国的经济发展产生影响，本书认为可能从以下3个方面产生影响（见图4-1）。第一，优化制度。在工业园区规划期，我国与东道国势必要就园区发展进行探讨研究，在这过程中会出台不少针对工业园区发展的政策与法律，这也为该国其他园区的管理提供一定的借鉴，尤其大多东道国制度质量较为落后。而制度的优化可以降低双方贸易成本，减少彼此间的不信任问题，更好地开展经济活动，促进彼此经济增长。第二，推进完善建设基础设施。显然，大部分东道国是发展中国家，基础设施建设水平较为落后。而为了吸引更多企业入园，工业园区在建立初期就会在当地配套较齐全的基础设施，因此也会带动当地除了园区的其他经济发展。并且，这一举措也树立了良好典范，刺激东道国其他地区也加快基建的进程。第三，吸引外资，创造就业。当工业园区企业集聚在当地，会吸引产业链上下游的其他外商企业入驻园区，形成更高效的产业集聚。同时，工业园区在东道国建立本身就能创造大量就业机会，而外资的引入又可以进一步扩大当地的就业，甚至吸引其他地区的人口前来务工，以此提高经济增长率。

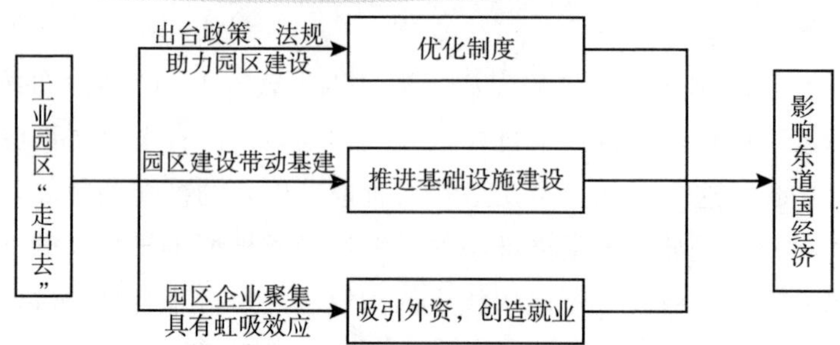

图4－1　工业园区“走出去”对东道国的影响机制

由于我国经济体量大，影响经济增长的因素众多，工业园区的设立对我国经济总量的影响不会那么明显，但从更细的层面进行分析，可发现海外工业园区对我国产业的发展具有积极意义。一方面，我国装备制造业、化纤等传统工业存在不同程度的过剩现象，需要“去库存化”并进行产业转型升级。在这种背景下，海外工业园区可以转移在我国处于劣势地位但在东道国处于正在蓬勃发展或待发展的产业，为具有广大前景的优势产业提供发展空间。另一方面，我国制造业还要注意避免“空心化”，实体经济才是经济的支柱。海外工业园区或许可以为我国制造业带来先进技术溢出，但一旦它未能有效支持产业结构转型，传统工业的转移和具有比较优势的新产业的不成熟将使我国产业发展陷入困境。因此，在推进工业园区“走出去”时，也要将产业安全这根发条拧得紧而又紧。

第三节　“一带一路”推进中工业园区“走出去”的发展动力机制

随着园区进一步“走出去”，在2008年，国务院颁发《关于同意推进境外经济贸易合作区建设意见》，2015年商务部和财政部印发《境外经济贸易合作区考核办法》，2023年商务部联合中央编办、外交部、国家发展改革委等16个部门印发《关于服务构建新发展格局　推动边（跨）境经济合作区高质量发展若干措施的通知》。因此，海外园区建设上升为“走出去”国家战略。在2019年的第二届“一带一路”国际合作高峰论坛记者会上，习近平总书记也提到，发展经贸产业合作园区是未来共建“一带一路”合作的重点。工业园区作为海外园区的重要组成部分，探究工业园区“走出去”的发展动力机制具有重要意义，尤其是工业园区作为“一带一路”建设的重要平台，同时也是与“一带一路”沿线国家开展国际经贸、产能合作的重要载体，有力建设将有利于“一带一路”倡议的推进，也能成为向世界展示“中国发展模式”的重要窗口。

一、工业园区“走出去”的影响因素分析

海外园区作为一个新的发展平台，为“一带一路”建设期间境外市场开发和产业链建构不断注入新动能，加快区一体化建设进程，优化世界范围内的生产要素配置。经过多年的建设实践，海外园区尤其是海外工业园区取得成绩的同时，也面临着国际形势变化带来的挑战与风险。因此，分析工业园区“走出去”的影响因素有利于其在国际形势动荡的现在把握发展时机、趋利避害，不断完善以“一带一路”沿线国家为重点区域的全球生产网络的搭建。

（一）双边贸易

20世纪70年代以来，开始了新一轮的全球化进程，全球经济迅速发展，在这期间，生产要素不再仅在国家内流动，而是在全世界内流动，以期实现效用最大化。自从中国加入世贸组织，一直积极参与世界经济活动，中国的对外直接投资一直呈稳步上升的态势，这为工业园区“走出去”提供了一定的经验与启示。对外直接投资的规模越大、影响越深，越有利于将“中国模式”推展出去，越有利于为海外工业园区树立良好口碑，吸引更多的国家、地区加入“一带一路”建设，共建人类命运共同体。

在全球化时代大背景下，为了我国工业园区能顺利“走出去”，不仅要注重我国对外直接投资的力度与质量，还应评估测度相关东道国

的园区建设意愿与能力，这关系着海外工业园区能否实现可持续发展。自从 2013 年“一带一路”倡议的提出，众多沿线国家与我国签订了相关谅解备忘录和具体协议，在此基础上，工业园区加快了“走出去”的步伐，从最初的试探到大步迈出，这都有赖于合作双方的友好合作。此外，除了国家间的经济文化友好合作为工业园区“走出去”夯实基础，还有东道国对于我国海外工业园区的相关政策支持，以及我国对企业入驻园区的各种优惠政策鼓励各式企业入驻园区，共同助力园区蓬勃发展。“一带一路”倡议提出不久，2013 年我国财政部和商务部共同确定了海外园区的主要类型和具体考核要求，为了解决海外园区的融资问题，商务部与国家开发银行还为此发出通知提供了具体措施办法。东道国如白俄罗斯政府也多次颁布“总统令”支持鼓励中白园区的发展。

（二）劳动力资源

除了我国与东道国的经济贸易往来为工业园区“走出去”提供动能，彼此的民生工程建设也在促进着海外工业园区的发展。众所周知，就业是最大的民生工程，工业园区“走出去”可以为我国和东道国增加就业机会，解决部分人口的就业问题。建设工业园区不仅需要企业入驻雇用劳动力，还需要建设一系列基础设施支持园区的环境、经济发展和交通便利。在短期内，从已建成的海外工业园区的经验中可得出，园区建设有利于增加东道国的投资、就业以及政府税收。截至 2020 年，中国对外直接投资 1 329.4 亿美元，同比增长 3.3%。由于 2020 年疫情席卷全球，海外工业园区所在国劳动人口和中国企业境外雇用外方员工数都同比减少 3.4%，但自从“一带一路”倡议提出后，2013 ~2019 年，这些数据一直呈上升趋势[①]。扩大就业有利于海外工业园区在东道国顺利落地并开展可持续发展生产经营活动。

---

① 资料来源：人民日报：《金额达 1 329 亿美元，增长 3.3%　2020 年对外投资实现正增长》，中国政府网，2021 年 1 月 22 日，http://www.gov.cn/xinwen/2021-01/22/content_5581771.htm。

企业经营活动的目标就是获取利润最大化，而在这中间，最重要的就是生产成本。海外工业园区所在的国家大部分是新兴经济体或发展中国家，在劳动力成本上具有比较优势，而对外直接投资的企业在境外大部分选择东道国本土员工，因此企业会优先选择这些国家入驻，且入驻其中有保障的海外工业园区。此外，海外工业园区所在地若有大量廉价劳动力资源，将进一步降低生产成本，也能吸引其他国家或地区的外资进入，因此海外工业园区的设立对外来直接投资有积极影响。

（三）营商环境

显然，东道国的市场规模毫无疑问是影响对外投资的一个重要因素，因为一国的市场规模越大，入驻该国的企业获利可能性越大，所以市场规模与外商直接投资一般呈正向关系。只有对企业有足够吸引力，园区才有可能从我国“走出去”落地东道国，否则只是浪费资源，不利于长远发展。

除了市场规模，基础设施环境也是吸引海外工业园区落地的重要影响因素。良好的基础设施环境如海陆空交通运输、电力设备、互联网通信等齐全完备，将有利于吸引园区走入该国。因为当前处于信息大爆炸时代，时效性变得越来越重要，基础设施的完善能提高生产与经营的效率，使企业获得最大利润。此外，若当地的基础设施完备，那么园区落地的前期工作相对减少，投资回报周期也相应地缩短。

二、工业园区“走出去”的发展动力机制指标体系构建

（一）指标体系的构建

基于上述的分析，再结合数据的可得性，本书构建了由 3 个分项指标和 7 个基础指标的工业园区“走出去”的发展动力机制指标体系（见表 4－2）。

表 4-2 工业园区“走出去”的发展动力机制指标体系

分项指标	基础指标	计量单位	指标属性
双边贸易	中国对外直接投资	亿美元	正向指标
	中国境外企业实现销售收入	亿美元	正向指标
	东道国进出口贸易额	亿美元	正向指标
劳动力资源	中国境外企业雇佣外方员工数	人	正向指标
	东道国劳动力人口	人	正向指标
营商环境	市场规模	美元/人	正向指标
	基础设施环境	百万吨-公里	正向指标

（二）数据与指标说明

通过查阅李祜梅等（2019）发布的《1992～2018年中国境外产业园区信息数据集》、贸促会境外产业园区信息服务平台和全国工商联一带一路信息服务平台、部分园区官网，最终涉及了27个东道国[①]。本书以2008～2020年的我国和海外工业园区所在国为研究对象，指标数据主要来自中国对外直接投资统计公报和世界银行数据库。为了确保原始数据尽可能准确、真实，对于有些不易找到的数据，采用相关性较强的数据替代，如基础设施环境用的是具有海外工业园区的东道国的航空运输货运量来衡量，市场规模用常用的东道国人均GDP来衡量。对于一些难以替代的有些年份缺失的数据，用近5年的平均增长率计算并补齐数据。

三、工业园区“走出去”的发展动力机制指标体系权重赋值

（一）工业园区“走出去”的发展动力机制指标体系的测度方法

由于熵权法计算过程清晰、操作简便、测度结果客观，能够较为

① 阿联酋、阿曼、埃及、巴基斯坦、俄罗斯、哈萨克斯坦、柬埔寨、罗马尼亚、塔吉克斯坦、泰国、文莱、乌兹别克斯坦、匈牙利、印度、越南、白俄罗斯、阿尔及利亚、埃塞俄比亚、巴西、津巴布韦、南非、尼日利亚、塞拉利昂、乌干达、意大利、赞比亚、印度尼西亚。

准确地衡量2008年以来，在“一带一路”倡议的推进中，工业园区“走出去”的发展动力机制。因此，本书采用熵权法测度在工业园区“走出去”的发展动力机制指标体系中各个指标的权重，以更好地帮助工业园区“走出去”及更好地发展。

（二）工业园区“走出去”的发展动力机制指标体系的测度结果

表4－3描述了2008～2020年工业园区“走出去”的发展动力机制指标体系的测度结果。可以发现大部分基础指标权重基本相等，除了东道国进出口贸易额，根据熵权法的计算原理，说明这个数据的变化较为稳定。双边贸易的占比最大，达41.67%，劳动力资源的占比略低，为33.48%，营商环境的权重最低为24.85%。这个结果表明营商环境占比偏低可能是因为海外园区的建设也包括基础设施等的建设，这些可以在已有的良好的经贸往来的基础上，确定园区落地后再完善建设，同时这个建设工程也有助于劳动力的扩大，增加投资机会。

表4－3　工业园区“走出去”的发展动力机制指标体系测度结果

分项指标	基础指标	权重（%）	
双边贸易	中国对外直接投资	18.82	41.67
	中国境外企业实现销售收入	15.29	
	东道国进出口贸易额	7.56	
劳动力资源	中国境外企业雇佣外方员工数	20.22	33.48
	东道国劳动力人口	13.26	
营商环境	市场规模	11.43	24.85
	基础设施环境	13.42	

四、工业园区“走出去”的发展动力机制指标体系分析与解释

（一）整体测度结果

图4－2是将动力指数放大了100倍后制成的图，从图中可以清楚

看出2008~2020年我国工业园区“走出去”的发展动力指数变化情况。在2008年，金融危机席卷全球的时候，海外投资热度大为下降，从图中也可看出指数大幅下滑，幅度达8.11%。但是，在2009年，我国商务部颁布了第5号《境外投资管理办法》，对外投资迅速回温，尤其是在对发展中国家和新兴经体的境外投资。2009~2019年，动力指数基本呈现上升态势，在2013年“一带一路”倡议提出后，动力指数相较之前，便一直处于较高水平的状态，这说明“一带一路”建设加快了工业园区“走出去”的步伐。在2020年，新冠肺炎疫情肆虐全球，在第一季度，中国大部分产业停工停产，尽管在后半年大规模恢复了生产力，但是东道国出现大范围的疫情感染，依旧影响了生产力，因此这一年的动力指数也出现一定幅度的下降。目前世界经济虽然还会时不时地受到疫情的波及，生产效率相较疫情之前会有所降低，但是企业大体上还是能正常生产经营，因此工业园区“走出去”的动能不会受到很大的负面影响。

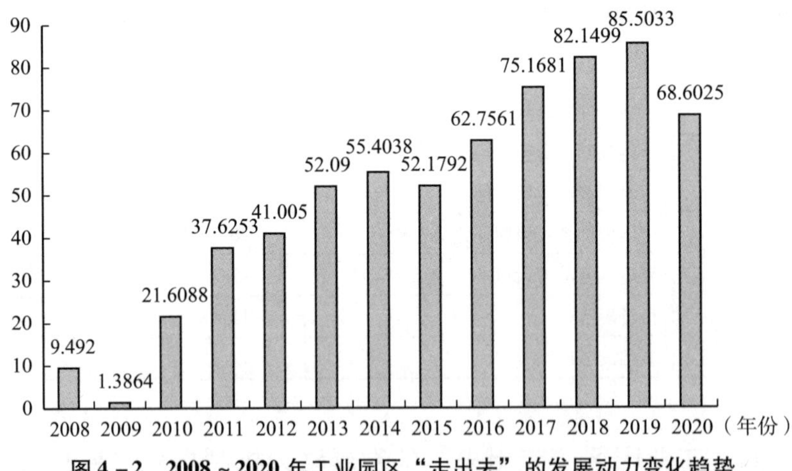

图4-2　2008~2020年工业园区“走出去”的发展动力变化趋势

（二）分维度测度结果

从图4-3中可以看出，双边贸易和劳动力资源这两项分项指标随着时间的变化还是处于一个平稳上升的状态，与整体测度结果基本一致，在2009年有个下落，且在2019年有个小跌落，这些波折都是由于国际市场的不稳定性和不可预料的突发事件导致的。而营商环境这一分项指标则在2008～2020年则有较大的波动，尤其是在2013年前后，因为这段时间全球经济依旧由于金融危机陷入了长期低迷状态，尤其东道国大都是些新兴经济体或者发展中国家，更容易陷入低迷经济，而在“一带一路”倡议提出后，随着工业园区在东道国的建设，东道国的营商环境有了明显的提升。而到了2019年，大国博弈更趋激烈，全球化进程遭遇逆流，因此营商环境恶化，且在2020年新冠肺炎疫情突袭，使得营商环境越发恶劣。

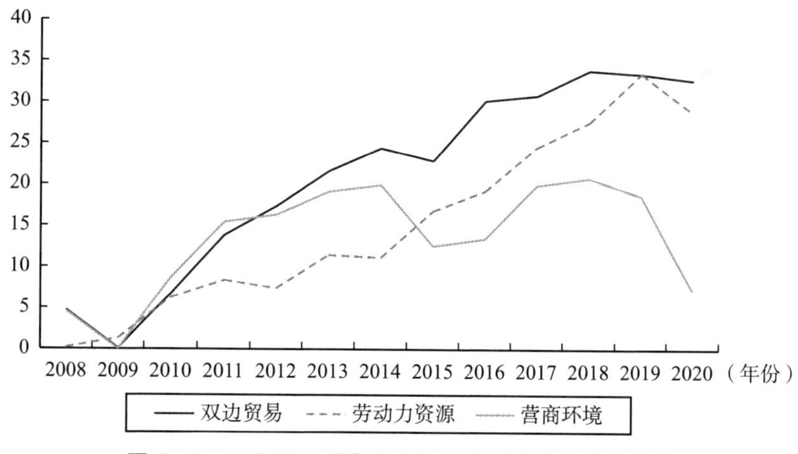

图4-3 工业园区“走出去”的发展动力分维度趋势

第四节 “一带一路”推进中工业园区“走出去”的经济效应研究

一、海外工业园区的经济效应影响机制

（一）对东道国的影响

在东道国建设工业园区，可以通过产生技术溢出、扩大市场规模

和提高民生福祉等渠道对经济产生积极影响。第一，大多数东道国是发展中国家或者新兴经济体，甚至还有少部分是最不发达国家，在一些工业技术上，他们不能自主研发也得不到突破，如此一来工业技术得不到发展，受限于人。但是，通过我国工业园区的入驻，会产生一定的技术溢出效应，提高东道国的生产力和生产效率，促进经济增长。因为根据理论论证，罗默将技术溢出补充进传统的生产函数，推导得出含技术溢出效应的内生经济增长模型。同时，工业园区技术溢出还可以促进东道国的产业发展，尤其是那些工业并不是很发达的国家，可以降低生产成本，甚至摆脱工业产品低端锁定的困境，达到产业升级的愿景。第二，随着发展中国家或新兴经济体的发展，其比较优势也逐渐显现出来，这些东道国的潜在市场容量也成为众多外资关注的对象。而工业园区的建设可以帮助东道国将潜在的市场容量变为现实的、扩大了的市场规模，提高东道国的经济体量，从而促进经济的增长。此外，扩大的市场规模还会吸引其他观望的外资进入，从而带来投资，激活经济，进一步带动消费，促进经济增长。随着外资进入的增加，有助于增强本土产业的竞争力，进而促进东道国的出口，因此这些东道国在全球价值链中的分工地位也会得到提升。第三，在社会发展的进程中总会面临效率与公平的选择，经济的发展也离不开人民生活的稳定。工业园区走进东道国，为当地人民提供了就业岗位，完善了当地居民的基础设施，改善了居民的生活环境，提高了他们的生活质量，能够促进经济增长与民生工程的有机协同，有助于实现东道国的包容性发展，为东道国的经济发展培育大量优质沃土。

（二）对我国的影响

通过工业园区“走出去”，我国制造业可以通过逆向技术溢出提升技术并实现高质量发展。第一，从技术互动的角度看，工业园区“走出去”大致可以根据投资动机分为四类：技术寻求型、资源寻求型、市场寻求型和战略资产型。从已有海外园区来看，一些东道国是发达国家，他们拥有先进的技术，值得学习。还有些东道国拥有丰富的自然资源和潜在的广阔市场规模与前景，工业园区“走出去”可以获得收益反馈。同时，因为满足不同东道国的需求，丰富了技术，有助于对我国产品质量的提升。此外，出于比较优势的考虑，我国可以将一些在国内失去竞争优势的产业转移到需要他们的欠发达国家，将更多资源放在新兴产业与高科技的培育上，实现产业升级。第二，从技术传递的角度看，工业园区“走出去”后，园区企业由于是跨国企业，企业内部人员和我国总公司的人员间相互流动，有利于技术的传递。同时，园区企业会发生资产转移尤其是无形资产如专利、商标、管理经验等的转移，节省了研发成本。第三，从技术扩散的角度看，当我国企业已通过园区内的分公司获得逆向技术溢出后，该企业的技术水平的提高将会作用到整个行业，达到整个行业的生产效率、质量提高。

二、海外工业园区影响东道国经济发展的实证检验

为检验海外工业园区对东道国的经济影响效应，构建如式（4.15）所示的基本模型：

$$Eoeff_{i,t} = \alpha_0 + \alpha_1 Zone_{i,t} + \alpha_c Z_{i,t} + \mu_i + \delta_t + \varepsilon_{i,t} \tag{4.15}$$

在式（4.15）中，$Eoeff_{i,t}$为东道国 i 在 t 时期的经济发展水平，$Zone_{i,t}$为东道国 i 在 t 时期的工业园区建设水平，$Z_{i,t}$代表了一系列的控制变量，μ_i 表示东道国 i 不随时间变化的个体固定效应，而 δ_t 则是代表控制了时间效应，$\varepsilon_{i,t}$则是随机扰动项。

考虑到考察的是工业园区对东道国的经济效应，最能衡量经济发展的指标就是国内生产总值，因此，本书用东道国的 GDP 衡量经济发展水平。$Zone_{i,t}$表示的是东道国 i 在 t 时期是否建立了我国“走出去”的工业园区，是一个 0 ~ 1 变量，若设立了则赋值为 1，否则赋值为 0。控制变量从东道国的人力资源、消费支出、贸易和自然资源以及营商环境考量，因此，$Z_{i,t}$包含的控制变量是东道国的劳动力（Lab）、最终消费支出（Exp）、进出口总额（Trade）、自然资源租金总额（NR）、政府清廉指数（CPI）。本书采用的数据来自世界银行数据库及李祜梅等（2019）发布的《1992 – 2018 年中国境外产业园区信息数据集》，且数量型数据都采用对数形式，避免异方差问题。

（一）实证分析

本书使用固定效应模型对2008～2020年27个东道国的面板数据进行回归分析，以检验我国工业园区“走出去”是否对东道国有经济效应，总体回归结果见表4-4。

表4-4　　基准回归

变量	(1)	(2)	(3)
	Ecoeff	Ecoeff	Ecoeff
Zone	0.062** (0.025)	0.139*** (0.035)	0.013 (0.010)
Lab	0.588*** (0.108)	0.262* (0.141)	0.080 (0.078)
Exp	-0.002 (0.002)	0.006 (0.006)	0.879*** (0.026)
Trade	0.606*** (0.035)	0.735*** (0.061)	0.093*** (0.020)
NR	-0.000 (0.000)	-0.000* (0.000)	0.000 (0.000)
CPI	0.006*** (0.002)	-0.000 (0.003)	0.005*** (0.001)
_cons	0.526 (1.789)	2.539 (2.459)	-0.547 (1.360)
N	348.000	156.000	104.000
R^2	0.627	0.586	0.988
year	Yes	Yes	Yes
country	Yes	Yes	Yes

注：* p<0.1，** p<0.05，*** p<0.01。

在表4-4中，列（1）就是以27个东道国为研究对象的经济效应结果，说明设立我国“走出去”的工业园区对东道国是有正面的影响的，会促进东道国的经济增长，且在5%的水平上显著。而列（2）、列（3）则是对27个东道国中的发展中国家[①]和新兴经济体[②]分别进行的研究，进一步探究设立我国“走出去”的工业园区对东道国的经济效应。从列（2）中可以看出，对于发展中国家而言，设立我国“走出去”的工业园区对其有显著的影响，显著水平达到了1%。从列（3）的结果可以看出，设立我国“走出去”的工业园区对新兴经济体并没有显著的正向影响。

英国杂志《经济学人》在2017年10月发表了一篇文章，里面提及了新兴市场，之后也有很多学者和新兴经济体提出自己的看法，但没有明确的定义。总之，新兴经济体就是较发展中国家的经济更为蓬勃发展，本书依旧参照李祜梅等（2019）的数据进行划分。因此，出现表4-4列（2）、列（3）不同的结果可能是因为新兴经济体的体量更大，而海外工业园区的数量在其国家的数量较少且所创造的产值相对整个国家的产值会比较少，因此从数据上看不能得出显著的经济效应。但是，表中结果显示设立我国“走出去”的工业园区还是对新兴经济体还是有正向影响的。相对应地，发展中国家的这个经济效应就很显著，因为在三大产业中，这些国家主要发展的产业是工业但工业化进程却较为缓慢，设立我国“走出去”的工业园区能显著推进他们的工业化进程及制造业发展，促进经济发展。

（二）主要结论与建议

通过海外工业园区影响东道国经济发展的实证检验，可以得出以下结论。第一，工业园区“走出去”，走入东道国对东道国是有显著的正向经济效应的。尽管由于数据的收集问题导致无法探明具体的经济影响渠道，但是还是为后续的研究提供了发展。第二，根据东道国的不同发展状况，海外工业园区的影响效应是不同的。在经济较不发达

---

① 阿联酋、阿曼、哈萨克斯坦、罗马尼亚、塔吉克斯坦、泰国、文莱、乌兹别克斯坦、匈牙利、白俄罗斯、阿尔及利亚、津巴布韦。

② 埃及、巴基斯坦、俄罗斯、印度、越南、巴西、南非、尼日利亚、印度尼西亚。

的国家，海外工业园区对其经济的促进效应更明显。这也说明了其实海外工业园区的建设更多是将对于我国的无效供给转移出去了。而对于一些经济更有潜力的新兴经济体，海外工业园区的效用不是那么快显现，但也是有一个正向影响的，这说明在这些东道国，海外工业园区还有进步发展的空间。

自从我国改革开放以来，各类园区、开发区在经济建设方面取得了不菲成绩，这也引起了其他各国尤其是发展中国家的关注，他们也希望学习这种园区经济、“中国方案”，通过构建工业园区走上工业化道路，提高工业化水平。随着我国对外开放的门越开越大，一些从事境外经济活动的企业出于降低风险的目的，同其他上下游企业一起进入境外市场，形成了工业园区。在2003年，中国有色集团在赞比亚设立第一个有色工业园区，这也为我国海外园区的建设拉开了序幕。2013年“一带一路”倡议的提出，赋予了海外工业园区新的战略地位即成为“一带一路”建设中我国与其他合作国家的重要承接点，这促进了海外工业园区的高速发展。经过20年左右的发展，海外工业园区的选址覆盖了东南亚、中西欧、南非等五大洲众多地域，并从最初的资源依赖型逐步发展为依靠内生动力发展，园区内产业链也随着入驻企业数量的增加而逐渐完善，不断促进东道国的经济发展。

尽管海外工业园区的建设为东道国的经济发展带来了巨大机会，但还是存在改进的地方，使得园区落地发展更为顺利。我国应该清晰规划海外工业园区的建设，包括东道国的选址及园区主导产业，以及应该做一定的发展预测和效果预估，增加规划的准确度。由实证分析也可以知道，合适的选址与主导产业能为东道国带来更多经济效益，达到因地制宜的效果。同时，东道国内工业园区的所在地也应该及时跟进园区发展，提供尽可能准确与有时效性和针对性的园区数据，为后续发展进行更好的规划，如很多园区都有二期建设，也可为完善我国海外工业园区合作模式贡献力量，达到双赢的局面，使中国与世界同呼吸共命运。同时，海外工业园区作为我国与其他国家参与“一带一路”建设的重要一环，合作双方都应该更多地关注园区发展问题，以“五通”的内容为指导思想构建海外工业园区。

三、海外工业园区影响我国经济发展的实证检验

（一）模型设定与变量说明

为检验海外工业园区对我国的经济发展影响，构建如式（4.16）的基本模型：

$$Ind_{i,t} = \beta_0 + \beta_1 Park_{i,t} + \beta_c M_{i,t} + \mu_i + \delta_t + \varepsilon_{i,t} \tag{4.16}$$

在式（4.16）中，$Ind_{i,t}$为我国 i 在 t 时期的产业发展水平，$Park_{i,t}$为省份 i 在 t 时期的工业园区建设水平，$M_{i,t}$代表了一系列的控制变量，μ_i 表示省份 i 不随时间变化的个体固定效应，而 δ_t 则是代表控制了时间效应，$\varepsilon_{i,t}$则是随机扰动项。

随着海外工业园区的设立，我国将传统产业或比较劣势产业转移出去，有更多的要素资源可以投入新兴产业或比较优势产业，这将有利于我国的产业结构升级。但同时，当此百年未有之大变局和世纪疫情交织叠加之时，也应该注意设立海外园区的“度”，避免出现我国产业空心化问题，尤其是制造业。因此，在检验工业园区“走出去”对我国的经济影响时，本书用衡量产业结构变化的指标来体现经济效应，其中一个指标是产业结构高级化，参考干春晖（2011）的文章，用第三产业增加值与第二产业产值的比值来衡量产业结构升级。另一个指标是工业化水平，参考黄祖辉（2013）的文章，用第二产业占 GDP 的比值（Indle）来衡量我国工业化水平。$Park_{i,t}$表示的是省份 i 在 t 时期是否建立了海外工业园区，是一个 0～1 变量，若设立了则赋值为 1，否则赋值为 0。控制变量从我国的贸易、就业水平、投资和政府支出水平考量，因此，$M_{i,t}$包含的控制变量是我国各省份的外商直接投资（FDI）、就业人口（EL）、固定资产投资（IFA）、政府债务水平（Gdeb）。本书采用的数据来自《中国统计年鉴》及李祜梅等（2019）发布的《1992－2018 年中国境外产业园区信息数据集》，且数量型数据都采用对数形式，避免出现异方差问题。

（二）实证分析

本书使用固定效应模型对 2008～2020 年我国内地 30 个省份（西

藏因数据不全，因此不纳入讨论）的面板数据进行回归分析，以检验我国工业园区“走出去”是否能促进我国产业结构高级化，总体回归结果见表4－5。

表4－5　　产业结构高级化基准回归

变量	(1)	(2)	(3)
	TS	TS	TS
Park	0.060** (0.029)	0.025 (0.040)	0.088** (0.036)
FDI	0.036 (0.027)	0.049 (0.032)	0.062 (0.045)
EL	0.146 (0.110)	－0.034 (0.107)	1.147*** (0.243)
IFA	－0.103*** (0.023)	－0.085*** (0.028)	－0.207*** (0.054)
Gdeb	0.053 (0.039)	0.026 (0.047)	0.129* (0.075)
_cons	0.090 (0.924)	1.119 (0.868)	－7.532*** (2.134)
N	390.000	169.000	221.000
R^2	0.732	0.688	0.835
year	Yes	Yes	Yes
province	Yes	Yes	Yes

注：* p<0.1，** p<0.05，*** p<0.01。

从表4－5可看出，海外工业园区的设立对我国各省份的产业结构高级化有显著的正向影响。这可能是因为我国将在国内失去比较优势的产业转移到对其有发展的国家，因此国内企业能有更多的资源投入第三产业的发展与壮大。而且国内企业在海外工业园区的无形资本回流也能助力在我国的发展。但是，从列（1）可以看出系数偏小，说明海外工业园区对我国的产业结构升级虽然有一定的作用，但是目前的作用还是偏弱。为了进一步考察在“一带一路”建设中的海外园区的建设效果，根据是否是“一带一路”沿线城市将30个省份分成了两类，再进行回归分析，结果如列（2）和列（3）。列（2）是非“一带一路”沿线省份[①]的结果，无显著的正向效应，而“一带一路”沿线省份[②]对于建设海外园区的反应是正向且显著的。这可能是因为“一带一路”沿线省份更多地参与“一带一路”建设，对于海外工业园区建设也更于积极，因此效果更为显著。

表4－6就是对海外工业园区建设对我国工业发展的影响，由列（1）的结果可知是有积极作用的，显著水平为10%。列（2）和列（3）如上个回归结果分组，分别是非“一带一路”沿线省份和“一带一路”沿线省份，结果显示设立海外工业园区对“一带一路”沿线省份的工业化水平具有显著的提升作用，显著水平达到了5%。然而数据显示这对非“一带一路”沿线省份并无显著的作用，这可能是由于“一带一路”沿线省份较非“一带一路”沿线省份发展更欠发达，而设立海外工业园区对其工业化水平的提升作用就更明显。这也说明了和“一带一路”建设联系更紧密的省份若建设了海外园区，则会促进他们的工业发展，提高工业化水平。

表4－6　　　　工业化水平基准回归

变量	(1)	(2)	(3)
	Indle	Indle	Indle
Park	0.097* (0.050)	−0.003 (0.014)	0.154** (0.076)

① 北京、天津、河北、江苏、山东、山西、安徽、江西、河南、湖北、湖南、四川、贵州。

② 新疆、陕西、甘肃、宁夏、青海、内蒙古、黑龙江、吉林、辽宁、广西、云南、上海、福建、广东、浙江、海南、重庆。

续表

变量	(1)	(2)	(3)
	Indle	Indle	Indle
FDI	-0.034 (0.032)	-0.038** (0.016)	0.007 (0.040)
EL	-0.017 (0.052)	0.009 (0.038)	-0.000 (0.076)
IFA	0.068 (0.045)	0.049** (0.021)	0.099 (0.064)
Gdeb	0.010 (0.041)	-0.014 (0.027)	0.063 (0.049)
_cons	0.521 (0.573)	0.579 (0.357)	-0.556 (0.737)
N	390.000	169.000	221.000
R^2	0.067	0.412	0.087
year	Yes	Yes	Yes
province	Yes	Yes	Yes

注：* p<0.1，** p<0.05，*** p<0.01。

（三）主要结论与建议

从海外工业园区影响我国经济发展的实证检验中可以得出结论，第一，海外工业园区的建设是能促进我国产业升级的，可以加快发展第三产业，不断优化我国产业结构。第二，工业园区“走出去”的经济效应还能反馈到我国工业发展上，推进我国的新型工业化进程，助力成为世界先进水平的工业化国家。第三，建立海外工业园区对我国30个省份的经济效应也是有区别的，和“一带一路”建设联系更紧密的省份意味着该省的对外贸易基础更牢固，因此会更快地抓住机遇建设海外工业园区。同时，在“一带一路”建设推进中该省地域内的企业或主导的工业园区“走出去”将会遇上更少难题，或者说有更丰富的经验解决可能遇上的问题，投资回报将会更快实现，更有效地作用到国内的企业及产业发展上。

目前，我国工业发展还不充分，存在过剩的低端供给和无效供给，同时却缺少高端和有效的供给，正如我国主要矛盾所说的一样，人民日益增长的美好生活需要和不平衡不充分的发展之间的矛盾。因此，如何转移过剩的低端供给和无效供给并且发展高端和有效的供给是当务之急，应该以新发展理念为指导，加快新兴工业化进程。同时，要坚决抵制“过早去工业化”的声音和防止经济脱实向虚的趋势，即使产业结构的优化离不开第三产业的蓬勃发展，也不要忽视第二产业的发展，应该坚持先进制造业与服务业的协调发展，实现实体经济与虚拟经济的统筹发展，夯实虚拟经济发展的基础，避免成为泡沫经济，让实体经济做好经济发展的基石。

工业园区“走出去”正是在“一带一路”进程中实现我国新型工业化发展的措施之一，不仅可以更好地推进“一带一路”建设，打通我国与发展中国家及新兴经济体的经济通道，打通我国与北欧等科技强国的渠道，在全球生产网络重建的时期占领一席之地，也可以将自身打造成先进制造业中心，构建更加高效的产业创新体系，成为现代化强国。但是，在“一带一路”建设推进中，海外园区建设虽然在有序进行，但还是有部分省份在当前阶段处于落后地位，应加快步伐，赶上大部队的脚步，避免造成区域发展不平衡。除了我国区域发展问题，还有海外工业园区需要打造中国金字招牌，构建以园区企业为主体的先进制造业体系，提高企业入驻园区的便利性。不仅如此，还要着重保护企业的知识产权，加快构建合理、规范、公平的知识产权交易市场，为企业提供公平竞争的营商环境，促进园区企业不断创新，加快产业的发展。最后，尽量不以自然资源为代价发展海外工业园区，以信息化带动工业发展，打造绿色、高效的海外工业园区，也为我国园区发展提供可借鉴的经验。

第五节　海外工业园区合作模式案例分析

一、泰中罗勇工业园区[①]

2005 年 7 月 1 日，中国华立集团与泰国安美德集团在北京签署了合作开发“泰中罗勇工业园”的备忘录。2006 年 3 月，泰中罗勇工业园区正式动工，是第一批中国“国家级境外经贸合作区”之一，也是面向中国投资者的现代工业区。在中泰两国的政府大力支持下，该园区已经发展成为一个现代化园区，为中国企业“走出去”提供平台。

（一）建设背景与发展历程

2006 年，为贯彻落实国家“走出去”发展战略，鼓励和支持符合条件的各企业融入国际，参加合作和竞争，中国商务部筹划推动建设境外经济贸易合作区。这既有利于推动我国企业和产业集群“走出去”，又有利于东道国的产业集群发展，并能够促进世界范围内的产能合作及培育双边关系发展的良好土壤。

在该背景下，华立集团联合泰国最大的工业地产商安美德集团投资建设泰中罗勇工业园。经过 10 多年的建设和招商，已开发完成 8 平方公里，目前入驻中国企业 150 家，产业涉及汽摩配及其零部件、新能源、新材料、机械、电子、五金等中国企业，带动中国企业对泰投资超 35 亿美元，累计总产值 173 亿美元[②]。10 多年来，泰中罗勇工业园区的发展得到了中泰两国政府领导的高度评价（见图 4 –4）。

①② 中国境外经贸合作区网：《泰国泰中罗勇工业园区》，中国一带一路网，2021 年 6 月 11 日，https：//www. yidaiyilu. gov. cn/xwzx/swxx/hwwg/176851. htm。

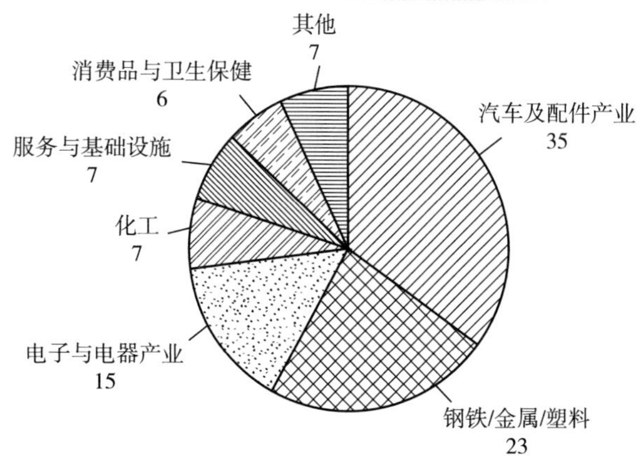

图 4-4 安美德工业城企业产业分布

资料来源：泰中罗勇工业园区官方网站。

（二）园区概况

1. 东道国概况[①]

泰国地处东南亚中南半岛中部和马来半岛北部，国土面积约 51.4 万平方千米。现时共有 30 多个民族，总人口约 6 980 万。在东盟国家中，泰国多年实行自由经济政策，经济稳步增长，旅游业繁荣。2021 年泰国 GDP 总量为 16.18 万亿泰铢（5 055.68 亿美元），同比增长 1.6%，人均 GDP 为 7 645.16 美元，同比增长 1.15%。同时，2021 年中泰贸易额达 8 476.8566 亿元，同比增长 24%。根据泰国投资促进委员会（BOI）公布的数据，2021 年泰国招商引资总额超过 6 400 亿铢，其中来自中国的投资达 385.67 亿铢，中国是其第二大投资来源国。

2. 园区区位与交通条件

泰中罗勇工业园坐落在泰国东部海岸、罗勇府 331 号高速公路沿线处，与罗勇市区相聚约 53 千米，距离泰国首都曼谷 114 千米，距离廉查帮港口 27 千米，距离素万普那国际机场 99 千米。因此，依托泰国廉差邦深水港及泰国素万普那国际机场空港的“双港优势”，区位交

① 商务部：《对外投资合作国别（地区）指南——泰国（2021 年版）》。

通优势显著。

3. 园区定位与发展目标

泰中罗勇工业园拥有一流的基础设施配套，园区在开发建设过程中，积极对标国际标准，投照“现代化工业园”的高规划标准、高建设标准实施，围绕园区道路、供水、供电等方面，打造了一批高标准、高质量的基础设施工程（见表4－7）。

表4－7　　泰中罗勇工业园基础设施建设情况

基础设施项目	具体情况
道路	皆为混凝土道路，主干道宽52米，采用双向8车道
园区地质	土地紧密度为80%，平整后的园区土地海拔在90～105米，节省打桩费用
供电	园区提供22千伏的电力供应，泰国电力局可提供110千伏的专线保障
供水	园区水库蓄水量为350万立方米，每年可供水600万立方米，外部水库每年可供水600万立方米
光纤电信	园区配备2048线的光纤电信系统和ISDN/ASDN，满足园区的通信需求
天然气	园区内部统一修建天然气管网
污水及废物处理系统	园区采用活化淤泥废水处理系统，处理量为18 000立方米/天。此外，园区可以回收垃圾，且焚化炉处理垃圾量为33吨/天

资料来源：泰中罗勇工业园官方网站。

（三）园区产业规划与招商引资

1. 主导产业门类

泰中罗勇工业园区有制造业、物流业、会展及商业生活四大产业功能板块。其中，制造业产业主要为汽配（汽车、摩托车等）、建材、电子与电器（光纤、通信光缆、电缆、电子线等）、机械（模具制造等）等具有比较优势的中国产业。

2. 主要入园企业

截至 2021 年底，泰中罗勇园区入驻企业逾 170 家，代表性企业如中策橡胶、浙江富通集团、深圳中集集团、河北立中集团、江苏中利集团。

（四）园区空间规划

泰中罗勇工业园总体规划面积 12 平方公里，一期用地 1.5 平方公里、二期用地 2.5 平方公里，三期用地 8 平方公里。自 2005 年 7 月建设以来，截至 2021 年 12 月底，一期、二期共 4 平方公里已完成主体投资并完成了水、电、气、道路等“七通一平”建设，开发招商也已完成①。2015 年，园区开始了三期 8 平方公里的开发及招商，主要是进行“七通一平”及配套设施的建设如商业楼、公寓楼等②。

（五）园区管理架构与开发主体

1. 管理架构

泰中罗勇工业园及其投资企业的优惠政策申请和审查批准由泰国投资促进委员会（BOI）负责。园区相关社会及行政管理职能由泰国工业管理局承担，并对除了 BOI 优惠政策之外的，包括土地所有权、劳工政策、利润汇出等方面的特别优惠政策给予决策。

2. 开发主体

泰中罗勇工业园开发有限公司由华立集团与泰国安美德集团合资成立，他们负责园区的前期规划。其中，华立集团出资 70%，安美德集团出资 30%。

---

① 中国境外经贸合作区网：《泰国泰中罗勇工业园》，中国一带一路网，2021 年 6 月 11 日，https://www.yidaiyilu.gov.cn/xwzx/swxx/hwwg/176851.htm。

② 刘国民：《泰中罗勇工业园：强化数字化运营 让产业和服务更高精尖》，载于《中国贸易报》2022 年 2 月 22 日，第 004 版。

（六）园区优惠政策[①]

泰中罗勇工业园内中方投资人按照其行业类别分别享有不同程度的优惠政策，主要分为5个级别：研发设计类等知识型产业（A1）享有豁免企业所得税8年（无上限），并免除机器与原料进口税以及其他非税收优惠权益；高附加值或以国家利益为发展导向的产业（A2），主要包括高附加值的高科技产业，或是以国家基础设施发展为目的，或是在泰国少有或没有投资的高科技产业，享有豁免企业所得税8年（无上限），并免除机器、原料进口税及其他非税收优惠权益；稀有高科技产业（A3）享有豁免企业所得税5年（无上限），且免除机器与原料进口税以及其他非税收优惠权益；技术含量低于A1和A2两类，但可提升泰国原材料附加值以及加强完善产业链发展的相关产业，享有豁免企业所得税3年（无上限），免除机器与原料进口税及其他非税收优惠权益；无高科技含量的产业，但对主导产业及产业链有重要辅助作用的产业，免除机器与原料进口税以及其他非税收优惠收益。

（七）园区招商引资

泰中罗勇工业园积极开展园区招商活动，主要包括6个方面的举措：建立招商数据库，对潜在投资意向的企业进行备案，并搭建专业的招商团队，与该类企业进行沟通洽谈；充分利用开发运营主体的良好商业资源，积极对接与华立和安美德两大集团已建立良好合作关系的企业；与我国各地政府及相关协会合作，积极推动并组织当地企业前往园区开展实地勘察调研；进一步借助我国相关行业协会及战略合作伙伴，开展推介和搜索信息，建立招商辐射网络；通过我国各级政府举办的广交会、经贸招商和宣传平台进行宣传推介；着重引进大型企业，吸引带动中小型企业，并引起虹吸效应，吸引其他的生产链上下游企业。

---

① 《泰中罗勇工业园》，中国国际贸易促进委员会河北省委员会，2020年3月19日，www.ccpithebei.com/web/main/cyyq/2c90828370eca7080170f0d60ae40c95.htm。

（八）园区运营服务

泰中罗勇工业园运营服务内容主要涉及物业租赁与管理、行政咨询与服务以及厂房建造等基础性园区服务：BOI证书申请：园区向入园企业介绍在泰投资优惠政策，并协助入园企业向泰国投资促进委员会提交申请；企业注册服务：为入园企业提供有关注册的咨询服务，并提供相应的帮助；厂房建造服务：按照入园企业需求，园区提供设计要求、工程招投标、办理相关许可证件等相关服务；园区租赁服务：为入园企业直接提供各种场地设施的租赁服务；园区商务服务：为企业提供多数企业所需的商业服务；人力资源服务：为入园企业提供相关劳动力就业的相关服务；生活配套服务：考虑到部分员工在园区内生活，园区集中建设了一批衣食住行相关的设施，为入园企业解决其员工的生活问题；园区公共服务：围绕报关、税务、财务、法律政策等方面，为入园企业提供全面的业务咨询。

（九）案例总结

泰中罗勇工业园在区位选择、开发建设、产业招商、运营服务等方面，积累了一些值得境外园区借鉴的发展经验。

一是合理选址，科学定位。从园区选址来看，泰中罗勇工业园距离泰国首都曼谷不远，离泰国最大的深水港廉差邦也很近，为27千米，还处于罗勇府331号高速公路附近。因此，园区周边具有十分发达的立体交通网络，包含了水、陆、空三方面的运输，尤其适合加工出口型企业入住园区。从产业选择来看，泰中罗勇工业园围绕区位交通、市场需求、资源禀赋、生产要素、地质开发以及配套产业进行精准定位，为其精准招商提供了便利条件。

二是政策支持，寻求共赢。泰中罗勇工业园不仅享有中国境外经济贸易合作区的优惠政策支持，也享受泰国最优惠的第三区政策，并且在享受该政策的所有工业园区内，它的地理位置最佳。此外，华立集团与泰国安美德集团强强联合共同运营，不仅能高效地处理当地的各种政商及劳工关系，还能在资金与技术等方面提供积极的对策，这都有利于园区的长远发展。

三是龙头带动，产业集聚。从园区招商引资来看，泰中罗勇工业园侧重于龙头带动效应，在积极打造园区“硬环境”的同时，还充分发挥开发商的潜在商业合作伙伴关系，借助双边国家地方政府资源，通过精准招商、合理选商等方式，积极引进龙头企业，引导产业集群招商向产业生态招商进行升级，向产业链的上下游延伸。

四是配套完善，服务运营。从园区运营服务来看，泰中罗勇工业园为入园企业打造了全方位的服务体系。泰中罗勇工业园专门设立了一支队伍为入园企业提供投资服务，他们由中泰员工共同组成。这些服务包括投资前的咨询、投资中的程序办理、投资后的后续服务，全程都可以享受到全面周到的服务。

二、越南龙江工业园区[①]

越南龙江工业园区是中国在越南独资建立的第一个的工业园区，在那些中国于越南建设的工业园区中，它也是最大规模的。

（一）建设背景与发展历程

中越两国领导人在 2006 年共进行了 4 次重要互访，这使两国关系进一步升华。接着越南总理阮晋勇于 2007 年 6 月批准了龙江工业园区的投资许可，并将其列入越南政府 2006 ~ 2015 年优先工业园区规划。同时，越南龙江工业园区作为我国第二批批准成立的境外经贸合作区的项目之一，由我国浙江省前江投资管理有限责任公司负责开发。

（二）园区概况

1. 东道国概况

越南位于中南华岛东南端，三面环海。越南地形绕长，略呈 S 形，有着优越的自然环境，尤其是矿产资源丰裕，例如煤炭、稀土、铁矿、

① 商务部：《越南龙江工业园》，中国一带一路网，2017 年 2 月 3 日，https://www.yidaiyilu.gov.cn/xwzx/hwwg/177367.htm。

铝土矿、铜矿等资源。截至2020年底，越南全国人口约9 734万人，年增长率1.4%[①]。2016～2019年，越南GDP年均增速达6.5%以上。2020年，在新冠肺炎疫情冲击下，越南经济增幅虽然降至2.91%，但仍是全球范围内保持经济正增长的少数国家之一[②]。

2. 园区区位与交通条件

龙江工业园区坐落在越南的西南方，处于九龙江平原上，具体位于前江省新福县。它属于越南南部胡志明市经济圈，距胡志明市仅40分钟车程，各路交通便利。从航运来看，园区离新山一国际机场仅为50千米；从水运来看，距胡志明市协福集装箱港口也为50千米，并且，园区内可停泊船舶，容量为500万吨，可以通往美萩港；从陆运来看，紧邻胡志明市—芹苴高速公路和国道1A，且距前江省省会美萩市仅为15千米，可充分利用胡志明市和美萩市良好的基础设施。

3. 园区开发进展与经营成果

2008年5月，龙江工业园区开始建设，拟建设范围超过260公顷，现已完成第一期建造并进入了第二期建设。主要建设工程包括道路建设、供电、供水、通信、污水处理等，可以满足园区内入驻企业的各项基本需要（见表4－8）。

表4－8　龙江工业园基础设施建设情况

基础设施项目	具体情况
道路	铺设符合VNH18—H30标准的柏油——混凝土路面，且宽度有两种—15米与24米
供电	符合TCVN1985—1994标准
供水	符合TC505/BYT标准，每日可供水6万立方米
通信	具有宽带网络和4 000条IDD电话线
污水处理系统	区内企业污水排放达到TCVN6982：2001标准后再排到区外排水系统。污水处理厂每日可处理废水48 000立方米

资料来源：龙江工业园官方网站。

①② 商务部：《对外投资合作国别（地区）指南——越南（2021年版）》。

截至2021年底，已有来自多个国家和地区企业入驻龙江工业园区，总投资额数目逐渐增加，为当地创造了众多就业岗位，获得了越南政府的充分肯定。

（三）园区产业规划与招商引资

1. 主导产业门类

龙江工业园的产业主要定位于纺织轻工、机械电子、建材化工等制造业行业。当前在园区内的行业主要有以下4种：

一是由电子、冷却设备和机械装配工业构成的机械电子行业。其中，电子、冷却设备行业主要生产电子、电器及其配件还有生产冷却设备等，机械装备工业的行业主要生产或安装各种机械及模具设备，另外还生产有色金属等。

二是包括木材制品行业、橡胶行业（除了胶乳生产加工）及塑胶制品、家用品及家用设备行业（除了电镀行业）。其中，木材制品行业正如其名，主要生产木制工艺品或装饰品；橡胶行业主要生产橡胶制品和塑胶制品如轮胎或其他含高技术的橡胶产品；家用品、家用设备行业主要生产日用品及家庭用具，如办公用具、乐器、玩具及包装产品等。

三是包括药物、化妆品、医疗用具等行业及农业制品行业。其中，农业制品行业主要生产或加工农产食品或水海产等。

四是由建材行业、纸业（纸浆除外）及新物料、玻璃丝等行业构成。其中，建材行业主要生产卫生用具、陶瓷、装饰用辅砖及建设用的辅料等，纸业则主要生产各类生活生产用纸，如卫生纸、杂志等用纸、包装纸、纸板。

2. 主要入园企业

截至2021年底，龙江工业园区多家企业入驻，其中超过半数来自中国，有海亮（越南）铜业，禾瑞康食用油、江南包装、方正电机等中国企业。

(四) 园区空间规划①

龙江工业园区总体规划园区540公顷，划分为6大类用地，如表4-9所示。其中，工业用地占比66.22%，基础设施用地占比2.48%，道路用地占比11.87%，绿化用地占比13%，仓库用地占比3.88%，娱乐及服务区用地占比2.55%②。

表4-9　越南龙江工业园建设规划

编号	土地使用类型	面积（公顷）	比例（%）
1	工业用地	357.59	66.22
2	绿化用地	70.18	13.00
3	道路用地	64.13	11.87
4	仓库	20.94	3.88
5	娱乐及服务区用地	13.79	2.55
6	基础设施用地	13.37	2.48
7	合计	540.00	100

资料来源：根据资料整理绘制。

(五) 园区综合服务

1. 基础设施及硬件服务

提供“六通一平”的土地（六通：通市政道路、供水、供电、电话及宽带网、污水处理、排水，一平：平整土地）；提供标准厂房（租金2.2美元/平方米/月；售150~180美元/平方米）；设专用110kV变电站、水厂、污水处理厂；园区与高速公路相连；区内设公共汽车站、加油站、停车场；全区封闭管理，建立围墙，保证安全；完善的消防系统（包括消防检、消防车）；全区12.5%的公共绿化面积。

2. 综合配套服务

前期咨询，免费办理投资执照；协助招聘工作人员，介绍建筑公

①② 资料来源：笔者根据越南龙江工业园官网（http：//lijip.vn/web/zh/）整理。

司、建筑监理，协助招标；供应办公用品、油料、餐饮；代理报关、进出口手续，协助办理原产地证书；园区设海关及保税仓库；收购废料、垃圾及有毒废物处理；园区设有邮局、银行、急救站；建有生活区、宿舍、体育设施、商业设施、医疗设施；24 小时园区保安。

3. 政府配套服务

具体的如“一个窗口”服务，即由前江省开发区管委会负责所有与投资有关的政府管理事务，他们负责的事务包括审核材料、批准办理证件等。还有海关的相关管理事务，由前江省或胡志明海关分局处理，可高效便利地办理园区内各企业进出口货物的海关手续。

（六）园区盈利模式

龙江工业园区采取多元化的经营模式，包括转让工业土地使用权、出租厂房或生活用房、提供有偿园区管理服务和各类基础设施服务等。转让工业土地使用权可以使园区获取短期利润，而其他经营模式则带来了长期收益，这样就能保证园区的长远发展。

（七）园区优惠政策

目前，园区享有越南政府提供的最优惠的税收政策：自有营业收入之年起，入园企业便具有所得税优惠期，长达 15 年，优惠税率为 10%，比目前当地企业所得税率低 15 个百分点；自盈利之年起，前 4 年免除交税，之后 9 年税率减半；关于构成企业固定资产的设备免进口税，可以免交产品出口税；自企业开始投入生产那日开始，可以免除 5 年的生产所用原材料、物资、零部件进口税；园区入驻企业还可选择是否成立加工出口企业，若是，则可免除缴纳原材料进出口税及增值税。

（八）案例总结

作为我国在境外独资建立的工业园区，龙江工业园区的成功创办与其科学规划、服务当地有着密不可分的关系。龙江工业园的建设在为越南引进工业产业的同时，更带来了较为先进的技术和管理经验，推动了越南经济的快速发展。

一是围绕基础设施配套、上下游产业配套进行科学选址。依托良好的区位交通条件、基础设施配套、周边产业配套，科学的选址成为龙江工业园成功的重要条件。从区位条件来看，龙江工业园位于胡志明经济圈，可以充分利用胡志明市的各种资源如越南最大的空港和港口。从地质条件来看，龙江工业园所在地区地质较好，地下无淤泥，减少打桩费；无地震、台风、洪水，可降低建筑成本和维护费用；离港口较近，海运费比较低。从产业配套条件来看，越南工业区有44%布局于胡志明市及周边省份，因此园区选址在此可以降低企业外购加工成本。

二是园区管理层具备越南丰富的投资与园区管理经验。前江投资管理有限责任公司董事长在越南有近10年的丰富工作经验，系胡志明市中国商会副会长，与越南各方有广泛联系与合作基础；总经理系原越南铃中加工区总经理，有十多年在越南成功建设、经营管理工业园的经验；海亮集团有限公司作为股东之一，已在越南拥有工厂，有具体可操作的在当地投资经营的经验。此外，公司组建了专业的管理队伍，中高层管理人员均在越从事多年工业园开发、经营、管理工作，经验丰富。

三、中白工业园区[①]

中白工业园区是在中国与白俄罗斯两国高层的大力推动下实现的国家级合作项目，也是迄今为止中国在境外合作等级最高、规模最大、政策最优惠的园区。

（一）建设背景与发展历程

中白工业园的规划建设始于2010年3月，在时任国家副主席习近平访问白俄罗斯期间，白俄罗斯总统卢卡申科表达了在其境内与中国合作建立中白工业园区的愿望。2011年9月，中白两国共同签署了《中华人民共和国政府和白俄罗斯共和国政府关于中白工业园的协定》。

① 中国境外经贸合作区网：《中白工业园》，中国一带一路网，2021年5月31日，https：//www.yidaiyilu.gov.cn/xwzx/swxx/hwwg/175931.htm。

2012 年 6 月，白俄罗斯总统卢卡申科颁布“总统令”，以国家最高立法的形式明确了中白工业园的税收及土地等优惠政策。2012 年 8 月，中白工业园区开发股份有限公司成立，中国进出口银行、中国国家开发银行先后与其签署了融资框架协议。2013 年 6 月，中白工业园总体规划通过白俄罗斯政府审（447 号内阁令）。2014 年 3 月，中白工业园一期 8.5 平方千米控制性详细规划通过白俄罗斯政府审批（斯莫列维奇市第 950 号）。2014 年 6 月，中白工业园暨招商展示中心开工奠基。2016 年，随着中国与白俄罗斯全面战略伙伴关系的确立，中白工业园开发运营进入“快车道”。2018 年 12 月 22 日，白俄罗斯共和国发布第 490 号“关于海关监管”总统令，批准中白工业园区成为其境内第一个区域经济特区。2019 年 7 月 2 日，中国商务部和白俄罗斯经济部共同主办的“一带一路”区域合作发展论坛在中白工业园区举行盛大开幕。2019 年 8 月 27 日，中国援助中白工业园区居民楼项目竣工，标志着园区第一个生活配套设施竣工并即将投入使用。2020 年 9 月 4 日，中白工业园荣获中国服贸会“全球服务示范例”奖。2020 年 12 月，科技成果转化合作中心在中白工业园开幕，正式投入运营。2021 年 6 月 11 日，白俄罗斯总统卢卡申科签署了第 215 号总统令，将进一步完善第 166 号巨石中白工业园区特殊法律制度。

（二）园区概况

1. 东道国概况①

白俄罗斯于 1991 年成为独立国家，毗邻俄罗斯、乌克兰、波兰、立陶宛和拉脱维亚，国土面积 20.76 万平方千米，首都为明斯克。根据世界银行数据，截至 2021 年，白俄罗斯人口为 944 万，同比减少 6.44%，GDP 为 1 731.53 亿白卢布（682.12 亿美元），同比增长 2.3%，人均 GDP 为 18 580 白卢布（7 319 美元），同比增长约 16.4%。白俄罗斯自然环境优美，享有“万湖之国”的美誉。

① 《白俄罗斯国家概况》，外交部官网，2023 年 1 月，https：//www.mfa.gov.cn/web/gjhdq_676201/gj_676203/oz_678770/1206_678892/1206x0_678894/。

2. 园区区位与交通条件

中白工业园区位于白俄罗斯首都明斯克近郊，距离市中心 25 千米，距离斯莫列维奇（明斯克的卫星城）15 千米，距离俄罗斯首都莫斯科 720 千米，距离德国首都柏林 1 050 千米，距离波罗的海乌克兰克莱佩达海港 496 千米。可见，白俄罗斯的地理位置优越，具有重要的战略意义。它不仅是“丝绸之路经济带”向欧洲延伸的重要节点，也是欧盟和独联体之间以及波罗的海诸国到黑海的交通交汇点，还可联通欧亚大陆交通运输，将欧亚经济联盟和欧盟联系起来，联通东西、交接西北。园区紧邻明斯克国际机场，距中欧铁路集装箱班列干线仅 30 千米。M1 洲际高速公路（柏林—明斯克—莫斯科）横贯园区，M2 公路（机场—市区）紧邻园区边界。同时，白俄罗斯还是中欧班列重要的节点之一，是目前所有联通中国与西欧各国的中欧班列路线的必经之地，具有极高的经济贸易和投资价值。

3. 园区定位与发展目标

中白工业园区致力于打造国际化产业园区、生态化产业城市，成为中国企业投资亚欧大陆的重要平台、中国最大的综合性境外产业园区。园区力争吸引超过 200 家高新企业入驻，规划就业人口 12 万，同时可以促进产城融合，协助打造一座有 20 万人口的国际化空港新城。

4. 园区开发进展与经营成果

目前，中白工业园区已完成一期核心 3.5 平方千米的建设，具有 1.25 万平方米的办公楼和大量标准化厂房，达 8 000 平方米，为园区入驻企业提供了适宜的生产办公条件。同时，占地 855 公顷的一期基础设施建设已完成，几乎建成了所有必需的道路、通信和污水处理设备。未来五年，中白工业园区计划启动二期（417 公顷）的建设，入驻企业将达 170 家。截至 2022 年 11 月中旬，中白工业园 99 家入园企业中，现有中资企业 49 家、白资企业 31 家及第三国资本企业 19 家，协议投资总额 13.06 亿美元①。

---

① 招商局集团：《中白工业园：中白两国友好合作的典范》，中国一带一路网，2022 年 12 月 8 日，https：//www.yidaiyilu.gov.cn/zsj/xmfc/282826.htm。

（三）园区产业规划与招商引资

1. 主导产业门类

初期，中白工业园区重点发展精细化工、电子信息、高端制造、物流仓储、生物医药等产业。截至目前，园区产业定位已细化并扩大至以下领域：电子信息（基础电子产品、核心硬件产品、信息应用产品）、精细化工（高分子材料、日用化学品、燃料、涂料、颜料、添加剂）、新材料（新型电子信息材料、先进复合材料、纳米材料、先进陶瓷材料、新型建筑材料及化工新材料、生物医用材料）、生物医药（生物医药、生物试剂、化学制药、医疗器械、研发外包、生命信息）、仓储物流（国际采购、分拨派送、转口贸易、保税仓储、保税展览展示、保税维修、检测、保税研发等）、机械制造（汽车整车、汽车零部件、机床制造、交通设备、电工电器、工程建设机械、农林机械、基础机械、环保机械等）。此外，园区还经营了电子商务、大数据处理、社会文化产业。

2. 主要入园企业

截至 2021 年底，园区居民企业累计 85 家，其中包括招商局集团、潍柴集团、中联重科、中信重工、中航工业、华为等大型企业在内的中资企业 43 家，集聚了一大批行业领先的项目，研发生产高新技术产品或为园区提供多样化服务（见表 4-10）。

表 4-10　中白工业园主要入园企业

入驻企业	入驻时间	入驻企业	入驻时间
华为	2015 年 6 月	潍柴马兹合资公司	2017 年 9 月
中兴通讯	2015 年 5 月	莱斯国际（明斯克）信息技术有限公司	2018 年 12 月
中联重科	2015 年 5 月	白俄罗斯列万达集团公司	2017 年 11 月
中国一拖	2015 年 5 月	广东省照明器械协会	2016 年 11 月
招商局（中白商贸物流园一期工程）	2015 年 12 月	惠州市超频三光电科技有限公司	2017 年 5 月

续表

入驻企业	入驻时间	入驻企业	入驻时间
吉利汽车	2019 年 8 月	广东亚一半导体应用科技有限公司	2017 年 5 月
微智国际（白俄罗斯）有限责任公司	2019 年 1 月	惠州沣元半导体有限公司	2017 年 5 月
中白产业技术联合创新中心	2020 年 9 月	量竹科技	2021 年 9 月

资料来源：根据资料整理绘制。

（四）园区空间规划

中白工业园区总体规划占地面积 91.5 平方千米，按照园区功能规划，园区是一个“一带、两轴、三核”的空间布局。其中，“一带”指生态景观带，由滨水景观带及 M1 洲际高速公路防护绿地一起构成；“两轴”指生活和生产两大发展轴，生活发展轴是东西向的城市观光体验与生活，而生产发展轴是南北向的；“三核”指位于中部的商业核心、位于西部的休闲核心和位于北部的展销中心。按照区域划分，一期规划的园区分为工业用地、仓储物流用地和居住及公共用地。按照功能划分，园区规划有综合生产区、高新技术区、科研和发展区、住宅区、度假区。此外，园区还预留了一定规模的未来发展区。

（五）园区管理架构与开发主体

1. 管理架构

中白工业园区的管理架构如图 4 - 5 所示。其中，园区最高管理协调机构是中白政府高层领导担任；园区管理主体是中白工业园管委会；园区开发主体是中白工业园区开发股份有限公司。

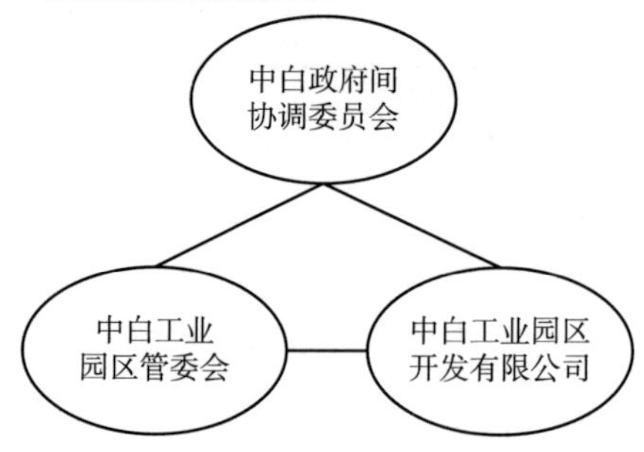

图 4-5 中白工业园区管理架构

资料来源：中白工业园区官方网站。

2. 开发主体

中白工业园区的开发主体是中白合资的中白工业园区开发股份有限公司（以下简称开发公司），由中方股东、白方股东、德方股东共同投资组建。公司成立之初，中方股东为中工国际工程股份有限公司（45%）和哈尔滨投资集团有限责任公司（15%），股份合计占 60%；白方股东为明斯克州政府、明斯克市政府（30%）和白俄罗斯地平线控股集团公司（10%），股份合计占 40%。之后，开发公司股权发生变更，中方股东为国机集团（32%）、招商局集团（20%）、中工国际（13.71%）和哈尔滨投资集团有限责任公司（2.29%），股份合计占 68%；白方股东占股则变为 31.3%；增加德方股东为杜伊斯堡港口集团，股份占 0.67%。

（六）园区运营服务

中白工业园区建立了“一站式”的全方位综合服务体系，包括了政府、投资、金融与物流服务。其中，政府服务由管委会协调各政府的相关部门，为企业提供如注册、项目及优惠政策审批等“一站式”服务；投资服务提供投资洽谈，出具考察邀请函，协助寻找当地合作伙伴、注册、法律、税务、会计、报建、施工、劳务等投资全过程咨询服务，以及租房、租车、翻译等商务服务；在金融服务上，母国方面即中国国家开发银行对入园中国企业提供有利利率的资金支持，东道国方面如白俄罗斯当地银行也会向入驻企业提供融资服务，此外，中白产业基金也会向入园项目发展提供支持；在物流服务方面，招商局已投资大笔资金打造中白商贸物流园，为入驻企业提供便利的全供应链商贸物流服务。

（七）园区优惠政策

在税收、土地等方面，入驻园区的企业有优惠政策，如表4－11所示。尤其是针对园区居民企业（指符合园区定位且投资金额大于等于500万美元，或者投资额在3年内要大于等于50万美元，又或者投资在研发项目的金额要大于等于50万美元的入园企业），提供极具竞争力的税收优惠政策。

表4－11　　中白工业园区的优惠政策

税种	白俄罗斯标准税率	园区居民企业税率	园区其他项目税率
销售在园区内自产产品（服务）获得的利润税	18%	（自有利润的第一个税务年起）免征10年，之后到2062年6月5日前减半征收	企业注册之日后，免征七年
不动产税	1%	免征直到2062年6月5日	免收
土地税（每公顷税率）	依据地籍价决定	免征直到2062年6月5日	园区：每年US $126 明斯克区：每年US $3 150 明斯克：每年US $24 000
关于进口的增值税	20%	使用受保税区保护的外国商品而成的产品，在进入当地市场时，免征海关部门征收的增值税	20%
园区项目建设的进口设备和材料（增值税和进口关税）	增值税：20% 不同种商品税率不同（大部分5%，小部分10%）	免征（前提：满足白俄罗斯的国际义务，海关监管期不超过5年）	免征（使用注册资本采购产品）

续表

税种	白俄罗斯标准税率	园区居民企业税率	园区其他项目税率
个人所得税	13%	13% –2023 年 1 月 1 日前 9% –2062 年 6 月 15 日前	13%
社保（由企业缴纳的）	34%	外国籍员工：免除 白俄罗斯籍员工：可以本国社会平均工资为基数缴纳	34%
红利税	12%	从红利分配第一年开始，免征五年	小于等于 12%
环境补偿（投资对动植物和的农林业生产伤害）	依照地域决定	免征	依照地域决定
法定结汇义务	30%	免征（对园区项目参与者同样有效）	免征
园区内建设产品及原材料质量证书	需要	免征	需要
劳动许可办理费用（聘请外籍员工、办理其劳务许可以及暂时拘留许可）	每人 58 美元	免缴 管理人员和专家免除许可证	每人 $58

资料来源：中白工业园区官方网站。

在土地方面，园区内土地可以租用，租期 99 年，也可以通过购买方式获得土地所有权，具体价格如表 4 –12 所示。无论是购买还是租赁土地，入驻企业均可以免除缴纳增值税。在利润汇出方面，股东利润可自由汇出。关于技术标准，设计和建设科采用外国技术标准。此外，园内投资企业还可以免除白俄罗斯之后的新增税费。

表 4－12　　中白工业园区土地价格

用地性质	租地	购地
工业物流仓储用地	31.4	31.4＋地籍价
公共服务设施用地	0	0
商务办公用地	参考区域价格	参考区域价格
住宅用地	参考区域价格	参考区域价格

资料来源：根据资料整理绘制。

（八）案例总结

中白工业园区作为当前中国对外合作层次最高、占地面积也最大的境外产业园区，无论是从投资决策、规划建设还是从招商运营方面，都积累了一些值得境外园区借鉴的经验。

一是园区基本践行了全生命周期理念，尤其是在发展前期，开展了较为科学的、充分的投资决策。中白工业园区项目从 2010 年开始谋划，到 2014 年园区一期控制性具体规划通过审批，用 4 年时间开展了多轮、多方、多种形式的投资决策。

二是园区开展了系统性的“123”规划工程。中白工业园区率先推动了东道国以国家最高立法的形式明确了园区在税收、土地等方面的主要政策，随后开展了园区的空间、产业规划与投资可行性研究工作，这涵盖了“123”规划工程的核心模块。

三是园区信奉并坚持产业优先、招商为主的发展理念。中白工业园区明确了产业的定位与体系，并在全球范围开展招商引资，尤其是面向中国优势产能的精准招商，集中优势资源招纳吸引符合主导产业门类、具有较高层次的大型企业入园，举办电子信息、生物医药、机械制造、新材料研发等多场行业对接会，全方位促进各项目入园。

四是园区构建了较高层次、相对合理的管理架构，实行了多级管控，并且以园区开发公司为主体，合资合力。中国商务部、国资委与白俄罗斯经济部等多个国家级部委组建了中白协调工作组，并召开了多次专题会议以解决园区发展过程中碰到的困境，尽全力推动园区发展。中白工业园采取中白合资共建共管的模式，无论是管理层还是普通员工，都有双方工作人员，并且在众多问题上都是积极沟通交流、求同存异，以共同推进园区建设。

五是采取了“园中园”的发展模式。中白工业园区吸引了一些大型国企和行业协会在园区内建设“园中园”。一方面，通过土地整体出让实现园区的快速开发；另一方面园中园内的产业各具特色，发展各有侧重，形成了多元化产业格局。其中，主要的园中园包括：招商局中白商贸物流园：规划面积1平方千米，预计总投资5亿美元；第一期工程占地面积450亩，实际投资1.41亿美元，总建筑面积10万平方米；并且第一期工程已于2017年5月完工。中白（广东）光电科技产业园：由广东省照明电器协会与中白工业股份开发有限公司合作建设，首期建设研发中心、生产基地、物流基地和配套服务区，已入驻惠州市超频三光电科技有限公司、广东亚一半导体应用科技有限公司、惠州沣元半导体有限公司3家公司。中联重科白俄罗斯工业园：项目占地200亩，总投资3 000万美元；将成为混凝土机械、工程起重机械、环卫机械及农业机械等设备的本地化研发生产基地。一拖白俄技术有限公司：由中国一拖与白俄罗斯明斯克拖拉机厂合作建立，是中国一拖在东欧的研发中心及生产基地。

第五章

“一带一路”推进中服务业园区“走出去”的合作模式研究

第一节 引言与文献综述

一、引言

20 世纪 80 年代初，随着全球经济结构的变化，服务贸易开始加速发展，成为一种新的贸易形式，不断丰富着国际贸易的内容。从 21 世纪开始，在信息技术的不断推动下，服务型经济受到了各国的高度重视，为了实现经济的高质量发展，各国开始争相发展服务业。在将近 40 年的发展历程中，全球经济总量从 1980 年的 12. 37 万亿美元增长至 2020 年的 84. 68 万亿美元，年均增长 5%；全球服务贸易进出口总额从 0. 84 万亿美元增长到了 1. 2 万亿美元，增速高达 42. 8%，是全球经济总量的 8 倍多[①]。服务贸易的迅速崛起给全球经贸发展提供了新动能。因此许多国家选择大力发展服务贸易，以此保持或获得经济优势，增强国际贸易核心竞争力。

作为世界第二大经济体，中国正是凭借着迅速发展的服务贸易，使其国际贸易地位和国家经济实力得以提升。从中华人民共和国商务

① 资料来源：笔者根据国际货币基金组织（IMF）数据统计整理。

部获悉，2000～2020年，中国的服务贸易规模年均增长率高达25.5%，特别是中国的服务贸易出口额从2000年的350.3亿美元增长到2020年的2 806亿美元，增长了7.02倍。但中国作为全球最大的发展中国家，其服务业仍然与发达国家存在较大的差距。一方面，服务贸易常年处于逆差状态。2000年（2.9%）到2020年（1.9%）中国的服务贸易出口占GDP百分比一直呈现倒退状态。另一方面，服务贸易结构不合理。据2020年中国对外直接投资统计公报数据显示，我国服务业OFDI中传统服务业结构占比高达61.8%，现代服务业占比偏低。因此，寻求出口市场成为实现我国服务贸易高级化的必由之路。而随着“一带一路”倡议不断推进，沿线国家和地区已成为全球外资集中流入地，全球影响力不断上升。即使在新冠肺炎疫情的剧烈冲击下，2020年我国企业在“一带一路”国家设立的企业数量仍保持稳定增长，现已突破1.1万家，实现投资占中国同期OFDI的14.7%，可见“一带一路”推进对中企国际化发挥着至关重要的作用，海外园区也因此迎来了新一轮黄金发展期。截至2020年底，我国在“一带一路”沿线推进中海外服务业园区个数占比18.29%。虽然比重不及工业园区和农业园区，但凭借较高的生产率，为东道国创造了近37万个就业岗位。不仅给东道国带来了巨大的外源性经济增长，也响应了我国产业多元化、高级化的需求。特别是时下面临反复动荡的国际形势，在“一带一路”推进背景下研究服务业园区“走出去”路径与模式，能帮助“一带一路”跨境服务园区适应新的国际形势和经济发展态势，为中国企业抱团出海提供理论指导。

二、文献综述

（一）海外服务业园区

海外服务业园区是指中国企业实际控股设立在境外的服务类园区，此类服务业园区建设的目标是为给在东道国进行投资的企业搭建一个具有东道国和母国政府双重背书的合作平台，再凭借该平台在基础设施建设、政策扶持和保护、公共服务等方面拥有的天然比较优势吸引企业入驻，形成具有辐射效应的产业集聚，打破投资壁垒，为企业提供多元化的投资方式，最大限度地降低投资风险。

1. 海外服务业园区的作用

现有的跨境园区研究倾向于从宏观角度研究海外园区，针对细分服务类的园区文献相对匮乏。新郎和唐（Bräutigam and Tang，2013）强调跨境园区拥有双边搭建的投资平台，中国企业可以回避贸易壁垒，顺利地进行对外直接投资。乔慧娟（2014）认为建设境外经贸合作区是政府帮助国内企业实现国际化经营的有效政策工具，能聚集我国和东道国内有国际化经营需求的企业，形成“集群式”投资合力，通过优化制度环境使入园企业的“走出去”的风险与成本大大降低。李丹和陈友庚（2015）提出跨境园区建立的初衷就是为了帮助发展中国家提升经济实力，实现经济崛起。贾玲俊和萨秋荣（2015）提出设立海外园区可以有效地规避国际贸易壁垒，帮助跨境企业降低生产运营成本，更利于实现规模化的跨国经营。李思思（2014）认为设立境外经贸合作区能降低我国产业融入全球价值链的阻力，也会给东道国经济带来巨大的外源性经济增长。比如创造大量的就业岗位，降低了失业率，改善了民生环境。赵爱玲（2020）认为在后疫情时代，海外产业园区利用其强大的产业链聚集效应和完善的配套设施环境，将在平衡区域经济发展中发挥压舱石作用。张宏等（2021）利用随机前沿法检验海外园区对中国对外直接投资效率的影响，实证结果显示海外园区对我国对外直接投资效率有明显的促进作用，而且这种促进作用是通过制度环境优化、文化距离缩短、BIT（双方投资保护协定）保护加强实现的。

2. 海外服务业园区与“一带一路”

“一带一路”倡议作为我国进一步参与全球经济建设的着力点，是推动境外服务业园区建设的政策大礼包。与此同时，海外服务业园区也为“一带一路”提供了源源不断的发展动力，犹如一枚硬币的正反面，两者相辅相成，相得益彰。沈铭辉和张中元（2016）认为“一带一路”倡议为海外产业园区建设发展提供了政策机遇。张启良和李金龙（2020）强调“一带一路”倡议不断推进能有效推动海外产业园区建设，最大限度降低中国企业融入全球产业链重构的阻力，促进东道国和母国之间深层次的经贸合作交流。同时，历经多年发展，我国海外产业园区已经成长为“一带一路”建设和国际产能合作的重要载体，将通过产业结构高级化、运营主体多元化进一步推动“一带一路”倡议向前发展（祁志军，2020）。丁崇泰等（2021）则以缅甸皎漂特别经济区深水港为例提出了如今海外产业园区在发展中面临的问题，希望可以通过进一步打造政治互信、利益共享的合作机制，纵深推进“一带一路”倡议。

（二）服务业园区“走出去”动力因素

吴青青（2008）提出我国服务业对外直接投资的主要影响因素取决于运营环境、市场规模、集聚程度、运营成本。王梦倩（2018）认为影响服务业园区“走出去”的主要影响因素包括：市场规模、自然资源、劳动力资源、基础设施环境、政治稳定性。东道国市场规模越大或者自然资源、劳动力资源越丰富，发展前景更加明朗，对外来资本的吸引力更强。同样，良好的基础设施环境也能为入驻企业带来许多经营便利，如在互联网通信、交通物流等方面有较大优势可以使入驻企业的投入成本大大降低，缩短投资回报周期，吸引更多的企业入驻。而政治稳定性包括腐败控制和政府管理质量。毋庸置疑，良好的政府管理环境和有力的腐败控制可以给投资企业提供更完善的法律保障，减少不必要的争端和经营成本，提高企业生产经营的稳定性，增强企业的投资意愿。自然禀赋则会影响贸易双方出口商品的结构，自然资源越丰富，要素价格优势越显著，低成本的原材料和中间品能有效地降低生产成本。金辉（2019）认为服务业园区之所以“走出去”是受到了五大因素的推动作用，分别是政策、经济、文化、区位、技术。

（三）海外服务业园区合作模式分析

海外服务业园区从属于海外产业园区的一个细分类园区，其合作共建模式也是遵循着海外产业园区共建模式。因此要了解海外服务业园区合作模式需要先从海外产业园区入手。彭锋（2014）对国际产业转移园进行了研究，总结得出以下 5 种合作共建模式：托管模式、股份合作模式、三方合作模式、援建模式和协管模式。秦贤宏（2017）研究发现海外园区共建模式一般有以下 6 种：统一经营管理模式、异地生产经营模式、委托管理模式、股份合作模式、产业招商模式、友好开发园区模式。张波和周芳（2017）以中亚五国为例，分析丝绸之路经济战略下我国境外园区合作共建模式选择，将共建模式确定为“双边多级”的政府主导 + “大型多元”企业支持 + 选择不固定的 X 型模式。安永（2020）在《海外产业园区如何开启“一带一路”合作新篇章?》报告中提及“一带一路”海外产业园区时，将共建模式划分为股份合作制模式、委托管理模式、异地生产模式、产业招商模式、政府间合作模式。潘峰（2019）强调在园区共建时应该实事求是，遵循园区建设的实际情况合理地选择或者创新共建模式。而且在合作共建过程中，各个相关利益者都是绝对理性的，都会在自身有限的决策范围内寻求自己的利益最大化，另外，从长期来看，在园区共建中各方参与者其利益份额会随时发生变化，原有的契约关系也会随之发生变化。这意味着跨境园区合作共建模式应该是一个动态的、开放的体系，这样才能保证共建模式中相关利益者能够最大限度实现互惠共赢。

（四）海外服务业园区“走出去”对服务贸易规模的影响

徐晓彤（2018）将海外服务业园区视为一种特殊的服务业对外直接投资，分别通过时间序列、灰色关联、行业面板实证其对服务业出口规模影响，结果表明海外服务业园区“走出去”对扩大服务贸易出口规模有着较小的促进作用。沈桂龙（2020）在《中国“一带一路”跨境园区发展报告》一书中将园区“走出去”的动机划分为三大类，分别是市场寻求动机、资源寻求动机、技术寻求动机，分别阐述了不同动机下的海外园区设立对我国服务贸易的规模影响。市场需求型企业通过跨境园区进入东道国，以此扩大产品所在东道国市场的份额，增加母国和东道国之间的商品贸易往来。而资源寻求动机的企业则倾向于将获取的量多价低的自然资源和劳动力转移至母国进行后续加工生产，然后再对东道国进行出口，由此增进母国与东道国的贸易经济往来。在“一带一路”沿线国家中也有着为数不多的技术寻求型企业，它们以技术开发为主。技术寻求型企业在东道国获得前沿技术后将其市场化，并且投入生产的产品中，以此提高产品的附加值，增强企业的核心竞争力。

三、文献评述

综上所述，通过对相关文献进行梳理，发现当前学术界对于海外产业园区的研究热度较高，相关文献十分丰富，但关于海外服务业园区的研究仍存在较大拓展空间，具体如下：（1）海外服务业园区从属于海外产业园区的一个细分类园区，国内外的研究更多在宏观层面分析海外产业园区的现状、影响因素动力机制，即使在微观层面研究的文献也大多数集中在农业园区、综合园区、工业园区，涉及海外服务业园区的研究偏少。（2）在海外园区“走出去”的动力因子与影响因素研究中，多用定性分析，深层次的理论性论证和实证分析较少。（3）研究对象多为国内服务园区，少有学者对我国在海外建立的服务园区展开研究，研究如何推动服务园区“走出去”的路径更是少见，更多是针对国内服务业园区的发展动力进行研究，视角比较局限。（4）对于海外服务业园区建立对服务贸易的影响研究则更侧重对东道国的效应，较少考虑到作为海外服务业园区的建立对双边服务贸易影响，以及影响路径是如何传递的，都很少被深入研究过。因此，本书将基于我国目前海外服务业园区的发展现状，全面客观地选取服务业园区“走出去”的动力因子，构建动力指标，规避人为赋权的弊端，采用熵值法计算指标权重系数。深入分析海外服务业园区的建立对双边服务贸易规模的影响，最后通过分析海外服务业园区的合作模式，总结未来国内服务业园区如何持续地“走出去”。

第二节 “一带一路”推进中服务业园区“走出去”的理论解释

一、服务业园区“走出去”内在动力理论分析

本书在借鉴服务效用价值理论、国际贸易比较优势理论基础上，进一步修正和扩展了博格思（1990）提出的H-O-S模型，以期阐明不同国家的服务型企业会如何选择生产经营模式，以此获得或维持自身的服务贸易比较优势。具体如下：

假设：市场属于完全竞争状态且规模报酬不变，生产要素主要有资本K和劳动力L，主要用来生产2种产品和1种服务。该种经济的技术结构形式可以用方程表示：

$$(w, r, p_s) = P_1 \tag{5.1}$$

$$(w, r, p_s) = P_2 \tag{5.2}$$

$$(w, r) = P_3 \tag{5.3}$$

要素市场达到均衡状态即用成本函数对要素价格求一阶偏导可得到每单位成本最小的要素需求。即为：

$$Q_1C_w^1(\cdot) + Q_2C_w^2(\cdot) + \cdots + Q_sC_w^3(\cdot) = L \tag{5.4}$$

$$Q_1C_r^1(\cdot) + Q_2C_r^2(\cdot) + \cdots + Q_sC_r^3(\cdot) = K \tag{5.5}$$

若国际服务贸易中存在政策和技术壁垒，服务总供给将等于该部门的总需求，即：

$$Q_1C_{P_s}^1(\cdot) + Q_{P_s}C_w^2(\cdot) = Q_s \tag{5.6}$$

因此，一个进行服务贸易的企业是选择通过海外投资合作经营还是自行生产提供服务，很大程度上取决于要素市场中每一单位要素成本与服务的市场价格孰高孰低。

二、服务业园区“走出去”协同合作理论分析

考虑到服务业园区“走出去”本质上是在东道国和母国双方背书

下，由众多入驻企业通过与东道国企业共享信息、资源，实现产业互补而形成的企业集聚体。在产业集聚过程中单位产品的利润等于单位产品的价格减去单位产品生产成本与运费。因此单位产品价格与物流成本必然会影响服务园区“走出去”。本书通过借鉴洛施（Losch）于1954年提出的不同群体互动关系的数学模型，将国内外服务型企业间的平均距离引入分析框架中，设定产品的生产、流通过程中物流成本与生产成本发挥着决定性作用，则本国和海外两个服务型企业间的平均距离的溢出强度决定了单位产品的价格和生产成本，即：

$$r(x,\ d) = p(x) - c(x) - f(d) \tag{5.7}$$

其中，x 是本国和海外两个服务型企业间的平均距离，d 是企业到市场的距离，r 企业单位产品的利润，p 是单位产品价格，c 是生产单位产品所需的成本，f 是单位产品的运费。在企业集聚的过程中，产品价格随企业间的博弈而变动，意味着价格的函数是企业个数的函数，定义为：

$$p = p(n) = pg(n) 1 \geqslant g(n) \geqslant 0 \tag{5.8}$$

其中，n 为集聚企业个数，p 是单位产品的价格。

由于相互竞争影响，企业总量不断增加，价格会逐渐下降，于是卡波扎（Capozza，1989）提出了价格共轭模型，将企业间产品价格的影响因子定义为 π：

$$\pi = \frac{d\acute{P}}{dP} = \frac{1}{1+2^{n}} \tag{5.9}$$

由此可得：

$$P(n) = \frac{P}{1+2^{n}} \tag{5.10}$$

假设特定区域内企业之间的平均距离无差异，在区域范围限定的前提下，企业数量与企业间距关系如下：

$$n = \bar{x}^{2} \tag{5.11}$$

$$P(X) = \frac{P}{1+2^{\bar{x}^{2}}} \tag{5.12}$$

由于知识溢出能降低一个行业的可变成本，因此将成本设为知识溢出强度的一个反函数，即知识溢出强度越大，企业的可变成本越低，具体的函数形式为：

$$c = c(k) = \frac{C}{k+1} \tag{5.13}$$

其中，c 为单位成本函数，k 为企业间的知识溢出强度。后续大量学者研究发现（如王铮，2003），随着距离增大知识溢出强度会不断减小，$c = k(x) = e^{-\lambda x}$，x 两个企业的距离，λ 为知识溢出的阻尼，由此可以得到：$c = c(x) = \frac{C}{1+e^{-\lambda x}}$，而运费设定为距离的正比例函数 $f(d) = t(d)$，最终得到企业利润与企业间距之间的函数关系：

$$r(x, d) = \frac{P}{1+2^{\bar{x}^2}} - \frac{C}{e^{-\lambda x}+1} - t(d) \tag{5.14}$$

式（5.14）表明当本国和海外两个服务型企业之间的平均距离很小时，两者获得产品利润也很小。换言之，当本国和海外两个服务型企业之间的距离增大时，两个企业的产品利润也会增大，直到利润最大化，在此之后，利润会随着企业间距的不断扩大而不断减低，直至亏损。这意味着本国和海外两个服务型企业之间最佳的协同合作关系应当保持在合理的集聚水平内，从而使得海外服务业园区的产品利润保持在一个最优水平上，这为国内服务业园区的企业有序抱团“走出去”提供了先决条件。

三、服务业园区“走出去”影响双边服务贸易的理论分析

如何才能达到最优的集群规模即如何在服务业园区“走出去”后最大限度地发挥正外部性来优化双边服务贸易是本课题重点研究的核心问题。假设集群存在一个最佳半径，每个企业在最佳半径内呈离散分布。从中观尺度来看，地价租金和人才吸引成本对企业发展发挥着重要作用，他们分别反映了集群内在环境与服务条件。冯·杜能（Von Thunen，1966）提出产业集聚大都发生在均质的平原，处于中心位置的企业堪比一个灯塔为周边的企业提供服务，其他企业以此为中心不断集聚。假设人力资本均匀地分布在这个平原上，且可以无障碍地流

通，只是流通过程中会产生一定的费用。距离中心企业距离越大，可获得的服务越小，地价租金越低。由此，服务业园区选址原则如下：(1) 人才吸引成本最小化；(2) 地价租金最小化。基于此假设建模如下。

假设园区内企业所在地坐标为（X，Y），人力所处位置坐标为（x，y），则有所有人力资源到位置为（X，Y）的企业的平均的平方距离和 L^2，R 为企业到集群中心的距离，即 $R = X^2 + Y^2$，S 为集群企业所占区域大小。参考冯图宁（Von Thunen，1966）的做法，假定整个集聚空间在集聚中心为某个特定值时，人力资本不能为中心企业所利用，因此将其简化为数值 1。

$$L^2 = \frac{\iint [(x - X)^2 + (y - Y)^2] dXdY}{\iint dxdy} = R^2 + \frac{1}{2} \tag{5.15}$$

式（5.15）意味着 L^2 与企业的具体方位不相关，与企业到集群中心的距离 R 有关。在使用人力资源时，企业首先须对每个人力资源提供足够的交通费用，至少为 $C_f = 2N\delta L$，即拥有 N 人力资源规模的总交通费用为 $C_f = 2N\delta L = \sqrt{R^2 + \frac{1}{2}}$。其次是地租，记为 q，$q = 1 - br$，其随着离中心地远近而变化，占比规模为 M 的企业，总地租费：

$$Q = \left(\frac{as}{\pi R^2}\right)\int_0^{2X}\int_0^R (1 - br) r dr d\theta = 2^{as}\left(\frac{1}{2} - \frac{br}{3}\right) \tag{5.16}$$

$$V = Q + C_f = 2^{as}\left(\frac{1}{2} - \frac{br}{3}\right) + 2N\delta \sqrt{R^2 + \frac{1}{2}} \tag{5.17}$$

令 V'可求得极值半径 R^*，并通过研究 V''是否 >0 判断 R^* 极值性质，得到 $V'' = 1 - \frac{R^2}{\frac{1}{2} + R^2}$恒大于 0。通过上述式子可以得到，产业集群最优半径的大小与人力资本密集程度、土地租金、土地供应关系是由 s、a、b、δ、N 这些参数决定的。

上述理论模型揭示了特定区域相互关联企业集聚，以此获得竞争优势的现象及其内在机理。从海外服务业园区的定义可知，服务业园区是在共享基础设施的基础上，在某一个国家或地区建立起来的生产基地，园区内部各个企业凭借着区位邻近优势在这一区域内集聚。在跨境服务业园区的设立过程中，母国与东道国政府的政策扶持、资金支持、技术引进、人才输送始终贯穿其中，由此在园区内部形成大量具有上下游合作或横向配套关系的企业。在此基础上，境外服务业园区的企业会利用市场化手段统筹协调园区内部、外部的各种生产要素，以此提升园区内各企业的核心竞争力，发挥产业集群的比较优势，以此优化双边服务贸易。

第三节 “一带一路”推进中服务业园区“走出去”的发展动力机制

一、服务业园区“走出去”动力因子分析

（一）政治环境

政治环境是多种不同因素的综合体现，比如国内政治危机、国家或地区的历史遗留问题、恐怖主义活动等。而海外服务业园区是一种在政府框架下，企业主导的新型对外直接投资。在东道国与母国进行谈判时，东道国良好的政治环境能避免很多不必要的事端，提高谈判效率，达成合作意愿。同时，政府的腐败程度也会对外来投资产生一定的影响。一国政府越腐败，外来企业的经营成本越高，企业生产经营越不稳定。因此绝大多数的国家都致力于优化本国的政治法律环境，以此降低外来投资风险，保障投资收益，吸引世界各地资本流入。

（二）基础设施

良好的基础设施环境，包括互联网通信、交通通畅、能源使用、口岸运输等。首先，基础设施优势明显的国家或地区会成为企业“走

出去”优先考虑地点，为外来企业的入驻创造许多经营便利。外来企业进入该园区的资本门槛就能相应地降低，投资回报效率将会大大提高。其次，完善健全的基础设施可以加速产业集聚，大大增加企业生产要素流动性与产品的流通性。参考克鲁格曼（Krugman，1991）提出的“中心—外围”理论，该理论认为产业集聚的驱动力主要是外部经济、规模效应以及充足的劳动力资源。因此企业会偏好于向基础设施完善的地区集聚。最后，完善健全的基础设施能有效地控制企业的可变成本，降低“走出去”过程中可能遇到的风险与挑战。反之，若东道国的整体基建水平很差，会导致园区运行成本很高，吸引力将大打折扣。因此动态调整生产要素和中间产品对于降低不确定性风险至关重要，而基建水平越高企业调整弹性越大，越容易达到控制成本的目的。比如，中俄黑河大桥此类境外交通基础设施互联互通示范项目落地，大大改善了俄中托木斯克木材工贸合作区的投资硬环境，降低了其运行成本，大大拓展了利润空间。

（三）资源互补

资源互补性是东道国与母国双方合作为达到预期收益目标所需求的资源的互补程度。集中体现在两个方面：一是合作双方各自拥有的资源在双方市场中的稀缺性；二是合作双方需求资源的差异性。当某种资源因为特有或不可分割而极具稀缺性时，合作就成了互补资源的渠道。东道国与母国拥有的信息技术、人力资本、自然资源、市场规模均可视为互补资源，若在东道国设立服务园区可实现外部前沿技术溢出和稀缺资源互补效能。因此，存在资源互补关系的国家之间就拥有更多携手合作的可能，合作中的资源价值便成为中国企业“走出去”的现实动力。由此可见，海外园区的设立是一种战略资源需求的驱动结果，是中国服务型企业寻求比其他资源联合可以更好地发挥资源价值的拓展资源边界的尝试。

（四）市场前景

东道国的市场环境是吸引外来资本流入的重要因素，一国的市场前景越明朗，进入该国获利空间越大，投资意愿越强。目前为止，我国设立的跨境服务业园区大多数都分布在拥有广阔市场的国家或地区，以便我国企业能够实现利润的最大化。我国对东道国的出口总额、东道国的消费水平、投资总额等是衡量东道国的市场前景重要指标。比如，从表5－1可知，近些年我国企业在“一带一路”沿线国家对外承包工程情况形势良好，新签的项目合同、合同总额以及完成营业额都呈现持续增长态势（除2020年受疫情影响略微下滑外），这意味着“一带一路”沿线国家和地区的市场前景十分广阔，推动着我国企业不断“走出去”。因此，市场因子也是我国服务业园区“走出去”的重要动力之一。

表5－1　2015～2020年我国企业在“一带一路”沿线国家承包工程情况

年份	新签合同项目（份）	新签合同额（亿美元）	完成营业额（亿美元）
2015	3 987	926.4	692.7
2016	8 158	1 260.3	759.7
2017	7 217	1 443.2	855.3
2018	7 721	1 257.8	893.3
2019	6 944	1 548.9	979.8
2020	5 611	1 414.6	911.2

资料来源：中华人民共和国商务部。

（五）东道国营商环境

东道国的营商环境决定着跨国公司的投资成本。海外企业进入东道国时，在东道国市场准入、合同执行、行政审批、投资保护等方面的熟悉程度以及政企关系处理都处于天然劣势地位，尤其是在园区设立、选址、融资等阶段会遇到更多的生产经营阻碍，从而衍生一系列的投资风险，增加园区经营过程中的交易成本，提高企业投资选址门槛，从而削弱服务园区“走出去”的动力。因此，若东道国有着便利的行政审批、优惠的税收政策、投资保护健全，则可有效地降低海外企业的进入成本与生产经营成本，从而吸引更多资本流入。

（六）文化距离

文化距离是指中国与东道国的语言文化差异。文化距离通过影响流动成本进而作用于园区“走出去”的意愿。如果母国与东道国之间存在显著的语言文化异质性，即两国的价值观念、思维模式、宗教信仰、生活习俗等方面存在较大的不同，文化距离较大，园区进入的成本将会增加。研究表明拥有相似语言文化的国家之间更容易融入对方国家的人文环境，语言文化差异过大，企业进入时“心理成本”越大，园区“走出去”的动机越低，也越容易与东道国之间造成不必要的矛盾。

二、服务业园区“走出去”的发展动力机制指标体系构建

本着科学性、层次性、可操作性以及全面性等原则，分别从目标层、准则层、指标层3个层次构建了服务业园区“走出去”的发展动力机制评价指标体系，以期最大限度地体现服务业园区“走出去”的推动因素。具体而言，在营商环境上选择《2020年世界投资报告》中的投资自由、贸易自由、商业自由；在测度市场前景时采用东道国的人均国内生产总值以及我国与服务业园区所在国家之间的出口总额进行衡量；在资源互补上，采用了通用的劳动力总数与自然资源租金占国内生产总值的比重；在衡量基础设施上，基于数据方面的可得性，本书选择东道国航空货运量与每百人互联网用户数；在政治环境上，本书采用透明国际（Transparency International）发布的世界各国政府清廉指数以及世界银行发表的各国的政治稳定性指数（见表5-2）。在文化互补上，选用建交年数和文化距离，文化距离的测算参考霍夫斯泰德（Hofstede）的四个文化维度，即权力距离维度（power distance）、集体主义-个体主义维度（individualism）、阴柔气质-阳刚气质维度（masculinity）、不确定性规避维度（uncertainty avoidance），使用科格特和辛格（Kogut and Singh）推算的东道国与母国间文化距离计算公式：

$$CD_{ic} = \sum 4i = \frac{1[(I_{ic} - I_{ij})^2/V_i]}{4} \quad (5.18)$$

式中，I_{ic}为母国在第 i 个文化距离维度上的最终得分，I_{ij}为东道国 j 在第 i 个文化距离维度上的最终得分，V_i 代表着在 i 维度上各国最终得分的离散程度。

表 5-2　服务园区“走出去”的发展动力机制指标体系构建

目标层	准则层	指标层
服务园区“走出去”发展动力指标体系	政治环境	政治稳定性
		政府清廉指数
	基础设施	航空货运量
		每百人互联网用户
	资源互补	劳动力总数
		自然资源租金总额
	市场前景	东道国人均 GDP
		对东道国出口总额
	营商环境	贸易自由
		投资自由
		商业自由
	文化互补	建交年数
		文化距离

三、服务业园区“走出去”的动力机制指标体系权重赋值

为避免人为赋权的主观性影响结果，本书选用熵值法来确定服务业园区“走出去”的各项动力机制指标权重赋值，由于选 13 个二级指标均为正向，运用熵值法确定每个指标的权重时候，是根据指标数据包含信息有序程度来客观赋予权重，为确保原始信息完整，本书将对原始数据矩阵进行归一化处理来剔除指标的量纲影响。具体运算步骤如下：

第一步，设有 n 个评价样本，每个样本都有 m 个指标，原始数据矩阵构造为：

$$X=\begin{bmatrix} x_{11} & x_{12} & \cdots & x_{1m} \\ x_{21} & x_{22} & \cdots & x_{2m} \\ \vdots & \vdots & \ddots & \vdots \\ x_{n1} & x_{n2} & \cdots & x_{nm} \end{bmatrix} \tag{5.19}$$

第二步，对原始矩阵 X 进行归一化处理，采用较为简单的比重归一化：

$$p_{ij}=\frac{x_{ij}}{\sum_{i=1}^{n} x_{ij}},\ (i=1,2,\cdots,n;\ j=1,2,\cdots,m) \tag{5.20}$$

得到标准化矩阵 P：

$$P=\begin{bmatrix} p_{11} & p_{12} & \cdots & p_{1m} \\ p_{21} & p_{22} & \cdots & p_{2m} \\ \vdots & \vdots & \ddots & \vdots \\ p_{n1} & p_{n2} & \cdots & p_{nm} \end{bmatrix} \tag{5.21}$$

第三步，计算每个指标数据熵值，运算公式如下：

$$e_j=-\frac{1}{\ln n}\sum_{i=1}^{n} p_{ij}\ln p_{ij},\quad (i=1,2,\cdots,n;\ j=1,2,\cdots,m) \tag{5.22}$$

第四步，计算每个指标的差异系数：

$$d_j=1-e_j,\ e_j\in[0,\ 1] \tag{5.23}$$

第五步，计算各个指标的熵值权重系数：

$$h_j=\frac{1-e_j}{\sum_{j=1}^{m}(1-e_j)},\quad (j=1,2,\cdots,m) \tag{5.24}$$

因此，本书在“一带一路”沿线国家中选择 12 个已成立服务业园区的国家作为研究样本（阿联酋、比利时、匈牙利、印度、哈萨克斯坦、斯里兰卡、波兰、俄罗斯、塞尔维亚、泰国、越南、吉布提），根据上述的指标体系，分别从世界银行、中华人民共和国商务部、世界贸易组织、中国境外合作区官方网站、中国一带一路网收集整理 2020

年的相关数据，经整理计算，得到各个指标权重赋值如表 5－3 所示：

表 5－3　服务园区“走出去”发展动力机制指标体系权重赋值结果

一级指标	权重	二级指标	权重
政治环境	0.078326542	政治稳定性	0.027089057
		政府清廉指数	0.051237484
基础设施	0.408681665	航空货运量	0.098004742
		每百人互联网用户	0.0484176
资源互补	0.260713647	劳动力资源	0.262259323
		自然资源租金总额	0.177877455
市场前景	0.094766147	东道国人均 GDP	0.082836192
		我国对东道国出口贸易总额	0.094766147
营商环境	0.054213659	贸易自由	0.018059755
		投资自由	0.01486421
		商业自由	0.021289693
文化互补	0.103298341	建交年数	0.05048485
		文化距离	0.052813491

资料来源：根据资料整理计算绘制。

四、服务业园区“走出去”的动力机制指标体系权重赋值解释

由表 5－3 可知一级指标的排名分别是基础设施 > 资源互补 > 文化互补 > 市场前景 > 政治环境 > 营商环境，这主要和如今海外园区建设模式有关。首先，从前三个动力指标来看：基础设施的完善程度直接关系到园区建设和运行的成本，“走出去”的企业本就承担着巨大的投资风险与不确定性，若东道国的基础设施达不到园区正常运行的要求，就会成为园区建设的额外成本，最终导致园区走向衰落，因此基础设施完善与否直接影响跨境服务业园区的建立。其次是资源互补。企业发展到一定阶段会面临资源瓶颈。只有“走出去”，才能更好地分享技

术、管理、人才、信息等资源。不仅可以延伸原有的产业链，还能学习先进的管理经验。更重要的是，我国“世界工厂”的角色并没有完全改变，即使是出口导向的外向型经济也长期沿袭着国内制造、国际流通、留下污染、输出产品的发展模式，这与我国绿色发展的新理念完全相悖，通过跨境来降低居高不下的外贸依存度，重新建立比较优势，成为我国企业主动“走出去”主要的现实动力。最后是文化互补。选址国家和地区与中国的关系是否友好对后续园区运行十分重要。如今疫情反复，世界经济复苏疲软，地区热点问题频发，全球都已经陷入了动荡变革期，因此要争取与关系友好的国家选址建园，像俄罗斯、坦桑尼亚这种国家，对中国企业很友善，发展机会也会更多，发展难度也相应较低。

第四节　海外服务业园区对双边服务贸易的影响研究

一、海外服务业园区对东道国的服务贸易规模的影响

（一）模型设立

贸易引力模型的是在自然物理学的万有引力定律的基础上衍生而来的，具体公式为 $F = G\frac{MA \times MB}{R^2}$。从该公式可知：A、B 两物体质量乘积与引力大小呈现正比关系，但与两物体间的距离的平方呈反向变动关系。廷伯根（Tinbergen，1962）最早将贸易引力模型引入国际贸易分析框架中，并从实证层面研究距离、经济规模与贸易投资的关系。研究结果显示：相同条件下，任意一个国家的国内生产总值对东道国和母国的经贸规模扩大有显著的促进作用，但两个国家的空间距离会负向影响双方的贸易规模的扩大。自此，引力模型便成为经济学者们研究境外投资与双边贸易规模关系的“役马”。该模型拥有较强的数据

可获得性，结论稳健性也较强，研究者可根据自身的研究方向来设定该模型中的影响因素。因此本书将在延伸引力模型基础上探讨海外服务业园区设立作为结构突变条件下，对东道国的服务贸易规模的影响变化。具体模型设定为：

$$lnY_{it} = \beta_0 + \beta_1 Park_{it} + \beta_3 X_{it} + \mu_i + \theta_t + \varepsilon_{it} \tag{5.25}$$

其中，i 是指东道国，t 是指年份，lnY_{it}是指在第 i 个东道国第 t 年的服务贸易进出口额，作为本书的被解释变量，$Park_{it}$为核心解释变量，指的是在东道国是否设立服务业园区，在设立当年及以后均 1，反之为 0；X_{it}是控制变量，包括 GDP（东道国的国内生产总值）、resource（东道国的自然资源租金金额）、FDI（外国直接投资）、information（信息化程度）、TEC（科技竞争力）、θ_t 为控制的年份固定效应。由于东道国分布在世界各地，其文化类别风俗习惯存在显著的异质性，因此本书控制了国家间的固定效应 μ_i，ε_{it}为随机误差项。

（二）变量说明

被解释变量：东道国的服务贸易规模，即样本区间东道国的服务贸易进出口总额。

核心解释变量：海外服务业园区是否建立，以此来探讨海外服务业园区的设立对东道国的服务贸易规模的影响。

控制变量：根据数据的可获得性，本书选择了东道国的资源禀赋、外国直接投资、信息化水平、国内生产总值作为本次研究的控制变量。选用东道国的自然资源租金金额衡量东道国各种生产要素的丰富程度。外国直接投资可以带动东道国经济发展，促进服务出口。国内生产总值来衡量国内收入水平，该指标反映了国内消费者的服务需求及其消费水平。短期而言，收入水平的提升会直接刺激消费，在服务生产效率与技术效率一定的前提下，国际市场供给会大量减少，服务贸易出口额会不断下降。长期而言，消费需求扩大后供给也会相应扩大，国内服务需求会间接推动服务业的蓬勃发展，促进服务贸易出口。信息化水平代表了现代信息通信技术的发展以及网络通信技术的应用水平，能对服务业的发展提供了诸多的便利，有效地提高生产率和出口产品质量。科技竞争力强的国家或地区可以很好地提高产品的附加值，服务产品在国际市场竞争强，服务贸易蓬勃发展。

（三）数据来源

从中国一带一路网获悉，截至2020年在“一带一路”沿线国家中我国已设立服务业园区的国家有12个，分别是阿联酋、比利时、匈牙利、印度、哈萨克斯坦、斯里兰卡、波兰、俄罗斯、塞尔维亚、泰国、越南、吉布提。本章将选择将12个国家作为研究样本，以此探讨海外服务业园区的设立对东道国服务贸易规模的影响。数据主要来自世界银行、联合国贸易数据库，因研究样本中最早建立海外服务业园区的时间是2010年，因此样本区间是2008～2020年。

（四）实证结果及分析

从表5－4中结果可以得到，海外服务业园区的设立对于东道国服务贸易规模影响为正向的，表明海外服务业园区设立有利于东道国扩大服务贸易规模。中国服务业园区“走出去”给当地丰富资金、技术、人才、管理经验，能提供比原先产地更好的服务，不仅能刺激东道国消费者需求，让东道国消费者改从境内新建分公司购买服务，还能满足周边邻国以及国际市场的服务需求，将扩大东道国的服务贸易出口。

表5－4　设立海外服务业园区对东道国服务贸易规模影响

变量	系数
Park	0.77 ** (0.23125)
FDI	0.10001 *** (0.03062)
GDP	－0.3273459 *** (0.06025)

续表

变量	系数
Resource	0.0594188*** (0.01925)
Information	-3.829877*** (0.96442)
Tec	1.3761** (0.17144)
YAER	YES
COUNTRY	YES
Constant	7.9852*** (0.56375)

注：***、**、*分别表示在1%、5%和10%的水平下显著，括号内为标准误。

而控制变量FDI、Resource、Tec都对东道国服务贸易规模扩大有促进作用，GDP和information则对东道国服务贸易规模产生抑制作用，这主要是东道国信息技术发展缓慢，在综合运用和处理信息方面的能力较弱，不能较好地利用现代信息网络技术提升产品的技术含量，导致高技术产品的出口占比较小。而GDP抑制了服务贸易规模的扩大可能是因为GDP代表了区域经济发展基础，这些"一带一路"沿线国家基本都属于发展中国家，经济相对较为落后，服务产品的需求自然低迷，出口产品也多为加工制造类，因此GDP通过1%显著性检验，对东道国服务贸易规模的扩大呈抑制作用。

二、海外服务业园区对中国的服务贸易规模的影响

（一）设定时间序列模型

在获取的时间序列数据基础上，本书构建多元线性回归模型对服务业园区"走出去"对中国服务贸易规模的影响进行实证分析，服务业园区是否"走出去"和中国服务业贸易进出口总额分别为模型的核

心解释变量和被解释变量，其他影响中国服务贸易规模的因素视为控制变量加入模型中，具体模型设置为：

$$SS_t = \beta_1 + \beta_2 SOFDI_t + \beta_3 X_t + \varepsilon_t \tag{5.26}$$

其中，t 代表时间，β_1 为常数项，SS_t 代表服务贸易规模，$SOFDI_t$ 表示中国对“一带一路”沿线国家的服务业直接投资，X_t 代表选择的若干控制变量，包括服务业对外直接投资（SOFDI），科技水平（TEC），服务业生产总值占比（SGDP），服务业就业人数占比（SHR），人均国内生产总值（AGDP），ε_t 是随机干扰项。

（二）变量说明

被解释变量：中国的服务贸易进出口总额（SS）是服务贸易规模的代理变量。

核心解释变量：中国对“一带一路”沿线国家服务业直接投资额（SOFDI）是海外服务业园区“走出去”的主要形式之一，因此将 SOFDI 作为中国服务业企业“走出去”的代理变量，来探究中国对“一带一路”沿线国家服务业直接投资额与中国服务贸易规模的关系。

控制变量：TEC 是代表着科技水平，主要用高技术产品占制成品出口的百分比来衡量。SGDP 代表着服务业生产总值，鉴于数据可获得性，本书选择了第三产业增加值占 GDP 的比重来衡量。AGDP 是人均国民生产总值，用来衡量国内人民的收入水平。该指标反映了一国的消费者对服务产品的需求与消费水平。

（三）数据来源

由于“一带一路”沿线国家中最早设立的服务业园区的时间是 2010 年，因此本书的样本课题期设置为 2008 ~ 2020 年。数据主要来自国家统计局、中国统计年鉴、中华人民共和国商务部、中国外汇管理局、世界银行、联合国贸易数据库。

（四）平稳性检验

由于时间序列模型无法直接进行回归，必须先对原始数据进行平稳性检验，规避“伪回归”问题，同时对模型中的数据统一进行对数处理，避免可能存在的异方差问题（见表5－5）。

表5－5　平稳性检验

变量	T值	1%显著水平	5%显著水平	10%显著水平	结论
LNSOFDI	2.726***	2.660	1.950	1.600	平稳
LNTEC	4.35***	3.750	3.000	2.630	平稳
LNSGDP	3.014**	3.750	3.000	2.630	平稳
LNAGDP	4.8***	3.750	3.000	2.630	平稳

注：***、**、*分别表示在1%、5%和10%的水平下显著。

（五）实证结果分析

由表5－6可知，在样本课题期间，中国对一带一路沿线国家的服务业直接投资对中国服务贸易规模的影响通过了1%的显著性检验，有显著的正向促进作用。可能原因如下：第一，海外园区的建立在新的地区将开拓新的市场空间，由此扩大了东道国对国内企业的服务需求，促进了国内服务出口；第二，园区内的企业发挥着信息传导作用，能实时地为国内服务企业传递东道国市场动态，将国内生产者和东道国消费者紧密联系起来，增强双向联系，有效降低交易成本；第三，国内服务型企业通过对外直接投资在海外投资建厂会引起大量的生产要素（资本、劳动）流动，将催生东道国在信息传输、资金流动、技术支持等方面的服务需求。

表5－6　回归结果

变量	相关系数
LNSOFDI	0.0465*** (0.00883)
LNAGDP	0.711*** (0.0595)

续表

变量	相关系数
LNTEC	-0.342*** (0.0688)
LNSGDP	0.269*** (0.122)
Constant	0.573*** (0.0975)
R - squared	0.997

注：***、**、*分别表示在1%、5%和10%的水平下显著，括号内为标准误。

从其他控制变量来看，服务业增加值占比和人均GDP均能促进服务贸易规模扩大，但科技水平比较特殊，对中国服务贸易规模扩大表现为抑制作用。这主要是因为当前我国的科技创新水平无法满足人们日益增长美好生活需要，产品的附加值虽有一定程度的增加，但在国际市场竞争力仍然较弱。

第五节 海外服务业园区合作模式案例分析

一、吉布提国际自贸区①

（一）园区基本情况

1. 园区建设背景

吉布提位于东非之角，地理位置优越，可以有效带动北非、中非和东非等地区协同发展，发展潜力巨大。吉布提总统盖莱2012年到蛇口参观时曾明确表示，深圳—蛇口发展模式对于吉布提建设自由贸易

① 中国境外经贸合作区网：《吉布提国际自贸区》，中国一带一路网，2021年7月16日，https://www.yidaiyilu.gov.cn/xwzx/swxx/hwwg/180424.htm。

区有很好的借鉴价值，希望能顺利将深圳—蛇口模式引进吉布提，助力吉布提实现从港口城市—工业地带—综合型大都市的转变。次年，中国招商局对吉布提港口进行了股份收购，并携手亿赞普集团、大连港集团开始建设吉布提国际自由贸易区，正式在吉布提实施“蛇口模式4.0”。在吉布提2014年所发布的“2035年愿景”中明确表示吉布提的发展定位是地区性的航运港口和商业中心，而吉布提国际自由贸易区的建设便是实现这一目标的首要条件。2017年1月吉布提国际自由贸易区正式开工，计划建设面积为48.2平方千米，整个建设过程遵循“统一规划、协同管理、集中开发、分步实施”的原则。整个建设用时为一年半，2018年7月正式交付使用。其中综合服务中心、办公楼、酒店、海关楼于2019年11月正式开业运营。吉布提国际自贸区内集聚的产业主要是以下四类：（1）途径埃塞俄比亚的物流集散业务；（2）面向非洲市场的商品集散中心；（3）低附加值的出口加工；（4）以办公、住宅、酒店为主的商务配套服务。①

2. 基础设施

吉布提国际自贸区规划总面积48.2平方千米，是吉布提国土面积的10%。首发区根据功能定位可以分为两大类，分别是商贸物流园和出口加工区：商贸物流园，主要以开展保税仓储物流业为主，包括4万平方米的现代化仓库、6.5万多平方米的堆场等配套设施，吸引并整合来自不同地区的不同货物，再利用商品集散业务，为入园企业提供定制的存储、区港运输、装卸等全套物流服务，将吉布提国际自贸区打造成东非地区贸易集散中心；出口加工区，发挥着加工制造中心功能，不断吸纳劳动力，解决吉布提的就业难题，加速推动吉布提的工业化进程。

（二）管理运营模式

在学习和借鉴经济区开发建设经验的基础上，中国招商局根据

① 《吉布提国际自贸区》，中国国际贸易促进委员会，2022年8月23日，https://oip.ccpit.org/ent/parks-introduces/67。

“一带一路”沿线国家的发展模式有针对地对“蛇口模式”进行了升级改造，努力将经济合作渗透到其他各个领域，形成一种全方位、深层次的战略合作伙伴关系，实现互惠共利的目的。所谓“蛇口”模式，又称“前港—中区—后城”组合模式，是一种港口、园区、城市融合发展的综合开发方式。该模式以港口先行、园区跟进、配套城市功能开发，最终实现整体联动发展。该模式的合理之处在于以自由贸易区为产业集聚平台，构建了以港口城市为核心的产业体系，通过以港口贸易和商贸物流网络辐射带动城市发展，不断丰富完善城市功能，增强港口城市与自由贸易区的比较优势。吉布提地理位置十分优越，南苏丹、乌干达以及埃塞俄比亚均是其重要的经济腹地，物流运输业发展条件齐全，吸引了不少外来资本流入。因此，招商局将吉布提定位为“东非的新蛇口”。2012 年，中国招商局与吉布提政府达成了共建自由贸易区的意向，开始正式注资吉布提，深圳蛇口模式也在逐渐应用到吉布提港口中。随着港口城市升级改造、自由贸易示范区开发等配套建设日趋完善，吉布提的经济结构在不断调整优化中也逐步形成了相对完善的自主发展体系。

1. 港口先行

将港口城市作为项目开发节点。项目开发过程中最重要的是项目节点的选择。在吉布提，招商局和吉布提政府共同建设了多哈雷多功能新港 DMP（Doraleh Multi – purpose Port），并以此为关键节点打造了一个便捷、畅通的物流枢纽，为来日大型船舶停泊与集中货物转运打下了坚实的基础。在招商局投资入股吉布提港口后，遵循现代经营管理念，双方合资注册了吉布提港口有限责任公司，即 PDSA。其中吉布提政府投资 6.02 亿美元，占股 76.5%；招商局投资 1.85 亿美元，占股 23.5%[①]。原先的吉布提公立港口机构（PAID）正式转型为股份合作制的私营公司，这意味着吉布提港口已经步入了企业化与市场化运营的阶段。在港口建设初期，缺乏科学规划与合理设计，吉布提的旧

① 招商局集团：《复制蛇口综合开发模式 盘活升级吉布提港口运营发展》，中国一带一路网，2022 年 12 月 8 日，https：//www. yidaiyilu. gov. cn/zsj/xmfc/282833. htm。

港与该地的居民住房区混杂交错，旧港的改造关系到房屋拆迁、土地整备等一系列连锁工作，由此增加了开发的难度与改造成本。因此招商局与吉布提政府决定重新选址建立一个全新的港口。

2. 园区跟进

以自贸区为载体吸引产业集聚。随着吉布提新港口建设成效逐渐凸显，吉布提政府向招商局表达了希望进一步合作的意愿。2015 年 3 月，吉布提政府与招商局正式签订了《吉布提自贸区项目合作框架协议》，建设吉布提自由贸易区的计划被提上日程。次年，招商局与吉布提政府进一步签署了《吉布提自贸区项目投资协议关键条款协议》，进一步完善了吉布提自由贸易区的规划框架。2016 年 11 月，在招商局的主持下吉布提港口、自贸区管理局与大连港共同签署了《吉布提自贸区项目投资协议》。此协议规定自贸区的建设面积为 48.2 平方千米，预留发展空间为 30.9 平方千米。其中，商贸、物流、存储、出口加工、金融配套用地最低规划面积为 2.4 平方千米，投资金额约 4 亿美元。2016 年末，吉布提正式开始施工建设，整个工期耗时一年半，于 2018 年 7 月开园运行。重点围绕物流运输业、商业、加工制造业。

3. 港城融合

围绕城市发展制定产业发展方向。城市建设不仅是产业发展的自然延伸，还是港口与城市深度融合，营造经济持续增长生态的前提。此处的城市是在旧港口基础上进行改造的城市。招商局在正式入股投资吉布提港口后，强调吉布提旧港已经没有可拓展的发展空间，因此在旧港基础上进行改造只会累积更多沉没成本，因此退港还城便成为吉布提港口转型的最佳路径。招商局将旧港所在区域划定为高级办公商务功能区，以此展开港城融合与城市配套建设。2018 年 9 月，我国政府与吉布提政府正式签订了《吉布提老港改造项目合作谅解备忘录》，宣布将旧港的运输业务转移至新港，充分发挥招商局在园区综合开发运营服务方面的专业优势，对旧港进行城市化改造与开发（见表 5 -7）。

表 5 –7　　吉布提国际自贸区“蛇口模式”

区域	模式
前港	建设一个全新的现代化深化港口，以此满足吉布提日益增长的物流运输需求
中区	为吸引加工制造型企业入驻吉布提，在港口的后方建设一个包括商贸物流园和出口加工区的自由贸易区，主要承担吉布提的贸易往来与日常生产
后城	在旧港原址积极发展第三产业，建设新的商业中心

资料来源：根据资料整理绘制。

（三）园区发展存在的问题

1. 规划建设不合理

吉布提自由贸易区在最初投资设计时，园区的投资方更多考虑的是规划、建设、运行的部分环节，但对整体园区经营管理缺乏深刻的认识。当前，我国在“一带一路”沿线国家和地区设立的服务业园区的建设与运营基本上已达到了专业化分工、机械化操作的水平。但吉布提自贸区更多依靠人工劳动进行作业。而中企在投资海外服务业园区时，偏好于沿用国内的园区建设模式，但对于非洲国家而言，过高的厂房和仓库建设标准会提升项目造价，脱离当地操作的实际，影响园区的正常运营。

2. 文化距离问题

我国与非洲国家在政治、经济、文化、社会等诸多方面均存在极大的差异。国内的园区建设经验在非洲土地上无法实施，运行环境的异质性产生的诸多问题，中资企业目前缺乏合理的解决方法。当前，中资企业在非洲国家的园区建设仍处于“摸着石头过河”的阶段，经验积累不足，且缺乏可借鉴的经验。如何融入东道国的社会环境，拉近与东道国的文化距离，实现真正的国际化发展还需深入研究。

3. 融资风险问题

非洲国家普遍存在金融市场不健全、融资难度大、行政审批复杂等问题，导致中企在非投资项目很容易陷入融资窘境。在吉布提自贸区建设初期就深陷融资难的泥潭中，甚至影响了工期进度与园区正常运行管理。虽然当前非洲国家和地区的融资环境在不断优化中，但融资问题仍时常困扰中资企业，影响园区正常经营。

二、匈牙利中欧商贸物流合作园区①

（一）园区基本情况

1. 发展背景及历程

中欧商贸物流园区是根据我国商务部统一部署，按照“一区多园”的模式，在欧洲设立的首个国家级商贸物流型海外园区。从商务部获悉，该园区由山东帝豪国际投资有限公司独资建设和运营管理，计划投资总额为2亿欧元，建设总面积为479 500平方千米。到2021年1月为止，已建成匈牙利中国商品交易展览中心、切佩尔港物流园以及德国不来梅港物流园，成功搭建起商品贸易和物流运输两大公共服务平台，为进军欧洲的中国企业以及经营中国产品的欧洲企业提供完善、优质的公共服务。

中欧商贸物流合作园区设立地点为匈牙利首都布达佩斯市，距离首都国际机场仅35 000米，距离布达佩斯市中心15分钟路程，紧邻交通枢纽M3高速公路。匈牙利地理位置优越，处于整个欧洲的中心位置，紧邻着罗马尼亚、乌克兰、塞尔维亚、斯洛文尼亚等国家，是东欧与西欧的交汇集中地，海陆空运输网络均十分完善，控制着巴尔干地区通往欧洲腹地的必经之路，对中国企业在欧洲进行商品流通与货物运输有着重要的意义。一般而言，我国的商品运输路线是：经过希腊的比埃雷夫斯港口，在此港口对货物进行分类后，通过匈牙利至塞尔维亚铁路进入匈牙利，再在匈牙利进行中转，将货物以辐射式流通方式中转至其他各个欧洲国家和地区，因此匈牙利园区设立对中国企业进入欧洲市场发挥着至关重要的作用。

2. 规划与建设情况

（1）产业定位：中欧商贸物流合作园区根据“合理论证、统筹规

---

① 中国境外经贸合作区网：《中欧商贸物流合作园区》，中国一带一路网，2021年7月1日，https：//www. yidaiyilu. gov. cn/xwzx/swxx/hwwg/178900. htm。

划；逐步实施，动态调整；协同联动，合作双赢；营造品牌，树立形象；一区两园，双地展销；内外联动，双向代理”的建设方针，以整合、扩张、收购的方式，为入驻园区的中欧双方企业搭建了集聚信息加工、仓储、配送、流通、通关功能的综合商贸物流平台，形成了以商流、物流、资金流为核心的跨境商贸物流纽带，以整体营销的方式拓宽了我国企业在欧盟的传统市场，加深了国际化、中欧多元化的文化交流，深化了中欧、中匈的双边合作伙伴关系。如今，中欧商贸物流合作园区的企业入驻率已经超过了70%，截至2020年，园区整体的物流强度能力已经达到200万吨/平方千米·年，带动货物进出口贸易额约22亿美元，是中欧各国商品贸易往来的重要载体①。

（2）空间布局：整个物流园区占地总面积为75万平方千米，建筑面积为48万平方米。目前已完成开发面积9.87万平方米，实现了在匈牙利首都布达佩斯建成中国商品交易展示营销中心、“切佩尔港物流园”与“不来梅港物流园”的“一区两园”的规划目标。

（3）基础建设：截至2020年，中匈两国在中欧商贸物流合作园区的基础设施建设方面已投入6.95亿美元，制定了75万平方米和48万平方米的建设规划与设计。当前匈牙利中欧物流园区已经购买或租用的土地达到19.37万平方米，其中，中国商品交易展示营销中心的3 060个国际标准展位占地面积为2.5万平方米；切佩尔港物流园建筑面积1.65万平方米，海外仓储面积1.6万平方米，办公面积0.1万平方米；德国不来梅港物流园建筑面积2.1万平方米，全部用于海外仓储。整个园区的供电、供暖、信息网络等设施配套齐全，所有的基础设施均能满足入驻园区的配套需求。

（4）运营服务：根据园区商品贸易和物流运输业务的发展趋势，匈牙利中欧商贸物流合作园区充分整合了中匈两国政府管理服务资源，制定了《中欧商贸物流合作园区服务与管理制度》手册，为入园的每一个员工都办理了入园投资手续，为园区入驻企业提供完善的投资、

① 胡彦伟：《我国境外综合商贸园区转型升级的实证研究》，载于《建筑机械》2020年第8期：第12～16页。

运营、管理等配套服务。主要包括：①为入驻园区的商贸物流企业提供免费的政策咨询、产品推介服务，内容主要涉及匈牙利及欧盟商品贸易规则、融资政策以及贸易企业经营管理政策；②为入驻园区的企业免费提供企业注册、行政审批等咨询服务，帮助入驻园区的企业招聘本地员工、办理中方员工签证、举办人才交流与培训会议；③为入驻园区的企业提供优质的租赁服务和经营配套服务，为入驻园区的企业提供生产经营和员工的工作生活等各类医疗救治等咨询服务，帮助入园企业的员工办理个人医保、医疗费用结算等社会保障；④为预防和应对突发事件，提供应急服务。

3. 园区发展定位

匈牙利中欧商贸物流合作园综合考虑当前中国商品在欧洲市场的营销竞争力，为牢牢把握中国产品在欧洲市场的定价主导权，正在逐步筹划建设集合了营销商品、推广品牌、制造加工、物流运输等功能于一体的海外营销中心与市场网络格局。以整体销售的方式巩固欧盟传统市场，顺利进军中东欧新兴市场，提升中国产品整体形象。

（二）管理运营模式

匈牙利中欧商贸物流运输园区以“一区两园，双地展销；内外联动，双向代理”模式进行运营管理，在中国和匈牙利两地均设置了商品展示交易中心和加工服务园区。通过一个商贸中心（中国商品交易展示中心）和两个物流园（切佩尔港物流园和不来梅港物流园）初步建成了覆盖欧洲大部分国家和中国主要城市的高效、便捷的物流运输网络体系，形成了以现代物流配送中心和高效信息管理系统为支撑的商贸物流型园区雏形。利用“一区两园”这一独特优势，为在欧的中国企业提供高效率、低成本、易操作的贸易物流公共服务，促进中国与欧洲服务贸易往来更上一层楼。

1. 构建配套服务增值体系

在运营形式上，以一种具有完备供应链的配套增值服务体系的全新营业运行模式，将匈牙利中欧商贸物流园区打造成中企“走出去”的海外服务贸易载体，将商品交易展示中心视为营运模式的驱动传导环节，将分拨中心视为推动营运模式的物流网络，将服务视为保障园区运营的基本构成，通过现代物流运输手段，与欧洲龙头物流公司携手，学习和借鉴顶级物流公司运作方式、管理理念和市场拓展方式，为中资物流公司打入欧洲市场，进入商贸物流园区建设新的物流中心打下基础。同时，为入驻园区的企业提供入园“一站式”服务，承包货物提取、商品报关检疫、物流运输、集中仓储、跨境金融等服务，吸引更多中资企业理性、有序、集中式的“走出来”，充分发挥产业集聚效应和规模经济，改变中资企业的无序、分散、盲目的状态，有效化解国际化运作风险与成本，发挥海外服务贸易载体和平台作用。

2. 多元化营销渠道

当前国内多家知名企业已经入驻匈牙利中欧商贸物流园区，这些企业凭借着雄厚的资金积累，在欧洲多国都已经成立了分公司，试图通过开设中国品牌体验馆的方式在欧洲市场上重新树立甚至是创造一个中国制造的新形象。作为园区营销模式的首批受益者，园区内的企业如今借助着物流园区这个平台，正在努力拓展营销渠道，为后续进入欧洲市场的中国企业打好“头阵”。通过线上推广的方式，宣传“项目中心搜索”功能，为园区内的企业寻找潜在的合作伙伴，在园区内企业间形成一种稳定的代理或者经销关系，构建中国商品实体展厅的线上载体。在中国商品交易展示中心内开展商品展销活动，形成一种集展示销售、营销接单、品牌推广、加工制造、物流运输等一体的营销渠道与贸易平台，强化中国与匈牙利之间的服务贸易与人文交流，提升中匈双方的旅游消费水平。

（三）园区发展存在的问题

1. 园区基础设施不完善

自金融危机爆发以来，匈牙利就业形势十分严峻，国内经济形势不容乐观。与基建水平较高的发达国家而言，匈牙利缺少资金和经验支持，而跨境物流运输成本大部分来自运输路途的长短，若无法及时衔接，容易导致不必要的经济损失和物资消耗。

2. 园区法律法规不健全

当前，双方政府很少出台关于中欧商贸物流园的法律法规，地方政府、园区管理委员会以及入驻企业之间权责不明晰。中企在走出国门时缺少相应的法律制度支撑和保护，园区的合法权益易受到不法侵害，这不仅会造成无法挽回的经济损失，还会对园区观望的企业产生一种向外的推力，使得原本决定入驻园区的企业产生一种焦虑的负面情绪，造成项目流程迟缓甚至是合作进程中断。

三、中哈霍尔果斯国际边境合作中心

（一）园区基本情况

1. 园区发展背景及历程

作为我国与其他国家建立的首个海外产业园区，中哈霍尔果斯国际边境合作中心（以下简称中哈边境合作中心）是上海合作组织框架下区域合作的先行区。中哈边境合作中心是集合加工制造、物流运输、金融中介、旅游观光等功能于一体的综合性国际贸易合作区。近些年，该合作中心在项目投资、商贸洽谈、作品展示、物流运输、商业服务、商务休闲等方面取得了傲人的成绩，通关便利化进程大大加快，也促进了中哈双方物流运输业与旅游业的发展。这对未来建设“一带一路”的商贸中心、加工制造中心、金融服务中心、物流运输中心、娱乐休闲中心，促进中国与“一带一路”沿线国家进行深层次的经贸交流与产能合作具有重要的战略意义。

中哈边境合作中心占地总面积为 5.28 平方千米，其中中方占地区域为总面积的 64.96%，哈方占 35.04%。2006 年 6 月，正式动土开工，2012 年 4 月正式封关运营。整个经贸合作区投资总额约 300 亿元，已有 30 个重点项目入驻，其中苏新中心、义乌商贸城等 10 多个投资超亿元的商贸综合体已经建成，总投资超过 60 亿元，吸引了中哈两国以及周边邻国约 4 000 家商户入驻，区内“境内关外”的扶持政策与“一线放开、二线管理”管理方式使得物流运输、商品贸易、保税加工迅速发展。

2. 发展特点

如今中哈边境合作中心已经具备成为新疆自由贸易试验区的基本条件，其发展态势良好，整体呈现出通关便利、产业集聚、功能完善、金融畅通的发展特点。具体表现在以下四个方面：首先是通关便利方面。采用脸部识别与指纹自助查验结合的方式拓展通行证申办渠道，延长通关开放时间，有效提高了通关效率。其次是产业集聚方面。合作中心通过招商引资引进了30个重点项目，与这些重点项目相关的企业也已经入驻园区，现已初步发挥产业集聚与规模效应。再次是园区监管保障功能方面。合作中心不断加强基础设施、智能化自助设备和信息互联网监管平台建设，有效提高了内部监管水平。最后是在金融畅通方面。中国银行、中国农业银行、中国工商银行、中国建设银行等多家国有商业银行已入驻中哈边境合作中心，并已经开始试行营业。这意味着中哈边境合作中心是我国唯一一个开展国际投融资和进出口业务的境内离岸人民币试点地区。

（二）管理运营模式

1. 优化消费环境

边境合作中心构建了新疆第一个产品质量溯源体系，消费者可以通过微信扫码、互联网查询等方式来了解商品的基本信息，以此来鉴别产品的真伪。同时，对假冒伪产品采取零容忍的态度，开展打假专项整治活动，对当前中心已运营的10个市场的1 300余商户旗下的服饰、电器、化妆品等类产品进行质检，并引入第三方商品质量鉴定机构（广州纽汇商品信息咨询有限公司）参与商品质量评估，倾力建设一个消费体验感极佳的国际免税购物中心。

2. 倡导贸易便利化改革

借鉴自由贸易试验区、自由贸易港的通关经验，中哈两边海关借用物理围栏对中哈边境合作中心进行全封闭管理，实现“一线开放、二线管控”效果。合作中心内的车辆、货物均可以无障碍流通，铁路、公路等口岸实行24小时通关机制，海关部门与检验检疫部门实行一站式申报、检验、通行，通过多窗口办理证件、人车分流通道、改造升级核验设备等多种方式提高通关效率。主动进入边境合作中心区的中资企业可享受特殊的优惠税收政策，可以对中哈双方的建设物资和自用设备免税。除此之外，霍尔果斯区域优惠政策同样适用于中心内部的企业。2010 年所发布的《新疆困难地区重点鼓励发展产业企业所得税优惠目录》规定在霍尔果斯实行注册的新企业均能享受“五免五减半”的税收优惠，所有入驻中心的企业在获得第一笔生产经营性收入所属纳税年度起，5 年内享受企业所得税减免福利，5 年后享受税收减半优惠，而且地方留存的 50% 的税收也会通过奖励和减免的方式返还给企业。而哈方也通过设立《经济特区法》在合作中心内部实行自由保税区制度，在中心区域内部的企业可以减免 20% 的所得税、1.5% 的土地税、0.05% ~1% 的财产税、100% 的短期土地租赁费。

3. 加快金融服务业开放

中哈边境合作中心充分发挥国家级跨境人民币创新业务试点优势，全力建设跨境金融服务中心，吸引大量的新兴金融业态聚集，不断开拓面向周边各国尤其是中亚地区的医疗、教育、会展、跨境电商、免税购物等新业态，降低合作区内的企业制度交易成本，投资便利化程度不断提高。

4. 倡导旅游消费

边境合作中心因其优越的地理位置，在国际旅游方面拥有得天独厚的优势。为此，中哈合作中心大力塑造 21 世纪丝绸之路旅游品牌和国际旅游集散地。为强化边境合作中心内的免税商店的运营管理，专门构建了旅游诚信体系机制，经过准入、备案、官方认证等程序对合作区内的免税商店进行诚信评估。加大旅游奖励补贴，包括组团奖励、旅游包机奖励、旅游专列奖励、跨境旅游奖励，刺激内地游客的旅游消费。放宽入境限制，中哈两国公民无需通过签证办理通道，仅凭借护照或者出入通行证便可自由出入，进行免税商品采购或开展商贸活动。同时开通多条证件办理通道，引进“脸部识别与指纹录入”自助查验设备，搭建物联网监管平台，实行旅客区内分流自助通关，普通游客或者商务人员均可以在合作中心内停留一个月，若在此期间需要离开中心只需经过再次查验后便可进入，为旅客们提供方便快捷的通关服务。

5. 发挥中心辐射带动作用

自成立以来，边境合作中心充分利用“一带一路”核心地区的优势，以共商共建共享为中心发展的首要原则，坚持“走出去”与“引进来”并济，不断拉近与沿线国家和地区的文化距离，倡导边境贸易集约式发展，采用“规模、集中、有序”的模式取代“量小、零散、紊乱”的发展模式，切实提高双边国家人民的生活质量，逐步实现稳定双边贸易、安定双边人民生活的效果。同时，大力推进离岸金融服务改革和税收政策优化，吸引更多内地游客与资本流入。

（三）园区发展存在的问题

1. 合作意愿不强烈

中哈两国于2004 年已签署了设立“霍尔果斯国际边境合作中心”的相关协议，但在开工建设过程中，中哈双方的积极性呈现显著的差异。中方一直在积极主动地推进合作中心建设，在基础设施规划和建设方面都已经取得了显著的成效，运营状况良好。但哈方区域内的基础建设进程特别缓慢，近乎停滞状态，直到 2012 年才逐渐启动建设。在全球经济低迷和合作中心建设周期长、投资回报慢的双重影响下，哈方建设合作中心的积极性逐渐被消磨，而且哈方虽然拥有丰富的自然资源，但轻工业一直处于落后状态。哈方为保护和扶持本国的轻工业，倾向于抵制中国的商品与服务，合作中心的建设意愿并不强烈。

2. 园区法律法规欠缺

到目前为止，中哈两国政府就中哈边境合作中心特别签订的双边协议只有三个，分别是《中华人民共和国政府和哈萨克斯坦共和国政府关于霍尔果斯国际边境合作中心活动管理的协定》《中华人民共和国政府和哈萨克斯坦共和国政府关于建立霍尔果斯国际边境合作中心的框架协议》以及《中华人民共和国政府和哈萨克斯坦共和国政府关于霍尔果斯国际边境合作中心活动管理的协定修订议定书》。但从内容而言，这三个协议规定的条例都特别宽泛，属于框架性的法律条文，缺乏针对性、具体的规定，过于原则化，缺少外部的强制力和约束力，双方善意履行成分占绝大部分。同时根据《框架协议》的规定，中哈双方在合作中心所占区域是由两国各自授权的管理机构，在双方国家现行的法律约束下进行司法管辖与行政管理。因此，中哈双方没有联合出台专门的跨境经贸合作中心的法律，一直都是通过政策文件来约束、管理跨境经贸活动。但这些政策文件的易变性会间接增加跨境贸易往来的风险与管理成本，也正是因为合作中心的立法还处于起步阶段，管理机制有待完善，发展方向不太明确，许多企业对此保持观望态度，缺乏集聚动力，这将给中哈跨境经济合作带来一定阻碍。

3. 合作中心的功能受阻

中哈边境合作中心的一大功能就是旅游休闲，其客源主要来自中方。但要吸引中方游客需要先满足 2 个条件。首先，激发旅游需求。抱着对合作中心的好奇心来参观整个园区的建设。其次，购物消费需求。在哈方的免税店中购买奢侈品与一些周边邻国生产的日用品等。但鉴于哈方所承诺的酒店、游乐场、博物馆都未建成，中方游客只能在基础游乐上创造较少的附加值，无法实现预期的收益。更重要的是商贸洽谈、加工制造等功能也受到了一定程度的约束。最后入驻霍尔果斯合作中心进行采购的商户一般是住在霍尔果斯附近的普通小商贩，由于轻工业落后，他们更倾向于采购纺织品、免税的日用品等附加值偏低的制造品，多数经贸往来都是以中小微民企为主，集聚规模效应无法充分发挥，整个合作中心的抗风险能力也偏弱。

第六章

“一带一路”推进中综合型园区“走出去”的合作模式研究

第一节　引言与文献综述

一、引言

“一带一路”自2013年提出以来，经过8年的发展，已经取得丰硕的发展成果。截至2022年2月，已有148个国家和32个国际组织同我国签署了200余份共建“一带一路”合作文件。然而，当前局势下，我国对外面临来自逆全球化的产业冲击，对内面临发展速度放缓、国内供给满足不了国内多样化需求、产业结构急需调整升级等问题。国际市场也面临经济复苏缓慢，发展分化，国际金融危机深层次影响继续显现等问题。为此，深化“一带一路”合作机制，打破各国经济发展壁垒，提高贸易顺畅度，提高生产要素、产品的流动效率，深化各国经贸合作，实现“共赢”成为各国日益追求的目标。对于我国而言，我国经济结构处于整体性升级状态，低端生产逐渐被市场淘汰，高质量新型产业受到市场青睐，原有的单一产业园区已不能迎合市场需求。为此，建设海外综合型园区，通过集聚企业，开展协同创新，降低企业间交易费用，实现多产融合，促进互补性强的产业园区发展，推动园区“走出去”，实现区域经济的规模化、范围化、循环化发展，促进区域城市和国家的经济增长已成为各国实现经济发展的重要手段。此外，在“一带一路”推进中，发展海外园区建设成为我国与沿线各国合作的重要名片（叶尔肯·吾扎提等，2017）。进一步地，通过建设海外园区，能够增加我国的国际实力和国际地位，提升国际影响力。

2021 年，我国对“一带一路”沿线国家投资合作稳步推进。1～11 月中国进出口贸易额达到 54 605. 55 亿美元，同比增长 30. 86%，其中出口增长 30. 72%，进口增长 31. 04%。以区域来划分，1～11 月我国与亚洲国家的进出口贸易额为 27 599. 95 亿美元，同比增长 28. 73%。与东盟国家进出口贸易额为 7 884. 51 亿美元，同比上涨 29. 24%。与欧洲进出口贸易额为 10 622. 16 亿美元，在中国进出口总额中占比为 19. 45%。与欧盟进出口额为 7 480. 33 亿美元，在中国进出口总额的占比为 13. 70%。与非洲国家的进出口总额为 2 291. 67 亿美元，排名前三的分别是南非、尼日利亚和安哥拉，实现贸易进出口额为 495. 24 亿美元、232. 74 亿美元、202. 65 亿美元。与北美洲进出口贸易额为 7 570. 61 亿美元，同比上涨 30. 03%。与美国进出口贸易为 6 825. 73 亿美元，在中国进出口总额中占 12. 5%。与拉丁美洲和大洋洲的贸易总额分别为 4 078. 09 亿美元、2 424. 19 亿美元。中国与“一带一路”沿线国家的进出口贸易额为 16 086. 95 亿美元，同比上涨 32. 41%，在中国进出口贸易总额中占比高达 29. 46%。1～11 月，我国企业对“一带一路”沿线国家非金融类直接投资 179. 9 亿美元，同比增长 12. 7%。在沿线国家承包工程完成营业额 766. 5 亿美元，同比增长 8. 2%。在疫情背景下我国对“一带一路”沿线国家的进出口展现出强大的韧性和活力。

二、文献综述

（一）综合型园区发展内涵

国外最早提出产业园区概念的是英国经济学家马歇尔，他认为产业园区是指大量种类相似的中小企业在特定地区集中作业，形成以产业集群为特征的“产业区现象”。此后德国经济学家韦伯提出工业园区概念，即由一个国家或地区的政府根据自身经济发展的内在要求，通过行政手段划出一块土地，聚集各种生产要素，形成现代化产业分工协作生产区。美国欧纳斯特教授提出生态工业园区，美国卡斯特教授提出高新科技园区，美国布鲁金斯学会提出创新园区。可见国外学者对产业园区的概念内涵经历了产业园区、出口加工、工业园区、生态工业园区、高新科技园区、创新园区六个阶段。

国内有关产业园区的设立最早可追溯到 1979 年深圳蛇口工业园区的建立，这标志着中国第一个劳动密集型制造业低端产业加工工业园的诞生。到 1988 年，以高新技术为基础，从事一种或多种高新技术及其产品的研究、开发、生产和技术服务的知识密集、技术密集的企业集合的高新科技产业园概念产生。此后国家新区、文化创意产业园区、物流服务产业园区、生态农业、低碳产业园区、自由贸易试验区等更多产业园区类型相继出现。

中国商务部从境外经贸合作区所从事的业务角度认为，境外经济贸易合作区是指中国境内注册，具有独立法人资格的中资控股企业，通过在境外设立具有集聚和辐射效应的产业园区。孙兆杰等在《综合型产业园区规划研究与实践》一书中提出，综合型产业园区的内涵是指在国家产业持续发展和转型升级的战略指引下，政府通过行政手段划出一片区域，在该区域内聚集各种生产要素，由核心主导产业引领，服务产业与支撑产业配套，从而形成门类齐全，科学合理的综合性产业园。综合型产业园区中“综合型”的核心要义：第一，“综合型”体现在产业集聚发展的综合，重点体现产业融合的综合性；第二，“综合型”体现在生产要素集聚发展的综合，包括资源、人才、资金、信息以及企业家才能等要素的集聚发展；第三，“综合型”体现在产业园区的可持续性与自生能力发展的综合，具体表现为企业间可降低运输成本，提升市场竞争效率。针对综合型产业园区的分类，孙兆杰从我国实际角度出发，将我国综合型产业园区分为高新科技产业园、物流服务产业园以及文化创意产业园。其中，高新科技产业园是指高科技与现代产业完美融合的产业园，表现为区域一体规划，将工业整体思想系统贯穿于园区的工业生产、居民生活等各个方面，破除原有低端产业价值生产，极大提高园区全员劳动生产要素效率，将高新科技融入园区结构生产，使产品达到高附加值、高质量以及生产的高效益。物流服务产业园区是指将多种物流设施和不同类型的物流企业在空间上集聚于某一地，相互协作、联合开展城市居民消费、就近生产、区域生产组织所需要的企业生产和经营活动。文化创意产业园是指以文化为主体的产业园，通过塑造文化形象对外界产生吸引力，是一类集交易、生产、居住、休闲于一体的多功能园区。张书（2011）则指出，文化创意产业园区主要以创意为生产活动，文化创意产业园区主导产业明确，产业链相对完整，示范作用作为明显。

（二）综合型园区发展现状

建设境外产业园区有助于本国发展境外产业，同时也符合东道国想要学习国外技术的需求（Lin Y，2011）。还有部分学者通过研究案例发现境外产业园区与经济增长之间的关系。如埃尔戈哈里等（EL－Gohari et al.，2010）通过研究埃及苏伊士经贸合作区发现，建设境外经贸合作区能够很大程度上帮助中国加大对其他国家的直接投资水平力度。布劳蒂加姆（Brautigam D，2014）通过选取 2006 年和 2007 年中国招标的境外经贸合作区进行分析，发现在建设境外经贸合作区的国家，其经济水平都有很大程度上的提升。换句话说，建设境外经贸园区能够有效促进两国的经济发展水平。与此同时，通过在非洲建设境外经贸园区，有助于非洲国家的经济结构转型升级。哈奇（Hatch，2016）通过研究日本 Sumitomo 公司的海外产业园区发现，建设境外产业园区能够延伸自身的海外产业链。

国内目前有关专题研究综合型产业园区发展现状的文献较少，更多学者探索我国海外园区的发展现状特点，以及根据现状给予海外园区进一步发展的政策建议。如针对中白工业园，其建设的成功经验在于依靠政府力量、与国有企业通力合作，通过科学选址，采用渐进式开发、本土化经营的方式，拓展收入来源，从而实施可持续发展战略（赵会荣，2019）。对于发展中埃泰达苏伊士经贸合作区，首先，在政府层面应加强对境外经贸合作区的总体战略布局，加大降低企业融资门槛，解决企业融资难等问题。其次，从企业自身角度出发，企业应加强与政府间的沟通合作，努力争取更多优惠政策；加大产品的推广力度，提供针对性、个性化服务；积极与园区内企业通力合作，利用园区内资源的扩散、知识的外溢，实现集聚效应；积极承担社会责任，努力讲好“中国故事”（杨剑等，2019）。由于境外经贸合作区能够降低投资风险，开拓海外市场，提升中国与各东道国的合作层次和领域。为此，赞比亚中国经贸合作区主要采取“政府为主导，企业为主体，市场化经营”的运作模式（乔慧娟，2014）。这一模式也得到赞比亚中国经贸合作区的实践检验。而越南龙江工业园则充分发挥中越现有资源，如优惠的贸易政策、充足的劳动力资源、完善的贸易环境以及良好的区位优势，将越南龙江工业园打造为具有国际影响力的境外园区（孟广文，2019）。在越南龙江工业园园区内，通过灰色关联度分析进一步发现，龙江集团的新材料轻纺加工类行业对园区产业产值的关联度最高，而木制品材料类行业对产业产值的关联度最低。中阿（联酋）产能合作示范园的发展得益于阿联酋政治、营商环境和金融环境的稳定性，为打造中阿（联酋）产能合作示范园奠定基础（赵爱玲，2021）。

在研究我国境外产业园区的发展过程中，部分学者通过对其他国家产业园区发展模式的研究，提出针对我国海外园区的发展对策。王娟宁（2013）通过研究新加坡海外园区建设的形成与拓展模式，发现新加坡海外园区建设成功的关键在于其品牌示范效应、专业服务水平、企业化运作以及与东道国的高效合作。为此，提出中国园区要想“走出去”，应坚持企业化运作模式，增强可持续发展能力，加强专业外包服务等。关利欣（2012）则通过对比中国与新加坡的经济地理条件、建设境外园区的动机、境外园区运营模式、境外园区产业定位及其区位选择上的异同，发现中国的园区建设缺乏对产业服务的重视，难以根据中国的竞争优势和东道国的发展需求出发定位优势产业，难以形成产业集群效应。为此要推动企业“走出去”，应明确“走出去”的战略，有重点地开展对外投资，利用多方合作平台，签订贸易协定，并为企业提供全方位的服务（李皖南，2011）。

此外，目前我国境外经贸合作区的建设仍存在很多问题。洪联英和张云（2011）认为对于“走出去”的微观企业，其产业定位不明确，牵头企业易出现过度开发，企业与企业之间易出现过度竞争，难以形成支持和配合关系。并通过对泰国罗勇工业区和尼日利亚莱基自由贸易区的分析，认为我国境外经贸合作区的发展应转变政府的主导的职能，让企业成为“走出去”的主导者，根据园区和东道国的资源禀赋优势，发挥自身优势产业，建设可持续发展经贸合作区。刘英奎和敦志刚（2017）认为在我国境外经贸合作区的产业集聚效应逐渐显著、企业“走出去”的带动作用日益增强的过程中，伴随着产业规划布局不合理、产业特色不突出、园区招商难度大、国际化人才匮乏、投资收益慢等问题。詹晓宁和李婧（2021）则指出目前我国境外园区面临着三大传统挑战和三大新挑战，三大传统挑战分别是地缘政治挑战、与东道国经济联系脱钩和负面的社会和环境影响被放大，而三大新挑战是指国际环境的不确定性增加、传统竞争优势减弱、可持续发展不可避免。

（三）“一带一路”推进中综合型园区发展现状

曾（Zeng，2016）认为“一带一路”沿线的境外园区是中国将特色的特区制度推向海外的一种方式，以供发展中国家学习。而其实质内涵是对东道国进行投资的商业化表现，其特殊性在于能够增加两国的外交友好度和较强依赖各国财政政策的支持马塞罗（Masiero，2017）。

国内有关中国与“一带一路”沿线国家综合型园区发展的研究文献较少，更多的学者关注的是中国与“一带一路”沿线国家的直接投资等贸易往来。郑蕾和刘志高（2015）从非经济因素角度出发，认为中国对“一带一路”沿线各国的直接投资面临地缘关系复杂、东道国政局不稳定、宗教文化差异大等挑战。提出在对“一带一路”沿线国家的投资中应充分尊重各国的历史文化背景以及现实产业合作基础，有针对性地对不同地区或国家制定相应的投资重点领域规划。黎绍凯和张广来（2018）从投资集约边际和广延边际两个维度，采用二阶段引力模型，实证检验出我国在对“一带一路”沿线国家进行直接投资区位选择中，东道国的投资风险仍然是一个很重要的影响因素。此外，自然资源禀赋、市场规模、劳动力禀赋以及技术水平对投资区位和投资规模的影响存在差异性。马述忠和刘梦恒（2016）采用空间计量模型，实证发现中国对“一带一路”沿线各国的对外直接投资存在“出口平台型 OFDI”，即两国之间的对外直接投资会影响到产品出口到第三国。当第三国市场规模越大，中国在东道国的 OFDI 就越小，即产生了挤出效应。此外，中国对“一带一路”沿线各国的对外直接投资存在资源寻求动机和贸易导向特征。张亚斌（2016）通过对“一带一路”沿线贸易投资便利化程度进行综合测度，采用投资引力模型发现各国 GDP 水平、劳动力规模、自然资源禀赋等能显著促进中国对外投资水平。并且，东南亚为“一带一路”沿线投资潜力最大的地区，投资便利化能够改善欠发达地区投资增长的空间。孔庆峰和董虹蔚（2015）则从口岸与物流效率、海关与边境管理、规制环境和金融与电子商务 4 个维度构建贸易便利化指标，发现贸易便利化对“一带一路”沿线国家的促进作用大于区域经济一体化组织。彭继增等（2017）研究“一带一路”沿线国家的对外直接投资区位选择中，实证发现我国对“一带一路”沿线国家的对外直接投资偏向于投资市场规模不大，产业结构较为落后的地区。并且偏向于投资东道国自然资源丰富、对外贸易开放度高的国家。叶尔肯·吾扎提等（2017）通过对我国“一带一路”沿线国家境外经贸合作区的研究，认为“一带一路”沿线国家海外园区的建设缺乏战略性规划、融资难，且存在地域、文化等差异，难以融入东道国。提出海外园区建设中可以借鉴的发展模式，分别是政府高层推动建设模式、园区开发公司为主导的建设模式以及民营企业主导建设模式。并认为我国在“一带一路”沿线国家建设海外园区应加强战略规划、建设开放包容性园区发展模式，形成总部经济。王兴平等（2021）提出目前我国境外产业园区存在规划技术的适应性不足、针对性不足以及可操作性不足等问题，应完善境外经贸合作区间政府间的合作机制，在境外经贸合作区建设一个沟通协调的部门；完善境外经贸合作区的管理制度，建立权责明晰的管理体制；推动两国各项标准的互认互通，给两国企业提供顺畅的统一标准（刘洪愧，2021）。

第二节 “一带一路”推进中综合型园区“走出去”的理论解释

一、前提假定

为方便考虑，本章仅考虑两个国家的情况，分别是 A 国家和 B 国家。每个国家中存在两个工业部门，一个部门生产一般等价物 q_0，另一个生产差异化产品 q_i，经济体中仅使用一种生产要素，生产要素在两个部门之间自由流动。代表性消费者的效用函数如下：

$$U = q_0^c + \alpha\int q_i^c\,di - \frac{1}{2}\gamma\int_{i\in\Omega}(q_i^c)^2 di - \frac{1}{2}\eta\left(\int_{i\in\Omega}q_i^c di\right)^2 \qquad (6.1)$$

其中，γ 表示差异化消费品之间的替代程度，若 $\gamma=0$，则消费品之间完全替代，效用仅与消费的商品总量有关。根据式（6.1）可以求得代表性消费者的条件需求函数为：

$$p_i = \alpha - \gamma q_i^c - \eta Q_i \qquad (6.2)$$

假定两国的人口为 L^l（$l=F$，H），其中，$L^H<L^F$。每人无弹性供给 1 单位生产要素，要素价格均标准化为 1。根据式（6.2）可以求得国内市场的总需求函数为：

$$q_i = L^l q_i^c = \frac{\alpha L^l}{\eta N+\gamma} - \frac{L^l}{\gamma}p_i + \frac{\eta N}{\eta N+\gamma}\,\frac{L^l}{\gamma}\,\bar{p} \qquad (6.3)$$

其中，N 代表本国市场上的产品种类，$\bar{p} = \int_{i\in\Omega}p_i di$ 市场上的平均价格指数。

企业方面，生产 1 单位等价物需要 1 单位生产要素，生产 1 单位差异化产品需要 c 单位要素。企业在进入市场之前仅知道自身边际成本 c 的服从于参数为 k，区间为（0，c_M）的帕累托分布，进入国内市场需要支付固定成本 f_E。单个企业将市场上的产品种类 N 和市场价格指数 $\bar{p}$ 看作外生给定的，在市场出清的条件下根据企业利润最大化的一阶条件可知：

$$q(c)=\frac{L^l}{\gamma}[p(c)-c] \tag{6.4}$$

设 $c_D^l(l=H,F)$ 代表企业在该国市场存活所需的临界边际成本，即企业的利润为 0 时，边际成本高于此成本的企业会推出市场。企业在本国市场的定价和利润函数表达式为：

$$p(c)=\frac{1}{2}(c_D'+c) \tag{6.5}$$

$$\pi(c)=\frac{L^l}{4\gamma}(c_D'-c)^2 \tag{6.6}$$

两个国家的企业不仅可以选择进入本国市场，也可以选择以出口的形式进入外国市场。出口企业需要额外承担冰山成本形式的运输成本 τ（$\tau>1$），不需要额外支付固定成本。对于任意一国的企业而言，如果进入市场的预期利润大于等于进入成本，则企业选择进入，若进入市场的预期利润小于进入成本，则企业选择不进入。均衡时企业的预期利润应当等于固定成本 f_E，企业的“自由进入条件”为：

$$\frac{L^H}{4\gamma}\int_0^{c_D^H}(c_D^H-c)^2dG(c)+\frac{L^F}{4\gamma}\int_0^{\frac{c_D^F}{\tau}}\left(\frac{c_D^F}{\tau}-c\right)^2dG(c)=f_E \tag{6.7}$$

$$\frac{L^F}{4\gamma}\int_0^{c_D^F}(c_D^F-c)^2dG(c)+\frac{L^H}{4\gamma}\int_0^{\frac{c_D^H}{\tau}}\left(\frac{c_D^H}{\tau}-c\right)^2dG(c)=f_E \tag{6.8}$$

$$G(c)=\left(\frac{c}{c_M}\right)^k,\ (k>1) \tag{6.9}$$

式（6.7）表示 A 国企业的自由进入条件，式（6.8）表示 B 国家企业的自由进入条件。联立式（6.7）、式（6.8）、式（6.9），可以求得两国市场上企业存活临界边际成本 c_D^l（$l=H,F$）表达式为：

$$c_D'=\left[\frac{2\gamma(k+1)(k+2)(c_M)^k f_E}{L'(1+\tau^{-k})}\right]^{\frac{1}{k+2}} \tag{6.10}$$

二、促进综合型园区“走出去”的理论分析

假设 A 国分为 I 和 J 两个完全对称的地区，两个地区之间的要素流

动无障碍但商品交易需要支付冰山成本 τ_1（$1<\tau_1<\tau$），τ_1 越大，代表企业跨区域贸易需支付更高的可变成本，地区间商品市场分割程度越高。以 c_l^H（$l=i,\ j$）表示企业在两地区存活的临界边际成本。

I 地区企业在 J 地区的利润函数为：

$$\pi_{ij}(c)=\frac{L^H}{8\gamma}(c_j^H-\tau_1 c)^2 \tag{6.11}$$

I 地区企业在 I 地区销售商品的利润函数为：

$$\pi_{ii}(c)=\frac{L^H}{8\gamma}(c_i^H-c)^2 \tag{6.12}$$

以 c_D^F 表示企业在 B 国市场存活的临界边际成本，则 A 国企业出口利润函数为：

$$\pi_{HF}=\frac{L^H}{4\gamma}(c_D^F-\tau c)^2 \tag{6.13}$$

如此，I 地区的企业在 A 国和 B 国的总利润函数为：

$$\pi_{iH+iF}=\frac{L^H}{8\gamma}(c_i^H-c)^2+\frac{L^H}{8\gamma}(c_j^H-\tau_1 c)^2+\frac{L^F}{4\gamma}(c_D^H-\tau c)^2 \tag{6.14}$$

同理，B 国企业可以出口到 A 国任一地区，故而 B 国企业的利润函数为：

$$\pi_{FH}=\frac{L^F}{4\gamma}(c_D^H-c)^2+\frac{L^H}{8\gamma}(c_i^H-\tau c)^2+\frac{L^H}{8\gamma}(c_j^H-\tau c)^2 \tag{6.15}$$

两国的临界边际成本由两国企业的“自由进入”条件共同决定，假定两国企业进入成本相同，企业在进入市场之前只知道自身边际成本服从于区间为（0，c_M），参数为 k 的帕累托分布。A 国企业的“自由进入条件”为：

$$\frac{L^H}{8\gamma}\int_0^{c_i^H}(c_i^H-c)^2dG(c)+\frac{L^H}{8\gamma}\int_0^{c_j^H}(c_j^H-\tau_1 c)^2dG(c)+\frac{L^F}{4\gamma}\int_0^{c_D^F}(c_D^F-\tau c)^2dG(c)=f_E \tag{6.16}$$

B 国企业的“自由进入条件”为：

$$\frac{L^H}{4\gamma}\int_0^{c_i^H}(c_i^H-\tau c)^2dG(c)+\frac{L^F}{4\gamma}\int_0^{c_D^F}(c_D^F-c)^2dG(c)=f_E \tag{6.17}$$

联立式（6.9）、式（6.16）、式（6.17），可以求得：

$$c_D^F=\left\{\frac{2\gamma(k+1)(k+2)(c_M)^k[(1+\tau_1^{-k-2})-2\tau^{-k-2}]}{L^F[(1+\tau_1^{-k-2})-2\tau^{-2k-4}]}\right\}^{\frac{1}{k+2}} \quad (6.18)$$

$$c_1^H=\left[\frac{4\gamma(k+1)(k+2)(c_M)^k(1-\tau^{-k-2})}{L^H(1+\tau_1^{-k-2}-2\tau^{-2k-4})}\right]^{\frac{1}{k+2}} \quad (6.19)$$

由式（6.19）可知，$\frac{\partial c_1^H}{\partial \tau_1}>0$，即商品市场的分割会降低本国市场的竞争程度。换言之，商品市场越分割，在本国市场存活所需的临界边际成本越高，不利于不同国家企业之间的贸易往来。反之，当商品市场越集中时，在本国市场存活所需的临界边际成本越低，越有利于企业之间跨国经营。

为此，促进“一带一路”推进中综合型园“走出去”，加强我国与“一带一路”沿线国家的市场融合度，提高本国市场与“一带一路”沿线国家的区域经济一体化，有利于降低企业在不同国家之间贸易往来的临界边际成本，促进企业跨国经营，推进综合型园区“走出去”，实现各国企业互利共赢的新发展格局。

第三节　“一带一路”推进中沿线国家区域经济一体化测度

一、区域经济一体化测度方式

区域经济主要是指在地理位置上，相邻近的地区或国家通过区域协定所构建起来的区域经济体系，实现区域内部资源的优化配置和利益最大化（韩杰，2020）。自 2013 年“一带一路”建设提出以来，落实“一带一路”发展方针，推动区域经济一体化，不仅能够有效提升我国经济发展水平，还能够造福“一带一路”沿线各国人民，更能够促进“一带一路”沿线国家经济发展，实现资源共享，助力世界经济复苏（付博文，2020）。因此，探究“一带一路”沿线国家区域经济一体化发展程度，为实现我国经济高质量发展，促进“一带一路”沿线国家经济融合和世界经济繁荣具有重要意义。

目前国内外学者在测度区域经济一体化中存在较大差异。帕斯利和魏（Parsley and Wei，2001）认为两地之间商品的相对价格方差会随着时间的推移而发生变化。当两地之间的贸易往来逐渐增加后，两地间商品的相对价格将逐渐缩小，套利壁垒减弱，市场一体化程度将有所上升。库姆斯等（Combes et al.，2008）认为市场潜力指数能够明确商品和人口转移所需要的成本价格，反映市场之间的关系和一体化程度，从而采用市场潜力指数衡量市场一体化水平。鲍恩等（Bowen et al.，2010）通过计算对称形态的离散度指标，采用区域实际产出份额分布与完全一体化理论分布之间的差距来衡量区域经济一体化指数。达可托和莱瓦·莱昂（Ductor and Leiva Leon，2016）通过计算改进马尔科夫区制转换框架来测度经济周期变动的协同性，运用经济周期变动的协同性衡量区域经济一体化程度。

国内学者针对区域经济一体化的测度主要是两大方向。一是从市场一体化的角度进行研究，主要有贸易法、价格法、经济周期法等。二是从经济收敛方向进行测度。其中，从市场一体化角度进行研究的学者，如李浩等（2020）基于对区域经济一体化对外资流入的研究，认为相对价格法测度区域经济一体化的结果更为稳定，且能够准确判断市场整合趋势。基于此，杨凤华和王国华（2012）进一步提出采用商品相对价格的方差进行衡量。陈红霞和李国平（2012）、李雪松和孙博文（2014）则分别采用相对价格模型和价格指数法进行衡量。夏红梅（2020）为探究长三角地区区域经济一体化程度，采用长三角各地区的地区生产总值和经济关联度进行衡量，发现长三角地区三省一市的经济关联度并不高，而上海的虹吸效应要高于外溢效应，使长三角地区整体经济难以有较好的联动效应。费文博等（2020）在探究共建产业园区对区域经济一体化的影响机制中，发现江苏省出台的共建园区政策能够有效促进区域经济一体化，且政策之间存在显著的“叠加效应”。徐豪等（2020）采用重心法测度粤港澳大湾区仓储位置的最优路径，以此判断粤港澳大湾区经济一体化水平。朱兰等（2020）则通过理论和案例分析，提出应分析地区间要素禀赋的结构构成、识别地区间的产业融合途径、发挥有为政府作用，最终实现区域经济一体化。王自力和谢卓廷（2020）在研究政府主导型区域经济对城市发展的研究中，将政府主导型区域经济一体化作为虚拟变量，将实施区域一体化政策的地区设定为1，而未实施一体化政策的地区为0，实证结果发现实施区域经济一体化的地区对周边地区的发展能够产生促进作用。其中，对工业水平中等地区的城市促进作用更为显著。从经济收敛角度进行测度的学者，如李郇和徐现祥（2006）从经济增速的差异进行探究，采用人均 GDP 或 GDP 指数的方式测度不同地区的经济驱动速率，以此判断各地区的区域经济一体化速度的快慢。覃成林和潘丹丹（2018）和范剑勇（2004）则从产业地区之间产业结构的趋同方向测算区域经济一体化程度。具体而言，覃成林和潘丹丹（2018）从产业结构相似系数角度，认为产业结构越相似的地区，其区域经济一体化程度越高。而范剑勇（2004）从克鲁格曼（Krugman）专业化指数角度，认为克鲁格曼专业化指数越高，不同地区间的区域经济一体化程度越高。

区域经济一体化程度应体现整个区域的所有成员国经济起伏的波动程度。为此，本课题借鉴杜瓦尔等（Duval et al.，2016）提出的国际经济周期联动指数测算方法，对 2010～2020 年“一带一路”沿线 65 个国家的经济联动性进行测度，以此全面反映中国与“一带一路”沿线国家的区域经济一体化程度。该方法可以较好地计算不同时点各经济体的经济联动程度，反映中国与“一带一路”沿线各国区域经济一体化程度的时间演变趋势。其计算公式为：

$$corr_{ijt} = \frac{(y_{it} - \overline{y_i})(y_{jt} - \overline{y_j})}{\sqrt{\frac{1}{T}\sum_{t=1}^{T}(y_{it} - \overline{y_i})^2}\sqrt{\frac{1}{T}\sum_{t=1}^{T}(y_{jt} - \overline{y_j})^2}} \qquad (6.20)$$

其中，y_{it} 和 y_{jt} 分别表示 i 国和 j 国在 t 年的 GDP 水平，$\overline{y_i}$ 和 $\overline{y_j}$ 分别表示 i 国和 j 国在所求时间段内的平均 GDP，T 表示所研究的时间跨度。

本章采用世界银行公布的各国现价美元 GDP 指标计算 2010～2020 年中国和“一带一路”沿线国家经济联动“拟相关系数”。从时间跨度来看，中国自 2013 年 9 月和 10 月分别提出“丝绸之路经济带”和“21 世纪海上丝绸之路”，经过 2014 年的提倡，在 2015 年产生效益。

为此，本章选择2010~2020年的数据正好涵盖了“一带一路”倡议产生效益的前后5年时间，一定程度上也较好反映“一带一路”建设前后中国与“一带一路”沿线各国区域经济一体化程度的演变趋势。

二、区域经济一体化测度结果

本章将“一带一路”沿线各国划分为东南亚国家、西亚国家、南亚国家、中亚国家、独联体、中东欧国家。由于叙利亚的数据缺失严重，故删除了叙利亚的数据。由于蒙古国属于东亚国家、埃及属于中东地区，故将蒙古国和埃及单独采用图6-1进行表示。各数据均来自世界银行，整理数据绘得如图6-1~图6-7所示。

图6-1描绘了我国与蒙古国、埃及的经济周期联动的拟相关系数。可以看出，2010~2014年，我国与蒙古国、埃及的经济周期联动拟相关系数在不断下降。而2015~2017年，我国与蒙古国的拟相关系数在不断上升。对于埃及而言，2016~2018年，我国与埃及的拟相关系数仍在下降，而2018~2020年，拟相关系数在不断上升，这与我国与埃及签订的“一带一路”合作文件的时间有关。我国虽然在2013年提出“一带一路”合作倡议，但直到2016年才与埃及签署“一带一路”合作协议。由此可以看出，“一带一路”合作倡议能够促进我国与蒙古国、埃及的经济周期联动拟相关系数。换言之，“一带一路”倡议的提出能够有效促进我国与蒙古国、埃及的区域经济一体化程度。

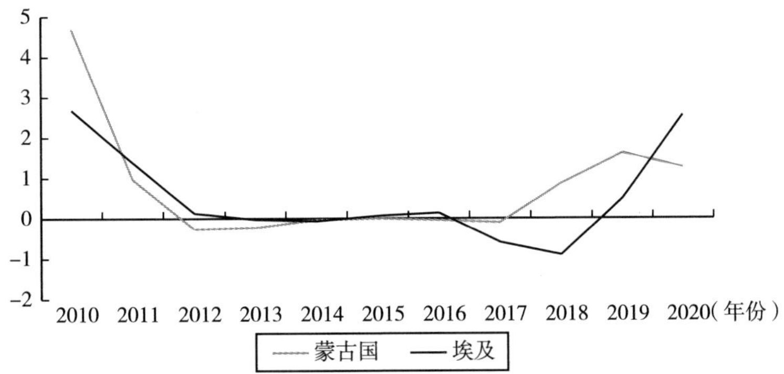

图6-1　我国与蒙古国和埃及的经济周期联动的拟相关系数

资料来源：根据世界银行数据整理绘制。

图 6 -2 描绘了我国与东南亚国家经济周期联动的拟相关系数。不难看出，整体上，我国与东南亚国家的经济周期拟相关系数 2010 ~ 2015 年出现逐渐下降的趋势，而 2015 ~ 2020 年，经济周期拟相关系数在不断上升，大体上呈现 U 形趋势。具体而言，对于新加坡、马来西亚、印度尼西亚、缅甸、泰国、老挝、柬埔寨、越南、菲律宾和东帝汶国家而言，2010 ~ 2014 年，其经济周期拟相关系数在不断下降，2015 ~ 2017 年，其经济周期拟相关系数呈现稳定不变，2017 ~ 2020 年，经济周期拟相关系数在不断上升。对于文莱而言，2010 ~ 2011 年，中国与文莱的经济周期拟相关系数出现下降趋势，而 2011 ~ 2015 年，其经济周期拟相关系数出现小幅度的上升趋势，但 2016 ~ 2020 年，中国与文莱的经济周期拟相关系数再一次出现下降趋势。

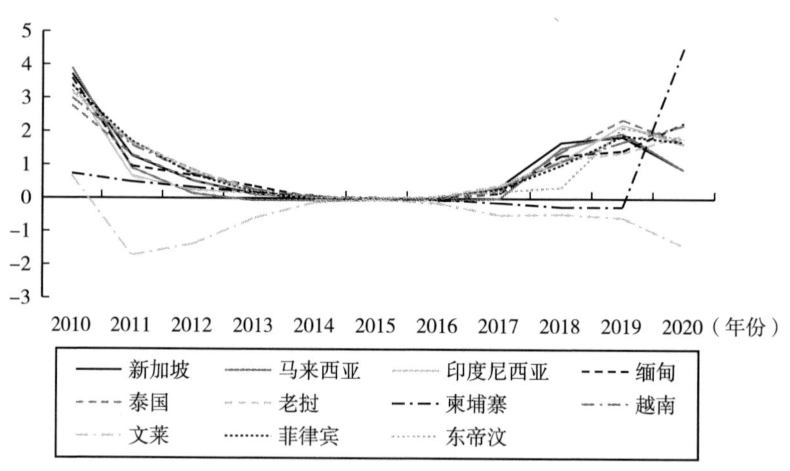

图 6 -2　我国与东南亚国家经济周期联动的拟相关系数

资料来源：根据世界银行数据整理绘制。

图 6 -3 描绘了我国与西亚国家经济周期联动的拟相关系数。2010 ~ 2015 年，中国与西亚各国的经济周期拟相关系数同样呈现出不断下降的趋势，2015 ~ 2019 年，中国与西亚各国的经济周期拟相关系数呈现上升趋势。但在 2020 年，由于新冠肺炎疫情的传播，致使很多西亚国家的经济发展出现停滞，甚至是后退，进而影响我国与西亚各国经济

周期拟相关系数的数值。尤其以黎巴嫩为首，在2019年，中国与黎巴嫩的经济周期逆相关系数为1.035，而到2020年，这一数值降为-3.071，严重影响我国与黎巴嫩的双边贸易。当然，在这一逆情形下，仍有国家与中国的经济周期拟相关系数出现微量的增长。如以色列和约旦。2019年，中国与以色列的经济周期拟相关系数为1.775，到2020年，这一数值增加到2.333，增加了0.558。而中国与约旦的经济周期拟相关系数在2019年为1.602，到2020年仅增加到1.607，增加了3.12%。

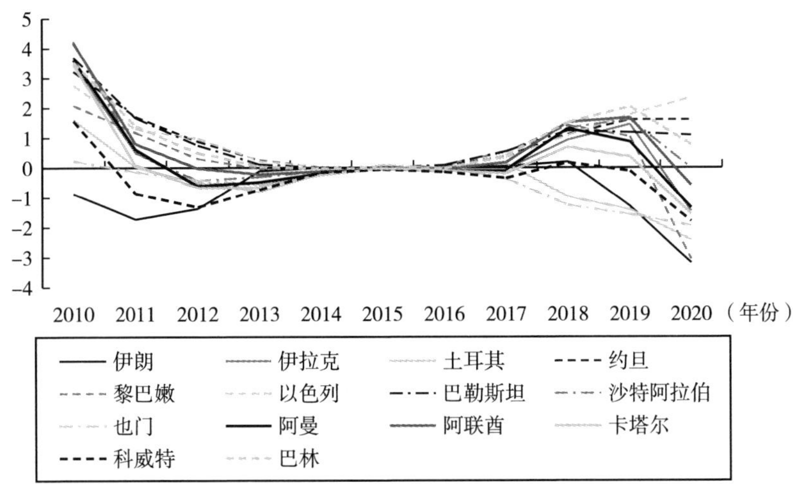

图6-3 我国与西亚国家经济周期联动的拟相关系数

资料来源：根据世界银行数据整理绘制。

图6-4描绘了我国与南亚国家的经济周期拟相关系数。2010~2015年，中国与南亚国家的经济周期拟相关系数呈现出逐渐下降的趋势，2015~2018年，中国与南亚国家的经济周期拟相关系数呈现上升趋势。但2019~2020年，不同国家与中国的经济周期拟相关系数出现差异。2019年，印度、孟加拉国、马尔代夫、尼泊尔和不丹与中国的经济周期拟相关系数仍呈现上升趋势，而巴基斯坦和斯里兰卡与中国的经济周期拟相关系数开始出现下降的趋势。2020年，尼泊尔和孟加拉

拉国与中国的经济周期拟相关系数依然稳定上升，但印度、巴基斯坦、斯里兰卡、马尔代夫、不丹与中国的经济周期拟相关系数则呈现出下降的趋势。

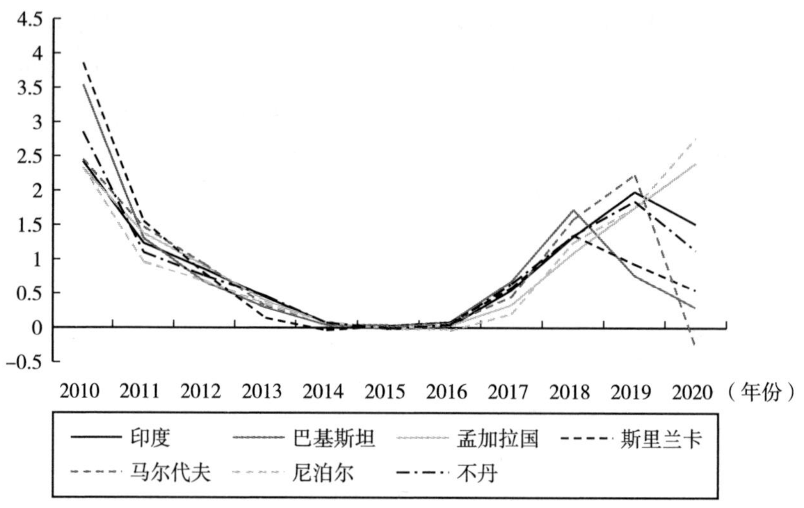

图 6-4 我国与南亚国家经济周期联动的拟相关系数

资料来源：根据世界银行数据整理绘制。

图 6-5 描绘了我国与中亚国家的经济周期拟相关系数。2011～2013 年，中国与中亚各国的经济周期拟相关系数呈现逐渐下降的趋势，2013～2016 年，哈萨克斯坦、阿富汗、塔吉克斯坦与中国的经济周期拟相关系数呈现出小幅度的上升趋势，而乌兹别克斯坦、土库曼斯坦和吉尔吉斯斯坦与中国的经济周期拟相关系数出现稳定局面。2016～2020 年，塔吉克斯坦、土库曼斯坦与中国的经济周期拟相关系数呈现稳定上升趋势。吉尔吉斯斯坦 2016～2019 年与中国的经济周期拟相关系数也呈现上升趋势，但在 2020 年，这一数值出现下降，从 2019 年的 1.737 降到 2020 年的 0.925。阿富汗和乌兹别克斯坦 2017～2018 年与中国的经济周期拟相关系数出现小幅度的下降趋势，但在 2019 年和 2020 年这一数值便回归了上涨趋势。哈萨克斯坦与中国的经济周期拟相关系数 2015～2019 年增幅并不明显，但在 2020 年出现小幅度的下降。

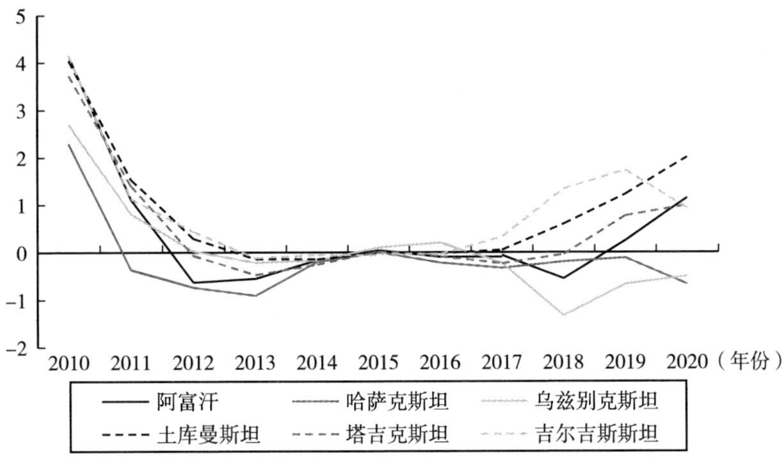

图 6-5　我国与中亚国家经济周期联动的拟相关系数

资料来源：根据世界银行数据整理绘制。

图 6-6 描绘了我国与独联体的经济周期拟相关系数。2010~2014 年，中国与俄罗斯、白俄罗斯、摩尔多瓦、阿塞拜疆、亚美尼亚的经济周期拟相关系数均呈现不断下降的趋势，其中，摩尔多瓦在 2010 年与我国经济周期拟相关系数为 2.723，高于其他独联体国家，2014 年这一数值下降为 -0.00578。2015~2016 年，中国与独联体各国的经济

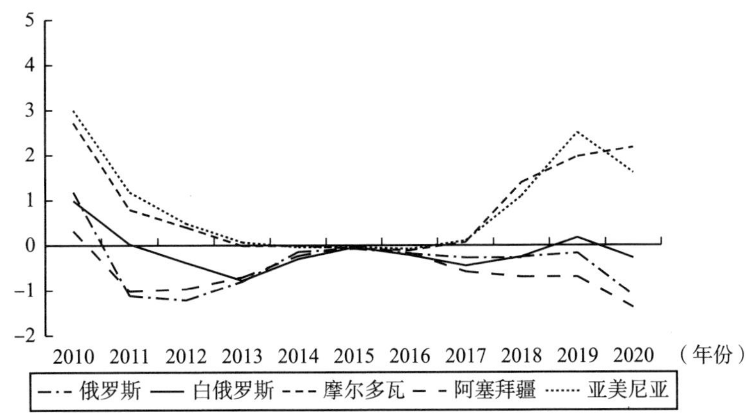

图 6-6　我国与独联体国家经济周期联动的拟相关系数

资料来源：根据世界银行数据整理绘制。

周期拟相关系数基本处于稳定状态。2017～2019年，中国与独联体各国的经济周期拟相关系数开始逐渐上升。而在2020年，除去摩尔多瓦与中国经济周期拟相关系数仍呈现上升趋势外，中国与俄罗斯、白俄罗斯、阿塞拜疆、亚美尼亚的经济周期拟相关系数均出现不同幅度的下降。

图6－7描绘了我国与中东欧国家的经济周期拟相关系数。在2011年和2013年，中国与中东欧国家的经济周期拟相关系数均出现不同程度的下降，而在2012年和2014年，这一数值大体上均出现不同程度增幅，而2014～2016年，中国与中东欧各国的经济周期拟相关系数均稳定不变或小范围内在波动，而2107～2019年，除去北马其顿，这一数值在呈现不断上升的趋势，但上升的幅度在不断减少。在2020年，除去克罗地亚、黑山和北马其顿外，中国与中东欧国家在经济周期拟相关系数仍处于不断上升的趋势。在2020年，中国与克罗地亚、黑山的经济周期拟相关系数下降趋势较为明显，如中国与黑山的经济周期拟相关系数从2019年的2.368降为2020年的0.4135，而中国与克罗地亚的经济周期拟相关系数从2019年的1.1298降为2020年的－0.0535。此外，2010～2020年，中国与北马其顿的经济周期拟相关系数呈现出连续的下降趋势。

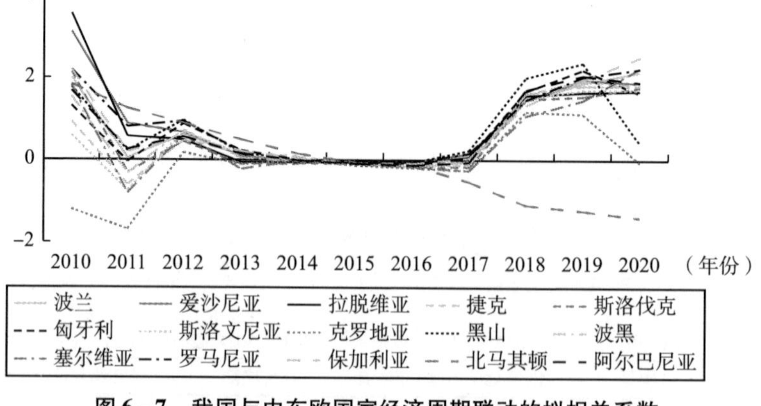

图6－7　我国与中东欧国家经济周期联动的拟相关系数

资料来源：根据世界银行数据整理绘制。

综上可以看出，整体上，中国与“一带一路”沿线各国的经济周期拟相关系数在2010~2020年，均呈现U形趋势，且这一趋势在2015年开始发生转折。在2010~2015年，中国与“一带一路”沿线各国的经济周期拟相关系数呈现逐渐下降的趋势，而2015~2020年，中国与“一带一路”沿线各国的经济周期拟相关系数逐渐呈现上升趋势。也就是说，2010~2015年，中国与“一带一路”沿线各国的区域经济一体化程度在不断下降，而从2015年“一带一路”合作倡议发挥作用开始，中国与“一带一路”沿线各国的区域经济一体化程度不断增加。这一结果有利于我国综合园区“走出去”的步伐，有利于我国与“一带一路”沿线各国的经济贸易往来，有利于增强我国的国家实力和国际地位。

第四节 “一带一路”推进中综合型园区“走出去”的发展动力机制

一、综合型园区“走出去”的影响因素分析

影响综合型园区产业发展的因素，不同学者从不同的角度提出其影响因素。鉴于仅研究综合型园区“走出去”的影响因素分析文献较少，而研究影响产业园区“走出去”的动力机制文献较多，为此，本章梳理我国产业园区“走出去”的发展动力机制。向乔玉和吕斌（2014）从产城融合的背景下探讨产业园区模块建立的空间布局方式。王伟年和张平宇（2005）认为我国目前文化产业园区主要以松散型和民间组织管理型为主，从而提出不同地区的文化资源禀赋、区域的文化政策法规、区域的文化管理模式、区域的文化产业政策、信息技术、人才智力资源等都会影响我国城市文化产业园区的建设与发展。朱清海和李崇光（2004）从农业科技园区角度入手，认为农业园区产业存在知识溢出效应和创新资源的追赶效应、拉拨效应、吸聚作用和植根性，使农业园区产业具备生产成本优势、产品差异化优势和区域品牌

优势，从而实现园区的脱颖而出。刘春玲等（2005）则以苏州 IT 产业集群为案例，探究集群供应链组织续衍与物流园区发展的耦合模式，发现产业集群的供应链组织续衍不仅能够促进集群产业的发展，其所产生的物流品类的单一性、规模性和一体化性能够优化物流园区，促进苏州 IT 产业集群的优化发展。傅首清（2010）则从中关村海淀科技园区为例，发现通过营造良好的科技创业氛围，不仅有利于科技型产业园区的发展，还能够防范化解金融危机的挑战。沈正平等（2018）通过对“一带一路”沿线国家不同产业园区的案例分析，认为在境外园区建设中，中外政府的友好合作和政策支持是境外园区顺利建设与发展的基础，而科学规划和精准产业定位是境外园区建设和发展的指引。此外，优秀的国际化人才能够为建设创新型境外企业和园区提供强有力的支撑。许培源和王倩（2019）认为，“一带一路”沿线国家与中国的制度差异会引起中国企业对海外园区的投资，而“一带一路”倡议能够为企业“走出去”提供制度性保障，降低对外投资的风险和成本，从而促进中国的对外直接投资。赵胜波等（2018）认为“一带一路”沿线国际合作园区能够推动产业的国际化转移，实现资源共享，从而促进当地经济发展和推动国家间的友好合作。卢进勇和裴秋蕊（2019）通过探索境外经贸合作区高质量发展问题，提出要想实现我国境外经贸园区高质量、跨越式发展，需积极发挥建区企业的主体作用，重视园区建设的动机和定位，明确境外经贸合作区的发展要求，坚持多元化发展理念。唐拥军等（2021）基于中国—印度尼西亚经贸合作区的案例研究，提出不同的商业模式也会影响到境外工业园区的动态更新路径。地产型商业模式能够通过吸引式价值动机、互利式价值主张、互补型价值网络和共赢式价值获取，促使境外工业园区企业实现商业模式创新，而城市功能型商业模式则通过差异式价值动机、精准式价值主张、服务式价值网络和共赢式价值获取促进境外工业园区实现模式创新。郭树华等（2020）通过研究境外经贸合作区的直接投资效率影响因素发现，中国和东道国的市场规模水平、东道国对中国的汇率以及东道国市场潜力均能对境外经贸合作区中国企业的直接投资量产生影响。

二、综合型园区“走出去”的发展动力机制指标体系建构

通过上述对产业园区“走出去”的影响因素分析发现，推动我国综合型园区“走出去”的影响因素较多。为此，本章选取部分指标，分析这些因素是如何影响综合型园区“走出去”。在影响综合型园区“走出去”的发展动力机制选取中，本章认为，一国的市场规模能够影响别国对该国的对外直接投资的大小。市场化水平体现了一国的价格机制和市场竞争机制的完善程度，当一国的市场化水平越高时，其价格机制能够及时反映资源的供需状态，有助于要素和产品的自由流动，提高资源的有效利用率（白俊红和刘宇英，2018）。当一国的市场规模越大时，该国吸引外部资金的能力也就越强。由此，本章选取“一带一路”沿线各国的 GDP 存量来衡量该国的市场化水平。东道国的制度质量也会影响我国综合型园区“走出去”。一方面，不稳定的制度环境会增加企业的经营风险，由于企业需要熟悉当地的市场情况，搜寻市场信息和人际关系、保障稳定的沟通和合约的执行。当东道国的营商环境较差时，会增加企业的搜寻成本，从而提高企业的经营风险。另一方面，本国企业到东道国进行投资，会增加企业获取内外部合法性的困难。具体而言，即使东道国的制度质量水平较高，当两国之间存在制度差异或较大的制度距离时，母国的投资企业面临适应和协调成本，可能会引起外来者劣势，降低母国的投资优势，从而增加投资者的市场风险（刘晓光和杨连星，2016）。为此，本章选取腐败控制、政府效率、监管质量、法制完善度、政治民主度、政治稳定性 6 个方面来衡量制度质量（李世杰等，2021）。腐败控制反映的是政府利用公权力谋取私人利益的程度，或者个人或企业通过某种手段谋取公共利益的程度；政府效率是指一国政府提供公共服务的质量、政策制定和执行的质量、政府信誉、公务员制度的完善性以及公务员不受政治压力的影响程度等；监管质量是指一国政府制定和执行政策条例等的能力水平；法制完善度是指一国法律在合同履行、产权界定、权责明晰等方面的完善程度；政治民主度是指一国公民在选择政府领导人、发表言论、宣传思想等方面的自由程度；政治稳定性是指一国政治的稳定

程度，也从侧面反映了一国暴力和恐怖主义发生的可能性。东道国的劳动力资源也在很大程度上影响综合型园区“走出去”。尤其是针对劳动密集型行业，当一国的劳动力资源越丰富时，劳动力成本也越低，越有利于吸引外商直接投资。资源寻求型观点认为，中国的对外直接投资更偏向于投资资源要素较为丰富的国家（Buckley，2009）。因此，当一国的劳动力资源越丰富时，越能吸引外商直接投资，从而增加园区“走出去”的可能性。本章选取劳动要素供给来衡量东道国的劳动力资源富裕程度。与此同时，东道国的平均工资水平也会影响综合型园区“走出去”。当东道国的人均工资水平越高时，企业对劳动力的支付成本也越高，企业的投资动机越小，不利于综合型园区“走出去”。本章选取人均 GDP 衡量各国的人均工资水平。投资便利化则能促进中国对“一带一路”沿线国家的对外直接投资水平（张亚斌，2016）。在投资不断便利化的过程中，一国的政府效率将不断提高，基础设施质量也在不断提升，营商环境在不断改善，有利于海外企业降低非系统性的金融风险。提高“一带一路”沿线国家的投资便利化程度，有助于我国企业增加对外直接投资水平，提升两国双边贸易往来。为此，本章选取“一带一路”沿线各国的对外直接投资水平进行衡量。汇率在能够通过相对生产成本和财富效应影响对外直接投资水平（罗忠洲，2006）。具体而言，相对生产成本是指，当对外直接投资国的货币贬值时，以本国货币表示的出口产品出口到东道国的生产成本将上升，这样将降低对外直接投资企业的出口利润，从而减少出口。而财富效应是指当东道国的货币存在贬值的情况时，以东道国货币衡量的劳动、资本、土地等原材料成本将下降。这种财富效应会鼓励对外直接投资国收购更多东道国的资产，从而促进企业在东道国进行投资、生产活动，有利于企业“走出去”。所以，本章选取各国的汇率水平进行衡量。一方面，当一国的经济开放水平较高时，说明该国企业的产品和服务融入国际市场程度较高，这为企业在国外进行投资、建厂、生产提供的坚实的基础。而经济开放程度较高的国家，能够了解较为先进的管理技术、科学技术等，有助于提高本国的对外直接投资水平。另一方面，经济开放程度越高的国家，其国内市场的产品在面临来自海外产品时，竞争程度也越激烈，这会倒逼本国企业走出国门，进行海外投资，施行跨国经营。为此，一国的经济开放程度也会影响对外直接投资水平（姜浩，2014）。本章选取各国的货物与服务进口额和出口额作为该国的对外开放程度。资源禀赋寻求也是促进企业“走出去”的重要因素。自然资源越丰富的国家，越有利于承接我国产能的转移。为此，本章选取自然资源租金总金额占 GDP 的百分比作为各国的资源禀赋水平。

综上，本章选取市场规模水平、制度质量、劳动力资源、自然资源、人均工资、投资水平、汇率、经济开放程度作为研究促进我国综合型园区“走出去”的影响因素分析。具体如表 6－1 所示。在“一带一路”沿线国家的选择上，本章依据李祜梅等（2019）针对中国境外产业园区信息数据的划分，将中国在“一带一路”沿线设立综合型园区的国家作为研究对象，具体的国家有阿曼、阿联酋、埃及、印度、印度尼西亚、柬埔寨、哈萨克斯坦、老挝、马来西亚、缅甸、巴基斯坦、沙特阿拉伯、斯里兰卡、白俄罗斯、俄罗斯、格鲁吉亚、塞尔维亚、泰国和越南。在时间跨度上，同第三节一致，本章选取 2010～2020 年作为时间跨度。

表 6－1　　影响综合型园区“走出去”的因素

指标	衡量指标	单位
市场规模水平	GDP 存量	亿美元
制度质量	腐败控制、政府效率、监管质量、法制完善度、政治民主度、政治稳定性	—
劳动力资源	劳动要素供给	十万人
自然资源	自然资源租金总金额/GDP	%
人均工资	人均 GDP	美元
投资水平	对外直接投资	万美元
经济开放程度	货物与服务进口额和出口额	亿美元
汇率	汇率水平	—

三、综合型园区“走出去”的发展动力机制测度方式

由于选取的影响因素较多，而若将所有影响因素无差别的进行加总，难以准确衡量促进综合型园区“走出去”的综合环境。为此，本章采用主成分分析法进行测度。首先，假设进行主成分分析的指标变量有 m 个，分别是 X_1，X_2，X_3，X_4，X_5，…，X_m，共有 n 个“一带一路”沿线国家，第 i 个国家的第 j 个指标的取值为 X_{ij}，将各指标值 X_{ij}转换成标准化指标 y_{ij}。

$$y_{ij}=\frac{x_{ij}-\overline{x_j}}{s_j}，(i=1，2，\cdots，n；j=1，2，\cdots，m) \quad (6.21)$$

$$\overline{x_j} = \frac{1}{n}\sum_{i=1}^{n} x_{ij}，\quad (j = 1, 2, 3, \cdots, m) \quad (6.22)$$

$$s_j = \frac{1}{n-1}\sum_{i=1}^{n}(x_{ij}-\overline{x_j})^2，\quad (j = 1, 2, \cdots, m) \quad (6.23)$$

$$s_j = \frac{1}{n-1}\sum_{i=1}^{n}(x_{ij}-\overline{x_j})^2，\quad (j = 1, 2, \cdots, m) \quad (6.24)$$

式中，$\overline{x_j}$和$\overline{s_j}$为第 j 个指标样本的均值和标准差，y_{ij}为标准化指标变量。

其次，建立变量之间的相关系数矩阵 R。

$$R=(r_{ij})_{mxm} \quad (6.25)$$

$$r_{ij} = \frac{\sum_{k=1}^{n} y_{ki}\times y_{kj}}{n-1}，\quad (i, j = 1, 2, \cdots, m) \quad (6.26)$$

式中，$r_{ij}=1$，$r_{ij}=r_{ji}$，r_{ij}是第 i 个指标与第 j 个指标的相关系数。

再次，计算相关系数矩阵 R 的特征值 λ_i 和特征向量 μ_i。

$$t_1=u_{11}y_1+u_{21}y_2+\cdots+u_{n1}y_n$$

$$t_2=u_{12}y_1+u_{22}y_2+\cdots+u_{n2}y_n$$

$$\cdots\cdots$$

$$t_m=u_{1m}y_1+u_{2m}y_2+\cdots+u_{nm}y_n \quad (6.27)$$

式中，t_1 是第一主成分，t_2 是第二主成分，以此类推。

最后，通过信息贡献率和累积贡献率，计算综合得分。

$$b_j = \frac{\lambda_j}{\sum_{k=1}^{n} \lambda_k} \quad (j = 1, 2, \cdots, m) \tag{6.28}$$

$$\alpha_p = \frac{\sum_{k=1}^{p} \lambda_k}{\sum_{k=1}^{m} \lambda_k} \tag{6.29}$$

$$Z = \sum_{j=1}^{p} b_j y_j \tag{6.30}$$

其中，b_j 为信息贡献率，α_p 为 t_1，t_2，t_3，t_4，t_5，…，t_p 的累积贡献率，当 α_p 接近于 1 时，则选择前 p 个指标变量 t_1，t_2，t_3，t_4，t_5，…，t_p 作为 p 个主成分，代替原来 m 个指标变量，从而对 p 个主成分进行综合分析，Z 为计算所得的综合得分。

四、综合型园区“走出去”的发展动力机制测度结果与分析

采用上述主成分分析法过程，利用 SPSS 25 软件测度影响我国综合型园区“走出去”的发展动力主要因素。表 6－2 描绘的是 KMO 和巴特利特检验结果。KMO 和巴特利特检验结果可以帮助检验是否适合采用主成分分析法来测度我国综合型园区“走出去”的影响因素。当 KMO 取样适切性量数值大于 0.5，巴特利特球形度检验的显著性小于 0.01 时，说明可以采用主成分进行分析。从表 6－2 的结果可以看出，利用市场规模水平、制度质量、劳动力资源、自然资源、人均工资、投资水平、汇率、经济开放程度测度影响我国综合型园区“走出去”的主因素分析，其 KMO 取样适切性量数值为 0.719，且巴特利特特球形度检验的显著性为 0.000，说明选取的 8 个影响因素能够采用主成分法进行分析。

表6－2　　KMO和Bartlett检验结果

KMO和巴特利特检验		
KMO取样适切性量数	0.719	
巴特利特球形度检验	近似卡方	3 654.450
	自由度	91
	显著性	0.000

表6－3报告的是各因素通过主成分分析所提取到的信息有用值。假设所有影响因素的初始有用值为1，当提取的信息值大于0.5时，说明提取到的信息是成功的，即该因素在进行主成分分析过程中没有被忽略掉。从表6－3可知，选取的各因素其提取值均大于0.5。说明在测度综合型产业园区“走出去”的过程中，并没有任何因素被遗漏。

表6－3　　主成分分析公因子方差结果

变量	初始	提取
市场规模	1.000	0.942
投资水平	1.000	0.756
汇率水平	1.000	0.685
人均工资	1.000	0.854
资源禀赋	1.000	0.743
货物和服务进口	1.000	0.955
货物和服务出口	1.000	0.939
CC（腐败控制）	1.000	0.886
GE（政府效率）	1.000	0.957
RQ（监管质量）	1.000	0.913
RL（法制完善度）	1.000	0.907
VA（政治民主度）	1.000	0.863
PV（政治稳定性）	1.000	0.501
劳动要素供给	1.000	0.881

表6－4报告的是主成分分析的总方差解释结果。总方差结果能够显示，在经过主成分分析后，将各因素分为几大类，在旋转载荷平方和的累计值大于60%的时候，所提取到的各主成分是适合的。从表6－4可知，在特征值为1的情况下，影响综合型园区“走出去”的因素中，保留4个主成分是适合的。即将15个影响因素分为四大类，其旋转载荷平方和的累计值为84.160%，大于60%，较大程度地保留了原始数据的信息量。从图6－8的碎石图同样也可以看出，组件号排名前4的特征值大于1，同样说明将所有的影响因素分为4大类较为合适。

表6－4 主成分分析总方差解释

成分	初始特征值			提取载荷平方和			旋转载荷平方和		
	总计	方差百分比	累积（%）	总计	方差百分比	累积（%）	总计	方差百分比	累积（%）
1	4.976	35.543	35.543	4.976	35.543	35.543	4.512	32.226	32.226
2	3.765	26.890	62.433	3.765	26.890	62.433	3.552	25.368	57.594
3	1.869	13.352	75.785	1.869	13.352	75.785	2.235	15.964	73.559
4	1.173	8.375	84.160	1.173	8.375	84.160	1.484	10.601	84.160
5	0.728	5.197	89.357						
6	0.458	3.272	92.629						
7	0.379	2.706	95.335						
8	0.218	1.555	96.890						
9	0.198	1.412	98.303						
10	0.074	0.528	98.831						
11	0.069	0.490	99.320						
12	0.050	0.357	99.677						
13	0.038	0.275	99.952						
14	0.007	0.048	100.000						

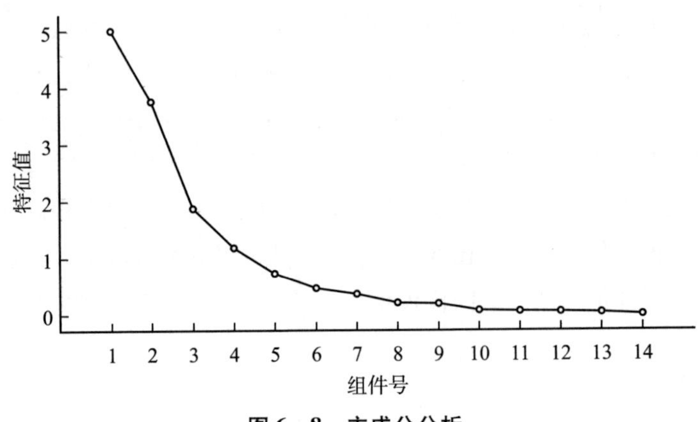

图6－8　主成分分析

表6－5报告的是主成分分析后的成分矩阵。成分矩阵能够清晰地将各影响因素分为不同类别，通过降维，最大限度地保留原有数据的信息值。通过将主成分分析后的成分矩阵与标准变量矩阵相乘，可以得到各自主成分得分，通过对表6－5进行相应的计算，可以得到式（6.31）～式（6.34）。

表6－5　主成分分析的成分矩阵

成分矩阵				
变量	成分			
	1	2	3	4
GE（政府效率）	0.931	－0.070	－0.210	－0.200
RL（法制完善度）	0.910	－0.168	－0.221	0.041
CC（腐败控制）	0.860	－0.314	－0.202	0.083
RQ（监管质量）	0.851	－0.219	－0.337	－0.168
人均工资	0.767	－0.270	0.434	－0.062
市场规模	0.299	0.885	0.189	0.184
劳动力资源	0.127	0.842	－0.120	0.375

续表

成分矩阵				
变量	成分			
	1	2	3	4
货物和服务进口	0.520	0.799	0.193	0.100
货物和服务出口	0.598	0.680	0.343	-0.009
PV（政治稳定性）	0.461	-0.496	0.171	-0.114
VA（政治民主度）	0.271	0.376	-0.802	0.070
资源禀赋	0.437	-0.294	0.655	0.192
投资水平	0.021	0.448	0.310	-0.677
汇率水平	0.132	-0.494	0.173	0.628

$$Y_1 = 0.134X_1 + 0.094X_2 + 0.059X_3 + 4.484X_4 + 0.196X_5 + 0.233X_6 + 0.268X_7 + 0.056X_8 + 0.386X_9 + 0.417X_{10} + 0.382X_{11} + 0.408X_{12} + 0.122X_{13} + 0.207X_{14} \quad (6.31)$$

$$Y_2 = 0.456X_1 + 0.231X_2 - 0.255X_3 - 0.139X_4 - 0.152X_5 + 0.412X_6 + 0.351X_7 + 0.434X_8 - 0.162X_9 - 0.04X_{10} - 0.113X_{11} - 0.087X_{12} + 0.194X_{13} - 0.256X_{14} \quad (6.32)$$

$$Y_3 = 0.138X_1 + 0.226X_2 + 0.126X_3 + 0.317X_4 + 0.478X_5 + 0.141X_6 + 0.250X_7 - 0.088X_8 - 0.147X_9 - 0.153X_{10} - 0.246X_{11} - 0.161X_{12} - 0.585X_{13} + 0.125X_{14} \quad (6.33)$$

$$Y_4 = 0.170X_1 - 0.627X_2 + 0.581X_3 - 0.057X_4 + 0.178X_5 + 0.093X_6 - 0.008X_7 + 0.347X_8 + 0.077X_9 - 0.185X_{10} - 0.156X_{11} + 0.038X_{12} + 0.065X_{13} - 0.106X_{14} \quad (6.34)$$

通过将标准化后的原始数据带入主成分表达式计算各个样本的主成分得分，其计算公式如下，所得结果如表 6-6 所示。

$$Y = 0.355Y_1 + 0.269Y_2 + 0.134Y_3 + 0.084Y_4 \quad (6.35)$$

表 6-6 “一带一路”沿线地区影响综合型园区“走出去”的综合得分

地区	2010 年	2011 年	2012 年	2013 年	2014 年	2015 年	2016 年	2017 年	2018 年	2019 年	2020 年
柬埔寨	-2.4	-2.35	-2.26	-2.26	-2.2	-2.2	-2.19	-2.15	-2.12	-2.06	-0.92
印度尼西亚	-0.77	-0.45	-0.39	-0.35	-0.29	-0.45	-0.31	-0.1	0.08	0.1	0.03
印度	0.6	0.94	0.91	0.92	1.03	0.96	1.11	1.57	1.78	1.74	1.44
哈萨克斯坦	-0.38	0.17	0.33	0.55	0.47	-0.07	-0.55	-0.14	0.07	0.07	-0.15
老挝	-2.25	-2.19	-2.09	-1.99	-1.89	-1.92	-1.86	-1.83	-1.84	-1.92	-1.9
马来西亚	0.63	0.94	1.03	1.09	1.24	0.82	0.75	0.89	1.37	1.3	1.1
缅甸	-2.75	-2.66	-2.49	-2.4	-2.28	-2.24	-2.05	-2.04	-2.05	-2.11	-2.12
阿曼	1.91	2.32	2.51	2.33	2.18	1.26	1	1.11	1.4	1.24	0.74
巴基斯坦	-2.09	-2.06	-2.04	-2	-1.91	-1.87	-1.87	-1.77	-1.77	-1.83	-1.83
沙特阿拉伯	2.42	3.39	3.83	3.76	3.69	2.64	2.47	2.69	3.34	3.22	2.45
斯里兰卡	-1.63	-1.51	-1.48	-1.46	-1.37	-1.3	-1.27	-1.29	-1.3	-1.33	-1.37
阿联酋	4.95	6.2	6.68	6.99	7.31	6.32	6.24	6.76	7.36	7.26	6.14
埃及	-1.44	-1.49	-1.44	-1.51	-1.51	-1.5	-1.51	-1.67	-1.58	-1.47	-1.41
俄罗斯	1.27	2.41	2.74	2.94	2.51	1.07	0.81	1.51	1.86	1.9	1.28
白俄罗斯	-1.41	-1.3	-1.13	-0.96	-0.79	-1.24	-1.37	-1.2	-1.06	-0.93	-1.17
格鲁吉亚	-1.36	-1.13	-1	-0.94	-0.83	-0.97	-0.91	-0.85	-0.78	-0.76	-0.88
塞尔维亚	-1.07	-0.86	-1.03	-0.89	-0.82	-1	-0.99	-0.9	-0.72	-0.71	-0.67
泰国	-0.39	-0.16	-0.01	0.07	-0.01	-0.08	-0.01	0.21	0.44	0.57	0.32
越南	-1.65	-1.5	-1.43	-1.33	-1.18	-1.1	-0.93	-0.81	-0.66	-0.54	-0.45

测度结果表明，“一带一路”沿线各国的市场规模水平、制度质量、劳动力资源、自然资源、人均工资、投资水平、汇率、经济开放程度在影响我国综合型园区“走出去”的过程中存在逐渐变好的趋势，即“一带一路”各国的经济总体状态越来越有利于我国综合型园区“走出去”，但不同国家之间存在较大的差距。分不同国家来看，在选取的“一带一路”样本国家中，以阿联酋的综合得分为首，2010～2020 年，其综合得分均为正值，且处于持续的上涨过程，最高在 2018 年，达到 7.36。此外，与阿联酋相似的国家还有印度、马来西亚、阿曼、沙特阿拉伯，其综合得分 2010～2020 年均处于正值，且处于持续上升的过程。综合得分排名末位的以柬埔寨、老挝和巴基斯坦为主，其综合得分 2010～2020 年均处于 -2 上下浮动，但仍不断向利好态势发展。以柬埔寨为例，在 2010 年，其综合得分为 -2.4，但到 2020 年，这一数值提升到 -0.92，提升了 61.67%。此外，对于印度尼西亚、哈萨克斯坦和泰国等国家而言，其综合得分 2010～2020 年经历了从负值到正值的持续变化过程。以印度尼西亚为例，在 2010 年其综合得分为 -0.77，到 2018 年，这一数值开始为正值，到 2019 年达到最大，为 0.1，在 2020 年虽有小幅度的下降，但仍为正值。总体而言，虽然在 2020 年，因为新冠肺炎疫情的缘故，各国综合得分均有不同程度的下降，但并未在较大程度上影响各国综合环境，越来越有利于我国综合型园区“走出去”的发展态势。

第五节 “一带一路”推进中综合型园区“走出去”的经济效应研究

一、模型设定与变量说明

为探究“一带一路”推进中综合型园区“走出去”的经济效应影响，本章采用 2010～2020 年“一带一路”沿线设有综合型产业园区国家的面板数据进行分析，具体包含的国家有阿曼、阿联酋、埃及、印度、印度尼西亚、柬埔寨、哈萨克斯坦、老挝、马来西亚、缅甸、巴基斯坦、沙特阿拉伯、泰国和越南，由于斯里兰卡、白俄罗斯、俄罗斯、格鲁吉亚、塞尔维亚等国家的数据缺失严重，本章对其进行删除。在被解释变量的选取中，本章认为，各国的国内生产总值能够较好地反映各国的发展水平，而对于解释变量的选取，本章采用虚拟变量用于衡量我国与东道国在 t 时期是否设立了综合型产业园区，若设立了则取值为1，若未设立则取值为0。同时，在控制变量的选取中，本章认为，首先，一方面，各国的贸易规模能够很大程度上影响本国的经济发展水平。一国或地区的贸易水平的提升有利于本国经济的发展，为此，本章采用一国的进出口贸易总额作为各国的贸易规模。另一方面，当一国的贸易成本越高时，越不利于该国与其他国家进行贸易往来，也不利于本国不同地区之间的贸易往来，难以促进本国的经济发展。为此，本章采用两国之间的地理距离与美国 WTI 原油价格的乘积作为不同国家之间的贸易成本。其次，一国或地区的人口数量也会影响该国或地区的经济发展水平。一国或地区的人口数量越多，需求也将越大，从而促进本国经济发展。此外，一国或地区的居民收入水平也会影响该国或该地区的经济发展速度。最后，从本章第四节可以看出，制度质量作为衡量一国或地区的经济发展环境因素，也在很大程度上影响着该国或该地区的经济发展状况。以上所用到的数据均来自世界银行 WGI 数据库和法国国际经济研究所 CEPII 数据库，具体如表 6－7 所示。

表 6－7　变量选取与描述

变量	变量名称	变量描述
被解释变量	GDP	各国 GDP 存量
解释变量	虚拟变量（treat）	与“一带一路”沿线国家签署“一带一路”合作文件赋值为1，否则，赋值为0

续表

变量	变量名称	变量描述
控制变量	贸易规模（exim）	各国的进出口总额
	贸易成本（cost）	地理距离×美国 WTI 原油价格
	人口（pop）	各国的人口总数
	收入水平（income）	各国的居民收入水平
	制度质量	腐败控制（cc）、政府效率（ge）、监管质量（ps）、法制完善度（rq）、政治民主度（rl）、政治稳定性（va）

基于本章采用面板数据模型，在选取固定效应和随机效应的过程中，本章采用修正的豪斯曼（hausman）检验发现，其 P 值为 0.0000，可见，在本回归中，其 P 值显著性小于 0.05。因此，本章采用固定效应模型进行分析。此外，由于各国的经济发展水平存在很大差异，且不同的经济发展水平在时间上存在相互的影响关系，上一年度的经济水平对下一年度的经济发展存在显著影响。为此，本章通过控制不同个体之间的个体固定效应和控制时间上的时间固定效用，即采用双向固定效用来探究设立综合型产业园区是否会对各国的经济效应产生影响，具体构建的计量模型为：

$$gdp_{it} = \alpha + \beta_1 treat_{it} + \beta_2 Z_{it} + \mu_i + \lambda_t + \varepsilon_{it} \qquad (6.36)$$

在式（6.36）中，gdp_{it}为 i 国在 t 时期的经济发展水平，用各国的国内生产总值表示。核心解释变量 $treat_{it}$表示我国与“一带一路”沿线国家在 t 年是否设立综合型产业园区，若在 t 年设立了综合型产业园区则取值为 1，反之取值为 0。Z_{it} 为一系列控制变量，其中包含贸易规模、贸易成本、人口、收入水平和制度质量。α 为常数项，β 为变量的系数，λt 为控制由于时间因素引起各国经济发展水平的因素，μ_i 为控制由于各省自身独特因素所引起各国经济发展水平的因素，ε_{it} 为随机干扰项。

二、实证结果分析

表 6-8 为本章的基准回归结果。具体而言，虚拟变量（treat）的

系数为3.01，且通过了5%的显著性水平，这一结果表明，通过设立综合型产业园区有助于各国国内生产总值的增加。换句话说，对于“一带一路”沿线的国家而言，通过设立综合型产业园区有利于促进各国经济水平的提高。此外，对于控制变量而言，随着一国或地区的贸易规模扩大，该国的国内生产总值也会随之扩大，而贸易成本的增加不利于该国与其他国家进行贸易往来，从而降低该国的GDP水平。虽然在基准回归结果中，各国的人口数量和居民收入水平的P值并没有通过10%的显著性水平，但从其系数来看，人口和居民收入水平对该国的GDP水平仍存在正向的影响效应。最后，在各国的制度质量指标的衡量中，仅有腐败控制（cc）、法制完善度（rq）和政治稳定性（va）对“一带一路”沿线设立综合型产业园区的国家存在影响，且相对于腐败控制和政治稳定性，法制完善度对其影响程度更大。

表6-8　　基准回归结果

变量	相关系数
treat	3.01 ** (2.21)
exim	2.275 * (1.56)
popu	2.924 (0.28)
income	1.209 (0.99)
cc	1.9e+12 *** (3.47)
ge	7.0e+11 (1.31)
ps	-2.7 (-0.93)

续表

变量	相关系数
rq	1.2*** (3.05)
rl	3.2e+10 (0.05)
va	7.8e+11* (1.68)
cost	-2.5* (-0.04)
_cons	-8.9e+13 (-1.17)

注：* $p<0.1$，** $p<0.05$，*** $p<0.01$。

三、稳健性检验

由第三节可知，提高中国与“一带一路”沿线各国的区域经济一体化程度水平，有利于促进我国综合型园区“走出去”。同时，当中国与“一带一路”沿线各国的区域经济一体化程度提高的过程中，表明我国与“一带一路”沿线各国的市场化融合度得以提高，愈加有利于我国综合型产业园区“走出去”。为此，为检验基准回归结果的稳定性，本章将中国与“一带一路”沿线各国的区域经济一体化程度代替各国的经济发展水平进行稳健性检验，表6-9的回归结果为稳健性检验的回归结果。由表6-9可知，解释变量（treat）的回归系数为0.598，且p值通过了5%的显著性水平。由此可知，即使采用区域经济一体化程度指标代替各国的经济发展水平，也并未改变通过在“一带一路”沿线各国设立综合型产业园区能够促进各国的经济发展水平这一事实。此外，各国的贸易规模（exim）、政府效率（ge）和监管质量（ps）也能够促进中国与“一带一路”沿线各国的区域经济一体化程度。

表 6－9　稳健性检验

变量	相关系数
treat	0.598 ** (2.25)
exim	0.011 * (1.66)
popu	0.020 (1.46)
income	0.003 (0.80)
cc	0.000 (0.80)
ge	3.674 *** (3.68)
ps	2.058 ** (2.09)
rq	0.142 (0.27)
rl	0.142 (0.19)
va	0.871 (0.72)
cost	1.380 (1.62)
_cons	0.000 (0.76)

注：* $p<0.1$，** $p<0.05$，*** $p<0.01$。

第六节 海外综合型园区合作模式案例分析

潘峰（2019）通过对“一带一路”沿线境外产业园区共建现状的研究，将目前我国境外产业园区共建模式类型分为四大类，分别是托管模式、股份合作模式、异地生产—统一经营模式和政府机构间合作共建模式。随着国际经贸合作活动日益频繁，中国与境外国家的交往日益密切，经济全球化形势不可逆转，境外产业园区的共建模式也将不断深化发展，不断形成新的共建模式。鉴于异地生产—统一经营模式产业园区的建设主要集中于农业、工业、服务业，在综合型园区中较为少见。为此，本章从托管模式、股份合作模式、政府机构间合作共建模式角度出发，分别分析不同模式下境外经贸合作区的发展模式及发展现状，以从实际案例角度分析我国海外综合型园区合作模式发展态势。在托管模式上，本章选取中国·越南（深圳-海防）经贸合作区作为分析对象，选取马中关丹产业园区作为股份合作模式分析对象，在政府机构间合作共建模式上，选取中哈霍尔果斯国际边境合作中心作为分析对象。

一、中国·越南（深圳-海防）经贸合作区①

中国·越南（深圳-海防）经贸合作区（以下简称深越经贸合作区）成立于2008年10月22日，由深圳市政府与海防市政府签署《中国·越南（深圳-海防）经济贸易合作区合作协议》，并于2017年被列为中越经贸重点合作项目。深越经贸合作区所在城市为海防市。海防市与越南的首都——河内相邻，同时，海防市位于“一带一路”合作倡议与“两廊一圈”发展规划的交汇点。截至2021年7月，深越经

① 中国境外经贸合作区网：《中国·越南（深圳-海防）经贸合作区》，中国一带一路网，2021年7月22日，https：//www.yidaiyilu.gov.cn/xwzx/swxx/hwwg/181088.htm。

贸合作区累计投资额逾 8 000 万美元①。深越经贸合作区主要聚焦于轻工制造，重点引进电子、机电行业的企业，打造代表“中国制造”的高品质园区，培育更多的“中国总部 + 海外工厂”的跨国企业，致力于建设一座适合科技型制造企业生产经营的绿色环保产业园。

托管共建模式是深越经贸合作区主要的建设模式。托管模式是指海外园区建设地将建设产业园区的基础设施管理、招商引资、发展定位、产业选择等职能全权委托给产业园区建出地的操作。东道国只负责行政审批、简单事务管理等工作，东道国和受托方国家之间通过相关的合同协议等约定各自的责任与义务。在托管模式中，东道国政府主要负责行政审批、社会事务管理，而不参与产业园区的建设、规划等。这就要求在实行托管共建模式中，一方面，受托国家应具备雄厚的资金实力和建设海外产业园区的能力和经验，如此，受托国家才能完好建设海外综合园区的前期开发工作；另一方面，委托国家应营造良好的营商环境、制度环境等，如此，受托国家才能减少在境外建设经贸合作区的风险和成本，降低受托国的经营成本。深越经贸合作区便是采用托管共建模式建设而成，越经贸合作区是由深越联合投资有限公司建设而成，其母公司是深圳市投资控股有限公司。深越经贸合作区按照打造“一带一路”示范园区的要求，在空间设计、产业布局、建设标准等方面树立第三代工业园区标杆。在规划设计方面，提高污水处理标准，合理运用雨水花园、湿地绿道、体育乐园等时尚环保元素，规划绿化面积达 30% 以上，在节能建筑设计方面，采用标准化厂房、办公楼、会议中心等设计。在产业定位方面，明确聚焦轻工制造、重点引进机电设备、电子信息等领域具有知名度和国际竞争力的绿色科技企业，打造“中国制造”和“深圳智造”企业的聚集地和承载区，吸引国内企业和海外园区生产性转移，促进合作区“深圳总部 + 海外工厂”的国际产能合作模式的快速完成。

近几年，越南在吸引外资方面呈现出较大优势。一是政局稳定。

① 中国境外经贸合作区网：《中国·越南（深圳 – 海防）经贸合作区》，中国一带一路网，2021 年 7 月 22 日，https：//www. yidaiyilu. gov. cn/xwzx/swxx/hwwg/181088. htm。

近几年的时间中，越南经济发展较快，越南政府在政策的连续性上较为稳定，从《2020 年营商环境报告》越南排名第 70 位可以看出，越南目前非常注重经济的发展。二是劳动力成本相对较低，越南人口众多，劳动力价格较为低廉。三是越南在投资法方面的法律法规较为完善，针对国外投资者，越南完善了自身的法律基础，为海外投资者提供了较为安全、稳定的法律环境。2015 ~ 2020 年，越南经济持续呈现正向增长，甚至在 2019 年 GDP 增长达到 7.02%，在 2020 年越南 GDP 增长 2.91%，是东南亚地区唯一实现经济正增长的国家①。且在 2020 年间，越南的消费价格指数达到 3.23%，比 2019 年增长了 15.77%。此外，在 2020 年，越南的进出口总额实现了 191 亿美元的顺差，其中出口总额 2 815 亿美元，增长了 6.5%，进口总额 2 624 亿美元，增长了 3.6%。在 2020 年，由于新冠肺炎疫情，外资对越南的投资资金降低了 25%，但越南对海外的投资资金增加了 16.1%②。针对深越经贸合作区而言，截至 2021 年 12 月，深越经贸合作区已引进 32 家高质量制造业企业，入园企业投资总额超过 4.7 亿美元，累计产值超过 10 亿美元③。

二、马中关丹产业园区④

2012 年 6 月，中国与马来西亚就马中关丹产业园区相关事宜签订《关于马中关丹产业园区合作的协定》。马中关丹产业园区是世界上首个互相在对方国家建设产业园区的姊妹区，开创“两国双园”的国际合作新模式。其在中国境内设立的产业园区名为中国—马来西亚钦州

---

① 赵青：《越南 2019 年 GDP 增长 7.02%》载于《经济日报》2020 年 1 月 2 日，https：//baijiahao.baidu.com/s?id = 1654568552845009721。

② 驻越南社会主义共和国大使馆经济商务处：《2020 年越南经济增长 2.91%》，商务部官网，2020 年 12 月 29 日，http：//www.mofcom.gov.cn/article/i/jyjl/j/202012/20201203026895.shtml。

③ 《深越合作区成“一带一路”标杆项目，32 家企业入园，投资总额超 4.7 亿美元》，深圳市人民政府国有资产监督管理委员会，2021 年 11 月 30 日，http：//gzw.sz.gov.cn/gkmlpt/content/9/9414/post_9414752.html#1904。

④ 中国境外经贸合作区网：《马中关丹产业园区》，中国一带一路官网，2021 年 5 月 31 日，https：//www.yidaiyilu.gov.cn/xwzx/swxx/hwwg/175934.htm。

产业园区。中国—马来西亚钦州产业园区是2011年4月由中国和马来西亚总理达成共识后设立的产业园区，位于广西壮族自治区，是一个集工业、商业和居住为一体的产业新城。

另外，马中关丹产业园在境外的产业园区位于马来西亚的关丹市，毗邻关丹港，距关丹机场40公里，距市区25公里。马中关丹产业园区重点发展钢铁及有色金属、科学技术研发等现代服务业。马中关丹产业园区开园以来，经过不断的探索，在运行方式上，构建了“港—产—园”的联合发展方式。马中关丹产业园区借助入园企业产品的运输扩大港口吞吐量，同时利用港口的交通优势吸引海外企业入驻产业园区，扩大投资来源。并借助入园企业发展园区产业，形成可持续的促进作用。在行政管理方面，马中关丹产业园区建立联合合作理事会机制，成立了由中国和马来西亚经贸主管部门及相关人员共同组建的联合合作理事会，为解决园区建设、招商活动等问题提供了较为切实可行的处理办法。

马中关丹产业园区和中国—马来西亚钦州产业园区采用的是股份合作模式的经营方式。中国商务部和财政部于2015年针对股份合作模式出台了《境外经贸合作区考核办法》。股份合作模式能够充分发挥各合作主体的优势力量，调动各方的积极性。马中关丹产业园区是由马中关丹产业园有限公司建立，其中，中方是由广西北部湾国际港务集团和钦州市开发投资集团有限公司建设，马来西亚是由马来西亚实达集团、常青集团、政府和秘书机构、彭亨州经济发展局共同完成。此外，马中关丹产业园区建设的联合合作理事会机制能够大大降低马中关丹产业园区各责任主体间的交易活动，明晰各责任主体间的责任，实现权责分明，提高办事效率。

近几年，马来西亚政府不断完善投资环境，加强投资激励，吸引海外投资者对马来西亚进行投资。此外，马来西亚由于地理位置优越、原材料资源丰富，人力资源素质高，政治风险低等因素，不断吸引海外投资者。在2021年，马来西亚制造业和服务业引进的外资额达525.1亿美元。据米尔肯研究研究发现，马来西亚有望于成为东南亚在引进外资方面最具吸引力的国家。此外，截至2021年上半年，中国—

马来西亚钦州产业园区重点推进园区项目共147个，总投资约2 738亿元。其中，民间资本投资项目56个，总投资1 605亿元，占中国—马来西亚钦州产业园区总投资超过50%，民间资本成为园区投资建设的中坚力量。截至2021年前三季度，中国—马来西亚钦州产业园区规模以上工业总产值达647.5亿元，同比增长49%，财税收入103亿元，同比增长25%，固定资产投资完成166.4亿元，对全市投资增长贡献率高达82%①。

三、伊朗格什姆岛自贸区②

2021年3月，中国与伊朗签署全面合作计划，规划在格什姆岛等地区合作建设自由贸易区和智慧城市，将新一代信息技术充分运用于城市的各行业。根据《2022－2026年后疫情时代伊朗投资环境及发展潜力报告》数据显示，伊朗吸引外资主要集中在原油、天然气等行业。

伊朗格什姆岛自贸区采用的是政府间合作的共建模式。政府间合作共建模式是指建立园区的两国政府机构协商在东道国境内共同建立产业园区的建设模式，该模式所建成的产业园区一般由两国政府机构或授权机构进行管理。政府机构间合作共建模式是由政府引导，企业为主体建设境外产业园区。政府机构间合作共建模式能够为境外产业园区提供便捷的办理手续、优惠的政策支持，减少海关税收，实现财政倾斜和人才激励等。为产业园区的招商引资、贸易畅通提供稳定的营商环境，降低因国家政治风波、政局不稳定所带来的不确定性风险。然而，政府机构间合作共建模式也存在部分问题。主要的问题来自需要政府间进行洽谈、协商，保障政策的一致性和可持续性，这不仅需要国家与国家之间能够不断的投入人力资本、物力资本等，还需要各国不断完善本国法律法规、优化本国营商环境，为共建产业园区提供稳定的外界环境。伊朗格什姆岛自贸区是由中国的广东自由贸易试验

① 中国－东盟商务理事会：《马来西亚引进外资预计2022年领先东南亚地区》，新华丝路网，2022年1月29日，https：//www.imsilkroad.com/news/p/476057.html。

② 《王毅同伊朗外长扎里夫举行会谈》，外交部官网，2021年3月28日，https：//www.mfa.gov.cn/web/wjbzhd/202103/t20210328_9137086.shtml。

区和伊朗的伊朗格什姆岛自贸区共同建设的，其合作机构均由双方所在地区的政府进行沟通协商。

伊朗地处西亚心脏地带，南邻波斯湾，北接里海、土库曼斯坦、高加索地区，东连巴基斯坦、阿富汗，西接伊拉克、土耳其，是古丝绸之路的重要纽带国家，连接中国与西亚各地。伊朗历史文化悠久，宗教遗产丰富。石油储量居世界第四，天然气储量居世界第二，优越的地理环境和丰富的自然资源使伊朗处于得天独厚的地位。在 2015 年，伊朗与六国签署《联合全面行动计划》，达成伊核协议。2016 年，欧美解除对伊朗的制裁，时任总统哈桑·鲁哈尼于 2017 年 5 月 19 日第 12 届总统大选中获胜连任，随后，哈桑·鲁哈尼事实“抵抗型”经济建设，控制通货膨胀，开放对外活动。此后，伊朗开始进入新的发展阶段。2020 年 3 月，伊朗最高领袖哈梅内伊在伊新年来临之际发表新年致辞，将伊历 1399 年确定为“生产激增年”。他赞扬了国家和人民面对艰难环境经历的考验，呼吁国家和政府进一步提高产量，发展国内生产，并解决诸如改革银行体系、海关法规、税收制度及改善商业环境等问题，以积极影响人民的生活。在《2020 年营商环境报告》显示，伊朗综合排名 127 位。此外，在透明国际“2019 腐败感知指数”中，伊朗在全球 180 个国家和地区中排名 146 位。

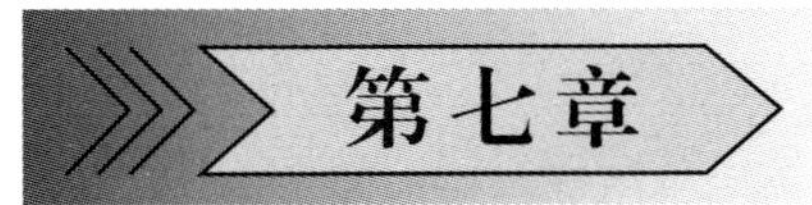

“一带一路”推进中园区“走出去”的成长路径研究

在我国40余年改革开放进程中，世界各国的资本、技术、知识、人才在不断地被“引进来”，同时我国的产品、技术、文化也渐渐开始“走出去”。我国“走出去”战略发展经历了3个阶段，第一阶段是产品“走出去”，从来料加工、转口贸易到自主生产，大量产品出口到海外；第二阶段是企业“走出去”，大量有远瞻的企业进行海外投资；第三阶段是园区“走出去”，企业纷纷采取“抱团”的方式在海外从事生产经营活动，自“一带一路”倡议提出以来，园区“走出去”发展势头强劲。

本章通过构建产业集群、合作系统、海外园区“三位一体”的耦合互动系统，从企业“三段式”成长、合作系统“四大平台”构建，产业集群竞争力“五大转变”提升的角度，研究“一带一路”推进中海外园区由政策驱动、产业驱动转向创新驱动的成长路径，探索产业集群、合作系统和海外园区三者之间的耦合互动关系，分析三者耦合互动机理，最后在C－C－O耦合互动框架下，探究海外园区的动态成长路径。

第一节　“三位一体”（C－C－O）耦合互动框架构建

产业集群是指有着合作竞争关系的企业及相关机构在一定地理区

域内形成集聚的现象；合作系统是企业、政府、服务机构、中介组织等行为主体间按照一定的规则进行竞合运作的机制；海外园区则是出于某种共同的目的，在东道国建立的特殊经济园区。本章将这三者联系起来，提出产业集群（C）、合作系统（C）、海外园区（O）“三位一体”（C－C－O）耦合互动模型，以此构建“一带一路”推进中园区“走出去”的合作模式与成长路径的理论框架，如图7－1所示。

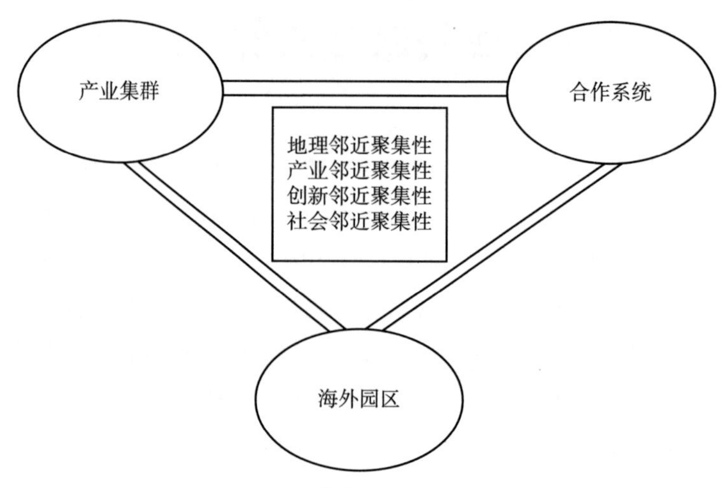

图7－1 “三位一体”（C－C－O）耦合互动

资料来源：根据资料整理绘制。

该理论框架的基本内涵是：企业、园区、政府通过精细化运作推动产业集群升级、合作系统完善和海外园区建设，产业集群、合作系统、海外园区系统通过地理邻近聚集性、产业邻近聚集性、创新邻近聚集性和社会邻近聚集性等特征，完成企业层面的“三段式”成长路径，建设“四大合作平台”，促使产业集群竞争力完成“五大转变”，最终实现海外园区发展动力由政策驱动、产业驱动转向创新驱动，形成产业集群、合作系统和海外园区“三位一体”耦合互动的良性增长局面。

一、产业集群、合作系统、海外园区的关联性

（一）产业集群、合作系统、海外园区的理论解释

产业集群又称产业集聚，目前对于产业集群的内涵界定，学术界并未形成共识。其中引用较多的是波特在《集群与新竞争经济学》中对于产业集群的定义，产业集群是某一产业中有着紧密联系的公司或机构聚集在特定地域位置的一种现象。对于产业集群的现象，既有的研究以外部规模经济理论[①]为基础，波特认为外部规模经济效应让进入集群中的企业更容易获得竞争优势，陈小勇（2017）也认为产业集群最为根本的优势在于可以带来外部规模经济，让企业在激烈的竞争中获胜。健康的产业集群应包含产业链、供应链的上、中、下游企业，如装备制造商、原材料供应商、加工厂商、专业性服务供应商及公共基础建设服务的提供商，具体地说，集聚产业还应包括工会、劳动仲裁机构等管理组织和标准制定机构、职业培训机构、技术援助机构等服务组织。随着产业集群外延的不断扩展和海外园区社会环境的成熟，未来还将出现人文交流组织、生态环境保护组织等。阿尔弗雷德·韦伯指出产业集群发展是一个动态演化过程，可分为两个阶段：第一阶段是企业扩大生产规模，使产业集中化；第二阶段则是依靠成长起来的大企业抱团，以完善的组织管理方式集中于某一区域进行生产活动，这种集中生产具有地方性集群效应。韦伯还总结了产业集群的四大原因：一是技术设备的创造与改进；二是劳动组织形式的发展；三是经常性开支成本的节省；四是市场化因素。

合作系统：“合作”（cooperation）一词源于拉丁文，其原意是指个体与同一群体中的其他个体之间的共同协作行动。不同的学者对于合作行为的目的有着不同的理解。亚当·斯密在《国富论》中做出论断：我们每天消费的食物、面包不是商家的恩惠，而是出于自利的原因。

① 外部规模经济：在其他条件不变的情况下，企业的经营效率随外部经济规模的扩大而提升。

据此他提出“理性人”的概念，认为行为主体（人）的合作行为是理性（自私）的假设。又在另一部巨著《道德情操论》中提出“道德人”的概念，认为人的合作行为具有“利他心”或“同情心”。这一悖论被人们称为“亚当·斯密之谜”。黄少安等（2011）强调合作的目的要结合合作主体的意识性和合作行为的经济性，认为合作是在自愿选择的基础上自利性与互利性的统一。高磊（2015）则认为合作是指个体为维持整体利益而付出部分或全部自身代价的一种利他性行为。正是由于合作存在利己的目的与利他的相反效果，学术界衍生了大量的博弈论模型，而现实中的合作博弈远比模型设计的复杂得多。由于合作系统的参与主体众多、目的不一，个体间存在异质性，规则不明晰等原因，现实中的合作系统往往具有不确定性、不易控制性和模糊性的特点，这使得合作系统实际产生的效果和发展趋势难以预测。合作系统既需要稳定，又需要发展。稳定的动力在于既有利益集体的维护，既有企业需要稳定的合作关系，有利于企业平滑生产和用工。发展的动力在于新生群体的利益诉求，新生群体会加速合作系统升级，降低合作风险。尽管合作行为的目的存在争论，但学术界仍普遍认为合作系统能够有效提升经济效率。亚当·斯密从劳动熟练程度、劳动者各工种转换时间和机器生产三个方面创造性地提出了分工合作对效率提升的重要性，杨小凯（2001）通过比较“自给自足”和“分工合作”两种生产方式，认为如果没有分工合作，一个社会的知识总量与单个人的知识量相差无几。张维迎（2015）认为分工合作是外部规模经济形成的根本，是经济增长的重要动力，产业集聚带来的竞争优势以形成完善的合作系统为前提。郑胜华和池仁勇（2017）指出，若集聚中的龙头企业局限于空间相邻，高度依赖伙伴间的知识外部性，将会导致网络成员同质化，任何企业都不愿打破这种网络锁定，产业集聚将会阻碍合作系统的升级。

海外园区又称境外产业园区，是指具有独立法人资格的中资控股企业通过在境外设立中资控股的法人机构，投资建设的产业园区。它是由中央政府或地方政府主导，以国内企业为主体，通过与东道国政府基于平等互利的原则进行谈判，签订协议并在协议限定的地域内建立的境外经济贸易合作区。在该区域内，企业一方面能享受东道国提供的优良投资环境及税收减免等优惠政策，另一方面能充分利用境外的自然资源和市场资源，打开境外市场，获得竞争优势。通过与东道国政府、企业、研究所等机构的交流，最终实现带动境外产业集群发展的目标。作为中国对外直接投资的新方式，海外园区成为中国企业加快“走出去”步伐、探索对外投资新模式的重要平台。特别是“一带一路”倡议提出以来，中国企业与“一带一路”沿线国家政府一道，建设了一批境外经贸合作区。相比于国内产业园区，海外园区中企业之间形成的合作系统更为复杂，参与主体更为多样，如企业、母国政府、东道国政府、东道国消费者等，合作环境更加多变，各国的政治环境、法律环境、人文环境对于园区中的企业都是陌生元素，掌握不好便会成为企业发展的绊脚石。

（二）产业集群、合作系统、海外园区三者的关联性

产业集群与合作系统的关联性，主要体现在构成要素、结构功能、发展目标等方面的关联。从构成要素来看，产业集群的构成要素与合作系统的主体要素大体重合，均包括企业、科研机构等创新主体和金融、劳务等专业化中介服务组织，其中合作系统中东道国政府和母国政府等管理机构也是为产业集群发展服务。从结构功能上看，产业集群的核心功能是通过建立高水平的分工合作网络，使得技术、工艺的创新与扩散更加高效，从而提高生产效率，而新技术、新工艺的发明与创造也是合作系统的最主要功能之一。同时，产业集群和合作系统均强调企业主体间的良性互动对于提升竞争力和创新力的作用。从发展目标来看，产业集群通过相关企业和机构在某一地域空间的集聚并形成相互分工和协作的关系，各自从事专业性的劳动，获得规模经济效应、外部经济效应和范围经济效应。最终的发展目标在于提升产业集群区域内的综合竞争力。建立良好的合作系统的发展目标同样是为了提升区域内的合作效率，降低产业集群区域内企业的外部成本，提升区域内企业的竞争力。从某种程度上说，一个快速发展的产业集群一定伴随着一个稳定互信的合作系统，一个成熟健康的合作系统一定

能吸引各类产业集聚。

从产业集群培育与海外园区建设的关系来看，海外园区建设与产业集群发展是动态递进的关系。产业集群是建设海外园区的强力支撑，也是建设海外园区的重要目的。如果没有能够吸引合适的产业落地于海外园区，再好的基础设施和环境建设都只是“面子工程”，是一个没有盈利能力的“空壳”。产业集群竞争力是海外园区竞争力的核心，园区要形成真正的竞争力，一定需要有具备外部经济效应、规模效应、知识溢出效应的聚集产业。以形成了地理集聚的海外园区为载体，企业在园区中更有可能发展成长，政府通过尽可能多的市场信息，有意识地引导产业聚集，形成高质量海外园区。

从海外园区与合作系统的关系来看，海外园区建设与合作系统形成也是一种动态递进的关系。由于合作系统形成是一种难以被捕捉到的隐性关系网，稳定的合作系统需要地理范围的集聚和人与人之间的交流互动，合作系统的健康发展对自然资源依赖程度低、对智力资源依赖程度高，这与海外园区建设对于自然资源依赖程度高、对智力资源依赖程度相对较低恰恰相反，容易形成互补递进的关系。即海外园区在物理层面将企业聚集在一起，通过现实的场所、虚拟的互联网平台等，让企业在交流互动中逐渐形成海外园区中的合作系统，更进一步促进产业的集聚。

总之，产业集群（C）、合作系统（C）、海外园区（O）三者之间的高度关联性，使这三者之间通过其内在结构、功能的关联性构成一个相互联系、相互支持、动态递进的有机统一系统，即“三位一体”（C－C－O）耦合互动系统。

二、“三位一体”（C－C－O）的多重邻近聚集性特征

产业集群、合作系统、海外园区“三位一体”的耦合互动框架具有什么特征呢？邻近聚集的现象出现在生物、化学、社会、经济等各类学科中，在法国动力学派的研究中，邻近聚集被整合地理邻近、制度邻近、组织邻近、认知邻近与社会邻近5个维度。张凯煌和张庆兰（2021）把多维邻近性分为地理邻近、组织邻近、认知邻近3个维度。

宛晴（2021）通过实证发现地理邻近性能够提高会计信息的可靠性，当公司治理水平越低时，地理邻近性的改善效果越大。本章认为地理邻近性为企业提供公共资源，提高资源利用效率，产业邻近性构成区域集群互动网络的组织界域，社会邻近性促成区域集群互动网络的社会交换。产业集群、合作系统、海外园区实现“三位一体”耦合互动框架正是构成了最显著的多重邻近性特征，分别是地理邻近性、产业邻近性和社会邻近性，本章将这三者统称为“多重邻近聚集性”。这里的“多重”邻近聚集性不仅包括地理邻近聚集性、产业邻近聚集性、社会邻近聚集性，还包括创新邻近聚集性。多重邻近聚集性使“一带一路”海外园区与一般的经济开发区相比，无论是产业主体的聚集程度、发展动力，还是集群创新活力，都能保持在很高的水平，并使知识溢出效应、范围效应等多重效应实现统一，使海外园区真正成为高投入产出、高附加价值的地域空间。充分反映“一带一路”海外园区是新的产业区、新的合作区、新的创新区“三重”属性的本质要求。

地理邻近聚集性是产业集群形成的基础，它是指企业主体相聚在一定空间地理范围，从事研发生产销售服务等经营活动的现象。韦伯（1929）较早解释了产业地理集聚是因为交通成本和劳动成本，新贸易理论强调即使不存在禀赋的差异，聚集产生的规模经济效应也能使产业在地理上聚集。新经济地理理论则突出强调规模收益递增、需求联系效应等对地理集聚的作用，即使处于不同行业的企业，也会在地理上产生聚集效应，获得比较优势，这是因为企业之间仍然在共享公共基础设施、政府公共服务、区域公共政策等资源。总之，出于交通成本、外部性、规模经济、共享设施服务等动因，企业总在一定程度上出现“扎堆”现象，这在“一带一路”海外园区中尤为明显。出于政策的利导和经济利益的驱使，海外园区中的企业往往倾向于“抱团”“走出去”。

产业邻近聚集性是指相似或相同产业的生产企业聚集的现象，它们常常围绕某一类终端产品的各项生产和服务而聚集。产业经济理论认为产业聚集的主要原因是区域的不均衡发展，聚集的产业能够为一个国家或地区获得竞争优势，提升区域经济发展水平（杨路明和施礼，

2021)。产业邻近的主要动因还是出于生产经济性的考量，产品的模块化生产越来越普遍，产品模块化程度越高，在市场经济中，细致的专业分工越易于实现。此外，有关企业的交易成本，科斯在《企业的性质》中将交易成本分为四类，分别是：(1）搜寻信息成本，即搜集商品信息和交易对象信息付出的成本；(2）议价、决策成本，即针对契约内容、价格品质等交易信息沟通的成本和签订契约所需的内部成本；(3）监督、违约成本，即监督交易对象是否按照契约内容交易的成本和违约后付出的成本；(4）运输成本。产业邻近同时可以降低以上成本，这对于"一带一路"海外园区中的企业尤为重要，因为海外企业的信息搜寻成本、监督违约成本都远高于国内。产业邻近的集聚使得同一产业的不同价值链环节能够链接在一起，节约搜寻信息、议价、决策、监督等成本。同时，处于同一产业链的企业往往有着共同的利益诉求，对于公共资源的需求程度趋向一致，也能够提高资源的利用效率。

社会邻近聚集性是指在社会文化背景、知识认知结构、制度法律环境、道德价值观念等多方面具有相似特征的组织聚集的现象。一般来说，社会邻近性越高，主体之间越容易形成高效的合作机制，彼此在信息解读、交流方式、法律共识、文化认同等方面更容易产生共鸣，可以大大地减少因社会背景，语言环境等差异造成的误判及损失。苏屹等（2021）通过新能源企业合作申请专利数据为样本，发现社会邻近是推动合作创新网络演化的重要因素。李颖等（2021）也通过海洋产业合作专利数据论证了社会邻近性对海洋产业合作创新网络的重要解释力。各经济主体之间的行为需要嵌入社会制度、文化等背景之中去，社会邻近聚集性使聚集企业获得丰裕的社会资本，这种资本将会让企业在交易、信贷、增值、销售等行为中获得显著的竞争优势。

创新邻近聚集性则是指通过创新主体或创新要素之间实现交流和互动，达到创新溢出效应的一种集聚现象。这里所出现的集聚可以是地理上的集聚，也可以不是地理上的集聚。创新者即使在地理距离中相距很远，但是由于有着共同的背景、共同的研究方向，创新主体之间仍会克服空间障碍，聚集在一起。张克俊（2010）总结到创新主体之间对于创新邻近聚集性的需求原因主要有三个：（1）知识的粘性特征，技术创新过程中需要的知识在获取、传授、应用中是有损耗和代价的，这是因为有大量知识难以用言语准确表达，这种知识往往需要主体间面对面互相交流、提问，通过面部表情、语气状态、肢体动作等方式才能精确地实现知识的获取和转移。（2）创新扩散的递减性，创新要素在空间距离影响较大时，以邻近扩散为主。在空间距离影响较小时，以等级扩散为主。由于创新要素存在着范围递减性，因此创新主体间只能尽可能地缩短“距离”（这里的距离可以是地理距离，也可以是心理距离），于是出现创新集聚。（3）创新的复杂性。创新的复杂来源于其本身的特点，即探索未知。创新的复杂性包括创新产品复杂性、创新工艺复杂性、创新人员复杂性、创新技术复杂性、创新生产方式复杂性、创新管理复杂性等。面对创新的复杂，很难有某一个创新主体能独立高效地完成创新活动的全过程，这便需要创新主体之间的聚集交流、专业化分工、市场化协作。

C－C－O 四重邻近聚集性特征有机统一，每一个邻近聚集性特征的形成对于行为主体来说都是利益最大化的驱使，能够或多或少地降低生产、交易、资金、销售等成本。在产业集聚、合作系统和海外园区三位一体的耦合互动网络中，集合地理邻近聚集性、产业邻近聚集性、创新邻近聚集性、社会邻近聚集性等多重邻近聚集性特征，才能有效形成集群耦合互动网络。同时，多重邻近聚集性之间存在着密切的关系，它们本身是不可分割的整体。

地理邻近聚集的动因通常是土地及土地上厂房等税收优惠政策的作用，但仅仅依靠政策优惠，没有自身造血能力的集聚通常是脆弱的。当优惠政策到期或者其他地域出现新的优惠政策时，地理集聚又会重新打散，造成资源浪费，经济效率低下。地理邻近集聚与产业邻近集聚相结合，地理邻近的优势才能得到充分发挥，更专业的服务商能够提供辅助性服务，劳动力市场信息也能更加充分，原材料的集中采购、公路铁路机场等专业化物流服务、市场的统一销售等让邻近的企业产生强大的外部规模经济，地理邻近聚集与产业邻近聚集的结合，能使企业由无序的“扎堆”聚集转向使所有聚集企业获得更大竞争优势的

“有机”聚集。

如果只是地理邻近聚集和产业邻近聚集，集群中的企业慢慢会丧失活力，被锁定在价值链底端，无法获得创新的动力。当遇到外界环境的冲击时，易被其他集聚的园区赶超、取代。产业集聚中的企业没有出现“你追我赶”的核心创新企业，而是依靠其他企业的技术溢出，这种“搭便车”行为将会导致集群网络的产品出现固化，最终任何企业都不愿意打破这种稳定，遇到危机时只能分崩离析。当地理邻近聚集、产业邻近聚集加上创新邻近聚集，园区内产生一定数量的创新龙头企业，海外园区的地理邻近聚集和产业邻近聚集才能正常发挥出应有的功效，出现龙头企业对上下游产业链提出更高水平的中间产品和服务的要求，盘活园区的生态，带动园区企业共同发展。

社会邻近聚集性则为地理邻近、产业邻近、创新邻近带来了强大的认同感和植根性，同时为以上三种邻近效用的发挥提供了润滑作用。在社会大背景互相认同、价值观念接近的企业之间，更容易在地理选址上互相接近，在产业间、产业内的合作也将更加顺畅，同时在创新交流方面更容易产生共鸣，技术溢出和知识转移容易被接受。面对合同、劳动、法律等纠纷和外界冲击时更倾向于抱团抵御，提升了整体的抗风险能力。

产业邻近聚集、创新邻近聚集和社会邻近聚集均以地理邻近聚集为基础，这也是各东道国划出专门土地规划园区的初衷。产业邻近聚集为地理邻近聚集增加聚合力，同时为产业链中所涉及的企业提供地理聚集以外的竞争优势；创新邻近聚集为企业提供创新动力和抵御风险能力；社会邻近聚集为企业的地理、产业邻近提供文化认同，为创新溢出提供润滑作用。总之，产业集群、合作系统、海外园区“三位一体”的相互作用，不仅能够促进地理邻近聚集性、产业邻近聚集性、创新邻近聚集性、社会邻近聚集性的多重邻近聚集性特征发挥作用，还能够使这些多重邻近聚集性以具有产业集群和完善合作系统的海外园区为载体实现有机统一，产生全方位的聚集效应，为集群竞争力的形成产生积极的影响。

三、C－C－O 耦合互动机理及形态

（一）C－C－O 耦合互动模型及机理

产业集群（C）、合作系统（C）、海外园区（O）的关联性及“三位一体”（C－C－O）多重邻近聚集性的有机统一，形成了三者耦合互动的前提基础，探索产业集群（C）、合作系统（C）、海外园区（O）的耦合互动机理就是探寻问题的本质。

耦合的概念源于物理学，它描述了两个及两个以上系统之间的相互作用关系以及作用的程度。随着研究方法的发展，关于区域经济发展的研究演变成一个复杂的系统工程，经济、资源、生态、文化等不同子系统之间存在多元内在耦合关系，对一个区域发展程度的评价已经从单一的指标评价转向综合发展水平与协调水平的均衡发展评价，耦合效应与耦合协调度正是衡量发展水平与协调水平的有效工具（王淑佳等，2021）。大量学者将耦合的系统进行量化，构建出耦合协调度模型，对各个具有相关关系的系统进行量化分析。如李林红等（2021）通过量化云南省物流系统和绿色旅游系统构建双重耦合协调度模型，李晓梅和崔靓（2022）构建了数字物流、区域经济和碳环境治理三重耦合协调度指标体系。

耦合度 C 是耦合协调度模型的核心部分，是衡量系统耦合程度的重要变量，其公式为：

$$C=\left[\frac{\prod_{i=1}^{n}U_i}{\left(\frac{1}{n}\sum_{i=1}^{n}U_i\right)^{n}}\right]^{\frac{1}{n}} \tag{7.1}$$

其中，n 为子系统个数，U_i 为子系统的得分值，一般将其进行无量纲化和标准化处理，使其分布区间为［0，1］。在数学计算中，耦合度 C 值所处区间为［0，1］。C 值越小，说明子系统之间的差异越大，耦合度越小，C＝0 时说明系统之间或系统内部之间互不联系，系统相互分割。C 值越大，说明子系统之间的差异越小，耦合度越大，C＝1

时说明系统处于良性的互动耦合，各系统之间协调发展，彼此影响。本课题中的存在产业集群、合作系统和海外园区三大子系统，其耦合度 C 计算公式如公式（7.2）所示：

$$C = \left[\frac{U_1 U_2 U_3}{\left(\frac{U_1 + U_2 + U_3}{3} \right)^3} \right]^{\frac{1}{3}} \tag{7.2}$$

综合协调指数用 T 表示，反映子系统对耦合协调度的贡献程度，其计算公式为：

$$T = aU_1 + bU_2 + cU_3 \tag{7.3}$$

其中，a、b、c 为待定系数，用来衡量 U_1、U_2、U_3 在系统中的重要性，三者之和等于 1。最后根据耦合度 C 和综合协调指数 T，求得耦合协调度 D，计算公式如公式（7.4）所示：

$$D = \sqrt{C \times T} \tag{7.4}$$

本章中由于指标测度及数据缺失等问题，难以对产业集群、合作系统和海外园区的耦合互动模型进行量化分析。根据已有研究将耦合协调度 D 值划分等级如表 7－1 所示。根据各子系统实际得分，判断各系统之间的耦合协调等级。

表 7－1　耦合协调度划分等级

序号	耦合协调度 D	协调等级
1	[0－0.1]	极度失调
2	(0.1－0.2]	严重失调
3	(0.2－0.3]	中度失调
4	(0.3－0.4]	轻度失调
5	(0.4－0.5]	濒临失调
6	(0.5－0.6]	勉强协调
7	(0.6－0.7]	初级协调
8	(0.7－0.8]	中级协调
9	(0.8－0.9]	良好协调
10	(0.9－1.0]	优质协调

产业集群、合作系统、海外园区3个子系统通过内部耦合元素彼此产生联系，相互作用。产业集群、合作系统和海外园区三位一体的耦合互动是耦合系统中耦合互动要素、耦合互动纽带、耦合互动动力来贯通的，耦合互动机理如图7-2所示。

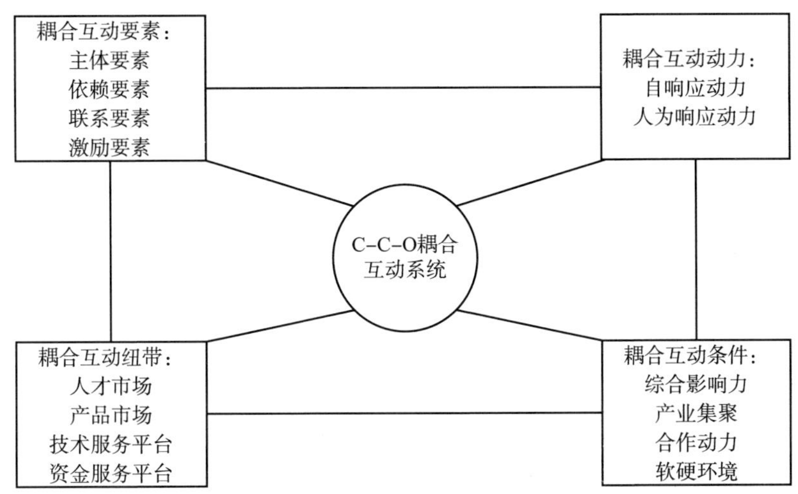

7-2 C-C-O耦合互动机理

资料来源：根据资料整理绘制。

（二）C-C-O耦合互动要素

C-C-O耦合互动要素是一个很宽的范畴，系统网络存在相互作用的节点都可以作为耦合互动要素。随着耦合互动要素数量的增加，它们之间互动的渠道就会越多，整个系统开始膨胀。但是耦合互动过程中存在一定的摩擦，使得系统存在一定的边界，超出这一边界的节点就与系统不再存在明显的交流互动，也就退出了系统。C-C-O耦合互动系统中的互动要素包括主体要素、依赖要素、联系要素和激励要素。主体要素是指C-C-O耦合互动系统中的自然人、法人。主体要素能够产生主体需要，对外界的信息、知识、资源产生需求，并且通过有意识地加工进行产出。这些主体要素包括各式各类的企业、大学、政府、服务机构以及机构中的人才要素，也可归纳为官、产、学、研等。主体要素是耦合互动系统的基础，并通过依赖要素、联系要素、激励要素实现有机衔接和动态耦合。依赖要素是主体要素产出的前提，依赖要素具体是指 C－C－O 耦合互动系统中主体要素所需要的一切物质资源和非物质资源。物质资源包括生产所需的自然资源、劳动力资源、资金资源等，非物质资源包括专利、知识、信息等生产依赖的资源。联系要素是指将主体要素和依赖要素连接起来的纽带，包括显性的合同或隐性的承诺和交易习惯。激励要素则是指驱动主体要素相互合作，更高效配置依赖要素的动力要素，包括经济激励、社会激励、政府激励等。

（三）C－C－O 耦合互动动力

在 C－C－O 耦合互动模型中，需要有动力去促使产业集群、合作系统和海外园区相互耦合。产业集群在外界的政策诱导、市场竞争、企业发展的大环境下有产业升级的要求；合作系统在政府和园区间、园区和企业间、政府和企业间、企业和企业间的交流互动中，经过一定时间的摩擦与融合，产生优化升级需求；海外园区在企业入驻、发展，政府规划、建设、改造的选择中也将产生园区高质量发展的要求。C－C－O 耦合互动的动力，可按其动力源分为自响应动力和人为响应动力两种。自响应动力是产业集群、合作系统、海外园区三者自然演化，朝着三者融合熵增方向发展的动力。而 C－C－O 耦合互动更多的动力来自人为响应动力，依靠人为的方式规划海外园区建设、协调产业集群发展、形成高效合作系统。人为响应动力贯穿于 C－C－O 耦合互动始终，在 C－C－O 耦合互动程度较低时，人为响应动力在产业集群、海外园区建设初期强度最高，需要政策决策者和企业家智慧眼光。在 C－C－O 耦合互动程度较高时，更多地应该依靠自响应动力来促使其发展，依靠创新集聚、社会集聚等多重邻近聚集性质，形成高效合作系统，促使 C－C－O 持续耦合互动，相互促进，协调发展。

（四）C－C－O 耦合互动纽带

近年来关于纽带关系的概念定义、基础研究框架的制定以及互馈关系分析等，国内外机构和学者从多学科、多视角开展了一系列卓有成效的研究工作（林志慧等，2021）。远滕等（Endo et al.，2017）认为纽带关系是为实现共同目标而连接不同利益主体思想与行动的一个过程。C-C-O耦合互动实质上可以理解为耦合互动中的行为主体之间的价值交换，耦合互动的行为主体包括“走出去”企业、母国政府、东道国政府、东道国消费者、东道国企业等。在行为主体之间进行价值交换，需要具备一定功能的市场和平台，包括能够将各种生产要素联系在一起的人才市场、产品市场、信息市场、政策市场和能够方便各方交流的服务平台，如技术服务平台、资金服务平台、企业孵化器、留学生创业园等。一系列市场和综合服务平台的连接纽带在强化C-C-O耦合互动模型中效果不一，如三者耦合的内容主要是显性内容，如招商信息、政府优惠条件、廉价劳动力信息及简单的设施共享信息，那么C-C-O耦合互动强度则处于弱耦合协调状态，C-C-O耦合互动纽带作用较弱。若三者耦合的内容主要是隐性知识，如人才引进、技术转移、资金融通、产品升级等，那么C-C-O耦合互动强度则为强耦合协调状态，C-C-O耦合互动纽带作用较强。在有了基本显性知识共享的基础上，加强隐性知识的交流合作，是主体间保持紧密和频繁的伙伴关系，各主体不再只是地理成本的节约，更是资金、技术成本的节约。显性知识和隐性知识均在C-C-O耦合互动系统中流通，市场和综合服务平台的互动纽带作用才得以发挥，形成良性耦合互动的局面。

（五）C-C-O耦合互动条件

C-C-O耦合互动进入良好的循环递进状态，需要具备一些基本条件，这些基本条件包括：

1. 海外园区的综合影响力达到一定水平

“一带一路”海外园区的综合影响力是园区从选址、宣传、建设、发展、回馈等全过程推动的结果，是园区相关利益方共同的期望。同时，拥有较好的综合影响力，又能更好地促进海外园区的发展，为园区中的产业集聚和合作系统增添发展动力，为东道国政府、园区投资建设者、母国入驻园区企业、东道国市场带来更大的利益。

2. 海外园区的产业集聚达到一定程度

产业集聚对于高技术产业绿色创新效率（张樨樨等，2021）、物流效率（冷俊峰和刘泳宇，2019）、全要素生产率（伍先福，2019）等经济指标具有门槛效应在学术界基本成为共识，对于“一带一路”海外园区亦是如此。产业集聚程度不够，专业化分工和协作便很难形成，于是就很难形成对产业链的精细分工和规模运作，同时共享的原材料市场、技术市场、人才市场也很难发展成熟。因此，从产业集聚的角度来说，如果集聚只发生于极小部分产业链或小规模的扎堆，难以形成 C－C－O 的耦合互动发展局面，也就是说产业集聚、合作系统、海外园区难以良性循环发展。

3. 海外园区中合作主体具有合作动力

对于企业来说，若在海外园区形成产业集群能够分散企业风险，增加企业利润，企业便有充足的动力去参与合作。合作主体中起主导作用的两国政府需要以服务者的姿态去面对投资企业的实际需求，解决投资企业的实际问题，同时以调解员的身份去处理利益冲突时的各方矛盾。因为园区的建设需要政府的公共财政投入，而政府的资金来源主要来源于企业生产带动经济发展而引致的税收，因此政府仍有动力去参与合作系统的建成。

4. 海外园区软硬环境建设达到一定水平

“一带一路”海外园区的硬环境主要包括传统基础建设项目：道路桥梁、水电气、厂房、绿化、居所等和新型基础建设项目：通信网络、邮电物流等。海外园区的软环境主要包括产业集聚平台、创新研发平台、资金流通平台、政务服务平台等间接促进海外园区发展的设施。这些软硬环境均需要达到一定的水平，如果园区在某一项或几项基础设施建设未达到标准，园区企业将面临超额的边际成本，这对于新入驻企业来说是难以承受的。

四、C－C－O 耦合互动框架下海外园区的动态演化

（一）海外园区的现状及发展阶段

中国海外园区的区位选择多集中于亚洲、东欧、非洲等地区，南

美洲、北美洲和大洋洲分布较少；选择的经济体集中于发展中国家、新兴经济体和最不发达国家，发达国家分布较少，如图7－3、图7－4所示。

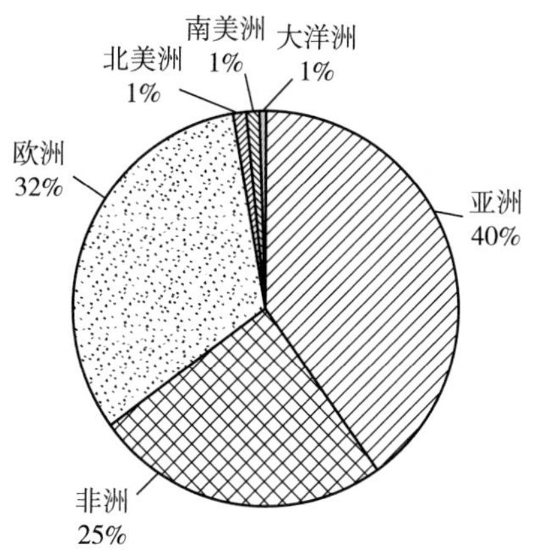

图7－3 我国海外园区的地理分布

资料来源：科学数据银行。

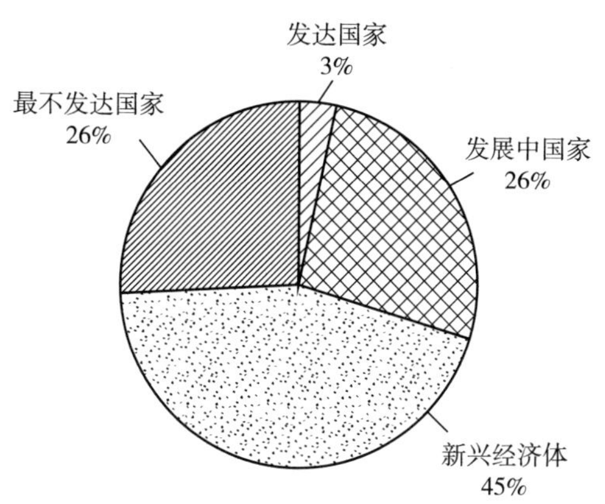

图7－4 我国海外园区在各经济体布局

资料来源：科学数据银行。

“一带一路”沿线国家中的海外园区布局与整体海外园区布局相似，如图7－5所示。海外园区在“一带一路”沿线国家中最主要布局于新兴经济体，能够享受便利的营商环境和优惠的税收政策的同时，还能享受东道国经济发展的红利。

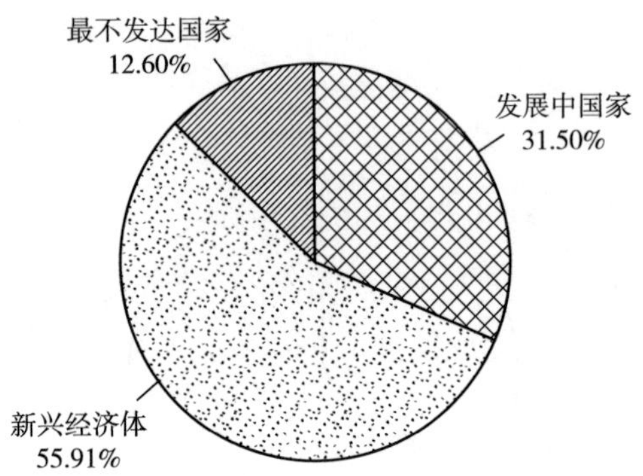

图 7－5 “一带一路”沿线国家中的我国海外园区在各经济体布局

资料来源：科学数据银行。

园区区位选择的主要原因可总结为：

（1）区位优势明显：如图 7－6 所示，我国海外园区数量前 20 位国家，这些国家无一例外都具有丰富的自然资源或劳动力资源，园区企业生产具有一定的成本优势。如埃塞俄比亚、柬埔寨、印度尼西亚、越南、印度等国家，人口密集，劳动力平均价格偏低，有助于降低园区劳动力成本；俄罗斯、赞比亚、马来西亚等国家则拥有着丰富的可

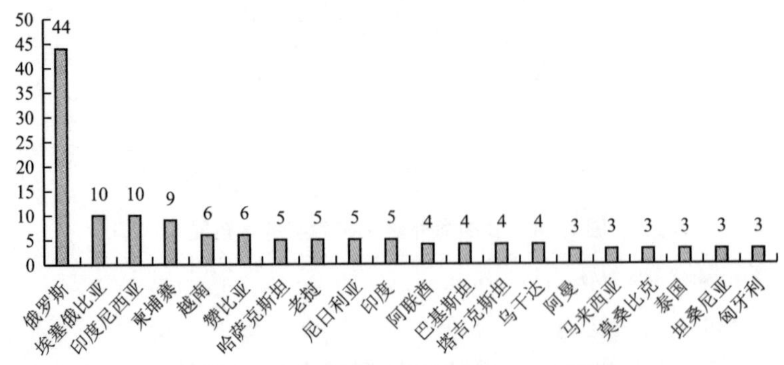

图 7－6 我国海外园区数量前 20 位国家

资料来源：科学数据银行。

再生和不可再生资源，能缓解企业在国内经营时面临的资源约束瓶颈。海外园区的区位选择对于我国企业转移过剩产能、降低生产成本、解决资源约束瓶颈、规避贸易壁垒有着重要的作用。

（2）政治互信优势明显：大多数园区所在国家与中国保持着长期友好的政治经济往来和合作伙伴关系，愿意加入中方的对外政策倡议，如图7-7所示，在我国拥有海外园区的52个国家中，有77%的国家加入了首个由中国倡议设立的多边金融机构——亚洲基础设施投资银行。这些东道国愿意为中资企业提供包括税收在内的各种优惠政策，为我国海外园区发展奠定了良好的政治基础，减少了园区内企业发展可能面临的阻碍。

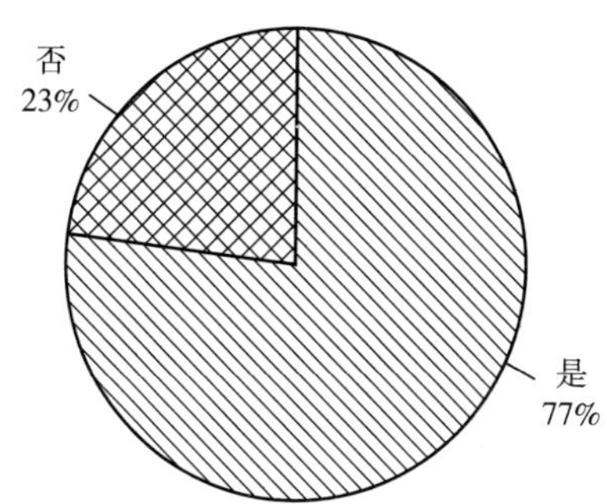

图7-7　园区所在国家加入亚投行情况

资料来源：科学数据银行。

21世纪以来，中国不断探索海外园区的发展模式，挖掘海外园区的发展潜力，相继建立了一批国家级、省级海外园区（也称境外产业合作园区）。海外园区作为对外投资新举措之一，是国家平衡长期贸易顺差、推广外交伙伴关系、开展经济交流、转移过剩产能、合理配置资源的重要手段，鼓励企业抱团开拓国外市场，推动产业集群在境外的形成与发展是我国走向高质量发展的重要途径。截至2021年底，经我国商务部考核确认的国家级境外产业合作区有20个。作为中国特色的国际合作形式，海外园区担负着促进中国企业对外投资、推广市场改革发展经验以及加强两国关系的重任，但同时园区又需要实践市场化的运营模式，长期有效地履行这些目标需要企业能够真正地获得利润。唐晓阳和唐溪源（2019）通过跟踪13个海外园区发现海外园区的可持续发展能够通过逐步的市场化经营实现，即使是由政府最初主导推动的园区也能通过不同的方式将政治影响转化为商业利益。海外园区的建设需要两国政府投资企业的意愿作支撑，但海外园区也有着其客观的发展规律。

大量学者对于区域经济发展有着深入而细致的研究，区域经济在发展过程中表现出明显阶段性的特点基本成为共识（鲁铭和孙卫东，2012；叶振宇等，2022；苏芮等，2017）。海外园区作为“一带一路”倡议的重要支点，同样具有区域经济的阶段性特征，能否顺利跨过台阶、健康持续发展令人关注。根据《“一带一路”倡议下中国海外合作区建设与发展报告（2018）》，海外园区的发展历程可总结为三个阶段：探索发展期（1992～2004年）、调整发展期（2005～2012年）、加速发展期（2013年至今），在这3个阶段海外园区发展速度和质量均有所提升。

探索发展期：中国开始海外园区的探索始于20世纪90年代，少数企业出于综合成本和市场距离的考虑，开始尝试走出国门，在境外进行投资生产。1992年中国电气进出口有限公司在越南第一次设立越南铃中加工出口区和工业区，迈出了我国海外园区建设的第一步（李祜梅等，2019）。此后海外园区的发展仍处于艰难探索期，海外园区建设进展缓慢。如图7－8所示，除去七个海外园区设立年份不详外，1992～2004年的13年间，我国海外园区设立数量仅有5个，这期间国内的投资环境不断优化、国内经济发展迅速是主要原因，企业更倾向于留在国内进行扩大再生产，企业进行对外投资动力不足。

调整发展期：出于提升综合国力、平衡贸易顺差、降低企业成本、发展外交关系等原因，自2005年开始，政策相继出台了多项鼓励境外投资和境外合作区建设的政策文件。经过海外园区10余年的探索发展，为继续深入贯彻执行改革开放和“走出去”发展战略，商务部于2005年明确将发展境外产业园区作为对外投资新举措之一，鼓励具备条件的企业“走出去”开拓海外市场，推动产业集群在境外的“落地生根”。

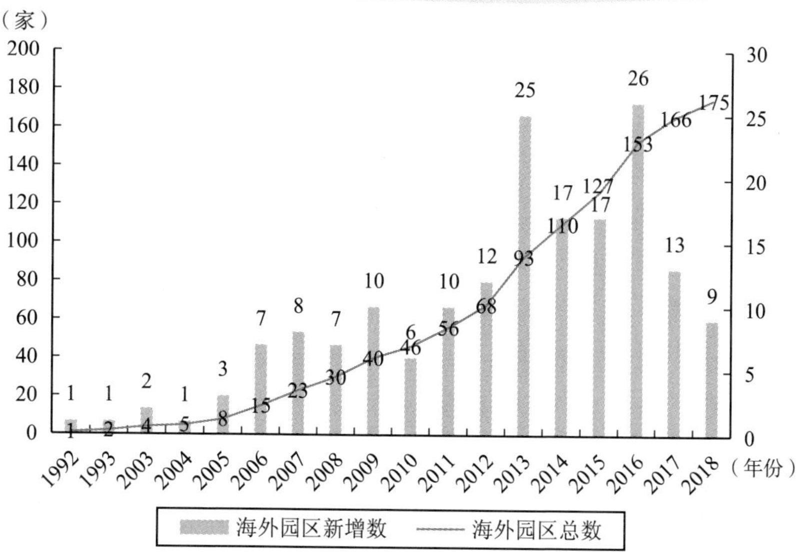

图7-8 1992~2018年我国海外园区新增数量和现存数量

资料来源：科学数据银行。

海外园区建设逐渐由个别企业试水建设为主转向政府引导企业加快“走出去”为主。2005~2012年这8年间，我国海外园区新增了63座，年均新建近8座，而且增长趋势还在不断上升。经过政府政策的刺激以及企业对于利润的追求，海外园区的发展势如破竹。

加速发展期：2013年“一带一路”倡议的提出大大加快了海外园区“走出去”的步伐。仅2013年新增海外园区数量就达到25家，2013~2018年，共新增了107座海外园区，年均增长达到17.8座。“一带一路”倡议提出以后，得到了国内各级政府、企业和国外友好邻邦的积极响应，共建“一带一路”的思想深入人心，“一带一路”建设对沿线国家尤其是发展中国家引入外资是重大机遇，海外园区的建设也随之迅速发展。

（二）C-C-O耦合互动框架下的海外园区演化

C-C-O耦合互动是一个动态循环累积的过程，具有自增强效应和报酬递增的效能，驱动海外园区发展由低级阶段向高级阶段演化。

在海外园区发展的初级阶段，海外园区建设以基础设施等硬件建设为主，园区内企业集聚程度低，易出现“扎堆”，且分工协作能力较低，合作体系不健全，合作系统尚未形成。在这个阶段，海外园区的发展动能主要依靠土地、融资、税收等优惠政策，此时的循环累积力量较为薄弱，需要政策的不断“输血”，C－C－O 耦合互动程度低，海外园区发展的质量和水平也比较低下。在海外园区参与主体的相互作用下，随着各种要素和产业资源的不断集聚，相关产业的集聚和合作系统的形成使得 C－C－O 耦合互动与循环累积的力量不断增长。当累计到某一临界点之后，海外园区发展便进入“快车道”，其建设质量和建设水平出现大幅度跃升。在海外园区发展的高级阶段，软环境建设便成为园区建设的重点方向，企业集聚与合作信任水平达到一个很高的程度，产业链完整、规模效应显著，并且相互分工协作，合作平台建设完善。这时 C－C－O 耦合互动的程度高，循环累积的力量强，产业集群竞争力已经形成，驱动海外园区发展的动力转为内生为主。海外园区的“造血”能力和“造血”质量就会有一个突破性“飞跃”，具体演化过程如图 7－9 所示。

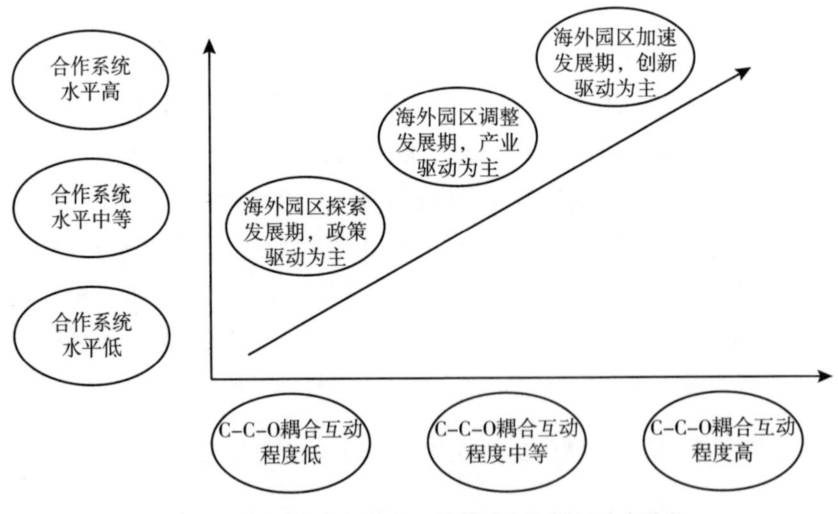

图 7－9　C－C－O 耦合互动驱动海外园区动态演化

资料来源：根据资料整理绘制。

第二节　基于C－C－O耦合互动的企业“三段式”成长路径

“走出去”企业作为C－C－O耦合互动的微观经济主体，也是产业集群的基本要素、合作系统的内在元素。海外园区的建设、发展关键在于园区的招商能力、企业成长能力、产业集群的龙头创新活力，对应着海外园区对于初创企业的“孵化”能力、中小企业的快速发展能力和大型企业的国际竞争力，简称为企业的“三段式”成长路径。

一、第一段：培育初创企业的“孵化”活力

“孵化”为生物学概念，在公司制度普及和完善以及公司作为独立法人承担民事责任后，公司的创办也可认为是公司孵化。新孵化的企业犹如新生的婴儿，绝大部分创业企业在发展过程中，都会经历有一段被称为“死亡谷”的时期。即初创企业在用完最初的创业资金后，资金短缺成为威胁初创企业生存的一道关卡，可能导致企业资金链断裂，而其经营管理方法、商业运作模式、新兴产品和服务都需要市场的检验，企业若未能及时调整策略或市场大环境不利于企业发展，初创企业便会“死亡”，为了应对创业企业成立初期这一段危险且脆弱的时期，各国不约而同地采取相应的税收减免、政府补贴、市场推广等优惠措施帮助企业，同时成立各种孵化器组织、创业园组织、融资平台来帮助更多的企业落地成长。根据《“一带一路”沿线中国民营企业现状调查研究报告》，31.5%的企业是在企业成立初期面临的困难较多，而在度过“死亡谷”后，运营较为顺利。此外，优化基础设施建设，实行政策透明化管理，营造良好营商环境，激发企业创新活力等有助于企业入驻园区，促进产业集聚，助力海外园区高质量发展。帮助创业企业度过“死亡谷”，是海外园区创业孵化体系建设的重要任务。除了需要创业者极具智慧的眼光和勇于创新的企业家精神，政府

与初创企业之间、园区与初创企业之间、园区已有企业与初创企业之间的全方位合作关系以及海外园区的基础建设与服务也至关重要。如初创企业在成立过程中，劳动力市场的健全程度、软硬基础设施的建设情况、企业落地津贴的政策透明程度、融资的简便程度、前期投资支持力度对于企业能否安全落地并度过新生的危险期至关重要。总体来说，海外园区在选址、资源、政策、资金等方面具有比较优势，对于初创企业的孵化具有先天优势。此时的初创企业主要以政策驱动为主，C-C-O 耦合互动程度低。

二、第二段：培育中小企业的加速发展能力

林毅夫和李永军（2001）较早关注到了中小企业对于国民经济的贡献和中小企业的健康发展。中小企业对国家税收、工作岗位、工业产品、服务水平等经济指标的影响程度越来越大，致使不少国家已经将促进中小企业发展上升至国家战略高度（朱福林和陶秋燕，2014）。2021 年首届中小企业国际合作高峰论坛支持中小企业参与“一带一路”建设专项行动主题活动在广州举办，这一活动的举办凸显了中小企业在“一带一路”海外园区“走出去”的重要地位。中小企业作为海外园区中的重要利益主体，也是“一带一路”沿线国家经济发展的一股新兴力量，中小企业能否健康发展决定着园区能否健康地“走出去”。中小企业已经渡过了技术和经营管理上的摸索期，具有成长速度快、对市场反应能力快、组织结构调整能力强、在细分领域专业技术硬、商业发展模式新等特征。“一带一路”海外园区中高成长中小企业的发展质量，在很大程度上决定了园区的建设质量和竞争力水平。

高成长中小企业对基础设施建设、配套设施服务、投融资服务、人员安全服务等方面的需求与创业企业不同。它们对于生产空间、生活空间的需求与创业企业具有较大的差异，特别是对标准厂房和居住场所的需求具有跳跃性，由于高成长中小企业需要更多的雇员，雇员们对于工作生活环境的要求成了中小企业的服务需求；高成长中小企业对配套设施服务的要求是形成一个集生产、办公、休闲于一体的配套环境，它们会集中资源发展其优势产业，对于非优势项目多采取购

买服务等方式，这点与初创企业存在本质区别；对融资服务的需求讲究与企业的盈利能力和风险承担能力相匹配的资金保有量，以此保证财务的安全性与灵活性，对债权融资也有较大的需求，配有部分风险投资资金。由于高成长的中小企业生产规模急剧扩大，从而对不同层次的人才需求出现不同程度的增长，对于较低层次的人才需要在当地市场依靠劳动中介机构去招募，而高层次人才则需要从外部引进一批，内部培养一批，多渠道解决人才紧缺问题。同时，由于高成长中小企业技术吸收能力强、产业化速度快、对专业化的研发服务平台需求迫切，因此学术界常常把高成长的中小企业比作瞪羚羊（韩紫薇，2021；汪涛等，2021），发展势头迅猛。中小企业的加速发展在各类会展服务、财务法律服务、专业咨询服务方面的需求呈现高端化、复杂化和个性化特点。因此，促进中小企业的高速成长，必须全方面分析其发展需求、针对其发展特点，以满足企业各方面的发展需求为核心，以促进中小企业的高速成长为宗旨。客观上来说，海外园区中的中小企业仍具备一些政策上的优势，且管理、组织、市场趋向成熟，比较优势继续扩大。此时的中小企业主要以产业驱动为主，各企业找准自己在园区产业链中的定位，开始进行规模化、专业化的生产，C－C－O耦合互动程度中等。

三、第三段：培育大型企业的国际化竞争能力

大型企业一般具有很强的技术方向把握能力、行业标准的制定能力、多层次多方位的资源整合配置能力和外来风险把控能力，不少大型企业甚至可以有一定的政治影响力。大型企业在对外投资方面天然具有较强的比较优势，大型企业在对外投资中，面对的竞争者不再是国内同类型企业，而是东道国企业和具有国际竞争力的跨国企业，因此海外园区需要找准自己的定位，以特定的产业为主，引入个别大型企业，配套一系列中小型企业，以培养大型企业的国际竞争力为目标，形成自己独特的产业体系和独立的合作平台。在我国特殊的背景下，国有企业是我国市场经济的重要主体，国有集团公司这类“特殊法人”集中分布于关乎我国的经济命脉行业中，如电力、石油、铁路等。这

类大型企业“走出去”被赋予更多的使命，同时也面临了更多的难题。国有企业的独立地位、经济目的经常被过度解读，在海外从事经营活动也经常被质疑“竞争中性”和垄断调查（刘玉斌等，2021），这对于国有大型企业形成国际竞争力极其不利。实际上，韩国在对大型企业的对外投资进行了全力的支持，在 20 世纪 80 年代，大型企业对外投资的规模占据了韩国海外投资规模的98%以上（林俊，2021）。面对国有大型企业“走出去”面临的偏见，我国政府应与园区东道国做好沟通工作，对国有企业做好外事管理和外事服务等工作，加强外事管理人员素养培育，推动国有企业海外工作顺利开展，为国有大型企业在海外园区发展保驾护航。

除了解决其在政治上面临的偏见，培育具有国际竞争力的大型企业，重点还应在于培育大型企业的核心创新能力。大型企业不应将主要生产能力和技术资源用于生产劳动密集型和资源密集型产品，不然，将会较大程度降低大型企业的生产效率，将大型企业长期禁锢在“微笑曲线”的加工、组装、制造端，不利于大型企业发展，最终导致园区发展缓慢，甚至停滞。按产业链定位一般可分为产业“龙头”、产业“七寸”和产业“配套”三个环节，与之相对应，企业可根据特色与功能定位分为“龙头企业”“核心企业”与“关联企业”（吴金明等，2007）。在海外园区的产业链中，园区内大型企业就是产业“龙头”，它决定了园区的产业定位和创新上限。大型企业需努力具备技术方向把握能力，通过各类学术型、实践型交流大会，了解产业技术前沿。通过技术引进、技术并购、技术创新等方式形成自身的创新能力，同时对中下游企业提出更高的产品及服务要求，带动整条产业链效率提升。

第三节　基于 C－C－O 耦合互动的构建合作系统“四大平台”建设路径

构建基于 C－C－O 耦合互动的合作系统是海外园区实现产业集

群、创新发展的重要途径，海外园区中的产业合作系统与一般国内产业园区合作方式有着较为明显的区别。一是海外园区合作中的对象更为复杂，不仅有园区内本国企业，还有文化背景迥异的国外企业；不仅有本国大使馆等国内组织，还有国外政府、劳工组织、环保组织等官方和非官方机构。二是海外园区合作中的人才更为多样，海外园区更多地需要当地的劳动力，在合作中需要更大的包容性和更好的知识背景。三是海外园区合作的资金流动更为困难，东道国与跨国企业、东道国与母国利益的不一致性导致资金流动相对于国内产业园区较为困难。四是海外园区合作的服务更加多元，企业在海外面临的问题，很多难以自行解决或解决成本极高，更多的是依靠中介服务机构，诸如人才招募、市场调研、法律诉讼、会计审计、专利申请等。针对海外园区与一般园区的四大区别，基于 C－C－O 耦合互动的合作系统便需要构建更高水平的合作平台，以满足海外园区实现高质量产业集群，进而实现海外园区高质量发展。

一、平台之一：高端要素聚集平台

受到政府追求目标与园区高质量发展的偏差和园区渐进性升级的客观规律制约，“一带一路”海外园区在招商引资初期往往重视资金、土地、项目等一般生产要素的引进与开发，对高层次人才、技术性企业等高端要素重视程度不够，吸引力较差。人才、技术、知识是海外园区实现 C－C－O 耦合互动的高端要素，对于海外园区的发展来说，仅仅依靠政策性投入和一般生产要素的聚集，很难形成一个具有独特优势、特色产业、先进技术的海外产业园区。依靠海外园区自身培养人才、研发技术和生产知识，这样的累积速度难以快速形成国际竞争力，在激烈的国际竞争中往往容易遭到淘汰。对于我国绝大部分的海外园区，提升自主创造力和发展能力必须通过优化高端要素的生存环境，不断顺应高端要素聚集海外园区的时代趋势，整合国内的各类高层次人才和高精尖技术产业。最终，实现海外园区国际竞争力的提高。

目前来看，我国绝大多数海外园区的一般生产要素和生产型企业已经形成，主导产业基本显现，发展态势较好。《2014 年境外经济贸易合作区确认考核和年度考核管理办法》依据主导产业类型对我国海外园区的类型进行了划分，主要包括加工制造型园区、资源利用型园区、农业生产型园区、商贸物流型园区以及科技研发型园区。其中加工制造型园区数量最多，达到113家。农业生产型园区、商贸物流型园区、资源利用型园区分别有40家、39家、26家，而科技研发型园区仅有19家，且主要分布于美国和俄罗斯（马学广等，2021）。园区东道国对我国海外园区以破坏自然环境、牺牲生命健康为代价的粗犷式发展容忍度较低，随着它们工业化进程中日益严重的生态环境问题和产业升级需求，仅仅依靠低端要素聚集的粗放式生产容易引发当地政府和民众的不满，激化矛盾。因此，在海外园区开发初期阶段，对一般性生产要素的聚集很难维持长时间的资源消耗，比较优势会逐渐缩小，海外园区必须汇聚更多的高端生产要素，如高端人才聚集平台、高端技术聚集平台、高端知识聚集平台（见图7－10）。

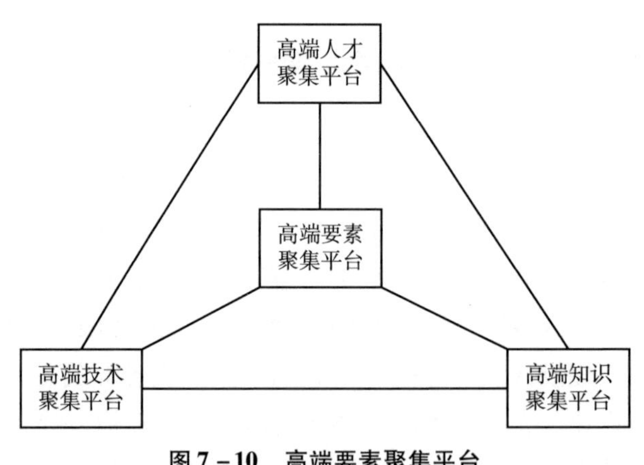

图7－10　高端要素聚集平台

资料来源：根据资料整理绘制。

二、平台之二：独立创新科技平台

科学技术是第一生产力，是经济社会发展的根本动力源泉。建设独立创新科技平台是提升“一带一路”海外园区创新能力的重要方式，也是园区自主创新和科技成果转化的关键环节。海外园区须充分重视独立创新科技平台建设，以应对激烈竞争的海外市场，发挥园区其对生产能力和生产效率的促进作用。海外园区独立科技平台建设应将重心放在全面提高海外园区独立创新能力上，有计划性地增强产业集群竞争力，发展有利于高端生产的工艺技术，营造科技创新的市场环境，依托两国之间的高等院校、科研机构展开合作，利用创业中心等孵化机构和企业技术中心等机构，充分结合市场，探索科技平台建设的独特模式。海外园区一般设立于东道国较为繁华的大城市，园区所在城市的大学和科研院所具有地理位置近、人才储备足等优势，依托城市中现有的重点实验室、工程技术中心、科技研发中心、创业中心等，按照共商、共建、共享的原则，最高效率地利用科研资源。通过体制机制创新，聚合各方参与独立创新科技平台建设的动力，鼓励、引导企业，尤其是大型龙头企业积极探索适合本行业独特而行之有效的工作方式。注重自主创新科技平台对海外园区主导产业的技术源头支撑作用、配套产业的技术辐射带动作用、新兴产业的技术培育作用。按照市场经济规律，建立涉及各部门之间、资源提供者和资源利用者之间的共享渠道。同时培养一批既懂技术又善经营、熟悉创新科技产业发展规律又了解市场运行规律、能够广泛整合社会资源的创新科技型人才或团队。

我国目前的海外园区的产业建设，多数出于资源禀赋、劳动力成本和政策因素选择在海外发展，极少数在海外设立独立研发中心，独立的创新科技平台就更为遥远。而每个独立的海外园区要实现良性循环发展，需要特定产业中具有一定科技水平的企业作为支撑。独立创新科技平台是汇聚优秀人才、先进设备的平台，能独立开展高水平科学研究，是提升海外园区自主创新能力的重要力量。

独立的创新科技平台由资源禀赋利用、技术研究开发及成果转化、科技交流合作等物质与信息系统及相关的管理制度和专业人才队伍组成，是创新体系的基础性工程（王静，2013）。加强科技共享平台建设，有利于促进科技创新资源的优化配置，实现科技资源的开放共享，对于提升科技创新服务水平有着重要作用。目前，我国海外园区的创新科技平台建设存在认知不充分、缺乏稳定高效团队、资源配置不完善等问题。加强海外园区科技平台建设，应该从资源共享平台、技术创新平台、成果转化平台三方面着手。建设资源共享平台，需要做好科技类文献信息服务平台建设、自然科学数据共享平台建设、大型科学技术仪器和工程器械共享平台建设。由于海外园区企业无法共享到国内成熟的科研体系所形成的便利文献平台、数据平台等资源，因此海外园区更需要报团取暖，建设资源共享平台。建设技术创新平台的关键在于人才团队，海外园区天然劣势在于引进人才的不稳定性和培养人才的长周期性。技术创新平台需要解决人才团队在海外的一系列技术上、生活上的问题，倡导培养本土创新团队，打造人才引进的长效机制。建设成果转化平台，需要搭建企业与科研机构的沟通桥梁，最大限度促进科技企业与高校、科研机构的科技交流合作。此外，建成独立的创新科技平台还需要推进技术市场建设，健全技术交易市场，发展各类科技中介机构、专利服务机构，从而进一步提高产业的自主创新能力。

三、平台之三：投融资服务平台

“一带一路”海外产业园区的建设离不开资金的助力，资金需求的满足程度是确保“一带一路”建设顺利进行的关键环节，但海外园区的基础建设和产业集群，相对于国内开发区建设具有顶层设计难度高、政治文化风险大、投融资资金规模大、建设回报周期长等特点。基于产业集群、合作系统、海外园区 C－C－O 耦合互动的投融资服务平台建设变得至关重要。近年来，我国对外直接投资额不断增长，对“一带一路”沿线国家投资合作稳步推进。据商务部统计，2020 年我国企业对“一带一路”沿线 58 个国家非金融类直接投资 177.9 亿美元，即使在疫情期间仍逆势增长 18.3%。

尽管我国投融资金额在稳步上升，但产业集聚和园区建设的资金缺口仍较大，大多数“一带一路”海外园区都设立于发展中国家，东道国的港口、机场、公路、电力、固定电话等基础设施领域发展水平显著落后于全球平均水平，亟须更多建设资金的投入（鞠传霄，2021）。加之国际组织资金和项目市场融资渠道不畅，海外园区的建设资金多来自于以主权性质银行贷款为主的中国资金，相比之下，国际金融机构所提供的贷款与捐赠数额相对有限。世界银行、亚洲开发银行以及欧洲复兴开发银行等“一带一路”沿线多边金融机构所提供的贷款和政策资助相对于建设的资金缺口仍显不足。而商业银行对于园区建设这类风险高、投资期限长、收益回报低的项目常常避而远之。国内外产业园区发展成功的经验证明，成体系的投融资渠道，尤其是风险投资体系是助力园区建设和吸引产业落地的强大推进器。同时境外园区企业，尤其是高成长的中小企业存在着更为突出的融资难、融资贵的问题，能够直接在资本市场融资的企业较少。资金需求端与供给端尚未完全对接，通过企业债券、私募融资等现代化融资渠道融资严重不足，大部分园区东道国的科技金融发展严重滞后，金融服务功能未得到充分发挥，金融与技术结合的渠道仍不畅通。

加快建立投融资服务平台，完善投融资服务体系，是促进海外园区健康发展的重要环节。“PPP 模式”（Public – Private Partnership）是投融资服务平台建设的一种较为理想的模式（丁崇泰，2021），通过政府公共部门与私营部门共同出资建设，让企业参与公共产品的提供，能避免企业对于公共物品和公共资源的浪费，降低政府部门的支出压力，同时改善海外园区的商业环境。总体而言，海外园区构建投融资服务体系开发多种渠道筹资，构建起以园区建设为总目标，以产业发展为总支撑，政府资金带头，社会资本跟随，金融机构参与，中介组织辅助的多层次、多功能的投融资服务体系。

四、平台之四：产学研合作平台

产学研分割是目前制约海外园区“三位一体”耦合互动功能发挥的重要因素，加强产学研合作是我国海外园区进一步提高发展水平的一项重要任务。产学研协同合作的实质是整合政府、企业、高校及科研机构等多方资源为一个利益共同体，各组织机构间取长补短，相互促进，风险共担，利益共享。

在产业层面，海外园区与国内园区差距不大，甚至部分海外产业园区产业集聚程度和合作系统完善程度优于国内产业园区，建设水平和盈利能力优于国内产业园区。

在高校方面，东道国高校在特定领域内具备较为尖端人才和先进的实验室，是培育园区企业所需人才的重要基地，是产学研协同合作的核心。独立科研机构在专业领域里具有极强的科研能力，研究领域紧贴实际生产，能极大地促进科研成果的转化，也能为企业人才提供优质的学习、实验的资源环境，在加强理论科研水平的同时，加强了实践能力。但是海外园区的企业与高校、企业与研究机构、学校与研究机构之间的合作则难以与国内园区比拟。多数发展中国家的高等教育水平仍在起步发展阶段，尤其在新冠肺炎疫情爆发期间，大多数发展中国家的高等教育由于数字基础设施不够完善。截至 2020 年底，全球仍有约 1/3 的学生无法参与远程学习（李敏辉等，2021），加之发展中国家的高等教育质量参差不齐，对于企业与高校高水平合作需求稍显乏力。高校在产学研协同合作中承担育人与科研的责任。应注重东道国高校的优势科研项目与企业优势产业方向结合，重点引导东道国高校科研方向转向解决生产中的问题，提升技术的实用性和产品的稳定性，使高校研究成果为海外园区企业带来利润，促进校企合作的长远发展。

在科研方面，科研机构作为独立的研究方，应负担起更多的社会责任，在产学研协同合作中，在鼓励独立科研机构发展的同时，也应倡导企业和高校设立独立部门开展科技研究，加强科研机构与高校更深度的交流。在合作中，独立科研机构能为高校师生提供较为完善的实验设备和实验环境，对高校科研起到补充和拔高作用。同时，科研研究人员强大的创新能力与企业工程师扎实的实践能力结合，可以帮助园区企业完成科研成果快速商业化，让科研成果不再停留在实验室和报告当中，而是应用在实际生产和市场中。

产业技术创新战略联盟是指由生产企业、高校、科研机构和其他组织机构，以各方的共同利益为出发点，以提升产业技术创新能力为目标，以协商一致的规章制度为保障，组合形成的协同开发、利益共享、风险共担的产业技术合作组织，产业技术创新战略联盟是市场经济条件下产学研结合的新型技术创新组织，是完善产学研合作平台和创新体系的重要形式。企业、高校、研究机构作为独立运行的机构，三者的协同能力与配合程度非常考验三者的综合能力，建立产业技术创新联盟有利于提高企业、高校、研究机构三者结合的组织化程度，在战略设计层面建立持续稳定、有法律保障的合作关系；建立产业技术创新联盟有利于整合产业技术创新资源，引导创新要素向园区创新企业集聚，进而带动产业整体发展；建立产业技术创新联盟还有利于保障科研成果与一线生产紧密衔接，实现科研成果快速产业化，推动产业结构优化升级，提升园区核心竞争力。“一带一路”海外园区推动产业技术创新战略联盟的构建，应兼顾产业链中各类型企业创新发展的内在需求和园区产业结构发展利益，通过平等协商的原则，利用市场机制和政策机制，建立具有共同约束力的契约，对联盟成员中创新者形成有效的利益保护。为推动产业技术创新战略联盟的持续发展，海外园区不应只将注意力关注在现有的技术和成果上，而应瞄准高校与科研单位的创新资源和创新人才，全方位掌握企业的产业技术需求和高校、科研机构的产业技术供给，建立起长效、畅通的沟通协作渠道，组织产学研之间的项目对接。同时健全产学研合作互动的激励机制，对企业、大学、科研机构联合进行的技术创新给予政策支持，鼓励高校和科研机构在园区内设立办公室，使之能在一线了解产业技术需求，与企业一道解决生产中实际的技术问题，成为创新成果产业化的重要载体。

第四节 基于 C－C－O 耦合互动的产业集群竞争力“五大转变”提升路径

培育产业集群竞争力已成为产业集群发展的重要主题和目的。对于什么是产业集群竞争力，不同学者从不同角度进行了多视角研究。主流学者从“决定因素视角”对产业集群竞争力问题进行了理论分析，波特（1998）认为产业集群的整体竞争力取决于六大因素，分别是相互需求的强度、竞争和机遇、相关产业竞争力、支持产业竞争力、企业战略结构、政府支持力度。现代研究多采用 AHP 模型（唐业喜等，2019）、GEM 模型（杨帆和王煜天，2021；周风等，2020）、钻石模型（邢飞飞等，2013）分析方法对产业集群竞争力进行定性和定量的理论和实证研究。产业集群竞争力并非由集群各企业竞争力算术加总，也不全等于区域竞争力值，而是一种非线性相互作用的自组织能力，各经济要素之间相互作用的耦合能力，专业化分工的合作能力，集群学习、知识扩散的创新能力，集体声誉的品牌能力下与其他集群企业相对的竞争力值。C－C－O 耦合互动系统要形成具有强竞争力的产业集群，重点是推进产业集群由一般向特色转变、由“扎堆”向分工协作转变、由低端向高端转变、由个体和组织内部向集群学习转变、由生产驱动向创新驱动转变。

一、第一大转变：推进产业集群由一般向特色转变

海外园区的产业根据其地位及功能大致可分类为主导产业、配套产业、新兴产业、基础产业、关联产业。海外园区的主导产业是指具有高技术产出、高比较优势、高带动扩散的产业，对推进海外园区相关产业技术进步、结构升级具有关键性的导向作用。主导产业的产品应在东道国或出口国市场有巨大需求，并且可替代程度应尽可能低。配套产业是指为主导产业的核心产品提供各类零部件产品和配套服务的产业。新兴产业则是指由技术进步或市场需求分化出现的新兴业态。基础产业是指为海外园区建设提供基本设施条件和建设服务的产业。关联产业是指与主导产业在生产、物流、销售等方面关系密切，有产业链延伸作用的产业。从产业体系整体发展上说，海外园区的主导产业需要与新兴产业、基础产业、关联产业、配套产业保持一种长期稳定的互利合作关系，才能保证产业集群的长期稳定发展。

随着国际分工的深化，产业集群也呈现精细化和专业化的趋势。例如电子与信息这一领域分化出设备生产产业、硬件制造产业、系统集成产业、软件开发产业等细分产业。在同一细分产业，有能分化出越来越多细化的产业，例如在硬件制造，可以按照生产流程，分为设计产业、加工制造产业、封装测试产业等。细分后专业化的产业正是

体现各个园区产业个性和特色、发挥比较优势和核心竞争力的领域。从我国成功的产业园区来看，无一不是在某一核心技术产业的细分领域形成了独特的竞争优势。但是，由于大多数海外园区尚处于起步和发展阶段，在产业特色不清晰，产业精细化分工不够深入，造成我国许多海外园区的主导产业与东道国想要发展的优势产业同质化竞争问题突出，为此，建设特色化海外产业园区变得刻不容缓。特色产业园区具有许多天然的优越性，大体可总结为：

（一）园区定位明确

特色产业园区在规划建设之初就有一套较为科学可行的计划和目标，立足东道国经济发展水平和资源环境约束，采取适当的发展战略。园区建设部门按照设定的规划建设产业园区，并在具体实施过程中，根据园区定位发展目标，不断修订完善规划，保证园区企业健康发展所需的服务，使园区机构功能正常发挥。同时，特色产业园区产业发展方向定位明确，在招商引资环节控制把关，目标明确地吸引符合园区主导产业发展方向的企业进驻，同时吸引适量的新兴产业、基础产业、关联产业、配套产业企业，以保证海外园区产业功能的正常发挥和市场竞争的有序进行。

（二）政府支持度高

特色产业园区因其对经济巨大的拉动作用，容易得到东道国政府的认可。特色产业园区除具有一般产业园区具有的带动区域经济发展、提升城市就业水平、增加政府税收等功能外，海外特色产业园区还避免了与东道国国内产业的直接竞争，通过科技创新带动东道国产业结构升级，所以能得到政府在更大程度上的政策优惠和其他支持。

（三）园区创新体系完善

企业的长期健康发展需要产品不断地推陈出新，但单个企业在资金、人力等方面的限制，独立投入巨大研发资金、开展大规模的创新活动存在较大的难度，而小规模的创新又难成气候，市场反应不大。

而特色产业园区为创新企业提供了合作平台。园区各企业进行专业化分工，低成本协作，在特色产业链中合作竞争，形成完善的创新体系。

今后我国海外园区产业的发展方向由格式化、雷同化向特色化、专业化发展是一个共同的趋势，完成这一转化需要找到各园区资源的比较优势作为切入点，充分挖掘区域的自然资源、区位资源、科技资源、人才资源甚至文化资源的各种优势，采取以下实现路径：一是各个园区应深入分析所在东道国各方面环境和自身建设情况，分析产业比较优势，从已初步形成的主导产业中挖掘最具竞争力的细分领域，通过重点培育、集中建设形成特色产业核心竞争力。二是应根据市场反应，主动地把生产要素和创新能力向特色产业聚集。园区应综合运用土地、资金、政策等手段用于鼓励细分特色产业的创新发展，园区在招商引资和引智过程中，应通过政策宣传等方式，重点把园区外的创新资源集聚在发挥特色主导产业带动辐射作用上。三是海外园区应明确建设特色产业园区的必要性，集中力量办好特色专业化产业园区。同一行业领域的不同企业聚集在一起，不仅有利于畅通的合作系统形成，更能形成良性的市场竞争体系。今后相关的企业均应进入特色专业化产业园区的合作网络之中，改变以往企业和项目按先后顺序，而没有经济效率的布局。四是海外园区特色主导产业企业应与关联产业企业、基础产业企业交流合作，这不仅有利于园区主导产业的创新发展和产业结构的优化，同时能有效地带动园区整体发展，进而带动东道国经济的全面发展，形成园区产业布局与东道国区域产业政策之间相互支持、相互促进的区域经济体系。

二、第二大转变：推进产业集群由“扎堆”向分工协作机制转变

专业化分工可以提高企业生产效率，促进企业专业化技术研发，扩大生产规模，获得外部规模经济效应，提高交易效率。对于专业化分工的作用，古典经济学和新古典经济学作了大量经典的论述。古典经济学认为，推动经济增长的最根本原因在于劳动分工的日益深化和不断演进，分工促使各工种走向细分化和专业化，专业化生产产生规

模报酬递增效应，同时促进技术进步。而新的工种分工的继续深化取决于市场需求的不断扩大和分化，分工促使经济增长，经济增长同时又继续深化专业化分工，这个因果累积的过程不断推动经济社会发展。不进行专业化分工，仅有生产要素投入的增加（如人口增长、资源消耗）并不会带来经济效率的提高。新制度经济学罗纳德·科斯对专业化分工和报酬递增的关系进行了进一步发展，其核心思想是制度与组织管理能力的创新对分工深化有着决定性的影响。专业知识的积累速度和人类获取知识的能力存在一定的边界，这一边界取决于分工水平和交易成本。分工能否继续深化在于企业交易费用与分工合作的收益相比较，而产业集群形成与发展的动因正是分工的不断深化。专业化分工使生产效率随之提高，生产能力迅速增长。而分工的深化同时也将带来交易成本上升，当分工带来的边际收益大于产生的边际成本时，分工水平才能提升。专业化生产带来的不仅仅是生产效率的提升，还有附加而来的规模效应。由于各部门承担各自擅长的生产活动，彼此需要，使产业集群中的企业更易获得高品质的劳动力和低价格的原材料，减少交易过程中产生的摩擦，产生规模经济。因此，产业集群的形成的最大经济动力便是专业化分工，是企业为降低分工产生的交易费用的同时，获取由专业化分工产生的技术进步和规模报酬递增的一种空间表现形式。

就我国海外园区的发展现状来说，同一产业中的企业及其服务机构初步形成了地域空间上的聚集，但是企业与其他企业，与劳务、金融等服务机构的有机联系和互动格局尚未形成，园区内大多数企业之间的专业分工与协作很少，未能真正融入东道国产业合作体系，与东道国企业业务联系较少，大部分供应链上的需求依靠中介组织和政府服务组织的服务供给来满足，园区中企业所需的零配件特别是关键性的部件主要是向外界采购或由国内生产出口，园区尚未形成独立完整的产业供应链。专业化分工协作的合作系统也未完善，由于园区企业大多交往较少，且企业对于东道国商业交易的相关法律规定仍存在较大的不确定性，因此商业行为的交易成本较高，涉及企业核心技术内容的交易，双方难以互相信任，造成高水平合作的信任成本极高。建立本地化与全球化的分工协作网络，是促进海外园区、合作系统与产业集群三者耦合互动的重要力量，在地理集聚已基本完成的基础上，培育地理范围内高效的分工协作机制就成为区域集群竞争力中的一个重要任务。海外园区要形成产业集群竞争力，必须健全专业化分工与协作网络，做强做实产业链合作，从而获得专业化分工的技术进步和规模报酬递增收益。海外园区培育专业化分工与协作网络，着重需要从以下几点入手：一是引导各个园区的产业发展由大而全向小而精转变，由分散向集中转变。应以合作系统和产业关联为基础对现有企业进行必要的调整，对将入驻企业进行严格把关，对于难以融入园区产业发展方向，又在预期中难以完成转型或无法与其他企业形成有机联系的“孤岛”企业，利用市场的淘汰机制和减少政策扶持等措施促使其搬出园区。二是对园区的产业布局应强调专业化。以往各个海外园区为了尽快将园区建设成型，在实际操作上往往是随意安排项目地点，造成园区内的企业分布比较零乱，扎堆聚集，缺少园区整体规划，造成部分地区公共资源不足而部分地区公共资源过剩的矛盾局面，同时增加了企业分工的物理成本，对于建立分工协作关系十分不利。今后应坚持以建成分工协作网络的最终目标来布局项目，对新入驻园区的企业应以产业链供应链为导向，进入相应的专业化园区。三是强化产业链缺口招商，今后园区入驻企业的底线要求应是与现有产业具有前后联系的项目或技术，充分利用现有产业链的市场价值吸引企业，让入驻的企业能够填补园区产业集群在产业链条上的“缺位”，从而做强做实园区产业链。四是针对目前园区内产业配套能力弱的现状，积极推进配套企业进行产业整合和产业组织创新，走“弹性专精”的路线，为核心企业或龙头企业生产效率提升添砖加瓦。利用园区政策优势和产业集群优势，吸引母国或东道国供应商为龙头企业做配套。鼓励大企业通过参股、战略合作等多种方式与配套企业形成价值链分工协作体系。

三、第三大转变：推进产业集群由低端向高端转变

对于产业价值链的构成规律，国内科技公司宏碁集团创办人施振

荣提出了有名的“微笑曲线”（Smiling Curve）理论。“微笑曲线”是产品生产的一整套流程，如图7－11所示，“微笑曲线”的左端为研发设计环节，主要包括研发、设计、采购等环节；“微笑曲线”的中间部分为生产制造环节，主要包括组装、加工、制造等环节；“微笑曲线”的右端为营销服务部分，主要包括品牌培育、服务、渠道销售等环节。在产业价值链中，附加值主要产生于“微笑曲线”的两端，处于中间的制造环节能够产生的附加值较低。研发设计属于全球性竞争，是各国争抢的领域；品牌营销则属于本土性竞争，园区企业竞争也处于天然劣势，而当前生产制造产生的利润低，若园区发展仅专注于生产制造环节，拿到的只能是微薄的利润，因此海外园区产业的转型升级需要朝“微笑曲线”的两端发展，一方面加大研发力度、创造知识产权，向“微笑曲线”左端发展；另一方面加强市场导向的营销服务与品牌建设，向“微笑曲线”右端发展。

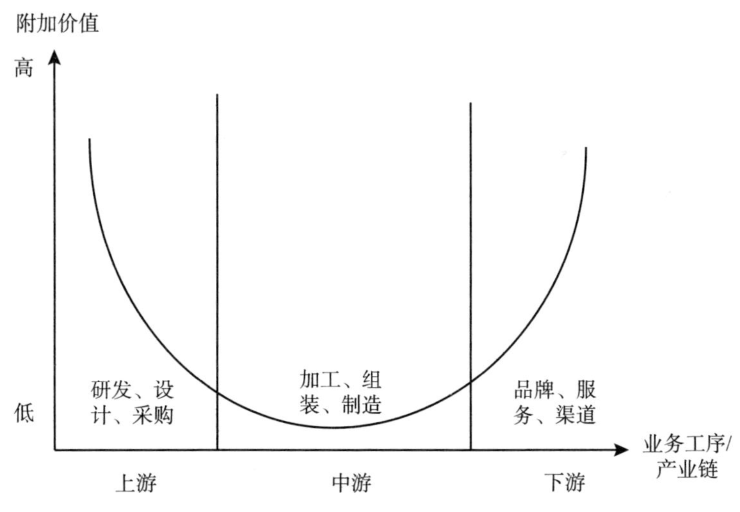

图7－11 产品生产流程“微笑曲线”

资料来源：根据资料整理绘制。

在园区产业集聚程度较高，园区产值已经上升到一定程度的时候，若停留在全球产业价值链“微笑曲线”的底端，其后果将是比较严重的。东道国出于保护本国企业的目的，往往倾向于引进高科技企业入驻园区，且偏向于制定有利于入驻企业的技术溢出或限制本国企业技术外溢的产业政策。东道国民众则对于外来企业带来的就业岗位、劳工保障、薪资待遇要求较高，对外来企业污染排放、贪污受贿等负面消息容忍度较低。如若海外园区只停留在“微笑曲线”的中间部分，随着跨国公司的竞争和东道国企业的产业升级，园区企业汇聚的低端要素将逐渐被淘汰，产业集群也难以持续健康的发展。园区企业要实现产业链从低端向高端延伸，关键在于提升产品价值，使园区中的产业集群成为全球价值模块的领导者和市场营销及品牌建设环节的控制者，推进产业集群由低端向高端聚集转变，从而提升园区产业集群在全球价值链上的优势地位和强势的产业竞争力，可从以下层面着手：一是发展区域总部经济。“总部经济”是指某区域凭借独特的区位优势，通过各种政策吸引企业总部在此区域布局，实现区域经济高效化和空间最优化耦合的一种经济形态。在经济全球化和信息技术快速发展的背景下，企业组织结构已呈现出总部办公与生产制造基地在空间上分离，高端研发制造与低端组装加工分离。园区内形成“总部经济”将大力推动产业集群由低端向高端转变，促进园区产业从加工、组装、制造环节向上游研发、设计、采购环节延伸和下游品牌、服务、渠道延伸。二是积极培育产业新业态。如今技术产业链不断分化，形成效率更高的科技新业态。传统工艺与新兴技术之间、制造业与生产型服务业之间、技术市场与产品市场之间又不断交互融合，形成新兴业态。通过培育新业态，体现园区适应当今技术变革规律，发展产业高端生产的方向。例如发展由网络技术和通信技术分解出来的研发设计、测试服务、咨询服务、技术交易服务等产业，发展数字生活分解出的电子商务、数字银行、网上政府、远程医疗等新产业，切实推进产业高端化发展。三是开发核心技术。提高对核心技术的控制能力，提高关键技术的自主研发以及关键设备的自主设计和生产能力。重视技术市场的建设，利用市场制度的力量，鼓励高技术大公司牵头，整合相关创新资源，提高园区的整体创新能力。鼓励园区企业参与国际标准和东道国国内行业标准和规则的修改与制定。针对创新能力不足的园区主要应在继续引进技术型企业的同时，通过技术平台交流、科技政策扶持等手段，把关键点放在对引进技术的消化吸收和再创新上。四是加快低端产业退出的步伐。这虽然对海外园区短期的增长可能带来较大影响，但长远来说，此举将对园区转变经济发展方式作出重大贡献。海外园区绝不是将我国淘汰落后的产能简单的搬运至其他国家，以牺牲他国利益为代价为全球产业链服务。而是根据各国资源禀赋和技术条件，结合我国产能水平和科技水平，互补发展各自优势产业。低端产业转移至海外园区，利用政策补助优势和时间差进行套利的产业必将贻误园区升级发展，成为产业集群、合作系统、海外园区三位一体耦合的阻力。尽快建立产业资源转移机制，对需要转移的产业实行合理有序的收缩，将园区宝贵的土地、资金、政策等资源集中于高端集群产业，促进产业集群由低端向高端转变。

四、第四大转变：推进产业集群由个体和组织内部学习向集群学习转变

自 20 世纪 80 年代开始，波特等一大批产业集群学者展开了对集群学习效应的研究，他们普遍认为相比于非集群企业而言，集群内企业在知识学习方面最大的优势是它们能完整迅速且近乎免费地吸收集群内的外溢和扩散的知识。这种集聚优势的集群学习模式依赖于集群内企业与其合作者之间具有很近的地理距离、心理距离以及制度距离（郑准和张凡，2021），这一现象被产业集群学者们称为产业集群的“学习经济性”（economics of learning）。对比个体和组织内部学习，虽然对于整个集群的平均知识量来说，个体和组织内部学习也能显著提升集群平均知识量，且出于企业内部员工培训需要和组织结构升级需要，个体和组织内部学习时刻都在发生，但个体和组织内部学习无法提供集群体之外的知识，也就难以对集群现有知识产生认知冲击和实现组织内部的持续学习。集群学习能力与集群的技术创新有着密切的联系，集群学习为技术的发展打下知识基础，而集群消化、吸收知识的能力在很大程度上决定了集群技术的传播和扩散能力，从而形成集群竞争力。因此，集群学习是集群竞争力形成的关键，而推动 C-C-O

产业集群竞争力的有效方法之一便是实现产业集群由个体和组织内部学习向集群学习转变。

我国绝大部分海外园区的产业聚集还处于起步阶段，从整体上看，集群学习机制还远没有形成，多数企业专注于企业内部员工培养和组织结构优化，集群学习系统的经验不足、创新能力较弱，集群学习系统中各主体的学习动力不足，未形成交流学习的集聚环境，集群成员间的合作互动意识薄弱，知识流动不畅通，活跃的学习氛围不足。建立集群学习机制是促进集群学习的重要方法，建立集群学习机制应重点关注集群内龙头企业和拥有异质技术、市场优势的企业，鼓励他们开展从事高水平研究，从多角度、全方位吸收新的行业信息和知识，提升集群内企业的尖端技术创新和工艺积累。同时通过开展技术交流大会、员工交流会等活动，促进集群中具有技术优势的企业向技术劣势企业进行技术扩散。鼓励园区内技术交易市场发展，为技术型企业增添发展动力，拉动整个集群的技术创新和升级。对于集群中的创新能力较弱、技术水平不足的企业，园区应积极鼓励他们引进世界先进技术和知识，同时利用市场机制倒逼企业，促使其提高自身的知识吸纳转化能力。人才是集群技术知识传播的重要载体，一定范围和速度的人才流动有助于知识积累和扩散。大力发展人力资源代理中介和人才市场，鼓励合法合规的人才流动，组建人才信息库，大力发展咨询、培训等中介服务机构。同时应鼓励大企业员工内部创业，促进知识的流动和应用。海外园区还应重视以行业协会为代表的社团规制对集群学习的影响，鼓励行业协会成员的互动交流，促进集群内企业学习行为。最后，培育能促进集群学习的“社会公允规制”，所谓“社会公允规制”，是集群运行一定时期后个人和组织都默认的“不成文”社会规范，主要包括集群学习伦理道德、集群学习社会规范、集群学习方法价值内容，把“社会公允规制”作为集群内个人和组织学习行为的重要途径能促进集群学习的发展。

五、第五大转变：推进产业集群由生产驱动向创新驱动转变

关于创新内涵的研究，熊彼特《经济发展理论》一书具有举足轻

重的地位，在该书中熊彼特率先提出了“创新理论”（Innovation Theory），将创新和发明区分开，指出把原有的生产要素重新排列组合就是创新。他突出强调企业家创新主体地位，认为企业家的创新能将技术转化为生产力，最终导致经济增长与发展。以罗纳德·科斯和诺思为代表的创新经济学者逐渐开始关注非技术层面的创新，首次提出制度创新的概念。他们指出技术创新与制度创新相辅相成、互相影响、相互依赖，因为新知识的产生是制度创新所衍生的必然结果，新知识产生反过来又形成了制度变迁需求的原动力。

企业在海外园区多数出于政策诱导和国内激烈的竞争等目的，选择在海外设立公司进行生产活动，一般项目的招商引资对于园区发展具有关键性作用，为园区的建设经营奠定了产业技术和管理能力基础，此时海外园区处于生产驱动阶段，此阶段产业聚集具有以下三大特征：一是投资周期长，园区的基础建设所需投资资金、技术成本大、政治风险难以预料，园区内企业的聚集为园区后续发展奠定基础；二是环境污染大，企业为了获取更廉价的资源，将工厂建设在对环境要求相对较低的发展中国家，同时发展中国家的环境承载力相对较大；三是规模效应强，对于农业、轻纺工业、资源开发等行业，投入的机器成本固定，通过获得相对廉价土地和人力大量生产，较易形成规模效应，创造利润。生产驱动型的产业集群是区域经济发展必经的阶段，但这种驱动方式的保持缺乏长久的可持续性。若产业集群面对波诡云谲的市场和技术变化缺乏迅速响应、应对能力，产业集群的环境优势便不复存在，甚至转换为劣势，集群内的企业便会纷纷脱离、最终导致产业集群的“解体”。因此，推进产业集群由生产驱动型向创新驱动型转变，是每一个海外园区产业集群升级的主要方向。从国内一般工业园区向高新技术产业园区转型的发展经验来看，我们可以得到相应启示。产业集群要完成生产驱动向创新驱动转变，主要应从以下促进创新的六大要素着手，即创新人才、创新主体、市场需求、资金投入、体制机制、创新文化。（1）大力培育创新人才，创新人才包括企业家和研发人员。熊彼特认为，资本主义的灵魂是企业家，而企业家的职能是“创新”（毛亚林等，2014）。海外园区的生产条件、生产要素和市场环境对于企业家来说是全新的，有无限种组合的可能，通过大力培养对市场有灵敏嗅觉和对成本有精细控制的企业家，有助于产业集群转向创新驱动的发展。创新人才的另一类群体是研发人员，研发人员的创造性思维是技术创新的不竭动力源泉，他们解决问题的创新型思路能够推动技术发展。(2）创新主体。企业是产品和服务创新的主体，政府和各级管理机构是制度创新的主体。企业是完成生产要素的重新组合的社会组织，企业对于利润的追求是企业推陈出新，不断创新产品和服务的不竭动力，消费者和社会组织担任着产品创新阶段中要素的更新和需求的变更。管理者是制度创新的主体，管理者应提升自身管理水平，营造适合企业创新的制度环境，包括法律环境、社会环境、文化环境等，根据产业不同的发展阶段，与时俱进地改善相应的管理制度。(3）市场需求。市场需求通过重新分配资源加剧不同产业、地区、企业之间的生产和服务竞争，从而刺激创新的发生。(4）资金投入。创新绝不是一蹴而就，而是经过不断地试错、改正、再试错、再改正的循环往复，最终产生创新。这期间需要有资金对创新的成本“买单”，资金的投入是创新发生的必要条件。(5）体制机制。体制机制表达了对创意商业模式、创新市场产品的态度，政府应推动体制机制改革，对创新产品和商业模式持有最大的接受度，将市场行为交由市场检验。(6）创新文化。一个鼓励创新的文化会给技术创新和制度创新提供较好的空间环境，接受新鲜事物带来的不适，同时创新文化氛围中对于墨守成规的排斥也是创新发展的动力和能量。实现 C－C－O 耦合互动下的产业集群由生产驱动向创新驱动的转变，需要将促进创新发展的六大要素逐一分析，对症下药，在海外园区主要要素的共同推进下，形成合力，推进产业集群由生产驱动向创新驱动转变。

第八章

促进“一带一路”沿线海外园区合作共赢的政策与建议

二十多年栉风沐雨，我国海外园区的先行者们在“走出去”的奋斗征程中艰难成长，在“引进来”的时代大潮中锐意进取，不断提高合作共赢的理念和能力。从西伯利亚到东欧，从东南亚到非洲大陆，中国的海外产业园区深深根植于不同国家建设与开发的热土，致力于与东道国人民共同奋斗，共享发展成果，谋求与东道国共同繁荣，是我国与沿线国家构建人类命运共同体的重要载体。

但是目前我国园区“走出去”在规划、建设、运营等方面仍然存在较大不足。首先是园区分布不均衡，主要是地区间不均衡和国家间不均衡。在地区层面，非洲、东南亚、俄罗斯这三大板块的海外园区数量最多，过度密集的园区分布可能造成园区间同质化竞争。而我国海外园区在中亚、西亚、中东欧的分布较少，尤其较少分布于欧洲发达国家。在国家层面，俄罗斯是中国海外园区建设数量最多的国家，东南亚国家柬埔寨、老挝等次之，我国海外园区在大部分国家都是零星分布。总体上来看，我国海外园区在整体布局上缺乏统筹规划，应考虑编制多层次、可持续的园区“走出去”发展战略规划。其次是园区发展缺乏规划。主要表现在：一是园区与城区缺少互动，合作区选址多靠近港口、高速公路出入口等交通便捷、地价较低的地区，与东道国主城区距离较远，生产空间与生活、服务空间距离较远；二是规划的滞后性，大型企业主导或者专业园区建设企业主导的园区往往注重招商引资而忽略园区整体规划。最后是园区运营缺乏统筹规划。我国海外园区建设主要是借鉴或者照搬国内产业园区发展经验，没有充分考虑东道国国家的政治经济文化环境等制度性问题，缺乏系统性规划，园区融资困难、营商环境有待优化。

此外，“一带一路”沿线发展中国家在疫情期间暴露了经济基础薄弱、发展动力不足、医疗卫生服务不足等多种严重问题。疫情打乱了我国海外园区所在国家的产业布局与引资重点，当前与医疗卫生相关的企业或者与跨境电商等新业态成为东道国重点与急切引进的对象，而涉及高科技领域、国家安全等关键领域更加敏感。

新时期构建人类命运共同体征程重新启航，要求海外园区主动作为，引领新时代的全球化。因此，我国园区“走出去”应当把握机遇，站在新的历史起点上，充分吸收国内外产业园区发展的先进经验，着力实施具有可持续性、进取性的发展方略。本书基于对我国园区“走出去”的发展历程与现状梳理以及对各类园区合作模式与成长路径的探究，从顶层设计、园区规划与运营、企业发展 3 个层面提出建议，以期为中国海外园区高质量发展提供参考，为园区“走出去”提供坚韧后劲。

第一节　促进“一带一路”沿线海外农业园区合作共赢的政策与建议

一、政府推动海外农业园区可持续发展策略

（一）设计好顶层规划蓝图

统筹考虑“一带一路”沿线国家资源禀赋、产业基础、发展潜力、市场供求以及政治环境，制定农业对外合作顶层战略和海外农业园区发展规划，解决好“农业对外合作往哪里走、干什么、以什么方式进行合作、生产出的农产品如何利用等问题”，遵循“因地制宜、优势互补”的区位选择原则，明确农业“走出去”的重点区域、重点国家，

立足东南亚、南亚和东亚稻米产区优势，中亚小麦产区优势，非洲南部、非洲东部和东亚玉米产区优势，中亚、西亚和南亚棉花产区优势，非洲南部和南亚食糖产区优势，中亚、西非、东南亚和非洲中部食用植物油产区优势，东南亚和非洲西部天然橡胶产区优势，东亚和东南亚猪肉产区优势，非洲中部、非洲东部和非洲南部牛肉产区优势，非洲中部、非洲西部、非洲北部、中亚和西亚羊肉产区优势，南亚和非洲东部奶制品产区优势，统筹谋划“一带一路”沿线农业合作园区的重点产业布局，衔接好战略型、紧缺型农产品的境外布局与国内产业发展及仓储、物流等供应链渠道建设，发挥好农业对外合作规划“导航灯”“定位器”作用，为农业合作园区设计画好底图、定好方向。

（二）强化战略与政策对接

加强“一带一路”沿线政府间多层次对话交流，充分发挥现有双边高层合作机制及与联合国粮食及农业组织（FAO）、世界粮食计划署（WFP）、国际农业发展基金（IFAD）、世界动物卫生组织（OIE）、国际植物保护公约组织（IPPC）等多边农业合作机制作用，建立健全“一带一路”沿线国家间多层次农业合作对话机制，共同制定推进农业合作的规划和措施，推进农业领域相关规则、标准、政策沟通对接，引导有实力、有基础的企业开展农业园区建设，并将境内外农业合作园区纳入政府间双边协议框架，探索将合作园区建设成为中国与“一带一路”沿线国家农业合作的“新特区”，强化东道国的机制保障力度，推动东道国政府在农资和农产品进出口、外汇、税收、土地、人员签证等领域给予针对性重点支持政策，协商解决境内外农业合作园区中遇到的问题，积极打造公平竞争、开放包容和互利共赢的国际合作环境。

（三）发挥好联席会议制度

作为推动农业“走出去”的重要制度设计，农业对外合作部际联席会议目前成员单位涵盖农业农村部、国家发展和改革委员会、商务部、外交部、财政部等22个部门，各成员单位既要发挥各自优势和特点，又要突出工作合力、发挥制度优势，厘清农业“走出去”工作中政府和企业的关系，在职责范围内，按重点、分层次明确支持推动和服务推动“走出去”的工作方式和方法。一方面，要充分发挥各部门优势，把农业对外合作放在双边关系、经贸合作、对外援助等工作中，为“一带一路”沿线农业合作园区企业营造公平、宽松的海外投资环境，全面提升农业合作层次，形成互惠互利的新型国际农业合作共赢战略框架。另一方面，强化联络员沟通协调机制，针对制约“一带一路”沿线农业合作园区发展的关键问题，成立专题工作小组，各成员单位要发挥主观能动性，借鉴国际通行做法和成功经验、创新财政、保险、外汇、税收、金融、进出口、检验检疫、外交等政策支持措施，形成政府层面支持农业对外合作的政策体系，对“一带一路”沿线农业合作园区企业优先给予配套支持，制定支持政策目录，推进境内外农业合作园区的配套政策落地。

（四）推进通关便利化水平

“一带一路”沿线农业合作园区作为农业“走出去”和“引进来”的企业聚集平台，通常涉及大量农资、装备等生产生活资料及农产品进出关业务，涉及双方技术标准、政策法规、动植物检疫防疫措施互认等。通关便利化水平直接关乎企业经营成本和效益，政府要深入推进实施企业认证制度，对守法的高信用境内农业合作园区企业落实便利化通关措施，简化进出口企业注册登记，进出口企业按统一社会信用代码办理注册登记手续。政府能够将出口食品生产企业备案、动植物产品生产企业登记备案、进境动植物产品检疫审批、出入境特殊物品卫生检疫审批、强制性认证产品免办等业务的初审和受理工作下放于分支机构，并全面取消报关企业申报地点限制，推进检验检疫关口前移，检验检疫机构和园区承建单位联手为园区企业提供综合服务，实行标准化运营管理，科学监管企业加工过程和关键环节控制，在园区内建立标准化检验中心，进出口货物直接在园区一次性办理通关手续，为出口企业提供“一站式”服务，缩短检验检疫时限，做到“出园即出关”。加快推进与非洲、东南亚等地区农业合作园区重点国家的通关便利化合作项目合作，加大对技术性贸易壁垒措施的交涉力度，提升检验检疫一体化水平，在安全风险可控基础上，为“走出去”企业所需农业投入品提供便利化措施，为返销农产品进口提供简化审批、加快检验检疫流程等把关服务，提高口岸放行把关效率。

（五）搭建运营风险预警服务平台

应当建立运营风险预警与救济服务平台。在风险预警、危机应对、事后处置三大环节中进行统筹协调，充分发挥农业对外合作部际联席会议的作用，利用驻外使领馆、农业“走出去”公共信息服务平台，加强国际舆情监测和分析研判，及时向企业提示风险预警信息，转变风险预警重心，由“事后响应”向“事前预警”转变，尽早发现和提前介入苗头性、倾向性问题。此外，应将农业合作重点项目纳入对话内容和合作框架，充分发挥现有多种形式的涉农多双边合作机制作用，并专门成立服务农业企业“走出去”的农业对外合作法律顾问专家组，帮助农业“走出去”企业应对涉外法律纠纷，指导园区建立健全应急响应预案和处置机制，提升应急处置能力。

二、海外农业园区可持续发展策略

（一）编制好园区发展规划

作为推进“一带一路”沿线农业合作园区建设的重要前期性工作，编制好园区发展规划在很大程度上影响甚至决定合作园区项目的成败。编制园区发展规划包括要充分了解目标地区投资环境现状、国家相关产业战略布局或政策支持、行业发展战略、市场需求等内容，解决好农业合作园区“布局选址在哪主导产业是什么、以什么方式进行合作开发、生产出的农产品如何销售”等关键问题，并做好具有前瞻性、可行性的短、中、长期发展规划，做到规划先行，避免区域布局不明确、发展计划不清晰、投资靶向不准等问题，切实降低“一带一路”沿线农业合作园区的政策性风险与经营风险。

（二）打造全产业链条体系

加快推进“一带一路”沿线农业合作园区的产业链整合可以推动园区产业更好地参与全球竞争。综观中国在印度尼西亚、哈萨克斯坦、老挝、柬埔寨、俄罗斯、乌克兰、塔吉克斯坦、赞比亚、吉尔吉斯斯坦等国家已建成或准进的农业合作园区，无论是综合型还是单一产业型园区，均逐步向全产业链方向发展，事实证明这也是提升产业竞争力和价值链的有效发展模式。一方面，加强园区产业链横向连接，通过农业种植、生产、加工，带动农产品种植技术、农业机械、农产品加工设备合作，将带动效应扩散到不同农业生产区域。提高当地农产品单产和总产，提升产业规模，不断提高农业对外合作的竞争力；另一方面，加强园区纵向产业链对接，通过农产品生产、加工、仓储、流通、贸易等不同类型企业的集聚效应，实现产业由单一到多元，由区域性向全球化转型，推进产业链中不同环节的优势互补，形成区域联动、产业完整的发展模式，实施全产业链基础上的专业化分工与协作，延伸产业链，提升价值链，打造供应链。

（三）深耕本地化目标市场

农业合作园区跨国经营布局策略，与其他产业园区出海形式有所不同，农业合作园区尤其是生产型农业园区，是立足目标国家农业资源、发展需求和经济可行性，进行产业布局和供应链布局，目标不仅仅是考虑中国国内市场需求，而是应优先满足东道国市场需求，通过本地化经营，站稳脚跟，打通渠道，在全球目标市场培养、拓展、深耕自己的产业能力，进一步强化在全球化竞争中的地位。尤其是针对非洲、东南亚等目标市场，应全面分析东道国的市场特征并深入挖掘消费者偏好，对“一带一路”沿线农业合作园区的重点特色产业及建设规模进行合理布局，避免好大喜功、不切实际追求规模效应，陷入市场销路困境。

（四）优化园区配套基础设施

农业合作园区建设离不开良好的自然条件，离不开完善的基础设施建设、更离不开便捷的交通物流条件及科学的产业规划，包括通信、路、水、电及公共绿地等基础设施，配套的现代物流、中介服务、文化娱乐、职业教育等公共设施建设，通过改善农业合作园区的投资环境，完善各个园区的路网结构、雨污分流管网、电力设施，全面实现“五通一平”（通水、通电、通路、通信、通气、平整土地）或“七通一平”（道路通、电通、给水通、排水通、热力通、燃气通、电信通及土地平整），提升合作园区的载体功能，筑巢才能更好招商引资、引智、引技，不断提高园区综合竞争力和可持续发展能力。

三、企业参与海外农业园区可持续发展策略

（一）做好项目可行性研究

企业根据农业“走出去”战略和“一带一路”沿线园区发展规划，做好项目可行性研究是落实项目设计、推动后续项目有序开展的重要保障和必要前提。项目可行性研究充分涵盖项目背景、目标国产业以及园区投资环境、园区政策支持、企业产品和技术优势、企业发展战略等内容，有助于企业根据项目可行性研究设定发展目标，明确项目具体实施方案和技术指标，找准投资所在地在产业和产品的主要需求和发展定位，综合判断项目的可行性与可执行程度。

（二）选好国际化人才队伍

人才是企业发展的第一资源。企业开展对外农业投资合作，不仅需要战略制定者、团队管理者，还需要行动实施者，培育既懂农业、懂管理，又懂语言、文化、宗教、法律、政治、税收等多方面的国际化复合型人才，是企业参与“一带一路”沿线农业合作园区建设的核心要素，直接决定着企业开展对外农业投资项目计划执行成效。要立足企业跨国经营发展战略规划，建立与国际市场接轨的薪酬体系和激

励机制，构建本土人才、东道国本地人才和全球国际人才相结合的人才体系，为企业参与农业合作园区建设提供人才支撑。

（三）提升跨国经营综合实力

“走出去”企业的综合实力直接关系到“一带一路”沿线农业合作园区建设能力和水平，也是克服当前大多数农业企业对外投资层次相对较低、技术创新能力较弱、运营方式粗放、产业链控制、品牌建设等能力不足的重要基础。但企业综合实力的提高并非一朝一夕之功，可探索通过兼并重组、混合所有制改革、企业战略联盟等多种形式，跨越式缩短国际跨国企业百年发展历程，实现强强联合、以强扶弱，进一步整合现有的技术、市场和人才资源。提高行业集中度，利用国有企业的资本和技术密集优势以及民营企业市场化程度高、经营灵活的优势，形成规模效应，增强企业跨国经营能力，全面提高企业核心竞争力和创新能力。

（四）积极履行社会责任

农业对外投资涉及东道国水土资源、农民增收就业，农业历来是各国重点保护的产业，许多经济体对外国企业进入农业的准入领域、投资比例、劳务签证等方面有着严格的法律规定，国际上也正在制定规范农业国际投资的统一规则。企业在做好农业合作园区自身经营的同时，积极主动承担社会责任和国际责任，要坚持把农业合作园区建设与促进当地经济社会发展和维护世界粮食安全有机结合起来，尊重东道国的宗教文化习俗和农业发展道路与模式，遵循绿色可持续发展原则，节约资源、保护环境，合法经营，避免短期行为。并积极投资东道国相关农业技术试验示范、培训推广、医院学校基础设施等公益事业，创造就业岗位，处理好企业与周边社区、农户以及供应商等各利益相关方关系，实现互利共赢、共同发展，为“一带一路”沿线农业合作园区可持续发展创造良好外部环境。

第二节　促进“一带一路”沿线海外工业园区合作共赢的政策与建议

经过长期发展，工业园区成为我国海外园区中发展较好的园区类型。当前工业园区超过八成分布于亚洲和非洲，其中近50%分布于东南亚和东非地区，这说明我国海外工业园区倾向于分布在人口密集且经济发展水平高的国家或地区，这与我国转移国内劳动密集型产业、规避贸易摩擦的园区“走出去”初衷相符。这些园区的建设在拓展投融资通道、改善就业形势等方面发挥着积极作用，为东道国的经济发展以及国内产业升级做出了卓越贡献。未来，海外工业园区依然是我国园区“走出去”的重点布局对象，因此海外工业园区实现高质量发展，进一步打造我国园区“走出去”标杆项目是未来园区“走出去”的关键任务之一。

一、政府推动海外工业园区可持续发展策略

（一）建立协调机制，打造支撑体系

国际政治经济形势不断变化，为提高我国海外工业园区抵御海外运营风险，政府应当建立完善的政策协调机制，并打造全面支撑体系支撑海外工业园区发展。一是建立政府间高级别合作协调机制，针对海外工业园区可能会面临的政策合作问题建立解决机制。如成立专门协调理事会等国家级工作机构，统筹海外工业园区可持续发展，就工业园区开发、建设、运营过程中的重大问题与相关部门进行沟通。二是完善政策法规支撑体系。美国、新加坡等发达国家普遍采取法律手段为海外园区发展提供支撑，这为打造我国海外工业园区支撑体系提供了参考。当前有关中国境外贸易发展的相关政策法规已基本完善，但是仍然存在适用对象不细化、针对性不够等问题，因此需要根据海外工业园区的现实特点针对性地出台一部政策法规作为海外工业园区

在不同情况下进行发展的行动指南，并围绕“一带一路”沿线国家特点，进行分类指导。三是强化金融支撑体系，拓宽工业园区投融资渠道。海外工业园区作为我国转移过剩产能、规避贸易摩擦的重要手段，承担着我国开展国际产能合作的重要任务，易受到西方发达国家的攻击，尤其是涉及重要战略资源的资源开发利用类型园区。这些园区布局之地往往是大国博弈的焦点，地缘政治风险较高，园区投融资渠道较窄，需要国家大力支持。因此，设立专用资金，并积极同亚洲基础设施投资银行、世界银行及其他多边开发机构合作支持“一带一路”沿线海外工业园区项目是必行之举。

（二）鼓励创新发展，构建技术创新集群

鼓励非公有经济以投融资创新的方式参与海外工业园区建设，推动海外工业园区协同、创新发展，引导园区向科技研发型园区转变，打造产城融合、产教融合的科技型工业园区，这也是“一带一路”倡议下推动海外工业园区整合各界资源、完善运营体系的重要内容。目前，民营企业已经成为我国海外工业园区开发、建设、运营的中坚力量，其主导的海外工业园区的社会效应、经济效益以及发展潜力的事实也表明，民营企业在海外园区发展和建设中主导推动作用甚为明显。要鼓励制造业民营企业积极国际市场竞争，拓展海外市场，释放民营资本在海外工业园区投融资管理上的巨大活力，不仅能促进海外工业园区主体多元化以及海外投融资管理创新，也能有效促进“一带一路”沿线海外工业园区的建设和发展。

引导园区打造技术创新集群，由传统的单一生产加工贸易向技术创新的智能制造转变，提升海外工业园区发展的科技含量。一方面，目前海外工业园区还存在着技术水平相对较低的问题。针对这一问题，应加大落实知识产权保护制度，相关部门要主动对接东道国知识产权保护相关政策、法规，同时加大对创新企业的财税优惠力度，鼓励上下游企业共同改进产品、服务，推动工业园区集群式技术创新环境的构建。另一方面，加强工业园区现有人才培训力度以及高素质人才引进力度，构建人才聚集的基础环境，为企业创新提供人才基础，促进

产学研的结合，加大创新成果的转化，使工业园区逐步建设成为创新高地。

（三）加快推进数据中心等新型数字基础设施建设

随着科学技术的进步，智能制造与制造业服务化成为未来制造业的发展方向，要推动我国海外产业园区智能化、国际化发展，就要推进数字基础设施建设，优化海外园区市场环境。数字经济时代“数字鸿沟”的问题不容小觑。因此建议我国政府与东道国政府共同推进大互联网基础设施的建设和普及，尤其加大以物联网和大数据中心为代表的“新基建”建设力度，促进各国海外工业园区之间的互联互通，打造透明、迅速的产业连接通道，实现资源共享，集群发展。尤其是当前我国海外工业园区主要布局在发展中国家或新兴经济体，这些国家的“新基建”设施薄弱，工业化、信息化水平较低，推进智能制造和制造业服务化的硬件条件有限。此外，信息化是参与全球经济的必要条件。因此，针对设立在欠发达地区的海外工业园区，政府应当主动对接东道国数字基础设施建设需求，将其拓展为国际产能合作的关键内容，改变过去聚焦传统基础设施建设的策略，聚焦于 5G 基建建设、特高压、城际高速铁路、新能源、人工智能、工业互联网等领域。政府应该不断拓展“一带一路”实现基础设施互联互通的内涵，加速东道国工业化、城镇化进程，实现我国与东道国在智慧经济时代共同发展，紧随时代发展大潮。

二、海外工业园区可持续发展策略

（一）推动产能合作，助力产业升级

海外工业园区是中国与“一带一路”沿线国家和地区开展产能合作的重要平台。中国经济发展由高速增长进入“新常态”以来，国内产业转型升级和寻求新的产能合作伙伴需求旺盛，因此工业园区“走出去”迎来了新一轮热潮。2015 年国务院出台《关于推进国际产能和装备制造业合作的指导意见》（以下简称《指导意见》）对产能合作的

概念、原则及工作重点进行了详细阐述，正式将产能合作提升至国家层面，而《中非合作论坛——约翰内斯堡行动计划（2016－2018年）》明确将非洲定位我国产业对接和产能合作的优先对象。《指导意见》提出我国要积极参与境外产业集聚区、经贸合作区、工业园区、经济特区等合作园区建设。2016年8月，在推进“一带一路”建设工作座谈会上，习近平总书记也将产能合作和经贸产业区建设作为推进“一带一路”倡议的重要抓手。非洲是我国工业园区的重点布局区域，尤其是东非地区，我国60余家海外园区中有近20余家布局在非洲地区。《指导意见》指出，目前中非产能合作主要集中于第二产业，因此将海外工业园区打造成为中非产能合作的桥头堡具有坚实的现实基础。我国海外园区要结合非洲各国实际情况，具体考虑产能合作实施策略，充分发挥园区建设在中非产能合作中的重要平台作用；并依据《指导意见》大力针对重点行业开展产能合作，将我国优质产能与非洲需求对接，助力东道国实现工业化、城镇化。海外工业园区要主动对接东道国工业发展战略，如“埃及愿景2030”、柬埔寨“四角战略”等。要主动发挥工业园区的力量与其创造的奇迹，利用工业园区提供的“外部性”消除产业发展约束，培育竞争优势，推进工业制造业发展，落实我国与“一带一路”沿线国家产能合作。

园区要积极推广中国标准在“一带一路”重大工程建设和国际产能合作中的应用，尤其是要鼓励企业参与国际项目建设中采用中国标准，推进“中国技术＋中国标准＋中国装备＋中国建设”的全链条“走出去”，建设基础设施和产能合作精品工程、示范工程、扩大“中国制造”的国际影响力。

（二）应用整合数字技术，提升可持续发展水平

数字技术深刻影响了全球制造与生产的发展。工业园区要实现可持续发展，就必须持续为园区内企业提供价值链联动机会。在发展策略层面，园区应将发展数字经济作为发展方向，利用跨境电商等新贸易形式提高园区内物流便利化程度。此外，数字化产品和平台为中间商品服务贸易（如研发、咨询等）提供了更广阔的发展空间，这在一

定程度上削弱了实体制造业价值链“去全球化”的影响，一些工业园区可以展现“孵化器”的功能，加快产业数字化发展，或顺势转型，将投融资重点转向第三产业和数字经济。制定创新发展规划，聚焦园区内企业与东道国国内新业态的联系，开创本土化数字产品和创新产业，为中小型数字技术企业提供资源和平台服务，打造园区内外东道国初创企业集群发展体系。

针对工业园区内企业污染与绿色生产的问题，要以数字化发展提高环境友好水平。利用“互联网+”和大数据技术搭建绿色“一带一路”投资信息综合服务和生态环保大数据服务平台，以市场为导向，强化对企业所参与的东道国投资项目和工程建设的科技、信息服务的支撑，以及对环境友好投资项目的信息监管，面向公众披露项目涉及的环保指标、社会效益指标。为园区内企业构建“一带一路”绿色项目数据库，为企业和项目对接提供平台，并采用信息技术对“碳排放”展开实时检测和信息共享，助力园区内企业绿色可持续发展，从而深耕东道国发展的沃土。

（三）打造海外备用生产基地，全球布局产业链

全球产业链布局在新冠肺炎疫情后面临长期转型。供应链安全问题的紧迫性在后疫情时代更加凸显，海外工业园区应当主动承担我国对外投资的全球布局重任，聚焦全球价值链关键节点，重点构建“一带一路”的投资布局网络，有的放矢地构建集群化产业网络，降低对单一市场的依赖程度，建设海外备用生产基地，提高核心产业链和供应链的风险抵御能力和多元性。疫情冲击下，我国海外工业园区有力连接了国内国外两个市场，在物资生产、运输等方面发挥了重要作用。我国海外工业园区应当不断扩大、新建在东南亚、南亚等地区的先进制造业基地，一方面满足东道国市场需求，另一方面也为国内供应链危机和突发事件提供后备生产基地。

三、企业参与海外工业园区建设可持续发展策略

（一）顺应数字化发展趋势，提升智能制造水平

互联网的快速发展使企业内部信息和外部信息实现联通，大数据技术可进一步挖掘消费者需求并将之转化为成果。因此，借助“互联网+”、物联网以及大数据产业，推进信息技术与制造技术在研发设计、生产制造、企业管理、产品流通和采销渠道等各个环节上融合应用，借助信息化实现智能制造。在此背景下，制造业企业应当引入信息技术，变革商业模式，积极促进新型服务业态蓬勃发展。应用行业内高效的商业运作和管理模式，提高技术、制造、管理、信息等较为分散的服务资源的集成与配置效率，获取与生产和制造相关的一系列服务。发展智能制造生产模式，推进数字化与制造业深度融合，打造“中国制造”新的品牌效应，助力“中国制造”深度嵌入全球价值链，深入参与全球分工。伴随着制造业服务化与网络经济的发展，全球价值链曲线更加陡峭，这也意味着“升级”的边际效用更高，升级带来的利润更为丰厚。因此，海外工业园区内企业要致力于提高智能制造水平，推进智能化网络与制造业、服务业的协同发展，推进产业链升级。

（二）提升产业创新能力，增强国际竞争力

入园企业应当以创新为动力加速制造业的转型升级优化升级，实现产业结构调整和优化调整，不断提高国际竞争力。要不断增大研发的强度，提高工业园区内企业在生产管理和发展形式上自主创新能力的高度与智能管理化水平，并在不断自我创新与自我革新的进程中，逐步增加技术研发方面的投入。建立完善的创新改革技术的奖励制度，培养优秀的创新人才，革新商业模式，依赖于科技创新，从而带动园区内各企业提升创新能力。不断提高与国际先进制造业的接轨程度，依照世界先进制造的标准提高产品质量，高质量发展海外制造业，扩大“中国制造”品牌影响力，实现自身品牌价值，在日益激烈的国际

中站稳脚跟。

（三）共享制造，发展网络经济优势

此外，园区各企业应当发展共享制造，通过网络经济中互联网平台，实时围绕着生产制造过程中的各个环节，共同借助现代信息技术的共享制造平台，整合资源，向消费者与供应商等有需求的消费者提供专业化的优质服务。充分利用园区内资源，实现价值效益的最大化与园区内企业的利益最大化。各企业应当借助园区平台，协调生产，结合市场机制的自我调节功能实现资源优化配置，共下一盘棋，实现共赢。在互联网经济的基础上，园区内各企业需改变对制造业各生产环节过程中衍生出来的生产组织形式和社会化分工，不断提高制造产业的创新能力及技术发展水平，大力发展通过技术驱动和创新为主题的制造业，加速制造业朝着智能化、网络化发展，使制造业与网络经济深度融合。

第三节　促进“一带一路”沿线海外服务业园区合作共赢的政策与建议

一、政府推动海外服务业园区可持续发展策略

（一）搭建多维度服务平台

首先，应当完善信息服务平台。整合联席会议成员单位、有关地方、企业以及行业协会的信息资源，建立一套完整的信息服务平台，借助数据采集、情报分析、科学研判、定制产品等途径，梳理重点区域、国别的产业信息、投资贸易政策、市场动态、园区建设、风险防控等投资合作信息，实现多用户交互、境内外远程、实时查询、获取和利用，逐步建成运行高效、共享有效的信息枢纽，为有意愿对“一带一路”沿线服务业园区投资的企业提供信息服务。其次，可以打造

招商引资对接平台。针对多数园区出现的产业链不完整、资金短缺、招商困难等共性问题，中央和地方政府应立足企业发展需求，搭建招商引资对接平台，通过举办投资论坛、展览会、银企项目对接等形式，邀请有意向和有实力的服务业企业、在服务业合作园区所在国投资的企业、在相邻国家相近区域从事服务业园区投资的企业以及金融机构，组织靶向性的洽谈对接，推动“一带一路”沿线合作园区吸引更多的战略投资者和产业相关的企业入驻及银企对接。最后，应当构建专业性智库及中介服务平台。借鉴发达国家的商会经验，组建相关商会、智库联盟等，加强与投资银行、会计师事务所、律师事务所、科研院所等各类促进机构联合，在产业发展、国际贸易以及对外投资等领域发挥合力，通过信息咨询、行业自律、法律援助、国际市场开拓等方面为服务业“走出去”提供服务保障。鼓励有条件的研究机构提供市场化的中介性服务，推动一批有基础的智库平台和研究机构为有需求的企业提供智力支撑，鼓励相关机构为“一带一路”沿线合作园区企业提供可研编制、咨询规划等中介服务，打造政府、企业、研究机构合作的综合发展渠道。

（二）加强市场导向型服务业园区建设

服务业园区的建设应当根据当地的经济发展特征和企业特点，把握市场规律和产业集聚发展规律，根据市场为导向的规律和原则，推动“一带一路”沿线海外服务业园区的全面建设和发展。首先应当在具体的体制机制设计中加强市场化的引导，综合考虑“一带一路”沿线海外服务业园区发展的各个方面，对园区的市场环境进行分析和预测，根据各个地区的具体规划和布局分析确定服务设施的安放以及功能区域的划分；其次应当确保园区的体制机制建设具有前瞻性和协调性，适时地从园区的整体发展情况出发考虑，结合当下市场导向和规律，优先选择与市场的贴合程度较高的区域如消费者分布较为集中的区域；最后应当建设市场导向企业合作运营模式，处理好市场和政府之间的关系，可采用“两段式”模式：阶段一以政府为主导地位，不断推动市场化的发展；阶段二以市场为主导地位，接受政府的监督指导，从而促进企业与服务业园区的快速发展和合作共赢。

（三）开展园区综合评价考核

服务业合作园区作为服务业对外合作的重要载体，建设运营成功与否，关乎中国服务业对外开放的整体形象。政府在规划引导和政策支持保障基础上，还应积极做好综合评价考核管理，将“一带一路”沿线服务业合作园区实施企业纳入服务业对外投资合作与评价考核管理体系，进一步细化完善服务业合作园区的综合评价考核机制，依托现有合作园区确认考核标准，从运营手续、硬件条件、产业规划、运营管理、绩效发展、安全保障、环保规范、社会责任、配套服务等多个方面构建一套标准化、科学化的评价指标体系，并设立奖惩措施，定期组织综合发展评价考核，并依托互联网和物联网等现代信息技术在企业与政府之间搭建“一带一路”沿线服务业园区综合性信息互联平台，及时了解服务业合作园区动态信息，将园区投资动态、产业发展状况、社会影响等纳入综合考核管理体系，引导服务业合作园区规范和有序发展。

（四）协同规则标准程序体系

作为企业“走出去”和提升国际市场核心竞争力的关键因素，规则标准竞争是企业赢得竞争优势的重要途径。一方面，政府相关部门应加大国际标准跟踪、评估力度，积极参与和制定国际标准化战略、规则和政策，以此提升中国对国际竞争市场中标准化活动的影响力和贡献度，推动“走出去”企业境外服务业投资合作，利用标准化手段推动服务业合作园区自由化、便利化水平和基础设施水平，参与全球价值链、产业链重构进程。另一方面，应遵循以企业为主体、相关方协同的原则，共同参与国际标准化活动的工作，鼓励和支持“一带一路”沿线服务业合作园区企业积极参与和制定全球服务业标准，强化企业技术创新意识，建立新项目的自主研发、持续创新机制，在参与制定全球标准过程中发出中国企业声音。

二、海外服务业园区可持续发展策略

（一）强化园区动态评估会商

服务业合作园区作为一个服务业对外合作平台，其承载的市场主体项目经营、合规状况和社会责任履行情况等都直接关系到园区可持续性发展，强化园区动态跟踪评估和建立重大问题协商解决机制显得尤为重要。包括及时了解入园企业经营状况，调度存在的困难和问题，评估与预警可能存在的自然、政治和市场等风险，建立重大突出问题会商制度和风险管控方案，优化服务业风险应对能力和水平，并积极协调相关政府组织、行业协会支持，对偏离园区发展规划和战略的项目，要建立健全评价退出机制，让“一带一路”沿线服务业园区更加高效集群式发展。

（二）构建多渠道招商机制

服务业合作园区可采取委托招商、以商招商、网络招商等多形式、多渠道招商，按照“一张地图、一个规划、一本清单”推进精准招商、产业招商，为投资者提供明确、详尽的投资产业、项目内容、要素保障、政策扶持。一方面，要建立“园区 + 专班”工作机制，建立专业化招商队伍，组织专班推进招商引资工作，并构建“一带一路”沿线服务业园区多渠道招商项目信息收集和发布机制，建立行之有效、成本可控的招商信息系统，动态掌握商务部、中国贸促会等投资论坛、洽谈会等平台信息，充分利用集政府部门、行业组织、专业服务机构于一体的多渠道投资促进工作平台，积极对接报备并纳入项目对接库，力争以专项和专场推介的方式进行宣传和推广。另一方面，服务业合作园区可采取国内招商和国外招商并进的原则，采取地块招商、园区主导产业招商、中介招商、展会招商、网上招商、点对点招商、精准招商等形式，在国内外积极吸纳有意愿在“一带一路”沿线服务业园区投资的企业。

（三）发挥好大型企业带动作用

大型企业“走出去”在区位分布、产业领域分布、时间跨度、实施形式上占据优势地位，相较于小型民营企业积累了更多海外投资经验，基本具备了对“一带一路”沿线服务业园区业务整合的能力。境内外服务业合作园区建设实践经验表明，一个鲜明的特点就是以某个大型企业为切入点，以契约、股权合作等形式搭建园区合作平台，吸引集聚一批境内外企业建立互相协作、互为补充的合作关系，在园区聚集形成企业群，整合市场资源、金融资源和信息资源，促进合作生产和营销、共同研究和开发、产业协调发展，实现“一带一路”沿线合作区企业间信息共享、优势互补、强强联合，降低生产成本和风险，这不仅有效延长产业链、价值链和供应链，还能大幅提升企业对外谈判能力和国际竞争力。

三、企业参与海外服务业园区可持续发展策略

（一）优化企业组织管理架构

应以国际化经营战略定位为导向，按现代企业制度要求优化组织架构，压缩管理层级，缩短管理链条，提高管理效率，提升管理效益。无论是“走出去”的国有企业还是民营企业，参与“一带一路”沿线服务业合作园区的建设，应当先基于国际化经营战略的经营管理体系和组织架构，并综合考虑各个企业的实际情况进行部门的设置如母公司的国际业务管理部门、境外事业部或子公司等，强化风险控制和资源配置、母公司与境外子公司的各部门联动机制。此外，针对“一带一路”沿线海外子公司，应建立相应的管控机制和与东道国法律规范相适应的管理制度，包括人事制度、分配制度、决策制度、投资制度、财务制度、风险控制制度等提高对外直接投资的有效性与决策水平。

（二）拓展服务业园区多元化发展服务

推进“一带一路”沿线海外服务业园区向着多元化以及特色化的方向发展，有利于打造园区完整的产业链、促进产业的全面发展和群体化。首先应当加快服务业园区内企业的项目孵化，在项目研发、科技投入、市场推广等方面加大投入，打造完整的服务业园区产业链，以此推动产业的群体化全面发展；其次应当充分发挥园区内企业自身的优势力量，在相关行业政策的引导下，利用集群化优势，不断拓展“一带一路”沿线服务业园区发展具体功能、创新公共服务模式，确保服务业园区稳定、长远的发展；最后应当推动产业服务的高端化发展，加强与国际先进服务业园区的对标以及和实力雄厚的企业合作包括咨询公司、数据库公司等，加快建立服务业企业合作示范区，把先进的管理理念融入到“一带一路”沿线海外服务业园区的建设中。

（三）促进服务业园区商旅文融合发展

服务业园区的发展应以现代产城融合发展理念为引领，探索商贸、旅游、文化等生活性服务业深度融合发展的模式。首先应鼓励政府“搭台”与企业“唱戏”相结合，通过“一带一路”沿线的政企合作形式办好各类大型文化旅游活动和展演，丰富园区内亲子体验、体育休闲以及各类商旅文节庆活动，为服务业园区的消费导入人流，延长消费者在园区的停留时间，提升消费体验以及园区的商业价值；其次应借鉴国内外成功的服务业园区案例，结合“一带一路”沿线海外园区所在地的文化特征，发挥商贸、旅游、文化等主管部门的联动机制，积极开发研修旅游、工业旅游等特色产品；最后应突破产业园区生产领域的局限，挖掘整合园区现有的企业、媒体、行业协会、金融、教育等资源，完善城市功能，培育园区新的消费增长点，发展商、旅、文、体、展等生活性服务业深度融合发展的模式。

（四）注重提供“软实力”服务

服务业园区的优化升级要求园区内企业积极构建产业“软实力”

高地，“软实力”服务主要包括10个方面：服务型“智造”的创意与设计，高端人才的引进与储备，研发平台与研发载体建设，知识产权与品牌资源经营，产业链的衔接与配套整合，商业模式的整合与创新，营销渠道的设计、构筑与管理，系统集成与应用，技术营销与技术成果交易，产业转型发展与优化升级的策划与设计。通过“一带一路”沿线国家和地区服务业园区的企业积极调整转型与优化升级，实现服务业园区的创意领先和能级提升。

第四节　促进“一带一路”沿线海外综合型园区合作共赢的政策与建议

随着“一带一路”倡议的不断推进，中国海外园区建设进入了转型阶段，逐渐转向高质量建设阶段，综合型园区成为海外园区的发展方向，目前被商务部认定的国家级境外经贸合作区中，有6个是多元综合型的海外园区。综合型园区能够更好地满足各种类型园区生产经营，发挥产业集聚效应和规模效应，在招商引资等方面具有竞争优势。

一、政府推动海外综合型园区可持续发展策略

海外产业园区不仅仅是获取经济利益的平台，同时是中国与东道国经贸往来、政治互信的窗口，是高质量共建“一带一路”的重要平台，因此国家层面有效的顶层设计是海外园区成功的关键因素。

（一）加强跨国政策沟通

我国综合型海外园区大多分布于发展中国家，因其政权结构不稳，社会不稳定性因素较多，地缘政治风险较高，为提高政策沟通的效率，可以从应对风险、签署协定、落实方案等方面循序递进、逐步细化落实。

一是密切关注政策风险，成立海外政策风险评估机构。例如，巴基斯坦瓜达尔自贸区是21世纪海上丝绸之路和中巴经济走廊上的重要

支点项目，是中巴合作乃至中国与南亚合作的示范性项目，全部建成后将形成“港口 + 园区 + 城区”的综合体，是巴基斯坦独立以来最大的基础设施建设项目。但是，瓜达尔港自贸区建设的政策风险一直维持在高位，早在2013年中方完全取得开发权和经营权之前，瓜港经营权一直是多方（包括美国和新加坡）角力的焦点，并且新加坡国际港务集团曾一度取得瓜港经营权。在中巴关系友好的基础上，巴基斯坦政府的政策仍存在摇摆不定的可能，所以政策风险随时会发生，尤其是在东道国国内政治经济环境动荡的情况下，东道国政策极有可能出现不连贯性和不可持续性，而园区建设企业可能难以提前获知政策环境变化，这需要中国政府与东道国政府加强沟通，并且成立专门机构评估政策风险，并且会同园区开发主体共同研究制定应对预案。

二是完善双边投资协定。目前，中国已同大部分“一带一路”沿线国家签署了双边投资协定。但是我国与沿线部分国家签署投资协定的时间较早，其中与新加坡、马来西亚、泰国、斯里兰卡、巴基斯坦、印度尼西亚等国家均在20世纪八九十年代签署双边投资协定，相关协定未尽事宜较多，对于知识产权保护、可持续发展等问题没有完善的规定。投资协定应当对标国际高水平经贸规则，要超越传统双边投资协定，达成全面、平衡和高水平的协定，以“准入前国民待遇”和“负面清单”管理为核心，升级原有协议。

三是共同落实建设方案。借鉴新加坡苏州工业园、中俄林业合作机制等，除国家产能合作协议和“一带一路”相关合作协议之外，与东道国签署园区开发与发展的专门协定，确定投资主体在东道国享有合法权益与政策优惠条件，确保园区在海外建设、管理、招商引资等方面享有的政策优惠具有连贯性和持续性，并由专门机构进行监管。

（二）升级投资促进机制

与跨国政策沟通相比，更加常态化的协调方式是对外投资促进机制。我国海外综合型园区投资机制应该根据形势变化进行自我升级。

一是要整合优化海外投资促进机构，保护对外投资安全。中国社科院世界经济与政治研究所国际投资研究室、国家全球战略智库发布的《中国海外投资国家风险评级报告（2021）》指出，“一带一路”沿线大多数国家为中等风险，这些东道国自身的治理能力有限，无法有效地稳定社会秩序、维护社会治安、消除各类传统安全和非传统安全威胁。而发达国家出于对中国经济发展体制的不信任和敌视，认为中国海外投资是“别有用心”，是试图占有战略资源、获取关键技术和制造“债务陷阱”的行为，他们对中国海外投资进行严格资格审查并在第三国与中国进行投资竞争，如中美在非洲、东南亚等地区投资的博弈。面对发达国家的“过度治理”以及发展中国家的“治理不足”，我国应优化海外投资促进机构，建立起具有公信力的投资促进机构，协调海外园区投资布局，通过实训的方式提高园区开发企业对东道国投资环境的熟悉程度和专业水平，从而提高我国海外园区的韧性。

二是要完善海外园区建设的投融资支撑体系。中国海外园区的高水平建设和转型升级需要完善的投融资和大量的资金支持，扩容多元化的资金投入。对于综合型园区来说，园区通常由政府背书、大型企业主导，发展前景较好，因此更受各类资本青睐，如埃及苏伊士经贸合作区、尼日利亚莱基自由贸易区作为中非合作的典范项目，先后获得了中非发展基金的支持。但是随着“一带一路”建设的持续推进，海外园区的数量和体量不断增加，所需资金量也越来越大，因此融资约束是海外园区发展的一大问题。对此，中央和地方政府应积极发挥政策性金融的主导作用和商业性金融的主体作用。加强推动新兴多边融资机构合作，如中哈产能合作基金、中非产能合作基金、中国—阿联酋共同投资基金、中国－东盟海上合作基金，拓展亚投行、丝路基金等与东道国资金的合作。民营资本可探索与政府合作，在海外项目中开展 PPP 模式。地方政府可研究支持私人基金加入融资渠道，拓宽资金来源。为完善现有多元融资体系，还应该建立高效、约束力高的风险共担机制，尽可能降低海外园区参与主体的投融资风险，实现对海外园区建设可持续、风险可控的金融支持。

三是要畅通多渠道的信息共享。海外园区建设的相关信息不能只由我国政府收集，政府以及新闻机构可以与国际组织、专业咨询服务公司展开合作，建立信息分享机制。鼓励国内各投资促进机构加强与海外产业园区的联系。采用信息技术搭建符合园区发展需求的新型信息综合服务平台，引导园区积极参与网上丝绸之路的建设。

四是完善投融资争端解决机制。随着共建“一带一路”走深走实，海外投融资项目数量不断上涨，因此各种投融资争端不可避免地出现。同时，沿线国家和地区的法律法规差异性较大，而园区建设往往涉及多元利益主体和国家。我国应当主动承担起完善争端解决机制的责任，这不仅有益于我国园区“走出去”的投资主体，更有助于改善“一带一路”沿线的投融资环境，推动高质量共建“一带一路”。在国际投资仲裁领域，比较有影响力的是世界银行下设的国际投资争端解决中心（ICSID）。ICSID 为外国投资者与东道国的纠纷提供了独立公正的平台，有利于提振投资者的信心，中国在 1993 年成为其缔约国。但是 ICSID 的解决机制并不是全面的，其主要解决东道国政府与外国投资者之间的争端，然而当前我国海外园区的主要是多元主体参与建设与管理，争端原因复杂，因此需要具有公信力的补充的争端解决机制，保障中方投资主体与东道国投资主体的合法利益。

（三）优化园区布局

优化我国海外产业园区布局是推动海外产业园区高质量发展的关键举措，尤其是综合型海外园区，通常承担着政府战略任务，需要谨慎布局以发挥空间集群发展。当前我国海外园区布局从集中于俄罗斯、东南亚、非洲等地区，逐渐向中亚、中东欧扩展，园区整体空间布局朝着科学化、合理化趋势发展，但是如何发挥整体空间布局优势，助力综合型园区汇集优势资源，形成集群联动，更好发挥产业集聚效应是当前我国海外园区布局面临的重要问题。园区选址通常由主导企业自主选择，或者参与东道国政府招标，但在“一带一路”倡议提出以后，综合型园区这种大型园区的布局是综合政治、经济等多重因素的理性选择，但是近年来世界政治、经济不稳定性因素增多，大国博弈加剧，适度的区位选择引导是必要之举。特别是综合考虑“一带一路”沿线国家的实际情况，引导投资主体集中优势资源、主动嵌入东道国经济发展与产业培育进程，可以与东道国实现共赢。

一是打造示范性项目，培育国际合作的战略支点。例如马来西亚皇京临港产业园、巴基斯坦瓜达尔港自贸区、吉布提自贸区、埃及苏伊士合作区等位于21世纪海上丝绸之路的重要交汇点，对“一带一路”实现互联互通具有重要支撑作用。吉布提自贸区将发挥吉布提扼守曼德海峡的重要战略位置优势，联通亚欧非大陆。巴基斯坦瓜达尔港自贸区、白俄罗斯中白工业园、匈牙利中欧商贸物流合作区等分别是打通南亚、独联体、中东欧等区域市场的重要支点，这些区域的海外园区建设尚处于起步阶段，产业多元化以及完善的商业配套设施还未建立起来，周边园区数量较少，难以形成集群联动局面，因此需要通过政策、资金支持进行重点打造，充分发挥“一带一路”上示范项目的作用。另外，在俄罗斯、柬埔寨、越南、赞比亚等国家，我国海外园区的数量和质量都优于其他“一带一路”沿线地区，在其中选择规模大、效益好的园区打造战略支点，并在其周围部署相关产业的园区，推动产业集聚效应形成。

二是打造园区组群，实现互联互通。由若干个支点型园区构成的组群，可以辐射周边地区发展。2016年，澜湄合作机制全面启动，澜湄国家是我国海外产业园区布局较为密集的地区，经济发展水平参差不齐，内部合作关系不稳定。澜湄合作机制将海外园区建设纳入重点项目，并将对接泛亚铁路。目前，在澜湄国家建设的综合型海外园区有老挝磨丁经济开发专区、老中甘蒙钾盐综合开发区、缅甸皎漂特区工业园等，应当积极推动这些园区组群发展，实现产业互联、设施互通，发挥集聚效应。此外，在南亚、中亚、中东等园区集聚程度不高的地区，也应当强化支点园区作用，补齐短板，整体布局，搭建有重点、有层次的集群发展框架。

二、海外综合型园区可持续发展策略

对于综合型园区来说，园区内产业不再单一，需要形成相对完整的产业链，围绕核心企业进行纵向的延伸和横向的拓展，纵向延伸可推进上下游企业一体化，横向拓展可促进配套服务体系的完善。

（一）明确产业定位，主导企业先行

在园区建设初期，园区建设主体应当做好投资可行性分析和风险评估，科学规划布局，结合东道国资源、劳动力、政策比较优势，引进具有核心地位的龙头企业，并围绕龙头企业进行辐射和延伸，从而建立完整有序的产业链。一方面，合园区建设主体在对东道国进行前期调研时，应当优先分析东道国可支撑相关产业发展的区位优势以及市场优势；另一方面，园区建设主体应当科学评价东道国政策以及国内政策对于园区主导产业的支撑效果，分辨出嵌入东道国发展战略程度最高的产业和最低的产业，以此为标准调整招商方向。此外，东道国对外贸易情况也是园区建设主体应当要考虑重要问题，尤其是与主导产业相关的商品、服务贸易状况。

（二）围绕主导产业招商，纵向延伸产业链

在招商引资阶段，坚持园区产业定位，科学规划招商引资策略，重点引进主导产业的上下游企业，完善产业链条，打造产业集群。产业链向前延伸可招收原材料供应商、设计研发类企业等，向后延伸可招收零件组装、终端产品分销类企业。在招商引资过程中，园区应当进行专业化招商和精细化择商，对入园企业进行全面、细致的考察。

（三）整合资源，完善配套商业服务设施

综合型产业园区通常通过完善的基础设施和金融支持体系、强大的物流网络助力园区发展。园区在不断完善基础设施的同时，应当积极引入专业商业服务类企业，完善产业链配套服务体系。园区也可以培养专业的法务、税务、会计等人才，为入园企业提供专业支持。建立专业的调研咨询体系，包括信息调研、产品设计研发、项目招投标服务、注册手续办理等，为园区内企业提供一站式服务，从而为合作区内企业提供一个科学高效的投资运营环境。

三、企业参与海外综合型园区可持续发展策略

（一）产业转移要以产业升级为目标

我国企业将当前劳动密集型产业转移到海外园区的同时，要注重引进新技术或新兴产业，不断改善产业结构，坚持“走出去”与“引进来”并举。如新加坡的产业转移就是通过建设海外工业园区完成的，国内产业结构不断升级，技术密集型、知识密集型产业逐渐成为国内主导产业，新加坡也因此成为东南亚乃至全球最为著名的总部聚集地之一。国内土地资源的限制是新加坡建设海外园区的重要原因，而我国中西部地区经济发展相对落后，但是土地辽阔，因此我国产业转移选择余地较大。所以，我国企业产业转移和升级要结合地区发展情况，在拓展对外投资的同时要重点协调对内、对外开放的关系，从而更好统筹产业转型和区域协调发展。

（二）对外投资要找准国际竞争优势

我国大多数企业在资本、技术、管理等方面尚未与国际先进水平接轨，但我国企业以劳动密集型加工制造为主的产业发展模式与“一带一路”沿线国家的发展水平相适应，加上我国政府对企业海外发展的大力支持，我国企业在“走出去”的过程中逐渐形成了“国家特定优势”。但是在日益复杂的国际竞争之中，这种“优势”的可持续性不高，未来企业还是要培育核心竞争力，找准产业定位，通过自主创新提高生产效率、管理效益，广泛利用新技术、新理念发展企业，把握产业发展潮流，充分利用各方资源、政策优惠条件，在国际竞争中站稳脚跟，成长为有实力、有担当的国际化企业。

“一带一路”海外园区作为中国发展开放型经济的载体，在疫情期间起到了有效利用国际国内两种资源支持国内经济复苏与国际合作抗疫的重要作用，成为疫情期间保障物资供应稳定与产业链上下游有效衔接的重要平台，是中国“一带一路”建设重要且成功的实践。随着“一带一路”建设的持续有效推进，海外园区作为承载投资国与东道国

经济空间拓展的作用将进一步凸显，符合疫情常态化下中国与沿线国家深化合作的共同需求。

和平、发展、合作仍是当今时代的主流。展望未来，共建“一带一路”虽然面临诸多挑战，但是机遇也是前所未有。海外园区作为共建“一带一路”以及国际产能合作的重要内容，其发展仍需中国和东道国政府、企业齐发力，实现多方互利共赢。

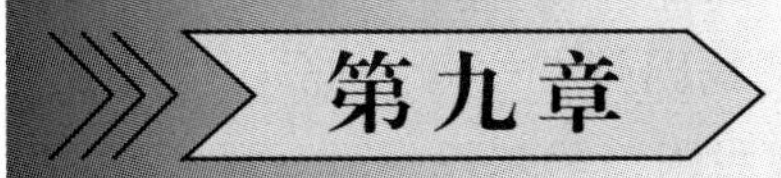

第九章

研究结论

“一带一路”海外园区作为中国发展开放型经济的载体，在疫情期间起到了有效利用国际国内两种资源、支持国内经济复苏与国际合作抗疫的重要作用，成为疫情期间保障物资供应稳定与产业链上下游有效衔接的重要平台，是中国“一带一路”建设重要且成功的实践。随着“一带一路”建设的持续有效推进，海外园区承载投资国与东道国经济空间拓展的作用将进一步凸显，符合疫情常态化下中国与沿线国家深化合作的共同需求。本书立足于我国海外园区发展现状，从农业园区、工业园区、服务业园区和综合型园区 4 种类型探究园区“走出去”的合作模式，并通过构建“三位一体”的耦合互动分析了园区“走出去”的成长路径，从国家、园区、企业 3 个层面提出政策建议。具体来说，本书主要结论有以下几点：

(1) 在探究“一带一路”倡议下农业园区“走出去”合作模式研究中，本书第三章在借鉴国内外农业园区和农业合作的基础上，对我国与“一带一路”沿线国家的境外农业园区合作模式进行选择，模式选择与现实案例经验相互印证。具体研究结论有：一是通过文献研究法，构建包含农业互补性、战略合作度和运输可达性 3 个一级指标、8 个二级指标、18 个三级指标的农业合作潜力系数评价指标体系，利用熵值法测算我国与“一带一路”沿线国家的农业合作潜力指数并预测 10 年后的指数变化，发现就目前来看，我国与爱沙尼亚、捷克、斯洛文尼亚的农业合作潜力空间较大，可成为我国合作的重点考虑对象；从长远来看，我国与乌克兰、俄罗斯、印度尼西亚的农业合作潜力较大，未来会成为重点目标国。二是结合现有文献研究，构建了包括地理临近、社会临近、关系临近、政策支持、国家安全的五维农业合作环境指标体系，通过二阶聚类分析法将我国与“一带一路”沿线国家农业合作环境进行聚类分析识别，发现我国与阿尔巴尼亚、亚美尼亚、阿塞拜疆等 18 个一类国家有较好的农业合作环境，与泰国、保加利亚、克罗地亚等 13 个二类国家相比，具有较近的地理距离和文化距离，较亲密的伙伴关系和良好的政策支持。三是基于波士顿矩阵模型思想，以农业合作环境与农业合作潜力为判别指标，构建二维矩阵模型，通过总结案例经验，设计出深度战略合作、按需推进、逐步引导和加强交流合作四种农业园区“走出去”的合作模式，发现针对俄罗斯、印度尼西亚等 10 个Ⅰ类沿线国家应采取深度战略合作模式，坚持“一区多园”的发展思路；对阿尔巴尼亚、亚美尼亚等 8 个Ⅱ类国家应选择按需推进合作模式，鼓励大型企业在这些国家独自建设园区或与当地知名企业强强联合共同建立园区；对泰国、保加利亚等 7 个Ⅲ类国家应注重政府推动，引导多企业抱团“走出去”；对克罗地亚、拉脱维亚等 6 个Ⅳ类国家应选择加强交流合作模式，引进有经验的开发商进行专业园区开发。

（2）针对“一带一路”倡议下海外工业园区合作模式研究，本书通过梳理现有的关于海外工业园区的文献，构建索洛经济增长模型探究我国工业园区“走出去”对东道国经济增长效应的影响，再结合海外工业园区发展的内在理论驱动，分析了在“一带一路”建设推进中海外工业园区的典型案例，结合现有资料，探究在“一带一路”建设推进中工业园区“走出去”的合作模式。具体研究成果有：第一，建立了一个“一带一路”建设推进中工业园区“走出去”的发展动力机制，分析工业园区“走出去”的影响因素，并对指标体系中的基础指标采用熵权法赋值，进一步研究工业园区“走出去”影响因素的重要程度，发现双边贸易在这些分项指标中最为重要，这可以为后续的海外工业园区发展提供参考借鉴。第二，通过实证检验，探讨了海外工业园区的设立对东道国和我国的影响，发现设立海外园区能促进东道国的经济增长，也能优化我国产业结构，还能提高我国工业化水平。

(3) 本书第五章对“一带一路”倡议下海外服务业园区合作模式进行探究，首先，对世界服务贸易发展的态势、中国服务贸易发展现状进行了分析，并进一步阐述了中国服务业园区“走出去”的必要性，发现世界各国高度重视服务贸易，并希望以此来获得经济优势，增强国际贸易竞争力。而中国迅速发展的服务业、服务贸易，使得其国际贸易地位和国家经济得以提升。其次，通过梳理大量海外服务业“走出去”影响因素文献，发现中国服务业园区“走出去”的动力因子包括：政治环境、市场前景、基础设施、资源互补、营商环境、文化互补。基于此，本书构建了中国服务业园区“走出去”的动力机制，并采用熵值法对 13 个二级指标进行赋权，发现排名前三的是基础设施、资源互补、市场前景。再次，结合当前海外服务业园区发展现况，归纳总结了海外服务业园区对双边服务贸易的作用机理，分别是出口替代效应、出口促进效应。因此，海外服务业园区“走出去”对双边服务贸易规模的作用取决于出口促进效应与出口替代效应的大小。进一步地，本书以是否设立海外服务业园区为核心解释变量，分别针对投资国和东道国设立时间序列模型和普通面板回归模型，实证证明海外服务业园区的设立有利于双边服务贸易的扩大。最后，从园区的基本情况、管理运营模式、发展存在的问题等方面来分析吉布提国际自贸区、中欧商贸物流合作园区、中哈霍尔果斯国际边境合作中心这 3 个典型的海外服务园区合作模式，发现这些服务园区都在政治环境、营商环境等方面有所欠缺，特别是合作中心的法律法规缺失，给实际园区管理运行效率的提高带来一定的阻碍。

(4) 对于“一带一路”倡议下海外综合型园区合作模式的探索，本书从综合型园区发展内涵、综合型园区发展现状、“一带一路”推进中综合型园区发展 3 个方面出发，对现有文献进行梳理总结，通过探究价值链相关理论和测度经济一体化指标，探究“一带一路”推进中综合型园区“走出去”的发展动力机制，并得到了以下结论：一是选取 2010 ~ 2020 年国际经济周期联动指数，测算我国与“一带一路”沿线国家的区域经济一体化程度，发现我国与“一带一路”沿线国家的国际经济周期联动指数 2010～2020 年呈现出“U”形趋势，时间节点主要是在 2015 年。二是在探究“一带一路”推进中综合型园区“走出去”的发展动力机制上，选取 8 个影响因子作为促进我国综合型园区“走出去”的影响因素进行分析，通过主成分分析法发现，在第一类主成分中，主要涵盖的指标为监管质量、政府效率、法制完善度、腐败控制和政治稳定性。在第二类成分中，其主要指标为货物与服务的进口和出口、市场规模、对外开放水平以及劳动要素供给。在第三类指标中，主要涵盖的指标为政治民主度、资源禀赋和人均工资水平。而在第四类成分中，主要涵盖的指标为对外直接投资水平和汇率。三是构建面板数据模型，采用双向固定效应回归法进行实证检验，发现对于“一带一路”沿线设立综合型产业园区的国家而言，签订“一带一路”合作文件，有利于促进各国经济的发展。四是选取中国·越南（深圳－海防）经贸合作区、马中关丹产业园区、中哈霍尔果斯国际边境合作中心作为案例进行分析，总结出海外综合型园区主要可分为托管模式、股份合作模式、异地生产—统一经营模式和政府机构间合作共建模式。

（5）在“一带一路”推进中园区“走出去”的成长路径研究中，一是构建产业集群、合作系统、海外园区“三位一体”C－C－O 耦合互动框架，分析了三者的关联性，从地理邻近聚集、产业邻近聚集、创新邻近聚集、社会邻近聚集 4 个维度分析了“三位一体”耦合互动系统的特征，并且构建该耦合系统理论模型，分析该耦合互动系统中的耦合互动要素、耦合互动动力、耦合互动纽带和耦合互动条件和在C－C－O 耦合互动框架下的海外园区的动态演化过程。二是基于C－C－O 耦合互动系统对企业的“三段式”成长路径进行分析，发现耦合互动系统中应培育初创企业的“孵化”能力，即培育中小企业的加速发展能力，培育大型企业的国际化竞争能力。三是基于 C－C－O 耦合互动系统下合作系统的构建，包括构建四大合作平台，即高端要素聚集平台、独立创新科技平台、投融资服务平台、产学研合作平台，通过四大平台的搭建，形成更为高效的合作系统，以解决海外园区中企业面对的更为复杂的合作环境和更高的合作成本等问题。四是基于

C－C－O 耦合互动系统分析产业集群竞争力的“五大转变”，发现产业集群由一般向特色转变，由“扎堆”向分工协作转变，由低端向高端转变，由个体和组织内部学习向集群学习转变，由生产驱动向创新驱动转变。

参考文献

[1] 白惠婷、刘玉春、赵晗、王一喆：《京津冀城郊农业园区水资源利用效率评价方法及实例》，载于《中国农村水利水电》2019 年第 10 期。

[2] 薄文广、陈璐琳、胡驿：《“一带一路”倡议下中国境外经贸合作区可持续发展研究》，载于《长安大学学报：社会科学版》2018 年第 4 期。

[3] 曹迎莹、李歆彤、翟金帅：《促进浙江境外经贸合作区融入“一带一路”发展的措施建议》，载于《对外经贸》2015 年第 6 期。

[4] 常亮、罗剑朝：《农业园区科技创新能力影响因素分析》，载于《北方园艺》2019 年第 5 期。

[5] 陈剑波：《打好“农业园区”发展牌，激活乡村振兴新动能》，载于《中共乐山市委党校学报》2022 年第 1 期。

[6] 陈健、龚晓莺：《新时代区域协调发展战略下“一带一路”沿线互联互通研究》，载于《西南民族大学学报：人文社会科学版》2018 年第 1 期。

[7] 陈璐：《园区发展模式的调整与应对研究》，载于《产业科技创新》2020 年第 2 期。

[8] 陈文晖、刘雅婷：《推进“一带一路”境外合作园区高质量发展的理论与实践探索》，载于《价格理论与实践》2021 年第 2 期。

[9] 陈小勇：《产业集群的虚拟转型》，载于《中国工业经济》2017 年第 12 期。

[10] 丛晓男、李国昌：《全球变局背景下的“一带一路”建设：进展、挑战与应对措施》，载于《全球化》2022 年第 1 期。

［11］崔亚平、宫秀芬：《辽宁省与俄远东地区农业合作潜力分析》，载于《农业经济》2013年第10期。

［12］丁崇泰、宋恒、刘柯彤等：《“一带一路”背景下海外产业园区PPP模式研究》，载于《经济研究参考》2021年第3期。

［13］董琪：《我国境外经贸合作区的建设与发展研究》，江苏大学硕士学位论文，2009年。

［14］董千里：《境外园区在“一带一路”产能合作中的新使命及实现机制》，载于《中国流通经济》2018年第10期。

［15］董锡健：《服务业园区转型发展路在何方》，载于《中国农村水利水电》2012年第4期。

［16］窦学诚、田少华、王瑞：《基于FAHP模型的农业科技园区品牌体系绩效评价研究——以天水国家农业科技园区为例》，载于《资源开发与市场》2021年第6期。

［17］杜伟：《国际农业贸易发展现状评价》，载于《中国食用菌》2020年第5期。

［18］樊海灵：《西北地区与丝路前段国家农业合作潜力测度》，西北农林科技大学硕士学位论文，2017年。

［19］范巧、郭爱君：《中国园区内部关系处理模式研究综述——基于开发模式、管理模式、治理模式和发展模式的视角》，载于《技术经济》2013年第8期。

［20］方巍、林汉川：《社会技术创新对中国海外工业园可持续发展的影响——东道国制度环境的调节效应》，载于《中国流通经济》2021年第12期。

［21］费太安：《关于园区经济与产业绿色升级的几点思考》，载于《中国财政》2020年第22期。

［22］冯维江、姚枝仲、冯兆一：《开发区“走出去”：中国埃及苏伊士经贸合作区的实践》，载于《国际经济评论》2012年第2期。

［23］冯兴艳：《境外经贸合作区与中非投资合作的战略选择》，载于《国际经济合作》2011年第4期。

［24］高潮：《关丹产业园：中马经贸合作的新平台》载于《中国

对外贸易》2013 年第 3 期。

[25] 高潮：《投资泰中罗勇工业园，抱团开拓东盟市场》，载于《中国对外贸易》2012 年第 9 期。

[26] 高潮：《越南龙江工业园：进军东盟的制造业基地》，载于《中国对外贸易》2012 年第 10 期。

[27] 高磊：《非对称合作系统中合作行为的演化》，云南大学博士学位论文，2015 年。

[28] 龚斌磊：《中国与“一带一路”国家农业合作实现途径》，载于《中国农村经济》2019 年第 10 期。

[29] 关利欣：《中新境外工业园区比较及启示》，载于《国际经济合作》2012 年第 1 期。

[30] 关利欣、张蕙、洪俊杰：《新加坡海外工业园区建设经验对我国的启示》，载于《国际贸易》2012 年第 10 期。

[31] 郭朝先、刘芳：《“一带一路”产能合作新进展与高质量发展研究》，载于《社会科学文摘》2020 年第 8 期。

[32] 郭建民、黄柏钧：《“一带一路”产业园区高质量发展的模式与路径分析》，载于《中国经贸导刊》2019 年第 22 期。

[33] 郭周明、田云华、王凌峰：《“逆全球化”下建设国际金融新体制的中国方案——基于“一带一路”研究视角》，载于《国际金融研究》2020 年第 1 期。

[34] 韩俊、金伟：《“一带一路”倡议的挑战及其风险防范》，载于《社科纵横》2021 年第 6 期。

[35] 韩紫微：《独角兽、瞪羚企业的培育路径——基于模糊集定性比较分析》，载于《中国管理信息化》2021 年第 13 期。

[36] 洪联英、刘解龙：《为什么中国企业对外直接投资增而不强——一个微观生产组织控制视角的分析》，载于《财贸经济》2011 年第 10 期。

[37] 洪联英、张云：《我国境外经贸合作区建设与企业“走出去”战略》，载于《国际经贸探索》2011 年第 3 期。

[38] 胡贝、李华金：《国内外园区产业发展模式研究》，载于

《广西财经学院学报》2009年第2期。

［39］胡冰川：《“十四五”农业国际合作若干重大问题前瞻》，载于《农业经济问题》2020年第10期。

［40］胡江云：《支持境外经贸合作区发展服务“一带一路”建设》，载于《发展研究》2017年第10期。

［41］胡黎明、郭文君、赵瑞霞：《中国主导“一带一路”区域产业链整合创新研究——基于技术标准与产业转移双轮驱动的视角》，载于《科学管理研究》2021年第6期。

［42］胡月、田志宏：《进出口多样化是否改善了贸易条件——基于全球农业贸易的证据》，载于《国际贸易问题》2021年第1期。

［43］黄日涵、丛培影：《“一带一路”的外界误读与理性反思》，载于《中国社会科学报》2015年5月13日。

［44］黄少安、韦倩：《合作与经济增长》，载于《经济研究》2011年第8期。

［45］黄彦婷：《园区服务业创新发展的新探索》，载于《群众》2017年第23期。

［46］霍明、张亮、谢玲红、李晓萍：《价值链视角下国家农业科技园区创新效率测度与空间格局研究》，载于《中国农业资源与区划》2022年第6期。

［47］霍明、周玉玺、柴婧、张复宏：《基于AHP－TOPSIS与障碍度模型的国家农业科技园区创新能力评价与制约因素研究——华东地区42家园区的调查数据》，载于《科技管理研究》2018年第17期。

［48］贾莉：《“一带一路”沿线中国国际合作园区发展模式探讨》，引自中国城市规划学会总编：《面向高质量发展的空间治理——2020中国城市规划年会论文集（14区域规划与城市经济）》，中国建筑工业出版社2020年版。

［49］江珊：《“一带一路”倡议下我国境外经贸区发展研究》，湖南大学硕士学位论文，2018年。

［50］鞠传霄：《“一带一路”资金融通面临的挑战及建议》，载于《中国投资（中英文）》2021年第11期。

[51] 孔慧芳:《国外生态工业园区发展模式的经验与借鉴》，载于《经济研究导刊》2013 年第 4 期。

[52] 来莎莎:《从“一带一路”的报道看国内舆论》，载于《经营管理者》2015 年第 24 期。

[53] 蓝庆新、唐琬:《绿色金融赋能“一带一路”高质量发展》，载于《油气与新能源》2022 年第 1 期。

[54] 雷玲、陈悦、杨凌:《农业科技示范园区创新能力评价》，载于《中国农业资源与区划》2018 年第 8 期。

[55] 雷玲、脱潇潇:《基于供给侧结构性改革的陕西现代农业科技园区综合创新发展能力评价——基于熵权法与 TOPSIS 相结合的模型》，载于《科技管理研究》2019 年第 3 期。

[56] 雷玲、钟琼林:《陕西省农业科技园区综合效益对比评价》，载于《西北农林科技大学学报（社会科学版)》2018 年第 3 期。

[57] 冷俊峰、刘泳宇:《产业集聚对物流效率的门槛效应研究》，载于《中国农村水利水电》2019 年第 12 期。

[58] 李晨阳、孟姿君、罗圣荣:《“一带一路”框架下的中缅经济走廊建设：主要内容，面临挑战与推进路径》，载于《南亚研究》2019 年第 4 期。

[59] 李春顶:《境外经贸合作区建设与我国企业“走出去”》，载于《国际经济合作》2008 年第 7 期。

[60] 李锋:《“一带一路”沿线国家的投资风险与应对策略》，载于《中国流通经济》2016 年第 2 期。

[61] 李祜梅、邬明权、牛铮等:《1992 - 2018 年中国境外产业园区信息数据集》，载于《中国科学数据（中英文网络版)》2019 年第 4 期。

[62] 李瑾、冯献、马晨:《信息化对休闲农业绩效影响评价研究——基于北京三星级以上休闲农业园区的调研分析》，载于《中国农业资源与区划》2020 年第 7 期。

[63] 李林红、廖鑫、侯正权:《云南省区域物流与绿色旅游经济耦合协调实证研究》，载于《生态经济》2021 年第 5 期。

［64］李鲁、刘乃全、刘学华：《园区出海服务“一带一路”的逻辑与对策：以上海为例》，载于《外国经济与管理》2017年第7期。

［65］李敏辉、李铭、曾冰然等：《后疫情时代发展中国家高等教育数字化转型：内涵、困境与路径》，载于《北京工业大学学报（社会科学版）》2022年第1期。

［66］李青：《我国境外经贸合作区区位选择研究》，天津财经大学硕士学位论文，2012年。

［67］李希光：《全球社交网络的新闻生态与国际舆论引导》，载于《人民论坛·学术前沿》2020年第15期。

［68］李潇潇、史俊、吴上春：《构建“一带一路”可持续发展境外合作区——以中白工业园为例》，载于《可持续发展经济导刊》2021年第10期。

［69］李晓、李俊久：《“一带一路”与中国地缘政治经济战略的重构》，载于《中国社会科学院国际研究学部集刊》2017年第10期。

［70］李晓梅、崔靓：《数字物流、区域经济与碳环境治理耦合及影响因素——基于我国30个省级面板数据的实证检验》，载于《中国流通经济》2022年第2期。

［71］李晓萍、霍明、房建琳：《我国农业科技园区运营效率的区域差异与影响因素分析——基于139家国家农业科技园区的创新能力监测数据》，载于《中国农业资源与区划》2021年第9期。

［72］李晓萍、霍明、徐宣国、刘羽嘉：《基于CPM和Moran's I指数的国家农业科技园区创新能力评价与空间格局研究——160家国家农业科技园区的创新能力监测数据》，载于《世界农业》2020年第9期。

［73］李新、张鑫：《“一带一路”视域下区域一体化发展探析》，载于《新疆师范大学学报：哲学社会科学版》2016年第4期。

［74］李一平、罗晶晶、张海峰：《区域合作发展与国家营商环境——基于中国-东盟“一带一路”共建的研究》，载于《厦门大学学报：哲学社会科学版》2020年第6期。

［75］李颖、马双、富宁宁等：《中国沿海地区海洋产业合作创新网络特征及其邻近性》，载于《经济地理》2021年第2期。

[76] 李玉娟、朱琳、霍俊杰、霍艳霞：《现代农业园区建设发展模式探究》，载于《河南农业》2021 年第 26 期。

[77] 李志明、张成、陈曦：《我国境外产业园的区位布局和发展现状分析》，载于《中国科技资源导刊》2020 年第 5 期。

[78] 李梓璇：《产业园区发展模式研究》，北京交通大学硕士学位论文，2019 年。

[79] 梁碧波：《产业转移、要素流动与结构优化——基于中心－外围模型的理论分析和实证检验》，载于《经济问题探索》2016 年第 4 期。

[80] 梁振轩：《双层博弈视角下“一带一路”风险与挑战》，外交学院硕士学位论文，2021 年。

[81] 林俊：《“一带一路”视阈下江苏企业“走出去”政策建议》，载于《经济研究导刊》2021 年第 18 期。

[82] 林俐、翟金帅：《“一带一路”沿线境外经贸合作区运行机制及空间布局——以东南亚区域为例》，载于《当代经济》2017 年第 2 期。

[83] 林民旺：《印度对“一带一路”的认知及中国的政策选择》，载于《世界经济与政治》2015 年第 5 期。

[84] 林毅夫、李永军：《中小金融机构发展与中小企业融资》，载于《经济研究》2001 年第 1 期。

[85] 林志慧、刘宪锋、陈瑛等：《水—粮食—能源纽带关系研究进展与展望》，载于《地理学报》2021 年第 7 期。

[86] 刘传平、徐鹏：《贸易争端背景下特朗普政府农业贸易补贴政策研究》，载于《国际贸易》2020 年第 2 期。

[87] 刘国斌：《“一带一路”建设的推进思路与政策创新研究》，载于《东北亚论坛》2019 年第 4 期。

[88] 刘汉川：《我国在亚洲国家新建境外经济贸易合作区区位选择研究》，天津财经大学硕士学位论文，2015 年。

[89] 刘洪愧：《长三角参与“一带一路”建设的实践和建议》，载于《经济体制改革》2021 年第 5 期。

［90］刘洪愧：《“一带一路”境外经贸合作区赋能新发展格局的逻辑与思路》，载于《改革》2022年第2期。

［91］刘佳：《基于主成分分析的区域经济发展水平的综合评价》，载于《国土与自然资源研究》2016年第6期。

［92］刘佳骏：《中国海外合作产业园区高质量建设评价体系研究》，载于《国际经济合作》2021年第3期。

［93］刘英奎、敦志刚：《中国境外经贸合作区的发展特点、问题与对策》，载于《区域经济评论》2019年第10期。

［94］刘乃全、李鲁、刘学华：《上海服务“一带一路”国家战略的定位和路径探析》，载于《经济与管理评论》2015年第5期。

［95］刘爽、王宇欣：《中国与津巴布韦农业投资与科技合作潜力分析》，载于《世界农业》2014年第3期。

［96］刘玉斌、王昕灵、王丹婵：《国有企业“走出去”难题与应对策略——基于反垄断法域外适用的视角》，载于《国际贸易》2021年第8期。

［97］龙冬平、李同昇、苗园园、李晓越、刘淑娟、于正松：《陕甘宁地区农业龙头企业集群发展的区位选择——基于6个国家级农业科技园区内的企业管理者调查》，载于《地理研究》2014年第8期。

［98］卢进勇、裴秋蕊：《境外经贸合作区高质量发展问题研究》，载于《国际经济合作》2019年第4期。

［99］鲁铭、孙卫东：《经济发展阶段演进视角下区域经济可持续发展路径研究》，载于《科技管理研究》2012年第15期。

［100］路红艳：《中国境外经贸合作区发展的经验启示》，载于《对外经贸》2013年第10期。

［101］吕新业、蔡海龙：《经济制裁背景下俄罗斯农业贸易政策的调整、影响及启示》，载于《农业经济问题》2016年第4期。

［102］罗其友、刘子萱、高明杰、刘洋、杨亚东：《现代农业园区发展机制探析》，载于《中国农业资源与区划》2020年第7期。

［103］马峰：《“一带一路”倡议的全球治理意义》，载于《中国发展观察》2019年第8期。

[104] 马学广、鹿宇：《中国海外园区发展的动因，实践与模式——以青岛市为例》，载于《青岛科技大学学报：社会科学版》2019年第4期。

[105] 马学广、鹿宇、张钊：《我国海外园区的全球空间布局及其网络联系》，载于《青岛科技大学学报（社会科学版）》2021年第1期。

[106] 马艳玲、朱亚娇：《传统地缘政治观的审思与反诘——“一带一路”倡议的划时代意义》，载于《学术交流》2018年第8期。

[107] 毛亚林、黄维、王强等：《创新驱动战略的要素与实施路径研究》，载于《中国煤炭》2014年第S1期。

[108] 门洪华：《应对全球治理危机与变革的中国方略》，载于《中国社会科学》2017年第10期。

[109] 聂娜：《中国参与共建“一带一路”的对外投资风险来源及防范机制》，载于《当代经济管理》2016年第9期。

[110] 聂晴晴：《中国与欧亚经济联盟国家农业合作潜力研究》，新疆大学硕士学位论文，2019年。

[111] 潘文秀、吴爱祥、王贻明、徐恒、李芳芳：《基于区位理论的境外经贸合作区风险研究》，载于《铜业工程》2018年第3期。

[112] 裴长洪、于燕：《“一带一路”建设与我国扩大开放》，载于《国际经贸探索》2015年第10期。

[113] 彭竞、孙承志：《供给侧改革下的农业科技园区创新能力测评研究》，载于《财经问题研究》2017年第8期。

[114] 祁欣、杨超：《境外经贸合作区建设若干问题探讨与建议》，载于《国际贸易》2018年第6期。

[115] 钱书法、邰俊杰、周绍东：《从比较优势到引领能力：“一带一路”区域价值链的构建》，载于《改革与战略》2017年第9期。

[116] 钱政成、王兆华：《山东省农业科技园区创新能力评价研究——基于层次分析法和障碍度模型》，载于《山东农业科学》2021年第11期。

[117] 乔榛、郑岩：《中俄农产品贸易与农业合作便利化研究》，

载于《学术交流》2021 年第 3 期。

[118] 屈秋邑：《产业链视角下中国境外经贸合作区发展模式研究》，西南财经大学硕士学位论文，2019 年。

[119] 任浩：《园区"走出去"："一带一路"的重要路径》，载于《一带一路报道》2017 年第 1 期。

[120] 任育锋、佟玉焕、董渤、李哲敏：《金砖国家农业合作机制进展与展望》，载于《中国农业科技导报》2021 年第 10 期。

[121] 茹蕾、姜晔、陈瑞剑：《"一带一路"农业产业园区建设：趋势特点与可持续发展建议》，载于《世界农业》2019 年第 12 期。

[122] 阮刚辉：《境外经贸合作区要融入"一带一路"》，载于《浙江经济》2014 年第 7 期。

[123] 沈维萍、张莹：《"一带一路"建设中"贸易畅通"的区域经济效应——基于 GTAP 模拟的比较分析》，载于《西部论坛》2020 年第 4 期。

[124] 沈正平、简晓彬、赵洁：《"一带一路"沿线中国境外合作产业园区建设模式研究》，载于《国际城市规划》2018 年第 2 期。

[125] 盛斌、黎峰：《"一带一路"倡议的国际政治经济分析》，载于《南开学报（哲学社会科学版）》2016 年第 1 期。

[126] 舒欢：《"一带一路"重大工程建设正面形象的舆论营造研究》，载于《南京社会科学》2016 年第 11 期。

[127] 苏芮、朱光辉、王国刚：《中国区域经济社会发展阶段识别及协调性研究》，载于《地域研究与开发》2017 年第 4 期。

[128] 苏珊珊、霍学喜、黄梅波：《中国与"一带一路"国家农业投资合作潜力和空间分析》，载于《亚太经济》2019 年第 2 期。

[129] 苏屹、郭家兴、王文静：《多维邻近性下新能源合作创新网络演化研究》，载于《科研管理》2021 年第 8 期。

[130] 孙敬鑫：《"一带一路"建设面临的国际舆论环境》，载于《当代世界》2015 年第 4 期。

[131] 孙乾坤：《中国对"一带一路"国家直接投资的区位选择研究》，对外经济贸易大学硕士学位论文，2017 年。

［132］覃朝晖、魏艺璇、范亚莉、刘志颐：《自由贸易试验区对农产品贸易影响的区域异质性分析》，载于《世界农业》2021 年第 9 期。

［133］谭畅：《“一带一路”战略下中国企业海外投资风险及对策》，载于《中国流通经济》2015 年第 7 期。

［134］唐晓阳：《中国在非洲的经贸合作区发展浅析》，载于《西亚非洲》2010 年第 11 期。

［135］唐晓阳、唐溪源：《从政府推动走向市场主导：海外产业园区的可持续发展路径》，载于《外交评论：外交学院学报》2019 年第 6 期。

［136］唐业喜、卓琦、朱深海等：《张家界大鲵产业集群竞争力测度的 AHP - GEMS 模型》，载于《吉首大学学报（自然科学版）》2019 年第 3 期。

［137］唐拥军、戴炳钦、简兆权等：《“一带一路”背景下境外工业园区商业模式动态更新路径：基于中国 - 印度尼西亚经贸合作区的案例研究》，载于《世界经济研究》2021 年第 11 期。

［138］滕振远：《供给侧改革导向下的产业园区转型升级策略研究》，载于《经济管理文摘》2021 年第 21 期。

［139］田恒睿：《经贸合作区模式下中国企业海外投资风险管理研究》，天津财经大学硕士学位论文，2018 年。

［140］田家硕、崔然红：《大连市人力资源服务业园区发展策略》，载于《合作经济与科技》2020 年第 11 期。

［141］田金方、刘晓晴：《“逆全球化”背景下区域贸易协定效度检验——以“一带一路”倡议为例》，载于《宏观经济研究》2019 年第 7 期。

［142］田文林：《“一带一路”与中国的中东战略》，载于《西亚非洲》2016 年第 2 期。

［143］《推动共建“一带一路”高质量发展》，载于《中国企业报》2021 年 7 月 27 日（第 3 版）。

［144］宛晴：《大客户地理邻近性与企业会计信息质量》，北京交通大学硕士学位论文，2021 年。

［145］汪涛、王璐玮、储姗姗:《中国高成长企业的双元创新路径探析——以苏南自创区瞪羚企业为例》，载于《中国科技论坛》2021年第11期。

［146］王芳、焦健、熊华文等:《“一带一路”中国境外工业园区绿色可持续发展研究》，载于《中国能源》2020年第9期。

［147］王慧敏、翟雪玲:《中国与中亚五国农业合作的潜力研究》，载于《经济研究参考》2017年第13期。

［148］王静:《加强科技平台建设推进科技创新服务水平》，载于《科技与企业》2013年第11期。

［149］王明国:《“一带一路”倡议的国际制度基础》，载于《东北亚论坛》2015年第6期。

［150］王书磊、赵蕾、石睿峰、齐燕知:《现代农业产业园区创新发展研究——以河北易县现代农业产业园为例》，载于《安徽农业科学》2020年第3期。

［151］王淑佳、孔伟、任亮等:《国内耦合协调度模型的误区及修正》，载于《自然资源学报》2021年第3期。

［152］王树进、黄冠军:《完善评价体系促进园区发展——评〈现代农业园区规划与管理〉》，载于《山西财经大学学报》2022年第2期。

［153］王思思:《园区发展模式比较研究》，长沙理工大学硕士学位论文，2011年。

［154］王秀芳、靳晓彤、马青凯:《河北省农业科技创新能力评价研究——基于119家省级以上农业科技园区的调查》，载于《黑龙江畜牧兽医》2021年第8期。

［155］王亚军:《“一带一路”国际公共产品的潜在风险及其韧性治理策略》，载于《管理世界》2018年第9期。

［156］王永春、李洪涛、汤敏、王秀东:《基于多视角群组划分“一带一路”沿线重要节点国家农业合作研究》，载于《中国农业资源与区划》2021年第4期。

［157］王郁:《“一带一路”背景下能源资源合作机遇与挑战》，载于《人民论坛》2015年第20期。

[158] 王昭、谢彦龙、李同昇、石钰:《国家农业科技园区空间布局及影响因素研究》,载于《科技进步与对策》2018 年第 9 期。

[159] 王志远:《“一带一路”的历史地理及其当代价值》,载于《欧亚经济》2016 年第 3 期。

[160] 魏龙、王磊:《全球价值链重构,分工利益流转与中国产业升级路径》,引自李平、殷先军主编:《21 世纪数量经济学(第 17 卷)》,经济管理出版社 2016 年版。

[161] 温国泉、韦幂、兰宗宝、温玉环、邓慧灵、覃泽林:《缅甸农业科技发展现状及中缅农业国际合作分析》,载于《南方农业学报》2019 年第 6 期。

[162] 吴殿廷、杨欢、耿建忠、吴瑞成、郭谦:《金砖五国农业合作潜力测度研究》,载于《经济地理》2014 年第 1 期。

[163] 吴金明、钟键能、黄进良:《“龙头企业”、“产业七寸”与产业链培育》,载于《中国工业经济》2007 年第 1 期。

[164] 吴圣:《国家农业科技园区建设中的政府协作机制研究》,中国农业科学院博士学位论文,2021 年。

[165] 吴圣、吴永常、陈学渊:《农业科技园区纵向政府间的博弈关系分析——以国家农业科技园区为例》,载于《农村经济》2020 年第 6 期。

[166] 吴圣、吴永常、陈学渊:《我国农业科技园区发展:阶段演变、面临问题和路径探讨》,载于《中国农业科技导报》2019 年第 12 期。

[167] 吴毅宏:《“一带一路”中东走廊建设——风险把控及相关路径》,载于《宁夏社会科学》2015 年第 6 期。

[168] 伍先福:《产业协同集聚对全要素生产率影响的门槛效应研究——基于中国 246 个城市的实证检验》,载于《经济经纬》2019 年第 2 期。

[169] 武汉大学“一带一路”研究课题组:《“一带一路”境外经贸合作区可持续发展研究》,载于《社会科学战线》2019 年第 6 期。

[170] 夏岩磊、韩慧霞、翟璐:《主体协同、报酬溢价与农业科技

园区创新能力》，载于《统计与信息论坛》2021 年第 9 期。

[171] 向鹏成、张菲、盛亚慧：《“一带一路”沿线国家基础设施投资社会风险评价研究》，载于《工业技术经济》2022 年第 3 期。

[172] 谢玲红、吕开宇、夏英：《乡村振兴视角下农业科技园区绩效评价及提升方向——以 106 个国家农业科技园区为例》，载于《中国科技论坛》2019 年第 9 期。

[173] 邢飞飞、薛丽君、李玫瑰：《基于钻石模型的烟台大樱桃产业集群竞争力研究》，载于《山东农业科学》2013 年第 8 期。

[174] 熊俊：《经济增长因素分析模型：对索洛模型的一个扩展》，载于《数量经济技术经济研究》2005 年第 8 期。

[175] 徐滇庆、耿健：《去东欧建海外工业园》，载于《新远见》2005 年第 1 期。

[176] 徐宏潇、赵硕刚：《“一带一路”倡议的世界历史性依据》，载于《社会主义研究》2016 年第 1 期。

[177] 许培源、王倩：《“一带一路”视角下的境外经贸合作区：理论创新与实证检验》，载于《经济学家》2019 年第 7 期。

[178] 薛力：《中国“一带一路”战略面对的外交风险》，载于《国际经济评论》2015 年第 2 期。

[179] 荀克宁：《“一带一路”时代背景下境外园区发展新契机》，载于《理论学刊》2015 年第 10 期。

[180] 闫俊文、刘庭风：《华北地区休闲型农业园区空间分布特征及影响因素分析》，载于《中国农业资源与区划》2019 年第 9 期。

[181] 阎大颖：《中国企业对外直接投资的区位选择及其决定因素》，载于《国际贸易问题》2013 年第 7 期。

[182] 杨帆、王煜天：《基于 GEMS 模型的济南养老产业集群竞争力评价及优化措施》，载于《现代商贸工业》2021 年第 31 期。

[183] 杨海洋：《中国制造业向海外转移的区位分析》，载于《国际贸易问题》2013 年第 4 期。

[184] 杨路明、施礼：《“一带一路”数字经济产业聚集发展研究》，载于《中国流通经济》2021 年第 3 期。

［185］杨思灵：《“一带一路”倡议下中国与沿线国家关系治理及挑战》，载于《南亚研究》2015 年第 2 期。

［186］杨小凯、张永生：《新贸易理论、比较利益理论及其经验研究的新成果：文献综述》，载于《经济学（季刊）》2001 年第 1 期。

［187］杨震：《我国农业科技园区发展模式探究》，载于《赤峰学院学报（自然科学版）》2021 年第 10 期。

［188］姚辉斌、彭新宇：《“一带一路”沿线国家制度环境对中国农产品出口贸易的影响研究》，载于《农业技术经济》2021 年第 4 期。

［189］姚星、王博、蒲岳：《“一带一路”沿线国家服务中间投入的网络结构特征及其影响因素》，载于《世界经济研究》2018 年第 1 期。

［190］姚一涵：《我国海外园区区位选择的影响因素分析》，山东大学硕士学位论文，2021 年。

［191］叶尔肯·吾扎提、张薇、刘志高：《我国在“一带一路”沿线海外园区建设模式研究》，载于《中国科学院院刊》2017 年第 4 期。

［192］叶振宇：《中国建设高水平海外产业园区的战略思考》，载于《中国发展观察》2016 年第 1 期。

［193］叶振宇、李峰波、王宁：《我国区域经济高质量发展的阶段成效与难题攻坚》，载于《区域经济评论》2022 年第 1 期。

［194］易淼：《新时代推动成渝地区双城经济圈建设探析：历史回顾与现实研判》，载于《西部论坛》2021 年第 3 期。

［195］尤宏兵、成楠、杨蕾：《境外产业园区建设特点与发展建议》，载于《国际经济合作》2017 年第 2 期。

［196］于海龙、张振：《“一带一路”背景下我国农业对外合作的潜力、风险与对策研究》，载于《经济问题》2018 年第 2 期。

［197］于良、金凤君、王成金：《国际贸易空间格局特征及其驱动因素》，载于《地理科学进展》2006 年第 5 期。

［198］余晓钟、刘利：《“一带一路”倡议下国际能源产业园区合作模式构建——以中亚地区为例》，载于《经济问题探索》2020 年第

2 期。

［199］曾芳兰：《中国境外经贸合作区建设的区位选择研究》，云南大学硕士学位论文，2016 年。

［200］詹姆斯·皮斯、王宇：《自由贸易、贸易保护与美国农业政策》，载于《金融发展研究》2019 年第 11 期。

［201］詹晓宁、李婧：《全球境外工业园区模式及中国新一代境外园区发展战略》，载于《国际经济评论》2021 年第 1 期。

［202］张辉、易天、唐毓璇：《“一带一路”沿线国家和地区经济协同发展研究》，引自卫兴华等主编《社会主义经济理论研究集萃（2017）——开启新时代的中国经济》，经济科学出版社 2015 年版。

［203］张凯煌、千庆兰：《中国新能源汽车产业创新网络特征及其多维邻近性成因》，载于《地理研究》2021 年第 8 期。

［204］张可飞：《论促进我国农业贸易可持续性发展的政策法规策略》，载于《农业经济》2020 年第 5 期。

［205］张克俊：《国家高新区提高自主创新能力建设创新型园区研究》，西南财经大学硕士学位论文，2010 年。

［206］张梦怡：《“一带一路”背景下境外合作区产业选择方法探索》，引自中国城市规划学会总编：《面向高质量发展的空间治理——2020 中国城市规划年会论文集（14 区域规划与城市经济）》中国建筑工业出版社 2020 年版。

［207］张庆萍、朱晶：《中国与上合组织国家农业贸易与投资合作——基于“一带一路”战略框架下的分析》，载于《国际经济合作》2017 年第 2 期。

［208］张琼、庞宇：《“一带一路”沿线国家投资风险识别与优化策略》，载于《投资与合作》2021 年第 11 期。

［209］张世国：《发展境外经贸合作区建设的几点设想》，载于《大经贸》2007 年第 1 期。

［210］张述存：《“一带一路”战略下优化中国对外直接投资布局的思路与对策》，载于《管理世界》2019 年第 4 期。

［211］张维迎：《拯救中国经济的关键是企业家》，载于《中国房

地产业》2015 年第 4 期。

[212] 张樨樨、曹正旭、徐士元:《创新质量对高技术产业绿色创新效率影响的异质性——基于产业集聚的门槛效应》载于《科技管理研究》2021 年第 18 期。

[213] 张玉彬、马永超、杨延杰:《青岛地区农业园区发展现状及效益模式分析》载于《农业经济》2018 年第 1 期。

[214] 张桢、庄严:《新形势下有效应对国际舆论的对策探究》，载于《新闻爱好者》2021 年第 11 期。

[215] 赵进东:《中欧服务贸易竞争性与互补性研究》，载于《山东社会科学》2018 年第 8 期。

[216] 赵黎明:《农业科技园区技术集聚形成机制研究》，载于《河南社会科学》2016 年第 5 期。

[217] 赵瑞琦:《“三个舆论场”与对印传播战略——“一带一路”下的中国国际话语权建构》，载于《齐鲁学刊》2016 年第 1 期。

[218] 赵胜波、王兴平、胡雪峰:《“一带一路”沿线中国国际合作园区发展研究水——现状，影响与趋势》，载于《城市规划》2018 年第 9 期。

[219] 赵逊:《我国在海外工业园区建设的现状、问题及对策》，载于《对外经贸实务》2017 年第 2 期。

[220] 郑会青、庄佩芬:《经济距离对农产品贸易成本的影响——基于我国与“一带一路”国家的实证》载于《商业经济研究》2022 年第 4 期。

[221] 郑蕾、刘志高:《中国对“一带一路”沿线直接投资空间格局》，载于《地理科学进展》2015 年第 5 期。

[222] 郑胜华、池仁勇:《核心企业合作能力、创新网络与产业协同演化机理研究》，载于《科研管理》2017 年第 6 期。

[223] 郑准、张凡:《核心企业视域下战略性新兴产业集群的超集群学习模式研究》，载于《湖南财政经济学院学报》2021 年第 2 期。

[224] 钟春平、潘黎:《对外直接投资风险与“一带一路”战略》，载于《开放导报》2015 年第 4 期。

［225］周风、李红梅、王淑霞：《基于 GEM 模型的果蔬加工产业集群竞争力评价与分析——以安徽砀山县为例》，载于《安徽农业大学学报（社会科学版)》2020 年第 1 期。

［226］周华强、邹弈星、刘长柱、冯文帅、王敬东：《农业科技园区评价指标体系创新研究：功能视角》，载于《科技进步与对策》2018 年第 6 期。

［227］周颖、陈林莉、潘松挺：《我国境外经济贸易合作区发展研究》，载于《西安电子科技大学学报（社会科学版)》2008 年第 5 期。

［228］周兆呈：《国际舆论视野中的“一带一路”战略》，载于《南京社会科学》2015 年第 7 期。

［229］朱福林、陶秋燕：《中小企业成长的社会网络关系研究——以北京市科技型中小企业调研数据为例》，载于《科学学研究》2014 年第 10 期。

［230］朱晶等：《新冠肺炎疫情下进口限制措施对农业贸易的影响与思考》，载于《世界农业》2021 年第 5 期。

［231］朱笑鹏：《现代农业园区规划建设与管理要点》，载于《农业与技术》2021 年 19 期。

［232］朱正远：《“一带一路”倡议下中国企业对外投资的环境风险与防范》，载于《河海大学学报（哲学社会科学版)》2021 年第 6 期。

［233］邹昊飞、杜贞利、段京新：《“一带一路”战略下境外经贸合作区发展研究》，载于《国际经济合作》2016 年第 10 期。

［234］邹昊飞、段京新：《境外合作区传递中国投资新理念》，载于《中国投资》2015 年第 7 期。

［235］邹嘉龄、刘卫东：《2001 ~ 2013 年中国与“一带一路”沿线国家贸易网络分析》，载于《地理科学》2016 年第 11 期。

［236］Aiko Endo，Izumi Tsurita，Kimberly Burnett. A Review of the Current State of Research on the Water，Energy，and Food Nexus. *Journal of Hydrology*：*Regional Studies*，No. 11，2017，pp. 20 – 30.

[237] Ansoff H I. *Corporate Strategy*. Penguin Books, 1987.

[238] Bashkueva, Atanov. Potential for Cooperation between Border Municipalities in Zabaikalsk Krai and the Neighboring Areas of China (Priargunsky and Zabaikalsky Districts). *Problems of Economic Transition*, Vol. 58, No. 7 – 9, 2016, pp. 744 – 758.

[239] Bozhkov O. B, Nikulin A. M, Poleshchuk I. K., Agricultural Cooperation in the Northern Non – Black – Earth Region: Formal and Informal Practices. *Rudn Journal of Sociology – vestnik Rossiiskogo Universiteta Druzhby Narodov Seriya Sotsiologiya*, Vol. 20, No. 4, 2020, pp. 889 – 904.

[240] Brautigam D, Tang X. Going Global in Groups: Structural Transformation and China's Special Economic Zones Overseas. *World Development*, No. 63, 2014, pp. 78 – 91.

[241] Brautigam D, Xiaoyang T. African Shenzhen: China's Special Economic Zones in Africa. *Journal of Modern African Studies*, Vol. 49, No. 1, 2011, pp. 27 – 54.

[242] Bräutigam D, Tang X. Y. Economic Statecraft in China's New Overseas Special Economic Zones: Soft Power, Business or Resource Secruity. *International Affairs*, Vol. 88, No. 4, 2012, pp. 799 – 816.

[243] Buckley P J, Dylan S, Hinrich V, et al. The Economic Geography of Offshore Incorporation in Tax Havens and Offshore Financial Centres: The Case of Chinese MNEs. *Journal of Economic Geography*, Vol. 15, No. 1, 2015, pp. 103 – 128.

[244] Burgess D F. Services As Intermediate Goods: The Issue of Trade Liberalization, (eds.) Jones R W, Krueger A O. The Political Economy of International Trade [C]. Basil Blackwell Ltd. 1990.

[245] Cho Sung Ju, Oh Saera, Lee Sang Hyeon. The Impact of Structure Similarity of Nontariff Measures on Agricultural Trade. *Sustainability*, Vol. 12, No. 24, 2020, pp. 1 – 13.

[246] Chunjun Z, X Shaowei, Shan J. Input – Output Analysis of Chinese National Agricultural Science and Technology Park. *IFAC Proceed-*

ings Volumes, Vol. 17, No. 2, 2019, pp. 1281 – 1284.

[247] Cui Y. Application Research of PPP Mode in the International Energy Cooperation Project under the Background of "One Belt and One Road". *World Scientific Research Journal*, Vol. 5, No. 9, 2019, pp. 14 – 18.

[248] Dong M, Management S O, University H M. China to Implement "One Belt One Road" Strategy Under the New Situation of Global Regional Economic Cooperation. *Reformation & Strategy*, Vol. 32, No. 12, 2016, pp. 60 – 63.

[249] Doston Ashurov. *Trade Facilitation of Countries along "One Belt One Road" Route*. Proceedings of 2017 2nd ISSGBM International Conference on Social Sciences and Education, 2017.

[250] Duranton G, D Puga. Micro – foundations of Urban Agglomeration Economies. *Handbook of Regional and Urban Economics*, No. 4, 2004, pp. 2063 – 2117.

[251] Farole T, Akinci G. Special Economic Zones: Progress, Emerging Challenges, and Future Directions. *World Bank Publications*, No. 72, 2016, pp. 1 – 5.

[252] F Li, Q Liu, S Dong, H Cheng. Agricultural Development Status and Key Cooperation Directions between China and Countries along "The Belt and Road". *IOP Conference Series: Earth and Environmental Science*, Vol. 190, No. 1, 2018, pp. 1 – 7.

[253] Foo N, Lean H H, Salim R. The Impact of China's One Belt One Road Initiative on International Trade in the ASEAN Region. *The North American Journal of Economics and Finance*, No. 54, 2019, pp. 1 – 28.

[254] Friedrich Weber-Alfred, Carl-Joachim. Theory of Location of Industries. *University of Chicago Press*, Vol. 58, No. 32, 1929, pp. 32 – 36.

[255] Fusacchia I, Salvatici L, Winters L A. The Consequences of the Trade and Cooperation Agreement for the UK's International Trade. *Oxford Review of Economic Policy*, Vol. 38, No. 1, 2022, pp. 27 – 49.

[256] Fu Y, Wu D, Wang Y, et al. Facility Location and Capacity

Planning Considering Policy Preference and Uncertain Demand under the One Belt One Road Initiative. *Transportation Research Part A Policy and Practice*, No. 138, 2020, pp. 172 – 186.

[257] Guo Ru, Qiu Xiaodong, He Yiyi. Research on Agricultural Cooperation Potential between China and CEE Countries Based on Resource Complementarity. *Mathematics*, Vol. 9, No. 5, 2021, pp. 17 – 23.

[258] Hui Y, Li X, Jian K. Operating Experience of Country's Agricultural Science and Technological Park. *Agricultural ences*, Vol. 9, No. 2, 2018, pp. 228 – 235.

[259] Jayson Beckman, Sara Scott. How the Removal of Tariffs Would Impact Agricultural Trade. *Amber Waves*, No. 6, 2021, pp. 1 – 10.

[260] Jun Yang, Ling Lin, Can Huang, Xin Feng. Evaluation for Innovation Ability of National Agricultural Science and Technology Parks in Jiangxi Province. *American Journal of Plant Sciences*, Vol. 9, No. 12, 2018, pp. 2446 – 2461.

[261] Kogut B, Singh H. The Effect of National Culture on the Choice of Entry Mode. *Journal of International Business Studies*, Vol. 19, No. 3, 1988, pp. 411 – 432.

[262] Lipatova N N, Mamai O V, Mamai I N, Gazizyanova Yu Yu, Galenko N N. Agricultural Cooperation as a Factor in Sustainable Rural Development. *IOP Conference Series: Earth and Environmental Science*, Vol. 745, No. 1, 2021, pp. 12 – 18.

[263] Lishu Wang, Jianwei Chen, Jingui Wang, Juan Liu. Innovation Driven Development of Agricultural Science and Technology Park. *International Journal of Social Sciences in Universities*, Vol. 3, No. 3, 2020, pp. 220 – 221.

[264] Liuhto K. Russia's Innovation Reform – the Current State of the Special Economic Zones. *Revista De Management Comparat International*, No. 10, 2009, pp. 85 – 94.

[265] Liu P. Finding the Baoding Villages: Reviewing Chinese Con-

ceptualisation of Sino – African Agricultural Cooperation. *Africa Spectrum*, Vol. 53, No. 2, 2018, pp. 91 – 118.

[266] Liu Z, Adams M, Cote R P, et al. Comparative Study on the Pathways of Industrial Parks towards Sustainable Development between China and Canada. *Resources, Conservation and Recyling*, Vol. 58, No. 128, 2018, pp. 417 – 425.

[267] Li X, Sohail S, Majeed M T, et al. Green Logistics, Economic Growth, and Environmental Quality: Evidence from One Belt and Road Initiative Economies. *Environmental Science and Pollution Research*, No. 2, 2021, pp. 1 – 11.

[268] Macdougall J C. Destined For War: Can America and China Escape Thucydides's Trap? *Parameters*, No. 47, 2017, pp. 113 – 116.

[269] Madani D. A Review of the Role and Impact of Export Processing Zones. *Policy Research Working Paper*, Vol. 17, No. 2, 1999, pp. 33 – 37.

[270] M. G. K, John von Neumann, Oskar Morgenstem. Theory of Games and Economic Behaviour, *Journal of the Royal Statistical Society Series C (Applied Statistics)*, 1944, 107 (3/4).

[271] Majid Lateef, Guang-Ji Tong, Muhammad-Usman Riaz. Exploring the Gravity of Agricultural Trade in China – Pakistan Free Trade Agreement. *The Chinese Economy*, Vol. 51, No. 6, 2018, pp. 522 – 533.

[272] Manu Christiana. The Impact of Trade Agreement on Agricultural Trade Flow in West Africa. *International Journal of Economics and Finance*, Vol. 13, No. 1, 2020, pp. 89 – 99.

[273] Ma S, Liu M. Spatial Correlation Effect of China's outward Foreign Direct Investment in Countries along the One Belt and One Road. *Pacific Economic Review*, Vol. 25, No. 2, 2020, pp. 228 – 249.

[274] Miao Q, Asmussen C. Discussion on "One Belt One Road" Construction and International Financial Cooperation. *Business economics research*, Vol. 3, No. 3, 2020, pp. 61 – 64.

[275] Micheal E Porter, Micheal P Porter. Location, Clusters and the "New" Microeconomics of Competition. *Business Economics*, Vol. 33, No. 1, 1998, pp. 7 – 13.

[276] Min B S. Cooperation on Finance between China and Nepal: Belt and Road Initiatives and Investment Opportunities in Nepal. *The Journal of Finance and Data Science*, Vol. 3, No. 1 – 4, 2017, pp. 31 – 37.

[277] Nekrasov R V, Gusakova E P, Afanaseva E P. Problems in Agricultural Cooperation Development in Russia (Case Study of Samara Region). SHS Web of Conferences, No. 62, 2019, pp. 1 – 5.

[278] Oliveira G, Murton G, Rippa A, et al. China's Belt and Road Initiative: Views from the Ground. *Political Geography*, No. 82, 2020, pp. 1 – 4.

[279] Pei C H, Yan Y U. "One Belt and One Road" Construction and the Further Opening – up of China. *International Economics and Trade Research*, Vol. 31, No. 10, 2015, pp. 4 – 17.

[280] Ploberger C. One Belt, One Road – China's New Grand Strategy. *Journal of Chinese Economic and Business Studies*, Vol. 15, No. 3, 2017, pp. 289 – 305.

[281] Sakovska Olena. Agricultural Cooperation: Experience of Foreign Countries for Ukraine. *Baltic Journal of Economic Studies*, Vol. 6, No. 1, 2020, pp. 118 – 124.

[282] Shaw, Martin Perry, C Yeoh. Singapore's Overseas Industrial Parks. *Regional Studies*, Vol. 34, No. 2, 2000, pp. 199 – 206.

[283] Sheng B, Feng L. An International Political and Economic Analysis of "One Belt and One Road" Initiative. *Nankai Journal (Philosophy, Literature and Social Science Edition)*, No. 1, 2016, pp. 52 – 64.

[284] Sutherland D, El-Gohari A, Buckley P J, et al. *The role of Caribbean Tax Havens and Offshore Financial Centres in Chinese Outward Foreign Direct Investment*. 2nd Copenhagen Conference on Emerging Multinationals, 2010.

[285] Tinbergen J. "book - review" An Essay on Economic Growth and Planning, *Econometrica* Vol. 30, No. 2, 1962.

[286] Vásquez-Urriago á R, Barge-Gil A, Rico A M, et al. The Impact of Science and Technology Parks on Firms' Product Innovation: Empirical Evidence from Spain. *Journal of Evolutionary Economics*, Vol. 24, No. 4, 2014, pp. 835 - 873.

[287] Verhulst P E. Notice Sur La Loi Que La Population Suit Dans Son Accroissement, *Corresp. Math. Phys*, 1838 (10): 113 - 126.

[288] Warr P, Menon J. Cambodia's Special Economic Zones. *ADB Economics Working Paper Series*, No. 459, 2015, pp. 273 - 290.

[289] Wei J, Zeng-Liang L G, Qi-Fu P B, et al. The Method of Quantitative Area Risk Assessment and Its Application in Chemical Industrial Park. *China Safety Science Journal* (*CSSJ*), Vol. 19, No. 5, 2009, pp. 140 - 141.

[290] Weina Cai. Green Barriers to Chinese Agricultural Trade. *Scientific Journal of Economics and Management Research*, No. 7, 2020, pp. 210 - 214.

[291] Xiao L, Li J. "One Belt and One Road" and the Reshaping of China's Geopolitical and Geoeconomic Strategy. *World Economics and Politics*, No. 10, 2015, pp. 30 - 59 + 156 - 157.

[292] Yali Wang, Wang Yali, Sun Zhiguo, Wang Xiaoli, Yang Chenxue. Scheme design of Smart Platform for the Agricultural Science and Technology Park. *Journal of Physics: Conference Series*, Vol. 1673, No. 1, 2020, pp. 1 - 6.

[293] Yan H B. Empirical Analysis of Guangxi - ASEAN Trade's Contribution to GDP Growth Under the Context of "One Belt and One Road". *Journal of Qinzhou University*, Vol. 30, No. 8, 2015, pp. 42 - 46.

[294] Yan M, Li S. *Chinese Firms' International Market Entry to Main Participating Countries of "One Belt One Road"*. 2015 12th International Conference on Service Systems and Service Management (ICSSSM), 2015.

[295] Yeoh C, Ai L L, Cai X. Exporting Expertise: Singapore's Gambit in Vietnam Revisited. *Singapore Management University*, No. 7, 2005, pp. 1 –15.

[296] Yeoh C, Leong A L. "Created" Enclaves for Enterprise: An Empirical Study of Singapore's Industrial Parks in Indonesia, Vietnam and China. *Entrepreneurship & Regional Development*, No. 17, 2005, pp. 479 –499.

[297] Zeng D Z. Global Experiences with Special Economic Zones: Focus on China and Africa. *Social Science Electronic Publishing*, No. 7240, 2015, pp. 1 –26.

[298] Zhang H, F Ilhéu. The Role of Special Economic Zones in African Countries Development and the Chinese FDI. *Química Nova*, Vol. 24, No. 2, 2014, pp. 286 –292.

[299] Zhang Liufen, Zhang Zebin, Ma Yanxin, Liu Xiangdong. Assessment of Environmental Degradation Costs: A Case Study of Beijing and Tianze Agricultural Parks. *Journal of Physics: Conference Series*, No. 1419, 2019, pp. 1 –17.

[300] Zhang Y, Tsang D, Fuschi D L. Chinese Multinationals on the New Silk Route: Managing Political Risk by Branding the Nation. *Thunderbird International Business Review*, Vol. 62, No. 3, 2020, pp. 291 –303.

[301] Zhao S R, Tao Y Y. *On Synergistic Cooperation between China and ASEAN in the Context of "One Belt and One Road" Strategy.* International Conference on Public Administration, 2015.

[302] Zhao Wang, Jianhong Liu, Tongsheng Li, Wanying Ren, Yang Rui. Spatial Heterogeneity of Agricultural Science and Technology Parks Technology Diffusion: A Case Study of Yangling ASTP. *Chinese Geographical Science*, Vol. 31, No. 4, 2021, pp. 629 –645.

[303] Zheng Huiqing, Zhuang Peifen, Chen Miaochao. An Analysis of the Influencing Factors in the Establishment of the Overseas Agricultural Cooperation Zones under the Belt and Road Initiative Based on Logit Mod-

el. Journal of Mathematics, No. 2021, 2021, pp. 1 –9.

[304] Zhou Z. China's "One Belt and One Road" Strategy in the Vision of International Public Opinion. *Nanjing Journal of Social Sciences*, No. 7, 2015, pp. 1 –5 +23.